管理者数据能力晋级

赵兴峰 著

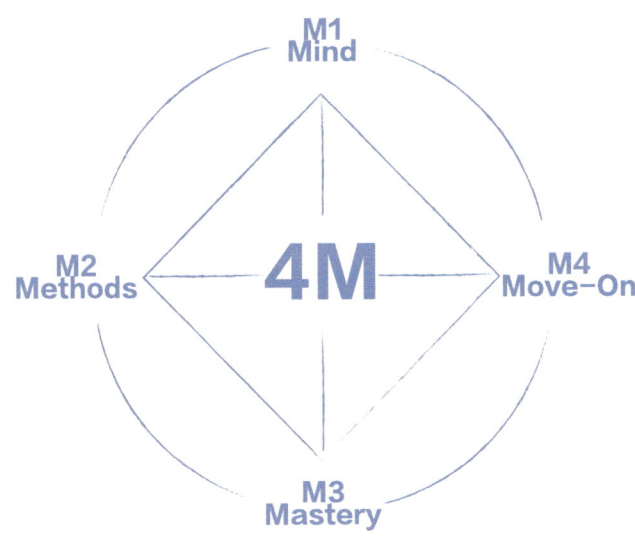

电子工业出版社
Publishing House of Electronics Industry
北京·BEIJING

内 容 简 介

在数字智能时代,数据能力已经成为管理者的基本能力,成为其胜任未来管理岗位和晋级领导岗位的必需能力。管理者的数据能力水平决定着其在企业中所能够胜任的层级。提升管理者的数据能力成为企业数字化转型的关键举措之一。

本书主要介绍了企业管理者所需要具备的数据能力,包括管理者的数据能力维度与 4M 模型、数据思维能力、数据管理能力、数据体系化场景的应用能力、数据分析能力、数据领导能力。

撰写本书的目的是让管理者掌握企业数据基本管理和应用之道,利用数据赋能管理,让管理可见、过程可控、结果可达。

未经许可,不得以任何方式复制或抄袭本书之部分或全部内容。
版权所有,侵权必究。

图书在版编目(CIP)数据

管理者数据能力晋级 / 赵兴峰著. —北京:电子工业出版社,2022.7
ISBN 978-7-121-43642-0

Ⅰ.①管… Ⅱ.①赵… Ⅲ.①企业管理－数据管理 Ⅳ.①F272.7

中国版本图书馆 CIP 数据核字(2022)第 097098 号

责任编辑:王 静   特约编辑:田学清
印　　刷:涿州市般润文化传播有限公司
装　　订:涿州市般润文化传播有限公司
出版发行:电子工业出版社
　　　　　北京市海淀区万寿路 173 信箱　　邮编:100036
开　　本:720×1000　1/16　印张:21.25　字数:428.4 千字
版　　次:2022 年 7 月第 1 版
印　　次:2025 年 4 月第 4 次印刷
定　　价:89.00 元

凡所购买电子工业出版社图书有缺损问题,请向购买书店调换。若书店售缺,请与本社发行部联系。联系及邮购电话:(010)88254888,88258888。
质量投诉请发邮件至 zlts@phei.com.cn,盗版侵权举报请发邮件至 dbqq@phei.com.cn。
本书咨询联系方式:010-51260888-819,faq@phei.com.cn。

序 言

数字化转型——已经发生的未来！

几年前，我们认为，数字化转型是未来发展的趋势；而现在，我们看到，数字化转型已真正成为企业发展的驱动力。数字化转型不是企业战略的选答题，而是企业战略的必答题。

数字化转型是正在进行的一场任何企业都不可避免的深刻变革，任何组织或个人都应该深度参与。在这场变革中，只有两个结果：一个是抓住趋势，再造优势；另一个是视而不见，"逝"而衰退。

那么，到底应该如何开启企业数字化转型？

数字化转型作为一场深刻的变革，其背后是管理者及全员思维与技能的蜕变，是企业文化的蜕变。所以，企业数字化转型，首先是管理者的数字化转型，进而推动全员的数字化转型。

我们在帮助企业进行数字化转型的过程中，发现很多企业的数字化转型要么观望徘徊，要么浮在表面，未达成预期的目标和效果。究其原因，症结在于企业将数字化转型寄希望于某个人、某个团队或某个部分。而事实上，数字化转型需要每一个部门的参与，以及各个部门之间的联动与协同，需要每一个企业员工在意识、思维、行为与能力上的转变，以支撑和完成数字化转型。

其中，高层管理者更需要具备基本的数字化素养，明确企业愿景，制定战略，设计总体方案，并推动方案的执行和落地。否则就会出现现在的一些普遍现象：高层管理者缺乏数字意识，对企业数字化战略不清楚，没有可落地的执行方案，不具备推进数字化转型的领导变革技能。而执行层需要根据战略分解任务，使部门工作、岗位工作成为战略的落脚点。每一项工作的完成，都是对整体战略落地的推进，而这需要执行层具备足够的数字意识、思维和能力，否则同样会出现一些问题：虽然具备大量的数据，但是不会分析使用；虽然进行了一些分析，做了一些尝试，但是为了分析数据而分析数据，做了大量工作却没有产生具有业务价值的解决方案。另外，IT 人才需要转变为 DT 人才，能够从战略和业务上设计技术架构、提供技术支撑，从而用好数字技术，创造业务价值，实现绩效增长。

所以，实现企业的深度数字化转型，需要全员的参与和转变。在这个转型的过程中，首先是管理者的数字化转型，建立数据思维，掌握数据能力，并作为数字化导师，示范、引领和推动全员的数字化转型。正如领导力变革大师诺埃尔·蒂奇所说："在组织中的任何层级上，一个人要想成为领导者，必须是一个导师。如果你不是在引导别人，你就不是在领导。"

在数字化转型实践中，描绘愿景、设计战略、创新商业模式、规划实施阶段与路径等，自然都是必要的。但是，对员工而言，他们更加相信的不是管理者说了什么，而是管理者做了什么。

只有管理者在学习、在改变，员工才会相信这次的变革是真的，不是说说而已；只有管理者走出舒适区，勇敢地改变自己、突破自己，员工才会得到激励和鼓舞；只有管理者言行一致，让自己的改变与行为体现数字化转型的愿景、战略、商业模式、路径等，员工才会对转型宣言信以为真。管理者的改变有多大，员工感受到的企业进行数字化转型的决心就有多大。

亚马逊是实施数字化管理尤为著名的企业。其创始人杰夫·贝佐斯极为关注数据，一切用数据说话，对于那些不基于数据提出的建议，他从来都置之不理。一位员工曾提议开展显示广告业务，杰夫·贝佐斯直接说那是他听过的最愚蠢的建议。为什么？因为这项建议不是建立在数据基础之上的。而在这位员工亮出数据之后，杰夫·贝佐斯才接受，由此有了亚马逊最赚钱的业务之一。正是因为杰夫·贝佐斯对数据的关注，身体力行，才有了亚马逊的数据文化。在亚马逊，每件事都有其衡量标准，包括财务、人力资源、运营等方面。亚马逊的选址模型涉及 282 个因素，年度业绩目标包括 452 个指标（2010 年），杰夫·贝佐斯每天需要看的第三方平台的图书品类业务的数据指标多达 25 页。可以说，亚马逊的成功完全得益于管理者的引领和身体力行。

管理者及全员均需要一门体系化、规范化、科学化、实用化、系列化的数据化管理课程——知道应该学习哪些数据化管理的思维、技能、工具等，并且能够学得会，用得上，真正支撑数字化转型；能够循序渐进地展开学习，每位管理者和员工都可以在能力测评的基础上，明确差距在哪里、从哪里学习，以及如何不断升级，最终成为卓越的数字化人才。

作者撰写本书，目的是让管理者掌握企业数据的基本管理之道，具备引领企业数字化转型的数据能力，利用数据赋能管理。作者花费了大量心血，以"管理者数据能力晋级"为核心，构建了系统的"数据化"知识体系，使本书值得深入研读、细细品味、认真收藏。

张贵林
中关村数字经济产业联盟理事长

前 言

2019 年 11 月，笔者撰写的《数字蝶变：企业数字化转型之道》终于出版了。现在更多的企业实现了员工在线、业务在线、客户在线、产品在线和服务在线，业务和管理活动的在线化为企业沉淀了大量的数据，对这些数据进行分析、挖掘和应用成了很多管理者面临的新课题。拥有数据能力的管理者能够利用"在线化"所沉淀的数据，发现管理问题，改善业务问题，甚至推动企业业务创新。

现在，越来越多的企业迈出了数字化转型的第一步。企业的数字化转型为企业装备了越来越全面的数字智能硬件和信息化系统软件，无论是数字智能硬件，还是信息化系统软件，都采集和存储了大量的数据。对这些数据进行分析、挖掘和利用，成为管理者面临的新课题，对个人能力也提出了新的要求。

如今，我们进入数字智能时代，善于管理数据、分析数据和运用数据是企业各层级的管理者做好管理工作的基本功。

自 2018 年开始，笔者就同几个教育平台合作，开始讲授"管理者的数据能力晋级"课程。通过该课程，学员能够学习并掌握一套日常经营管理中管理数据、分析数据和运用数据的方法。该课程自开课后，一直受到学员好评，并且吸引了更多的学员来上课。越来越多的企业开始进行数字化转型，这对各层级管理者的数据能力要求越来越高、越来越迫切。在授课的过程中，很多学员反映需要课后好好回顾和应用课程内容，希望能够有一本可持续使用的参考书，以便在工作中随时查阅。于是，笔者萌生了将该课程的内容撰写为图书的想法。一方面，通过对图书的撰写，笔者能够把很多的知识和内容再一次升华，给学员带来更详尽的指导。另一方面，笔者也能够借助图书向更多的人传播数据管理、数据分析和数据应用的知识和方法。毕竟能够参加线下课程的人相对来说较少，也受限于开课频次与课堂座位数量，不能让更多的人受益。

本书以"管理者的数据能力晋级"课程的内容为核心，构建了更系统的知识体系，为企业各层级管理者提供了一套系统性的方法，帮助他们更好地利用企业数据资产，挖掘数据价值，赋能企业的经营和管理决策。

受限于笔者的知识、技能或经验，本书必有很多不足之处，欢迎各位读者批评、指正，也欢迎广大读者分享更多的知识、方法和案例。为了更好地促进大家交流学习，笔者建立了书友群。大家可以通过邮箱（hilton@data2biz.com)、微信（data2biz_com 或者 hoohoohoo2010）、QQ（5316637）与笔者联系，或加入书友群交流。

作者

目 录
Contents

第 1 章　数据能力已经成为管理者的基本能力　/　001

1.1　数字智能时代的新趋势　/　002
- 1.1.1　算法正在改变世界　/　002
- 1.1.2　数字孪生共生机制　/　005

1.2　管理者的数据能力成为关键竞争要素　/　007
- 1.2.1　DT 与 IT 有着本质的区别　/　007
- 1.2.2　DT 在迭代中升级　/　009
- 1.2.3　DT 的本质是认知技术、思考技术和决策技术　/　010
- 1.2.4　数据资产管理与应用是数字化转型的技术关键　/　013

1.3　管理者的数据能力是企业数字化转型的关键　/　019
- 1.3.1　传统企业管理者的数据能力较弱　/　019
- 1.3.2　数据人才培养学科不健全　/　021
- 1.3.3　数据人才成为稀缺人才　/　021
- 1.3.4　数据人才自主培养成为企业首选方案　/　022

1.4　数据能力的背后是思维模式　/　023
- 1.4.1　从专业知识到实践需要一个长期的过程　/　023
- 1.4.2　数据能力是一项实践性非常强的能力　/　024
- 1.4.3　测一测你对数字化转型和数据化管理的认知程度　/　024

第 2 章　管理者的数据能力维度与 4M 模型　/　027

2.1　数据价值挖掘和数据能力　/　027
- 2.1.1　数据用于回答"发生了什么"　/　027
- 2.1.2　数据用于回答"为什么发生"　/　028
- 2.1.3　数据用于回答"将要发生什么"　/　028
- 2.1.4　数据用于回答"应该怎么做"　/　029

2.2　管理者的数据能力　/　032
- 2.2.1　不同时代对管理者数据能力的要求不同　/　032
- 2.2.2　新时代对管理者数据能力的要求　/　034
- 2.2.3　管理者数据能力 4M 模型　/　036

2.3 管理者数据能力 4M 模型之 M1（Mind）：数据意识与数据思维 / 038

- 2.3.1 数据意识：对数据价值和意义的识别 / 038
- 2.3.2 数据意识模型 / 039
- 2.3.3 数据思维：利用数据模拟人类的认知模式 / 042
- 2.3.4 先有数据意识，后有数据思维 / 044

2.4 管理者数据能力 4M 模型之 M2（Methods）：数据分析方法 / 045

- 2.4.1 数据分析方法是数据掘金的工具 / 045
- 2.4.2 数据分析方法是认知世界的思维模式 / 045
- 2.4.3 数据分析方法需要总结和沉淀 / 046

2.5 管理者数据能力 4M 模型之 M3（Mastery）：数据工具 / 047

- 2.5.1 每一个管理者都需要数据工具 / 047
- 2.5.2 数据工具正在不断进化 / 048
- 2.5.3 工具永远是工具，替代不了思想 / 049
- 2.5.4 熟练掌握一种适合自己的工具 / 050
- 2.5.5 测一测你的 Excel 工具操作能力 / 051

2.6 管理者数据能力模型之 M4（Move On）：数据应用 / 052

- 2.6.1 数据应用是一个复杂的系统工程 / 052
- 2.6.2 数据应用需要复合能力 / 053
- 2.6.3 变革推动力是数字化转型的核心动力 / 054

第 3 章　数据思维能力晋级 / 055

3.1 数据思维与数据思维训练 / 055

- 3.1.1 什么是数据思维 / 055
- 3.1.2 常用的数据思维 / 056
- 3.1.3 数据思维衍生的数据分析方法和算法 / 056

3.2 对比思维模式 / 056

- 3.2.1 对比三要素 / 057
- 3.2.2 对比客体的设定 / 057
- 3.2.3 对比维度的选择 / 059
- 3.2.4 从被动到主动：主动识别和主动设计 / 062

3.3 分类思维模式 / 062

- 3.3.1 单维度分类分析方法 / 064
- 3.3.2 双维度矩阵分类分析方法 / 066
- 3.3.3 三维度魔方分类分析方法 / 070
- 3.3.4 多维度分类分析方法 / 072

3.4 关系思维模式 / 73
 3.4.1 事物之间存在的四种关系 / 073
 3.4.2 企业经营和管理决策中的 $y=f(x)$ 关系 / 074
 3.4.3 不确定的因果关系案例 / 076

3.5 解构思维模式 / 079
 3.5.1 解构思维模式：一种强大的思维模式 / 079
 3.5.2 解构思路：决定分析思路 / 080
 3.5.3 解构的四种方法 / 082
 3.5.4 解构的原则：相互独立，完全穷尽（MECE 原则） / 087
 3.5.5 解构的工具：思维导图 / 087

3.6 过程思维模式 / 089
 3.6.1 过程思维模式：重点在于过程管理 / 089
 3.6.2 事物的发展都有一个过程：探索背后的规律 / 089
 3.6.3 目标的达成需要一个有效的过程：研究做事的方法 / 094
 3.6.4 企业的管理需要一套有效的流程：让成功可复制 / 096
 3.6.5 过程思维在数字化流程中的应用 / 099

第 4 章   数据管理能力晋级 / 101

4.1 数据基础知识 / 102
 4.1.1 数据的概念 / 102
 4.1.2 主数据管理 / 102
 4.1.3 交易数据管理 / 106
 4.1.4 元数据管理 / 109
 4.1.5 数据质量管理 / 110
 4.1.6 数据结构管理 / 117
 4.1.7 数据资产管理 / 119

4.2 建立数据管理标准和规范数据质量管理 / 121
 4.2.1 企业常见的数据问题 / 121
 4.2.2 梳理数据需求 / 125
 4.2.3 诊断数据质量 / 127
 4.2.4 建立数据管理标准 / 129
 4.2.5 规范数据质量管理 / 132

4.3 数据综合治理 / 135
 4.3.1 什么是"数据孤岛" / 136
 4.3.2 打通数据 / 138
 4.3.3 数据综合治理体系 / 141

4.3.4　数据安全管理　/　144

4.4　业务流程数字化建设　/　147

4.4.1　业务流程数字化再造　/　147
4.4.2　数据源自业务流程，又服务于业务流程　/　148
4.4.3　业务流程数字化是数据采集的基础源头　/　149
4.4.4　业务流程数字化建设的基本思路和方法　/　152
4.4.5　敏态业务流程与动态数据采集　/　155

4.5　新型数据技术体系建设　/　158

4.5.1　数字化不是信息化　/　158
4.5.2　数字化转型所要求的信息化　/　159
4.5.3　反向伺服与反向控制体系构筑闭环　/　161
4.5.4　以数据资产管理为中心　/　163
4.5.5　数字化转型的七层技术架构　/　165

4.6　数据中台建设　/　172

4.6.1　"组织三台"与"数据三台"的概念　/　173
4.6.2　数据中台提供的数据服务　/　176
4.6.3　数据中台的意义与价值　/　181
4.6.4　数据中台的建设是一个过程　/　183

第 5 章　数据体系化场景的应用能力晋级　/　185

5.1　企业数据化管理应用场景的规划和设计　/　185

5.1.1　从数据的四层价值中寻找应用场景　/　185
5.1.2　价值导向：提效+创新　/　187
5.1.3　服务于业务：管理预警与管理导航　/　191
5.1.4　回归现实：体系化调研与场景设计　/　193

5.2　业务流程数字化管理　/　198

5.2.1　用数据技术替代人工　/　199
5.2.2　数据表征流程节点绩效　/　201
5.2.3　数据赋能业务流程决策　/　202
5.2.4　算法导航业务流程活动（替代人脑）　/　203
5.2.5　在线化算法提效管理决策　/　206

5.3　企业数据化管理的体系化晋级　/　207

5.3.1　业务流程数字化　/　208
5.3.2　数据指标化管理　/　212
5.3.3　应用指标可视化看板　/　213
5.3.4　数据指标标准化与目标管理　/　214

5.3.5　数据模型化管理　/　215
5.3.6　决策规范化管理　/　217
5.3.7　智慧化管理晋级　/　218

5.4　数据指标化管理　/　220

5.4.1　理解数据指标　/　220
5.4.2　数据指标梳理的三种方法　/　223
5.4.3　数据指标化管理体系构建七步法　/　225
5.4.4　数据指标标准建设　/　233
5.4.5　动态数据指标管理　/　234

5.5　管理者驾驶舱建设　/　235

5.5.1　管理者驾驶舱是一种管理方式创新　/　235
5.5.2　搭建管理者驾驶舱　/　239
5.5.3　管理者驾驶舱的数据技术体系　/　243
5.5.4　推动管理者驾驶舱落地　/　244

5.6　企业数据化管理升级　/　247

5.6.1　推动数据化管理建设的四个关键成功要素　/　247
5.6.2　数据化管理升级的四条主线　/　249
5.6.3　数据化管理升级实施的常见困难　/　251
5.6.4　数据化管理升级的项目管理十要素　/　253

第 6 章　数据分析能力晋级　/　263

6.1　数据的四层价值　/　263

6.1.1　发生了什么　/　263
6.1.2　为什么发生　/　264
6.1.3　将会发生什么　/　264
6.1.4　应该怎么做才好　/　265

6.2　企业经营管理中基本的数据分析方法　/　265

6.2.1　数据可视化本身就是数据分析　/　266
6.2.2　数据指标的五种常规对比分析　/　269
6.2.3　面对数据表可做的分析　/　273
6.2.4　提升常规数据分析的敏捷性　/　283

6.3　企业经营管理中常用的数据分析方法　/　284

6.3.1　对比分析方法　/　285
6.3.2　分类分析方法　/　285
6.3.3　关系分析方法　/　289
6.3.4　预测分析方法　/　290

第 7 章　数据领导能力晋级 / 302

7.1　数据可视化表达 / 302
- 7.1.1　事物对比 / 302
- 7.1.2　组分对比 / 303
- 7.1.3　关系对比 / 304
- 7.1.4　时序对比 / 305
- 7.1.5　频布对比 / 306
- 7.1.6　误导视觉结论的方法 / 306

7.2　数据图表解读方法 / 308
- 7.2.1　看差异、看变化 / 308
- 7.2.2　看结构、看特征 / 308
- 7.2.3　看趋势、看规律 / 309
- 7.2.4　看关系、看关联 / 311

7.3　数据分析报告 / 313
- 7.3.1　唯一原则 / 313
- 7.3.2　完整原则 / 314
- 7.3.3　总分结构原则 / 315
- 7.3.4　精简原则 / 316
- 7.3.5　确定原则 / 316
- 7.3.6　主线原则 / 318
- 7.3.7　结论原则 / 318

7.4　用数据分析解决问题的七步法 / 319
- 7.4.1　问题假设 / 320
- 7.4.2　解构根本原因 / 320
- 7.4.3　收集数据 / 321
- 7.4.4　分析数据 / 322
- 7.4.5　洞察管理 / 322
- 7.4.6　设计方案 / 323
- 7.4.7　采取行动 / 324

后记　未来管理者的能力展望 / 325

第 1 章

数据能力已经成为管理者的基本能力

在数字智能时代,数据能力已经成为管理者的基本能力。提升管理者的数据能力成为企业数字化转型的关键举措之一,管理者提升数据能力已经成为其胜任未来管理岗位和晋级领导岗位的必然要求。管理者的数据能力水平将决定着其在公司中所能发挥的价值及所能胜任的层级。

自 2017 年开始,一些领先的企业开启了数字化转型的战略,很多企业认识到"在线化"的重要性。目前数字化转型已经成为几乎所有企业都必须考虑的战略举措,甚至是关键战略举措。

数字化转型让越来越多的企业装备更加丰富的智能硬件、系统软件或者小程序,这些举措会为企业沉淀越来越多的数据。这些数据是对企业经营管理活动的真实记录,是非常有价值的数据资产。对这些数据资产的分析、挖掘和利用,除了赋能业务流程提效,还能帮助管理者及时发现管理问题、总结规律、预测未来,从而指导企业的经营管理决策,提高决策的科学性和敏捷性。在使用这些数据资产赋能经营管理决策的过程中,我们还可以不断沉淀算法模型,逐步开发系统自动智能决策场景,逐步建设数智化企业。对数据资产价值的挖掘需要具备数据能力的人才,至少在目前这个阶段,在企业还没有形成足够成熟的数智化之前,我们需要人来挖掘数据资产的价值,赋能经营管理决策。

数字化转型战略实施的载体是组织,即使面对同样的战略,不同的组织实施的效果也不同。组织的数据能力是企业数字化转型战略实施的关键。组织是由人组成的,企业管理者的数据能力更是组织数据能力的基础。然而,绝大多数管理者的数据能力都无法满足企业数字化转型战略的需求。管理者的数据能力提升已经成为企业数字化转型战略落地的瓶颈。

本章内容是数字智能时代、数字化转型及与数据技术相关的基础知识，为管理者理解数据价值、数据化管理，以及更全面地理解数字化转型提供一些基本认知。

1.1　数字智能时代的新趋势

1.1.1　算法正在改变世界

无论你承认与否，我们已经进入了数字智能时代，算法凭借其所能提供的决策的准确性和决策效率，正在逐步瓦解我们人类的决策权。

随着互联网的普及应用，我们在生活和工作中越来越依赖互联网提供的便利。在这个过程中，我们逐步把"决策权"交给"算法"，从而丧失了"控制权"。我们的决策权与控制权不是被剥夺的，而是我们主动放弃的，因为我们在这个过程中享受到了便利和快捷，享受到了高效率，享受到了作为一个"懒人"所能够获得的快感。

1. 试问：你上班、回家、自驾游……怎么选择路线，由谁说了算

现在我们规划出行路线的第一选择是用地图导航软件，地图导航软件指导着我们走什么路，让我们在避免拥堵的同时还能够节省时间。我们把选择路线的权力交给了地图导航软件。地图导航软件不仅能够告诉我们怎么走才能到达目的地、预测我们在什么时间到达，而且告诉我们如果走另外一条路，所花费的时间要比走这条道路多多少。

随着算法的不断完善和信息的不断丰富，地图导航软件告诉我们的道路越来越好走，给我们预测的到达时间越来越准确，所以我们越来越依赖它。

而这一切都是算法的功劳。有了地图导航软件背后的算法，我们能够有效地避开拥堵，能够准确地预测到达时间；有了这个算法，我们的效率大幅度提升，社会的运行效率也大幅度提升。

2. 试问：你吃什么、穿什么、用什么，由谁说了算

我们吃什么、穿什么、用什么由我们购买的东西决定，而现在我们将买什么的决策权交给了算法。

我们目前的购物习惯从线下转到线上，从各种 App 上买东西。当我们想买一个东西的时候，我们就在 App 上搜索要购买的物品种类，然后在 App 展示的搜索结果中选择需要购买的东西。

随着电商平台推荐算法的升级，我们搜索的结果被算法的计算结果取代。我们所能够看到的搜索结果是应用算法之后的"千人千面"的搜索结果，甚至是"一人千面"的搜索结果。我们只会在这个展示的结果中选择，而展示的结果由算法说了算，不是我们能够左右的。绝大多数消费者在搜索结果的前三页中选择要买的东西，也就是说，我们具体买什么和用什么，由算法所展示的前三页的结果决定。我们把我们选择买什么和用什么的权力交给了更加精准和更加了解我们需求的算法。

试想一个场景：你中午很忙，不能自己做饭吃，打算叫外卖，你打开了美团或者饿了么的 App，选择了一份你需要的午餐。你自以为是你自己选择了吃什么，可是，你会发现，你在绝大多数情况下都是在这些 App 展示给你的前三页中选择的。这些 App 的前三页展示什么，谁说了算？是算法，是对你的个人喜好充分了解的算法。算法在让你快乐、满足的同时，还帮助你做出了你最喜欢的决策。我们吃什么逐渐不由我们自己决定，而由算法决定。

3. 试问：你知道什么、思考什么，由谁说了算

我们心里想的东西与我们接触到的信息紧密相关。如果我们每天看到的是一些负面社会新闻，我们就会天天思考这些负面信息，慢慢地就会认为这个社会是乱糟糟的；如果我们每天接触到的是美好的、和谐的、善意的故事和信息，我们就会天天思考慈善、做好事、美好和和谐，慢慢地我们就会认为这个社会一片大好。

其实，我们是谁由我们每天接触到的信息累积而成。我们每天接触什么信息、被灌输什么样的价值观，完全由推送给我们的信息决定。过去这个信息的推送受父母的影响，受学校老师和教育体系的影响，受企业组织文化和各种企业宣传信息的影响。然而，在现在这个时代，我们所接收的信息越来越多元化，我们受外部信息"同化"的程度越来越由我们每天接触到的信息所决定。我们对社会的看法，我们的价值观取向，逐步由计算机算法推荐给我们的新闻、信息和知识塑造着。

在社会文明中，不同的价值理念下会有不同的判断，而选择价值理念的标准是不同的。在数字智能时代，我们需要谨慎地选择媒体渠道，选择我们看到的新闻、信息和知识。

4. 试问：怎么做才是最好的，由谁说了算

从地图导航软件的使用体验我们可以看到，算法给我们的选择才是最好的选

择。在理性层面上，在有充分数据基础上的精准算法告诉我们的才是最佳的答案。

随着外部环境变得越来越复杂，我们人类大脑的"计算"能力相对来说越来越弱，我们不得不依赖算法告诉我们怎样做才是最佳的选择方案。算法在取代人类大脑的决策能力，成为企业竞争的关键。人类的大脑和竞争对手的算法，谁能够更快地计算出下一步，谁就是赢家。而人类的大脑在绝大多数情况下都很难面对超过三个数字的分析情景，然而算法能够在秒间处理千万数量级以上的数据，能够从数据中找出最佳的方案。比如下棋，优秀的棋手能够设想三步、四步，甚至五步之后的走法，然而算法在棋局开始的时候，就把所有的情景都模拟清楚了，你走的任何一步棋，都在它的模拟之中。

所以，面对是否把决策权交给算法的问题，我们不得不说，绝大多数人会选择宁可将决策权交给算法，也不会将赢率或者自己的命运交给竞争对手。谁能够更快地在算法上进行迭代升级，谁就是竞争的赢家，于是，谁更快地拥抱数据技术和算法，谁就是赢家，哪怕是一个没有决策权的赢家。

5. 未来：具体业务如何执行，管理者如何决策，算法说了算

企业的信息化建设越来越完善，软件和智能硬件的使用越来越频繁，数据积累越来越多，基于这些数据的算法就需要不断升级。我们把这些算法植入系统，系统就会变得越来越聪明，这些"聪明"的系统可以指挥我们每天该干什么，以及每项经营管理活动该如何进行。系统指挥人的算法和程序会在企业信息系统中不断丰富和完善，甚至结合机器学习和人工智能的算法，系统会自我完善。

一则关于库管工人起诉亚马逊的新闻爆出了一个机器人自动开除员工的消息。决定开除这名员工的，不是人力资源，而是一个通过智能员工卡监控员工的机器人。如果员工的不在岗时间超过一定的数值，系统就会自动发送辞退消息给这名员工。

未来系统不仅监控员工的工作时间，还有工作成果。而且工作成果的算法会越来越多，员工该干什么、怎么干，将不再接受上级的指令，而是直接接受系统的指令。算法开始在对重复性工作的监督和管理方面发挥作用。

亚马逊在 2017 年的时候申请了一项专利，这项专利的名称叫作"订单未下，货已在途"(Shipping you things, before you order)。这项专利是基于算法对未来社群消费者的购买习惯进行预测的结果。基于这项专利，消费者在下单后能够最快地收到自己购买的商品。

这种算法曾经被一家石化企业采用过，这家企业基于每日向各个省市区域发送的成品油罐车的数量，预测第二日的运送量，可以提前发车，在加油站客户下

单之后，再通知运输途中的油罐车司机配送到具体的加油站点。这大大节省了客户收货等待的时间，也节省了客户空的油罐车在厂区排队装车的时间。

系统算法比人的大脑计算、分析得更加快速和准确，因而基于成熟算法计算出来的经营和管理决策就会更加准确和高效，系统算法必然在经营和管理决策中得到越来越普及的应用。对绝大多数企业来讲，从现在开始积累数据、积累算法、迭代和优化算法，就会在未来企业间的竞争中，比竞争对手更加敏捷和高效地做出正确的决策。

1.1.2 数字孪生共生机制

随着数字技术的发展，数字智能硬件越来越多，我们能够采集的现实世界中的数据也越来越全面、丰富和完善，从而让我们构筑了一个与现实世界并存的"数字孪生（Digital Twins）"。也就是说，现实世界中存在一个正在从事各种活动的"你"，通过各种数字智能硬件，我们随时随地采集了你的活动数据，记录着你的行动，甚至你的表情、情绪和思想，这样在虚拟世界中就存在一个共生的、虚拟的、由0和1构成的"你"。

比如，在使用地图导航软件这个生活场景中，有一个正在开车的你，你的手机开启了地图导航软件，地图导航软件随时随地采集着你的位置信息，并通过移动互联网传递到服务器中，将这些时间与地点以数据的形式存储下来。基于这些时间、地点的数据，地图导航软件构建了一个在虚拟世界中正在开车的"你"，这个虚拟世界中的"你"就是现实世界中的"你"的"数字孪生"。数字孪生是由智能硬件或者软件采集的"你"的数据构成的，是由0和1的数字序列构成的。

地图导航软件通过算法工程师开发的算法，对由0和1构成的数字孪生进行分析和挖掘，能够分析出每条道路的拥堵情况和通行的效率，然后计算出你从A点到B点大概需要多少时间，再计算出从A点到B点有几条路线，以及哪一条路线用时最短，从而给现实世界中正在开车的"你"提供方案，供你选择，或者指导你如何行进。

对数字孪生所记录的数据的分析和挖掘，让你的出行效率更高。利用算法形成的开车指令指挥着现实世界中"你"的开车行为，从而让现实世界中的"你"的出行更加高效。这样就形成了现实世界和虚拟世界数字孪生之间的优化闭环机制。这套数字孪生共生机制就像给现实世界的"你"增加了一套神经系统和大脑决策系统，随时随地采集你的数据，并随时随地处理这些采集的数据，再反过来指挥现实世界的"你"。

如图 1-1 所示，我们利用数字技术采集数据、分析数据，并指导现实中的各种活动，形成了一个从现实世界到虚拟世界的闭环体系，这个闭环体系是从数据分析到系统智能决策的升级。

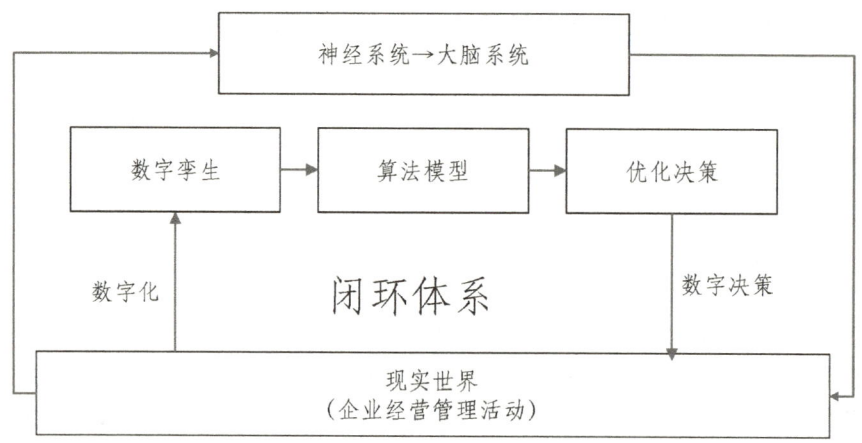

图 1-1　数字孪生共生机制

在消费者端，因为智能手机的普及，我们所采集的数据越来越多，非常丰富和全面，从而构筑了更加具象化的数字孪生，形成了更加丰富的数字孪生共生机制的场景。无论是开车导航，还是购物的智能推荐，还是我们看新闻、浏览短视频等各种生活场景，算法正在"自动指挥"着人们的衣食住行。

但是，在企业端，因为数据采集的丰富度、全面性，以及缺少算法工程师来构筑自动分析和决策指挥的算法系统，仍然存在大量的人工数据分析和挖掘，这对现实世界的智慧决策和行动指挥相对较弱。企业的数字化转型就是利用更加丰富的数字智能硬件或者信息化的软件采集数据，然后对这些数据进行充分分析和挖掘，包括利用人工的或者系统的算法对企业经营管理活动的数据进行分析和挖掘，从而优化现实世界中经营管理活动的决策，就像为企业经营管理活动"安装"了一套神经系统和大脑决策系统，提高了经营管理决策的准确性和科学性。

在企业端兴起的数字化转型就是在构筑数字孪生共生机制，让企业的经营管理决策更高效、敏捷和科学，从而大幅度提升生产效率。在数字孪生共生机制的构筑过程中，企业管理者团队所发挥的作用就像算法工程师一样，把决策方法和决策逻辑逐步用算法进行模拟和替代。我们将决策方法沉淀到系统中，从而让系统自动决策，指挥我们的业务活动，这是算法建设的一个阶段。在这个阶段，管理者积极拥抱数据技术，开发算法的一批人将成为数字智能时代的建设者，而那些还在用自己的经验去分析、判断和决策的人，最终成为"被指挥者"，由算法导航着去完成工作，甚至被弱化、替代或淘汰。

所以，数字化转型不仅对个人来讲是能力升级的挑战，对企业来讲也是不断升级决策能力的挑战。企业只有在数字化转型的过程中不断创造更优的算法，才能在将来的竞争中立于不败之地。未来五到十年，是一个关键时期，也是一个不可逆的时代转折点。

1.2 管理者的数据能力成为关键竞争要素

1.2.1 DT 与 IT 有着本质的区别

我们已经从 IT 时代迈步进入了 DT 时代，绝大多数人还分不清楚什么是 IT、什么是 DT，更无法确认这个变迁对自己的影响是什么。对个人来讲，不管是 IT 还是 DT，只要自己的感受和体验更好就行了。比如，在 IT 时代，我们拨号上网，在网上下单，等待着商品被运送到门，只要能够送到，只要我们不用自己出门，就是很好的体验。然而到了 DT 时代，我们貌似失去了过去的耐心，希望网络的速度更快，希望商品能够更快地被送达，希望获得更好、更快、更受尊重的体验。这就是不同，我们的需求已经悄悄地从 IT 时代升级到了 DT 时代，DT 时代是一个更注重个性化体验的时代。

DT 和 IT 到底有着什么样的本质区别呢？

IT，即 Information Technology，翻译成中文为信息技术，本质上是信息传播的技术，就是使信息从一个地方传递到另外一个地方的技术。过去我们人与人之间的信息传播靠的是眼睛看、耳朵听、嘴巴说。IT 扩展了我们人类眼睛看、耳朵听、嘴巴说的能力，跨越了时间和空间，所以我们能够在一个地方发出信号，并且快速、无时差地将之传递到千里之外的另外一个地方。

IT 改变了人与人之间的沟通方式，改变了社会结构，改变了你的朋友圈、社交圈，改变了你在社会中的关系网。邻里之间可以不相往来，可是，远在天边的朋友却有千千万万个。

IT 是信息传播的技术，我们传递产品信息、沟通交易信息，都可以跨越时空，所以，IT 改变了我们做生意的方式，改变了我们商业交付的方式，从而彻底改变了我们的生活方式。

而 DT 与 IT 有着本质上的不同。如图 1-2 所示，IT 是传播技术、沟通技术、交易技术，改变了我们传播信息的方式、社交的方式和做生意的方式。而 DT 是认知技术、思考技术、决策技术，改变了我们的思考方式、认知方式、决策方式和学习方式，是武装我们大脑升级的技术。

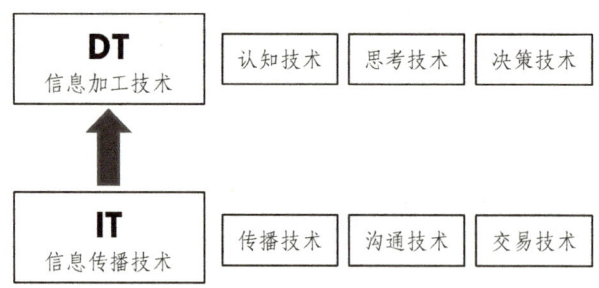

图1-2　IT和DT的本质区别

DT（Data Technology，数据技术）是信息加工和处理技术，对IT所积累和沉淀的数据进行加工和分析。通过运用DT对数据进行加工和分析，我们能够回答如下几个问题。

① 发生了什么。

② 为什么发生。

③ 将会如何发生。

④ 我们怎么做才好。

在回答这四个问题之后，DT就产生了区别于IT的地方。从技术改变人类能力的视角来看，IT改变了我们观察和感知世界的能力，让我们能够看得更加清晰，并知道发生了什么，让我们的沟通和交流更加高效，扩展了我们的嘴巴、眼睛、耳朵的能力。

而DT则改变了我们分析、判断和响应世界的能力，能够让我们分析和判断更加复杂的外部世界、更加敏捷地认知和感知世界、做出更好的决策。DT将升级我们大脑的能力，提升我们的智力水平，这带来的不同是本质上的。

人类区别于动物的地方就在于人类更聪明，大脑更发达。如果DT能让我们的大脑更发达，世界将发生翻天覆地的变化。

过去二十年互联网的发展，带来了传输速度的变化，带来了传输数量级的升级，让传输速度从几KB每秒升级到几GB每秒，扩展了百万倍，不仅让我们可以传输更多的数据，还让我们有条件采集和沉淀更多的数据。

随着数据的积累，数据资源越来越丰富，我们能够观察和记录的事情越来越多。对这些数据的加工和分析，让我们形成了新的认知，有了新的思考和判断，掌握了更多的规律和知识，形成新的智慧。现在互联网不仅表现出更快的速度、更大的容量和传输带宽，而且表现得更加聪明。

电商平台也从过去千人一面的页面展示，逐步升级到千人千面，甚至一人千面的更加个性化的体验，让购物过程更便捷、更高效，更好地满足了消费者的需求。现在我们已经进入 DT 时代，进入了一个不靠效率竞争而靠智力竞争的时代。互联网真正的下半场，与上半场有着本质区别的下半场，才真正到来。

1.2.2　DT 在迭代中升级

数据分析方法在不断沉淀和优化。在决策标准和规范不断优化的条件下，通过数据分析所做的决策会越来越精准、科学和高效。这是一个不断积累知识和规律的过程。以前人类总结历史，进行科学实验，形成新的知识，丰富着人类的知识宝藏。然而这个过程会随着计算机算法的发展发生变化。

在之前，人类一代代传承，晚辈向前辈学习新的知识，我们把靠这种方式传承知识的时代叫作"前喻时代"；后来有了互联网，信息传递效率提高，我们能够在网络上找到越来越丰富的信息，知识的传承多数发生在同辈之间，这个时候，我们进入了"同喻时代"；现在，年轻一代，特别是 2000 年之后出生的人，从小就"泡"在网络中，他们接触到更多的知识和信息，老一辈开始向年轻一辈学习，我们进入了"后喻时代"；随着计算机不断衍生新的知识，到那时我们都需要向机器学习，进入"机喻时代"，如图 1-3 所示。

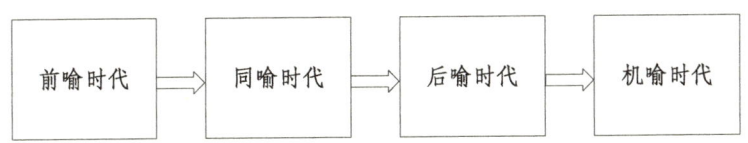

图 1-3　人类知识产生与传承方式的变迁

以上变迁也说明一个道理，DT 在应用过程中通过不断迭代而优化升级，一代比一代更加有优势，无论在准确性上，还是在效率上，都会得到大幅度的提升。这种规律给企业带来一个警示：如果我们不能更快地拥抱数据算法以改善管理，并在过程中积累经验、数据和算法，我们就会永远落后。我们不可能寄希望于现在不行动，等将来 DT 普及之后一步到位。这就像我们的孩子上学，你的孩子比别人的孩子大几岁，早几年上小学，在不留级、拥有正常学习能力和智力水平的情况下，你的孩子将比别人的孩子永远领先几年，也永远掌握更多的科学知识。

这也衍生出另外一个道理，DT 的红利领先者将永远享有，早一步应用 DT 的企业将永远享有数据技术红利。这与传统技术的红利不同。传统技术的红利具有阶段性，当第二代技术出现的时候，后行者使用第二代技术，将比使用第一代技术的先行者拥有更好的技术红利。比如，你使用的是第一代智能手机，第二代智能手机在出现之后，将比第一代智能手机拥有更快的速度、更大的存储空间，此时使用第二代智能手机的人将拥有更好的红利。又如，现在 5G 网络的速度比 4G 网络更快，哪怕你之前没有使用过智能手机，只要你现在先行使用 5G 技术的手机，就比原有使用 4G 技术手机的人拥有更快的速度。而原有的 4G 时代的投资都会在 5G 到来的时候成为沉没资产。

对于管理者，以上两条红利优势的逻辑也是成立的。管理者在提升数据能力之后，就可以利用数字智能时代丰富的数据，并且在使用数据的过程中不断积累和沉淀，从而拥有更加高超的数据技术能力，让后来者永远跟随。另外，使用数据的能力是不会退化的，在推动 DT 应用的过程中，不断积累经验、不断迭代升级原来认知的过程不可逆，只会迭代增加，这与其他的职业能力一样。此外，对数据技术、软件工具或者算法模型的使用，也是不断累加、升级的，这就像我们学会了骑自行车，哪怕多年不骑自行车，当我们再次骑自行车的时候，仍然能够很快骑上自行车就走了。技能的掌握会内化到我们的体内。

1.2.3 DT 的本质是认知技术、思考技术和决策技术

DT 是数据处理及加工的技术，DT 对数据资产进行加工分析，告诉人们发生了什么、为什么发生、将要发生什么，以及应该怎么做，从而提高人们的认知能力，让人们认知事物发展背后的规律和逻辑。数据技术可以为我们在经营管理中的决策提供支撑。

如果我们有丰富的数据，就能够获得更多的规律，积累更多的知识，从而形成对外部世界更加丰富的认知。如果我们有更加全面的数据，就会形成更加全面的认知。如果我们的 DT 体系能够提供更实时、动态的数据，让我们能够进行实时、动态的分析和挖掘，我们就能够更加敏捷地响应外部世界的变化。

利用 DT 可以大幅度提升我们的认知能力。那么这个过程是如何实现的呢？我们可以用 DT 模拟人类的认知过程，从而构建数据认知体系。人类的认知过程有一个简单的模型，即"感知—响应"闭环模型。

如图 1-4 所示，"感知—响应"闭环模型是人类形成基本认知和响应外部环境的模型。

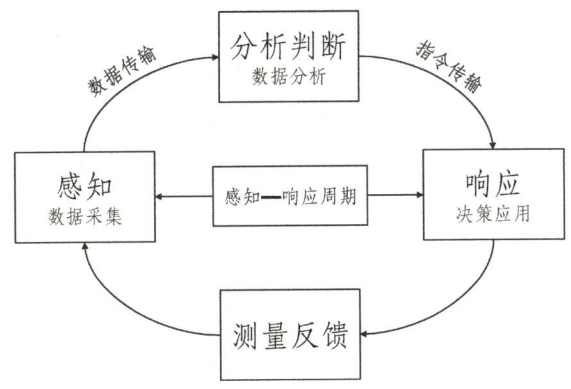

图 1-4 "感知—响应"闭环模型的原理简图

人类通过感知器官，包括眼睛、鼻子、耳朵等，感知外部环境，然后利用神经网络系统将通过感官体系采集来的信息传递给信息处理器官——大脑。大脑对信息进行加工和处理，做出分析和判断，形成响应外部环境的决策。该决策通过神经网络系统传递到我们需要响应的身体器官，无论是四肢还是我们的语言体系，以采取行动，应对外部环境。

以开车来举例说明。当我们驾驶汽车在路上行进时，我们的眼睛看着前方的道路和路况，包括障碍物和其他行进的车辆。当我们看到前方的车辆在减速时，这个信息通过神经网络系统传递给我们的大脑，此时我们的大脑就要做出决策，是减速还是变道？然后这个决策形成行动指令，通过神经网络系统传递给四肢，四肢操控汽车进行减速或者变道，这样我们就避开了行进中的障碍。然后我们的眼睛会继续观察前方道路，开始下一个循环，这就是一个典型的人类响应外部环境的闭环。在这个闭环中，人类通过感官感知世界，通过大脑分析、判断信息，通过神经网络系统传递信息、数据和指令，通过四肢或者行动器官采取行动。这个闭环体系时时刻刻都在运行着，甚至在睡着的时候，我们的神经系统也在做着类似的事情。

这个闭环体系在响应外部环境时是非常自然的。可是要想将这个闭环体系在企业经营管理中应用，就需要我们主动去设计，利用技术来实现每一个环节，让企业能够形成类似人类本能的"感知—响应"闭环模型，这样我们的数据体系就能够赋能企业组织，从而让企业组织自发地利用数据体系做出更敏捷、更准确的对内外部经营环境的响应。

再举一个生活中的例子，让更多的读者体验这个闭环体系，或者将之"仿生"到企业组织的经营管理决策中。我们在洗澡之前需要调节水温，使之合适。我们会先打开水龙头，接下来的一个动作就是把手伸在花洒下面感知水的温度。通过手感知水温，这就类似于在企业经营管理中采集内外部环境的数据，这是一个数据采集的过程。数据采集务必要求准确、及时、高效，手是我们最合适的温度测量工具。我们不可能在每天晚上洗澡的时候都要带上温度计去测量水温。当然，在给刚出生的宝宝洗澡的时候，我们还是要用温度计去测量水温，以确保宝宝的安全。

通过手感知到水温（可能是冰、凉、温、热、烫等），这样感知到的水温信息通过手、胳膊里的神经传递到我们的大脑中。这是数据采集后进行传输的过程，在企业中我们需要让信息系统联网，让数据集中传递到服务器运行信息软件系统的数据库中。

我们每天感知到的信息基本都会被集中传递到大脑来管理，当然也有例外，就是我们的一些自然反应，如需要快速避险的反应，应急反应机制会自动处理这些自然反应，不需要经过大脑。比如，当我们的手被高温烫伤时，就会快速缩回，这是我们小脑的快速响应机制。企业也需要这种应急反应机制，即可以在企业某些终端采用的紧急的、自动化的响应机制，其所采用的技术称为"边缘计算"。

我们的大脑对从手传递来的水温信息进行分析和判断。如果感到很凉或者很热，我们就多调节一些水龙头，如果感到稍凉或者稍热，我们就会稍微调节水龙头，从而形成指挥手去调节水龙头的指令。这个过程就是数据库中的数据被中央数据分析系统进行处理，形成判断、决策的过程。在企业组织中，信息化系统采集的数据需要进行处理、加工和分析，从而为我们的管理决策提供支持，确保管理决策的指令是基于采集的数据做出的。如果我们没有水温的数据，那么形成的调节水龙头的指令就是无效的。

调节水龙头的指令传递到我们的手，然后手去调节水龙头。这就是从形成指令到行动的过程。行动的准确性是由采集到的数据的准确性、分析和判断的准确性、形成的指令的准确性决定的。如果我们没有采集到水温的数据，没有对数据进行分析、判断，就不知道怎么调节水龙头。企业组织管理也是一样的道理，管理者每天都在做着各种各样的决策，指挥着业务活动，如果管理者缺少数据信息、数据分析判断和对行动指令的优劣判断，他的管理决策就是瞎指挥。相反，如果企业有丰富的数据集，有精准、及时的数据分析，以及有精准的决策响应，那么企业就是非常敏捷、高效的，就能够更好地应对外部环境的变化。

而管理者就需要利用这些数据，对这些数据进行分析和判断，形成最好的决策指令，这背后就是对数据分析方法和算法模型的掌握，以及对逻辑和规律的掌握。形成的决策指令需要通过历史积累、沉淀的"经验"来判断，从而变成更好的决策指令。整个闭环体系体现着管理者的数据能力。至少在企业的信息系统还没有达到自动智能水平的时候，对企业进行信息化数据采集、分析、挖掘的工作就需要管理者来承担。所以，面对极度丰富的数据资产，管理者的数据分析和挖掘数据价值的能力，就成了企业间竞争的关键。

算法积累需要一个过程，是一个探索、沉淀的过程。在机器智能时代来临之前，管理者的数据能力是企业进行信息化建设的"必备武器"。

1.2.4 数据资产管理与应用是数字化转型的技术关键

虽然我们每天都在应用着"感知—响应"闭环模型，但是对企业组织来讲，这是一个非常复杂的体系，需要利用信息系统来实现这个闭环模型，这需要依赖各种技术来完成。

第一类技术是数据采集技术，也就是感知部分，也叫作 IT 或者 IoT（物联网技术，Information of Things）。我们需要能够自动采集数据的智能终端，在智能终端上安装能够采集数据的智能传感器，实现数据的实时动态采集。如果智能终端不能安装智能传感器，就需要让人去填写信息系统软件中的表单，从而将数据记录到系统中。这里所用到的技术是企业管理信息系统的技术，即信息技术、软件技术、计算机技术。数据采集需要注意以下几点。

① 采集需要的数据。很多企业在进行信息化建设的时候，需要照顾到各种应用场景，内置了很多数据采集点，但在实际实施的时候，会有很多的自由度。这就像我们常用的 Office 软件，在设计的时候为了满足各种需求，软件中有大量的功能，但我们实际用到的功能并不是很多，甚至连10%都不到。如果企业不知道需要什么数据，软件实施工程师也不知道企业将来需要什么数据，就按照前期的业务调研，建立部分数据采集集合，但这些集合和最终的企业经营管理需求数据集存在偏差，导致有些需要的数据并未得到采集，有些不需要的数据被采集。这种现象是非常普遍的。

如何确定需要采集什么数据，这要结合业务流程需求进行系统梳理，具体的方法可以参考本书第 4 章和第 5 章的内容。

② 采集高质量数据。数据分析和挖掘直接影响我们的决策，如果数据质量差，分析质量就差，决策质量就差，即"垃圾进，垃圾出"。数据采集端要建立数据标准和数据采集规范，确保数据能够被高质量地采集、存储、传输。具体的数据标准和数据采集规范，可以参考本书第 3 章的相关内容。

为了尽最大努力保证数据采集的质量，我们需要做到"三个尽可能"。

- 能够用信息化系统软件记录的，就尽可能不要让员工用电子表格在自己的电脑中记录。只有通过信息化系统软件记录了数据，才能够实现"单点录入，多点共享"，否则数据就容易流失、丢失，或者不能实时动态更新。
- 能够用智能硬件自动采集的，就尽可能不要用人工录入。只要有人参与，就有犯错的可能。特别是在某些生产制造型企业里，一线工作人员的信息化系统使用能力都比较差，记录出错的可能性更高。
- 能够用固定智能硬件自动采集的，就尽可能不要使用移动设备。虽然移动设备提供了便捷性，但是移动设备依赖于人的移动，只要有人参与的，就有作假的可能。固定的智能硬件自动数据采集设备才更值得信赖。

第二类技术是数据处理技术，也就是"神经网络系统"，是对数据进行处理、关联、清洗或者综合治理的技术，也叫作 DT。这是 DT 的狭义概念，广义的概念包括了数据采集、传输、处理、分析和应用。对少量的数据进行处理不需要高、精、尖的数据处理技术。比如，如果企业每个月产生的数据不足百兆字节（MB），一台服务器或者一台电脑就能够搞定，那么数据处理技术就不会是瓶颈。如果一家企业的数据量级比较大，或者数据传输、查询、汇总等的效率低下，影响使用，那么数据处理技术就比较重要了。面对百万级用户数量，GB 级数据集，如果要求实现秒级应用查询，那么就需要大数据处理技术、云计算技术、数据库分布式处理技术等。这类技术包括 Hadoop 等系列新兴技术。

如果企业的信息系统比较多，数据结构比较复杂，数据表使用比较频繁，在查询、应用数据的时候影响生产的效率，企业就需要考虑运用数据平台来对数据进行集中的管理。小规模的数据可以用数据仓库来处理，中大规模的数据就需要用大型数据仓库或者大数据平台来处理。

第三类技术是数据分析技术，即"分析、判断"的技术，也叫作 AT（Analysis Technology，分析技术）。数据分析技术涵盖了数学、统计学、运筹学、大数据算法等各种数据科学相关学科的知识和技术，涵盖了从基本的统计汇总的算法到高级的人工智能或者机器学习的算法。

这部分技术还不是特别成熟，虽然现在有了各种数据科学的基础，但算法的成熟度在实际应用中还有很大的发展空间，需要企业在使用的过程中不断迭代，使之适合自身的场景应用。这类算法的差异才是企业间"智力水平"差异的真正表现。一般一家企业在这些方面取得突破，都不太会大张旗鼓地宣传，或者分享出去。因为这类算法是企业未来的核心竞争力的一部分。另外，有些算法即使分享出去，也不可能被其他企业照搬，因为场景不同，算法的适用度会大打折扣。学习别人的算法只会加快自身算法的开发，不会替代自身算法的开发。

第1章 数据能力已经成为管理者的基本能力

第四类技术是业务技术，即基于业务场景的洞察能力，也叫作 OT（Operation Technology，运营技术）。业务专家需要掌握 OT，通过对业务的洞察，让数据分析算法符合业务逻辑，满足业务决策的需求，个性化、动态地满足业务场景，不同的业务场景需要不同的算法。

IT、DT、AT 和 OT 共同构筑的"感知—响应"闭环模型如图 1-5 所示。这些技术是数字技术在替代我们人工和人脑的过程中所需要的相关技术。缺少任何一类技术，都无法构筑这个闭环模型。

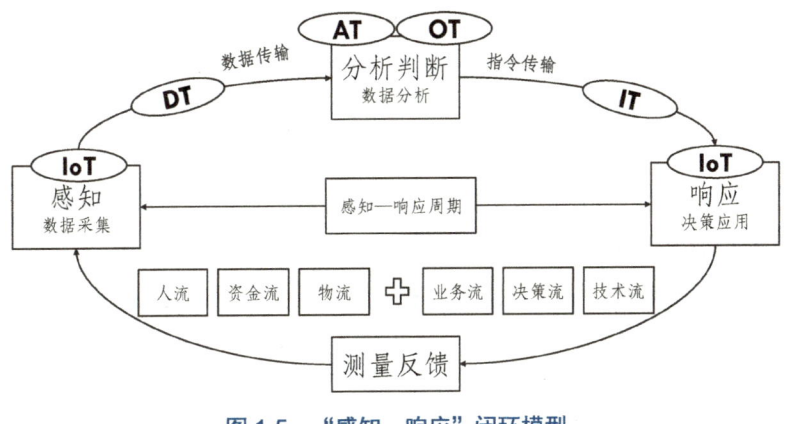

图 1-5 "感知—响应"闭环模型

目前，能够熟练掌握这四类技术的人才是比较少的，所以就需要一个团队组合，这个团队组合中必须有熟练掌握这四类技术的人才。现在很多企业的数字化转型实施团队已经组建，在能力匹配和能力组合方面需要参照这四类技术做好团队配置。多数企业在团队配置方面出现的错误是缺少掌握 AT 和 OT 的人才。有掌握 IT 和 DT 的人才，在原来信息化团队的基础上增加一些掌握大数据技术的人才就足以支撑和推动数字化转型，这种认知是有缺陷的。

如果四类技术由四类人掌握，会涉及一个沟通的问题，人与人之间的沟通是复杂的，是有信息衰减和信息偏差的。即使企业拥有了四类人才，每类人才都是一个领域的专才，在日常的工作中仍然存在很多效率问题和沟通障碍问题。我们经常说"技术不懂业务""业务不懂技术"，就是因为他们相互之间互不理解，无法沟通，采用了不同的沟通语言。如果一家企业中能够有同时掌握两类技术的人，也就是我们所说的桥梁型人才，那么他们能够在实际工作中带来更高的效率。这其实对未来的管理者提出了更高的要求，即未来的管理者应该至少是"双边"人才或者"桥梁型"人才。我们把能够双栖的、同时掌握两类专业技术的人才叫作"π型"人才。这跟我们在工业时代要求的"T型"人才不同，"T型"人才要求具有一项专业能力，"π型"人才要求至少具有两项专业能力，能够起到桥梁的作用。

根据"感知—响应"闭环模型，我们推导出了未来的数据闭环架构体系。这个数据闭环架构体系中需要承载什么样的数据呢？

在传统信息化建设中，信息化系统经常包括企业的人、财、物等资产的相关信息，特别是以 ERP（Enterprise Resources Planning，企业资源规划）系统为代表的信息系统软件，基本以财务相关数据为基础。随着我们对数据全面性的要求的提升，信息化系统中所需要记录的数据，不仅要包含企业的人、财、物等可见资产的数据，还要包括人的活动、决策、算法等内容。传统 IT 有三个核心流（资金流、物流、人流），现在需要增加业务流、决策流和技术流。资金流、物流我们比较容易理解，常规的信息化建设基本都包含了人、财、物的信息记录和交易活动记录。我们重点介绍一下人流、业务流、决策流和技术流。

① 人流。人流是指人的活动记录。传统信息化系统中多数记录的是人员基本信息，是相对静态的信息，而现在需要增加和强调人的活动记录。

比如，传统的 CRM 系统记录的是客户信息及客户的状态，并没有记录业务员开发客户的活动。传统的 CRM 系统在本质上是 CIM（Customer Information Management，客户档案管理），并不是真正意义上的 CRM（Customer Relationship Management，客户关系管理）。其中的差异就是人员的活动信息并没有被有效记录，仅仅记录了客户的信息和状态，而这些信息基本上是静态的信息。该系统赋能业务的价值不高，被业务部门嫌弃的本质原因是花费时间记录的信息增加了工作负担，并没有产生业务价值。如果我们能够记录业务员开发客户的全流程，总结更高效的活动实践，那么该系统就能够帮助业务员去开发客户，产生价值，甚至成为指挥业务员高效完成销售业绩的"导航系统"。

再如，传统的 HRM 记录的是员工的信息和状态，并没有记录员工的活动和成长轨迹，以及员工从事的项目、积累的经验、形成的最佳实践，所以 HRM 对员工成长起到的辅助性作用很小。最后，很多企业的 HRM 就成为一个员工电子档案，并没有真正起到管理的作用。

具体一个系统中应该记录哪些与人相关的活动，可以参考本书第 4 章和第 5 章的相关内容。

② 业务流。业务流是通过数字化系统记录的业务流程，也可以被看作实际业务执行流程在信息化建设中的逻辑关系。业务流具体包括一项经营管理活动从计划、审批到执行、事后评价、复盘等程序，以及这些程序所需要遵循的规范。

比如，销售人员在制订完销售计划后，需要将计划发送给生产部门和采购部门，从而生产部门可以根据销售计划制订生产计划和供货计划，采购部门根据生产计划制订原料采购计划。销售计划、生产计划、原料采购计划之间要有基于时间和业务逻辑的关系。比如，产品交付在时间轴上的匹配关系，如什么时间销售什么产品、交付多少产品等，需要生产部门在交付时间之前生产出产品并准备好交付；生产计划需要对应产品的物料清单来计算需要多少原材料，采购部门要保证事前采购的原材料到货入库等。这些都是业务逻辑和时间匹配所确定的业务流。

很多企业因为存在部门划分，部门之间存在"部门墙""信息井"，导致很多信息的传递不通畅，造成浪费或者形成财物管控的风险。我们在实际工作中碰到一个案例，一家石化企业的商务部门给客户发了3000吨沥青，但这次发货对应的票据信息没有及时被传递给财务部门，财务部门没有及时入账，也没有及时从客户账户中扣款，更没有在存货中做销账，导致收款不及时、发票开具不及时、账与物长期不符。等三个月后发现时，沥青价格从3000元/吨跌到了1900元/吨。在收款的时候客户无法接受3000元/吨这个价格，税票开具成为难题，给这家企业造成了几百万元的经济损失。这就是业务流不畅通导致的信息传递不畅、数据不通的问题。虽然后期双方经过协商友好地解决了这个问题，但也暴露出业务流在"感知—响应"闭环模型中设置不全面导致的业务流不畅通的问题。

③ 决策流。决策流是指整个企业业务流程中的各种决策。每个业务流程环节产生的各种决策、形成的决策指令也要用数据去沉淀，最后通过结果来评价决策的科学性和准确性。决策是否及时、有效、科学、最优，通过数据去表征，从而形成了关于决策的数据流。另外，决策是与其他数据直接相关的数据流，决策是谁在什么时间、基于什么数据、利用什么算法模型做出的决策。这个数据流成为所有业务决策的追溯系统，也会成为管理绩效的评价结果追溯系统。

决策背后是一套决策逻辑，即在什么条件下应该触发什么样的决策指令。客户平均15天购买一次，到了第13天的时候我们就要提醒业务员去与客户沟通，在第14天的时候业务员应该跟客户达成交易协议，在第15天的时候公司能够收到客户付款，开始为客户配送货物，确保客户每个购买周期都从我们公司购买，这就是一个简单的决策流逻辑。

④ 技术流。技术流是指系统中的相关数据技术、分析技术、算法模型，以及沉淀在系统中的业务逻辑模型等。技术流是一个全新的概念，不同的技术在系统中处在不同的层级，提供不同的功能和服务，是我们看不到的。

比如，你去宾馆办理入住，现在宾馆的入住系统都跟公安系统联网，需要扫描、识别你的身份证的信息，并与你的人脸图像进行比对。在这个过程中，除了摄像头采集你的脸部信息、智能硬件扫描你的身份证信息，还有一个比对算法，即把你的脸部用多个点进行计算，形成你的脸部特征数据，然后与你保存在公安系统中的脸部特征数据进行比对，只有比对成功之后才能识别成功，返回"验证通过"的结果。

在这个过程中，算法在运行，这就是所谓的"技术流"。技术流可以在应用端进行边缘计算，也可以在公安系统的后台完成相关图像处理的计算，还可以设置在中间服务器中进行。不同的模式对不同端的硬件的要求不同。

比如，技术流如果在宾馆前台的识别设备中，不仅要求这个设备有数码相机的图像采集功能，能够采集脸部图像，而且还要求这个设备有对图像进行处理的计算功能。设备中存有的算法在取得脸部图像之后，对图像进行处理，生成脸部特征数据，然后将脸部特征数据上传到公安系统的服务器进行比对，这个时候上传的数据就非常少。

如果技术流不在终端，而在公安系统的服务器中，那么，宾馆前台的识别设备只需要拍照，然后将照片的数据上传到公安系统的服务器中，由公安系统的服务器进行图像处理，形成脸部特征数据，然后再进行比对，将结果返回到宾馆前台的识别设备。这个时候对宾馆前台识别设备的计算能力没有要求，但对数据传输能力有要求，因为上传的脸部图像将会比较大，而且对公安系统服务器的数据处理能力要求更高，要求它能够实时动态地处理来自成千上万家宾馆的识别设备传递回来的图片数据，这几乎是不现实的。所以，一般我们会在宾馆前台识别设备内置入图像数据处理模块，使之按照固定算法生成脸部特征数据。

企业的信息系统也是如此。具体技术流向如何设计，取决于成本最优、效率最高、时效最好、安全性最高等不同的指标要求。

人数、业务流、决策流和技术流构筑了企业数字智能管理和决策的闭环体系，这个体系中的算法和模型不断积累，系统不断实现智慧化升级，系统指挥业务就逐步成为现实。这是未来数字化企业的底层逻辑技术架构模型。

⑤"数据三台"。近来数据中台的概念越来越成熟，很多企业参照着领先的互联网企业或者高新技术企业的模式在构筑自己的数据中台。所谓数据中台，是指在原有信息系统基础之上，通过数据整合与综合治理，集中管理企业数据资产，并为企业业务应用提供数据服务的一套新的机制和体系。

除了数据中台，还有基于物联网、互联网和数字基础硬件设施的数据后台，以及在前端为业务所使用的数据前台，这是一个"数据三台"的架构体系。如图1-6所示，"数据三台"的简单架构是从功能视角进行的划分，在目前很多公司的软硬件应用上，区分并不明显，这也要求企业为了未来架构的规范，将软硬件建设时考虑的架构尽可能区隔开来，避免将来出现管理困境。

第 1 章 数据能力已经成为管理者的基本能力

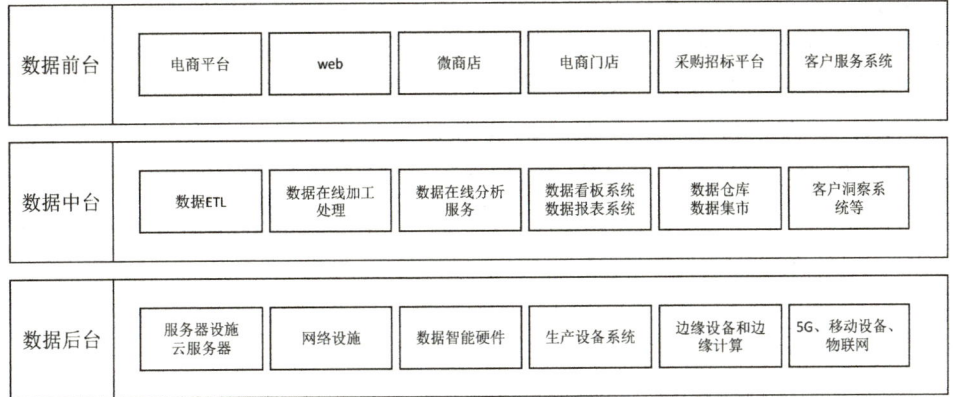

图 1-6 "数据三台"简单的架构示意图

数据后台要求能够实时、动态并精准地采集企业业务管理和决策所需要的数据，数据采集可以采用人工录入的信息化软件模式，在能够直接使用传感器和智能硬件的地方，利用物联网、智能芯片、摄像头等各种数字智能硬件自动化采集所需要的数据。数据在采集之后被传输到中央服务器，中央服务器包括分布式存储的云端和具有高速处理能力的 IDC 机房，这些构筑了企业的数据后台体系。

数据中台所提供的服务包括大量数据的高速处理、数据治理、数据清洗及数据的基础加工，还包括数据应用的服务、数据算法模型库的管理、数据资产的集中管理等。

数据前台是直接触达客户的点，包括客户使用的网上电商系统、门户网站的互动模块、微商城的销售呈现、收银系统 POS、采购端面向供应商的门户（如招投标平台、报价系统等）。我们将这些一线的业务系统称作数据前台，其任务以完成交易或者促成业务为主。

1.3 管理者的数据能力是企业数字化转型的关键

1.3.1 传统企业管理者的数据能力较弱

管理者的数据能力已经成为企业利用数据资产、挖掘数据价值的关键。然而，受历史习惯和过去的经验影响，绝大多数管理者的数据能力相对较弱，对比国际领先的企业，中国本土企业管理者的数据能力相对落后。我曾经服务几家世界五百强的企业，包括宝洁公司、惠氏制药、摩立特集团，这些企业的数据体系相对完善，几乎所有的重大或者关键决策都需要数据分析来支撑，而我曾服务的本土企业，则不太重视数据体系和体系化的建设，更注重个人的经验、能力和机会。管理者也普遍不具备数据采集、数据处理、数据管理、数据分析和数据应用的能力。

这样的企业在信息化建设的过程中更关注信息化建设带来的流程效率，而不重视信息系统中所采集数据的质量。绝大多数企业的数据质量都比较差，缺少数据规范和标准，数据可用度较低，都是现在企业用数据决策所面临的现实问题。因为缺少高质量的数据集，数据应用不受重视，企业也没有很好的数据土壤和文化土壤，管理者的数据能力得不到锻炼，所以企业整体的数据水平比较低。

另外，很多管理者一旦从职员晋级到管理者之后，就不愿意动手了，因为他们认为"动手"做事是职员的事情，在"当官"之后，无须再亲自动手了。所以管理者整体的动手能力较差，不动手，就不会有经验的积累，最后连指挥职员动手的能力都没有。在这样的恶性循环之下，在企业中成长起来的管理者的数据能力普遍偏弱。

在过去，数据不够丰富，信息化建设的成本较高，一般的企业信息化程度不高，没有数据能力的管理者靠个人积累的经验和知识，成为企业中意的人选。在招聘面试的时候，面试官考核的大多都是候选人的资历、具体做过什么、有什么成就或者成果，而不考察这些人的能力。他们认为，过去的成功就是能力最好的证明，但是，当候选人进入新的企业、新的环境、新的行业领域的时候，过去的经验和知识就有可能过时或者不适合，企业还需要继续投入"学费"让这些人重新积累经验。这是人力资源市场的一个特殊现象。我们可以预见，在未来数据极大丰富、数据分析足够成熟的情况下，企业所需要的优秀人才都是能够基于丰富数据集做出深度洞察和精准决策的管理者。数据能力之于管理者，无论如何强调其重要性，都不为过。

现在有越来越多的企业开启并加快了数字化转型的步伐，这会给企业积累丰富的数据集奠定技术和系统基础。有了足够的数据集，企业对管理者的依赖将从其从业经验转向数据能力。目前在普遍数据能力较弱的情况下，企业数字化转型的瓶颈在于管理者的数据能力，这个数据能力不仅是数据分析与业务洞察的能力，还包括数据采集、数据处理和数据管理的能力。

管理者要想提升自己对数据体系化的认知能力，需要对数据全生命周期的流程环节中所用到的技术有一定的了解，需要掌握目前先进的技术手段，来实现更高效的数据管理、数据分析和数据算法的应用。数据管理与数据应用的闭环全流程给管理者提供了一个需要补充数据基础知识的框架，感兴趣的读者可以自行去寻找相关领域的知识进行补充。

1.3.2 数据人才培养学科不健全

传统的高等教育机构在 2010 年之前还很少有数据能力培养的相关学科。截至 2020 年，绝大多数高校还没有开设数据相关专业，虽然有计算机软件、硬件及计量经济学相关的学科，但是都不是专门面向数据分析与企业数据应用的相关学科。当然，自 2015 年之后，全球的高校开始开展"业务分析师"、"商业分析师"及"数据建模"等相关学科的建设，但是都是基于大数据的概念建立的，并不是在商科教育基础上的延展，这些学科的学生毕业之后，能够在企业经营管理决策中发挥的数据价值方面的作用较少。

过去，与数据能力相关的学科（如数学、统计学）的学生毕业之后在企业中只能做个统计员，并没有发挥他们学习的算法模型的价值。很多与数学相关的专业学科只能转型去培养小学、中学的数学老师。这方面也体现出过去企业不重视数学和数据的价值。

现在很多高校纷纷开展数据技术相关的学科教育，也努力培养数据专业人才，但是因为缺少应用场景和社会实践，缺少教学内容和教师人才，让很多学校培养出来的学生并不能很好地满足社会对该专业的需求。

1.3.3 数据人才成为稀缺人才

随着越来越多的企业开启了数字化转型的战略，和企业信息化和数字智能硬件装备程度的提高，企业急需数据人才，从而对数字化转型过程中沉淀的数据进行深度分析和挖掘，赋能企业的经营和管理决策。越来越多的企业在积极招募数据相关专业的人才，数据人才成为这个时代的"香饽饽"。

即使是刚大学毕业的学生，如果其所学的专业与数据相关，也能找到非常好的工作。与五年前找不到工作的现象完全相反，如果你是数学相关专业毕业的学生，就会成为各大公司积极招募的对象，而且入职时的工资水平比其他的专业高了一个等级。即使是这样，仍然满足不了各大企业的招聘需求。

在人才市场上，能够掌握一定的数据分析工具、做一些数据分析的人都能够找到很好的工作。我们的数据分析师在公司经过一两年的锻炼，然后跳槽去甲方企业做数据分析师，都有非常好的发展前景。这也从侧面反映出企业对具备数据分析能力的人才的需求的紧迫性。

从传统教育的学科设置来看，基于我们的经验，四个专业比较适合培养数据人才，分别是数学、统计学、计量经济学、金融学。其中，数学专业要注意，有些应用数学学科的毕业生在数据算法方面的专业知识不足,值得各企业人力资源经理在招聘人才的时候注意。

1.3.4　数据人才自主培养成为企业首选方案

企业需要数据分析专业人才,但是人才市场中擅长数据分析的管理人才又是非常稀缺的。面对这种情况,企业是从外部招聘,还是自主培养呢？这是一个困扰很多企业的人力资源经理的难题。其实,从外部招募的成熟的数据分析专业人才,也需要时间了解公司的业务。特别是在跨行业招募人才的时候,花费重金招募到的人才要想发挥价值,需要一个很长的周期。摆在很多企业面前的方法只能是自主培养。

但是,自主培养也需要时间,时间并不是最难解决的问题,最难的是,企业现有人才梯队中因为缺少数据分析专业人才,无法形成人才培养的环境,没有资深和专业的人才引领,即使想自主培养,也没有领头人,无法快速地培养出一个优秀的数据分析团队。

当然,这是绝大多数企业的担忧。没有培养数据分析团队的环境,个人的成长就会受到限制,这就需要企业构建一个开放的环境来培育人才。在绝大多数企业的经营管理环境下,管理者的能力育成是由组织职能定位决定的。当我们定义一个组织是专门做数据分析的时候,组织成员就需要在这个组织定位的基础上进行自我发展,发展自己的能力,所以我们首先要做的是设置一个数据分析专业人才的岗位,然后把具有潜力的人放到这个位置上,并赋予其职能和职责,用定位来引领该人的自我能力发展,并使之在实践中不断积累经验。

为了加速数据分析专业人才的培养和发展,我们需要开放思想,强化日常的总结沉淀和学习交流。一方面,要在日常工作中给予足够的资源来支持他们的数据分析活动,让他们的数据分析能够在日常经营管理决策中发挥作用,并鼓励他们尝试更多的分析方法来充分挖掘公司的数据资产价值；另一方面,要鼓励这个团队向外部学习,同更多的同行或者相同专业领域的人进行交流,通过学习来强化该团队的能力晋级。撰写本书的目的就是希望能够给企业自主培养数据分析专业人才提供一定的思路和方法,能够给他们分析和挖掘企业的数据资产提供一些思路和方法,并通过社交群的构建,强化相互之间的交流和学习。所以,我们非常鼓励本书的读者构建交流学习群,相互学习,相互影响,相互鼓励,大家共同进步。

1.4 数据能力的背后是思维模式

1.4.1 从专业知识到实践需要一个长期的过程

在数字智能时代，数据分析能力越来越成为未来管理者的基本能力，但绝大多数的大学毕业生都没有学习过系统的数据分析方法，不具备基本的数据分析能力。教育体系还是落后于时代和行业的需求，即使现在的商学院越来越结合企业的经营管理实际。即使在一些比较开放的大学，数据技术相关专业的发展也相对落后于目前数字智能时代的需求。自2012年开始，有些大学开始开设数据技术相关的专业，但学生所学习的仍然是传统学科的内容。

现在有越来越多的大学，包括一些国际领先的大学，开设了数据技术相关专业，但基本以传统的数学、统计学和信息技术相关专业的组合为主，具体结合实际业务的专业仍然匮乏。毕业生在大学期间学到的能够应用到实际场景中的数据技术相对较少。大学课堂能够教给毕业生的是系统化的数学、统计学等相关的知识，不是应用到实际业务场景中的技能。

将专业的学科内容应用到实践中需要一个过程。比如，大学里工科或者理科专业的学生都会学回归分析，但是在毕业之后能够利用回归分析来帮助自己进行日常管理决策的几乎没有。在企业经营管理中，我们经常会分析投入产出效率，投入跟产出之间的关系到底如何？把钱投在什么地方更加高效？其实这些问题完全可以用回归分析来解决。然而，能够在企业经营管理中使用回归分析来分析投入产出效率的人，到目前我还没有见过，虽然我已经服务过上百家企业。这些企业中不缺少大学工科或者理科毕业生，甚至有的企业的博士生都超过百人，仍然没有把企业的投入和产出构筑成数学模型来进行分析的人。

问题出在什么地方呢？单纯地教授函数关系或者回归分析的公式及原理，不能够教会学生把这些东西应用到实际工作中，虽然他们在工作中需要这些，即使他们想起了这个模型，也不会把这个模型应用到实际管理工作中，而且他们也没有被要求使用这些模型来提升自己的管理决策的准确度。

传统的教育及大多数教科书是不会启发管理者使用科学的原理来做出更好的管理决策的。单纯地再次阅读管理学的书籍不能提升你的管理能力，单纯地再次阅读数学的书籍不能提升你在企业经营管理中建模的能力，单纯地再次阅读统计学教科书不能让你把统计学知识用在管理中。本书也不会按照数学、统计学、运筹学等相关学科的撰写方式来撰写，将从另外一个维度来撰写，即从管理者成长轨迹的维度来撰写。

无论是大学或者商科学院的教科书式的教学，还是培训机构的课程，都无法解决目前中高层管理者数据能力晋级的问题。为什么呢？前者重视体系化的理论知识，后者重视系统的技能训练，都不关心实际应用的方法，更不会关注方法背后的方法，即方法论。我这样说并不是指这两类教育方式没有价值，而是指价值点不同而已。另外，很多学员习惯性地"照猫画虎"，在教学或者培训中，能够直接用来照搬的场景比较少，或者理论太抽象，也导致应用度不足。比如，传统高校开设的课程，如数学、统计学、线性代数等，都是理论抽象后的课程，与现实世界的对应相对较弱；而培训机构提供的主要是技能类的培训，系统地教大家如何操作 Excel、如何使用 SPSS 和 Python 编程，这些与管理者的日常数据处理和分析存在脱节的现象。

1.4.2 数据能力是一项实践性非常强的能力

一般的传统教育或者培训不太重视能力训练，也不太重视总结背后的方法，虽然它们教授的是专业的、系统化的知识。将这些知识应用到实践中还有很长的路程要走，虽然这些知识源自实践。理论教育脱离企业管理实践的现象非常普遍，就像理工科的学生基本都学习过线性回归和统计学的基本知识，但是在实际工作中，很多人只记得自己学习过线性回归，却不能将其应用到企业的费用预算优化、投入产出分析等方面。我曾经给上万个人授过课，没有一家企业能够用计量经济学的方法来分析和挖掘投入产出数据、优化投入产出比、优化费用投入预算。

于是，我决定写一本关于能力训练的书，能够让读者举一反三，在数据应用和数据分析方面"思如泉涌"，让他们面对数据能够游刃有余地、创造性地进行分析和挖掘。其实，任何事情的背后都有"套路"，数据分析和挖掘也一样，"套路"比方法更加重要，因为"套路"可以给我们提出思路，思路可以给我们提供方法，方法可以解决问题。掌握了"套路"，就有了多种解决问题的方法。所以，本书中绝大部分内容都是我所总结的一些"套路"，其他内容都是为了介绍"套路"而提供的一些基本背景知识。

1.4.3 测一测你对数字化转型和数据化管理的认知程度

针对表 1-1 中提供的 10 个维度，对自己在各个维度上的能力水平进行自我评估，按照 10 分制进行打分，打分标准如下。

1~2 分：新手。对该维度的知识和技能有基本的了解，但不是很清楚，不知道如何利用该知识进行评估和评价，也不知道如何将该知识用到实际业务中，在实际业务中有需求,但没有使用过,对技能类的学习处在刚刚入门的阶段。

3~4分:熟手。对该维度的知识或技能有了一段时间的使用体验,基本熟悉该知识领域的相关专业内容,对技能类的知识能够做到熟练使用,能够使用该技能处理一些日常工作中所要求的操作,能够满足日常业务的大多数需求。

5~6分:能手。对该维度的知识或技能有3~5年的经常性使用,熟悉掌握该知识领域几乎所有相关的知识,能够挑战相对较复杂的课题,并能够时不时地进行创新应用;对技能类的知识非常熟练,完全不怵使用,甚至在公司里能够给其他同事提供帮助,解答他们日常使用该技能时的一些问题;除了满足日常业务需求,还能够参与社群,回答社群中一些相对疑难的问题。

7~8分:高手。对该维度的知识或者技能有精深的钻研,融会贯通,能够使用该领域的知识或者技能创造新业务、新方法、新流程、新模式,是公司员工或者同行中的佼佼者,能够给他们提供有效的帮助,成为公司该领域的"第一助手"(First Aider);对该知识领域会不定期地有一定的新增类目的贡献,能够进一步丰富知识点,或者丰富该知识的创新应用;对于技能类的知识,能够熟练使用技能中的高级功能,并用来解决复杂的问题;对于软件,能够为软件的开发者提供新的思路、方法,或者建议增加新的功能,以满足更高层次的需求。

9~10分:专家。成为该维度知识或者技能的贡献者,对该维度知识或者技能有显著的贡献,甚至成为该维度知识或技能的创新带头人,能够进一步发展该领域知识,提高该领域知识的成熟度;对于技能,则是该领域的技能带头人,能够为该技能的深度社会应用发挥KOL的作用;积极参与到该领域知识的创新和应用中,是该领域知识或者技能的传播者、布道者,被人尊称为专家或者真正的老师,能够为他人传道、授业、解惑。

表1-1 企业经营管理数字化认知程度量表

序号	维度	评分
1	数字化转型认知,包括: ● 什么是数字化转型 ● 数字化转型对本企业的价值和意义是什么 ● 本企业应该如何转型 ● 数字化转型对本企业终极的目标应该是什么	
2	数字化转型底层逻辑认知与相关技术了解程度,包括: ● "感知—响应"闭环模型 ● 利用"感知—响应"闭环模型构筑数据技术体系 ● 数据技术对数据价值挖掘的四个层级	

管理者数据能力晋级

续表

序号	维度	评分
3	数字化转型整体框架和四维度体系，包括： • 数字化转型的四个维度（空间设备数字化、经营管理数字化、产品数字化、服务数字化） • 数字化转型在每个维度上的晋级，数字化、在线化、数据化和智慧化的升级路径	
4	数字智能硬件的最新进展及在本企业所属行业领域的应用，包括： • 对数字智能硬件在本行业、本企业竞争领域的前沿技术的了解程度 • 对数字智能硬件在本行业中的应用案例的熟知程度	
5	对数据采集、数据管理、主数据、数据治理、数据标准和数据管理规范等相关知识和技术的了解与掌握的程度	
6	对与本行业相关、与本企业经营管理相关的数据分析与挖掘技术的了解与掌握的程度	
7	对"数据三台"，特别是对数据中台的相关功能、技术实现方式的了解与掌握程度	
8	对数字技术驱动本行业企业或本企业的应用场景的了解与认知程度	
9	对数据分析方法、算法模型等相关知识了解与掌握的程度	
10	掌握一种或一种以上数据分析工具，包括 Excel、R 语言、SPSS、SAS、BI 工具、Matlab、Python 等	
	平均分	

注：表中的部分内容和知识可参考《数字蝶变：企业数字化转型之道》一书。

第 2 章

管理者的数据能力维度与 4M 模型

管理者的数据能力包含四个维度：(1) 数据意识与思维模式；(2) 数据分析场景应用与分析方法；(3) 掌握数据处理与分析工具；(4) 数据应用落地的能力，含数据沟通能力与数据领导力。这四个维度构筑了管理者全面的数据能力，使其在数字智能时代利用数据发挥岗位价值，成为数智化企业的建设者。

2.1 数据价值挖掘和数据能力

要想让企业的数字化战略落地，企业从规划设计到落地行动都得有行动的能力，以及构筑数字孪生共生体系的能力。发挥数智化企业建设能力的载体是组织，组织是由人组成的，因此就需要企业中有具备相应数据能力的人才。

目前，在大多数企业中，管理者的数据能力已经成为企业数字化转型落地的瓶颈。数字化转型对管理者的能力和素质提出了新的要求，不仅要求管理者能够分析和挖掘数据价值，还要求管理者认同企业数据文化，拥有较强的数据意识，能够利用数据提效和创新，构筑数字智能闭环，让企业的数字化转型战略落地。

要想理解管理者需要具备什么样的数据能力，我们需要理解数据价值是如何被创造出来的。

数据可以帮助我们回答以下四个与企业经营和管理决策息息相关的问题。

2.1.1 数据用于回答"发生了什么"

第一层的数据价值就是通过对数据进行统计分析，追溯历史。也就是说，数据的第一层价值是对现实活动的记录，留存了证据，用于查证或者追溯历史。

数据，是我们对日常经营管理活动的记录，是对事物的描述，是对行为的记录。有了这些记录，我们就能够追溯过去发生了什么，通过留存的数据，我们能够追溯谁做了什么。数据让我们有据可查、有迹可溯。通过对数据的统计汇总，我们可以形成对过去结果的分析和评价，能够分析过去行动的效率、评判过去行动的结果。

通过统计、汇总数据，我们知道总共做了多少事情，投入多少费用，产出多少销售额，带来多少利润；有多少库存，有多少客户，有多少产品销售出去了，有多少回款，有多少欠款，有多少贷款，有多少预付款；过去的资产周转效率如何，存货周转周期多长；还能够统计公司总共有多少人，发了多少薪水，给出多少奖金，总共缴纳了多少税款，服务了多少客户，解决了多少问题等。

2.1.2 数据用于回答"为什么发生"

通过数据分析方法和算法，我们能够总结、沉淀过去的经验，形成知识，归纳出事物发生和发展的规律，还可以用数据推算、验证，从而形成管理诀窍。基于管理中的"为什么"，我们能够优化投入，因为这些"为什么"告诉我们把费用花在什么地方才能带来更大的产出，能够回答如何投放广告、安排销售费用，才能使销售增长最大化。

通过这些"为什么"，我们能够优化资源配置结构，让资源产出效率最大化；我们能够优化资源配置方式，实现在相同的产出下投入最小化。

数据能够展示事物之间的关系，从而让我们知道将什么样的商品放到一起促销才能带来最大的"连带率"（专业术语，是指每个客户或消费者每次购买的商品数量的平均值，或者最高的客单价）。通过总结规律，我们能够用规律指导企业的管理实践，形成理论指导，避免犯错误，降低探索的风险，缩短学习周期，提升效率。

2.1.3 数据用于回答"将要发生什么"

通过数据的预测算法，在事物发生和发展规律的基础上，我们能够预测未来会怎么样，从而形成预判，提前做好准备；能够做好今天的投入，也可以规避未来的风险，从而少走弯路、错路，更好地应对未来的不确定性。

如果企业有一款新产品即将上市，我们知道销售量是多少，那么我们就能够核算是否赚钱，并预判未来的收益，从而决定是否上市这款新产品。我们在推出一个市场活动前，如果能够预计会有多少客户参加、会销售多少商品、会带来多少利润、会争取到多少市场份额，并能够预测竞争对手的策略，那么就能提前做好阻击，确保市场活动的成功，达成既定的目标，我们就会更加有信心地做好市场营销管理。

然而，外部环境变化越来越快，市场竞争越来越敏感，牵一发而动全身，我们面对的未来会变得越来越不确定、越来越不可捉摸，不确定会是一种新的常态。这就要求我们有更强的未来预判能力。基于历史数据、市场行为模型、竞争对手的竞争策略模型做好各种预测，虽然不是那么精准，但能够引导我们更加精准地把控未来，减少风险，降低失败概率，提高成功率。

企业应对不确定性的能力成为未来的核心能力之一。面对不确定性，敏捷应对的企业最终能够生存下来，那些不能适应新的环境的企业，终究会被时代所淘汰。

2.1.4 数据用于回答"应该怎么做"

通过数据分析和算法，探寻最佳实践，积累、沉淀最佳决策及对应的决策要素，进行迭代优化，从而形成最佳决策的算法。在预测的基础上，用数据回答"怎么做最好"，从而基于系统算法做出最佳决策，构建智慧企业。

在未来，由系统算法代替人的决策将成为新的常态。

现在算法在效率优化中的作用越来越明显，无论是智能导航，还是生产的智能自动控制设备，或者经济中的资源自动配置、信息和数据的自动分发，都越来越基于算法且依赖算法。

算法的效率得到明显的提升，无论在准确度、时效性还是在服务体验方面都超越了传统的方式。比如，出租车的智能调度，在没有共享出行应用之前，出租车也有在线或者电话叫车的服务，它的运作方式是通过呼叫中心来呼叫出租车，因为无法看到哪一辆出租车在什么位置，所以只能通过群呼的方式询问哪个司机可以去接呼叫出租服务的客户。这种方式不仅效率低下，也容易被出租车司机的个人利益导向利用，让短途效益低的订单找不到司机，而长途效益好的订单多人抢夺，甚至有人虚假报出自己的位置而获得更好的订单，这跟目前基于智能设备采集的定位数据的准确度、基于算法的智能匹配完全不能比。

这种基于算法和实时数据的智能资源匹配将在企业经营管理中发挥作用。管理的智能导航、智能决策、实时动态决策等会成为企业经营管理决策的主流方式。

但这些都需要基于我们长期积累的在什么条件和环境下"应该做什么"的算法，即第四层数据价值——规范性分析。

图 2-1 简单表示了数据价值的四个层级，这四个层级可以构筑一个闭环体系。在数据回答了"应该怎么做"这个问题并指导我们的实践后，也会对应着产生新的数据，从而让我们再进行各层级的分析，挖掘价值。

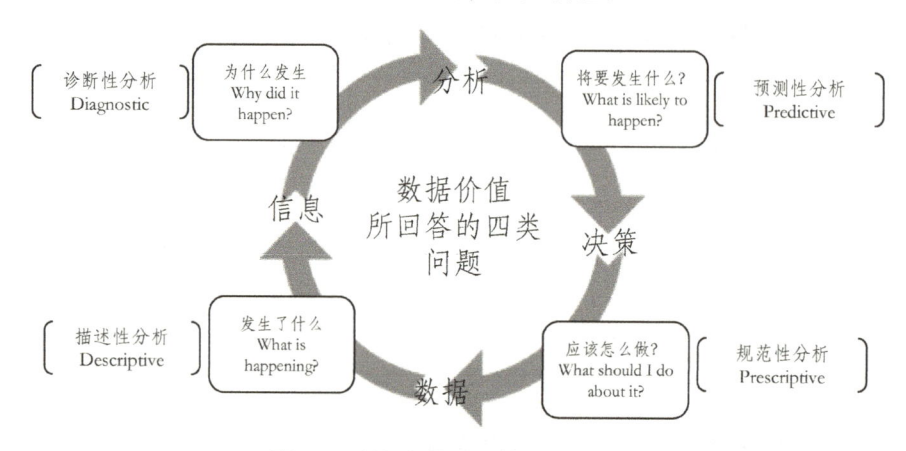

图 2-1 数据价值所回答的四类问题

基于以上数据价值的四个层级，我们可以进一步延伸对数据价值进行挖掘的层级，因为数据价值的挖掘是一层层递进的。这个递进挖掘的层次被叫作 DIKW 金字塔模型。DIKW 中的四个字母分别代表了：D-Data，数据；I-Information，信息；K-Knowledge，知识；W-Wisdom，智慧。

第一层是数据（Data），即对事物的数字化的记录。通过记录的数据，我们能够知道发生了什么，从而沉淀下过去事物发生和发展的证据，对过去进行追溯。数据是我们留存的事物发生和发展的记录、证据。

第二层是信息（Information），即基于数据分析所形成的判断，包括好坏优劣的判断、是否符合相关标准和规范的判断、是否需要采取下一步行动的判断。经过判断我们形成进行下一步的"信号"，这就是信息。信息是我们对事物的认知、对事物发生和发展的判断，是我们行动的信号。

第三层是知识（Knowledge），即我们通过对事物发生和发展的总结和沉淀形成的知识。我们通过不断的科学验证，形成可以应用到其他场景的"规律"，即知识。根据这些知识，我们可以进行总结、推演、演绎和推理，能够见微知著、预测未来，能够知道事物发生和发展背后的逻辑。基于对这些规律的掌握，我们能够更好地指导实践，让实践更科学，让经验更能够经得起时间的考验。

第四层是智慧（Wisdom），即我们通过内化知识形成的智慧。我们对事物发展规律背后逻辑的认知是"元知识"[①]。我们基于对生活、经济和社会规律的洞察，能够更好地预测未来，洞见未来的趋势，把握未来的规律。我们基于对常规信息和知识的归纳，形成元知识，然后基于元知识进行推演，能够更清晰地认知社会、经济、市场、经营和管理。

如图 2-2 所示，从数据到信息，从信息到知识，从知识到智慧，是一个升级的过程，当然，也是一个信息量逐步浓缩的过程，构筑了一个金字塔，叫作 DIKW 金字塔模型。

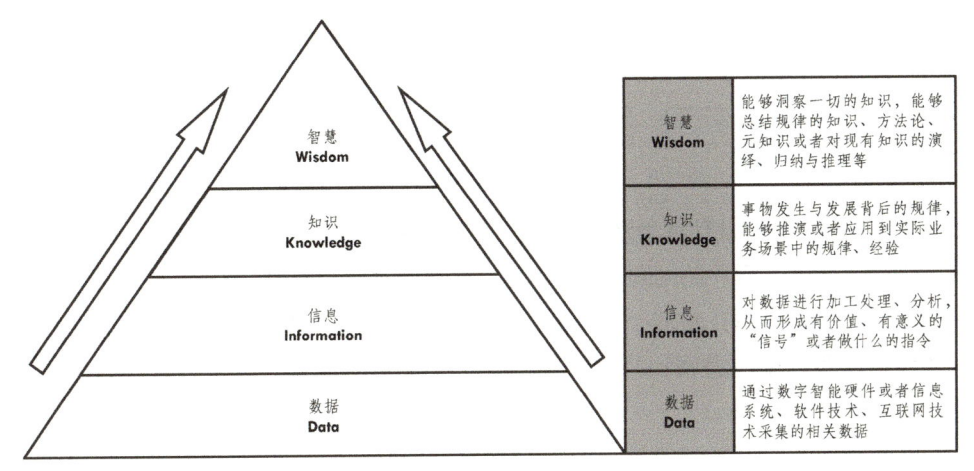

智慧 Wisdom	能够洞察一切的知识，能够总结规律的知识、方法论、元知识或者对现有知识的演绎、归纳与推理等
知识 Knowledge	事物发生与发展背后的规律，能够推演或者应用到实际业务场景中的规律、经验
信息 Information	对数据进行加工处理、分析，从而形成有价值、有意义的"信号"或者做什么的指令
数据 Data	通过数字智能硬件或者信息系统、软件技术、互联网技术采集的相关数据

图 2-2 数据价值挖掘的 DIKW 金字塔模型

从 DIKW 金字塔模型中我们可以发现，数据能力是一个迭代升级的过程，需要在实践中总结和沉淀经验、积累知识、推演知识、创造算法，并不断迭代算法。数据能力就像我们的学业升级一样，从小学到初中、到高中、到大学、到研究生的学习过程，是一个不断升级、不断掌握新知识的过程。优秀管理者会利用公司的数据管理和分析挖掘算法，形成更加科学的决策，从而不断提升企业组织的数据能力。

不同层级管理者的数据能力要求也不同。如图 2-3 所示，不同的管理层级对应

---

① 元知识是知识的知识，知识背后的本质、规则或者逻辑，其能推演出一般场景，推演逻辑形成知识体系。元知识是相对有限的，而推导出的普通知识则是无穷无尽的。以新型冠状病毒为例，普通人只需要知道这是一种病毒，自己需要戴口罩、勤洗手即可，对他们而言，干净、卫生是防御一般传染病的元知识；而医生可能要知道这种病毒的传播方式，对他们而言，预防传染病的方法就是元知识；生物学家可能需要考虑病毒表面的刺突是由哪些基因控制的，以及怎么去制作疫苗，对他们而言基因就是元知识。

着不同的数据价值挖掘要求，也对应着不同的数据挖掘能力。

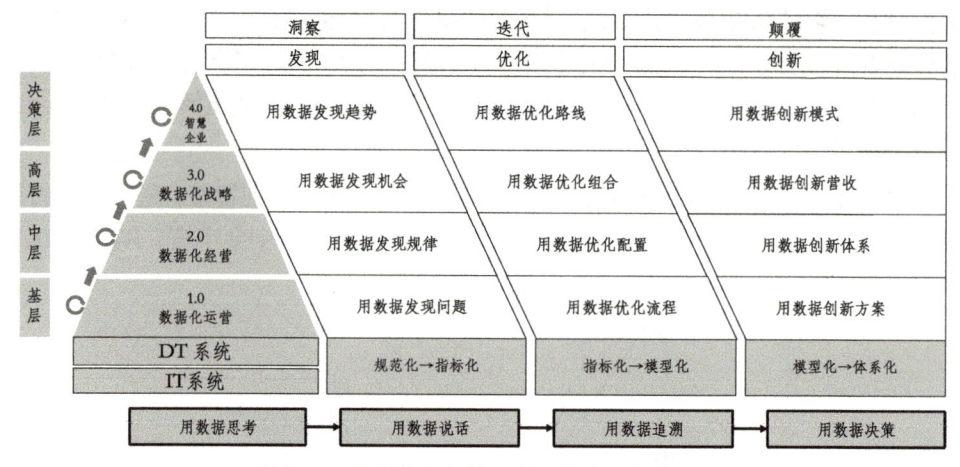

图 2-3　企业数据化管理应用的金字塔模型

基层管理者需要从数据中发现问题，对数据进行加工处理，能够回答"发生了什么"，发现并解决管理中的问题，优化流程，改善管理，提升效率。

中层管理者需要从数据中发现规律，利用数据分析方法，回答"为什么发生"，发现经营和管理中的逻辑和规律，能够优化公司资源配置，优化公司经营管理决策，提升效益。

高层管理者需要能够预测未来，从数据中发现机会，优化公司的业务决策，将公司资产配置到能够使公司产出最大化的地方。

决策层管理者需要构筑决策规范，能够洞察未来的趋势，引领企业发展。

以上是对不同层级管理者数据能力的要求，随着企业数字化转型的推进，对管理者数据能力的要求越来越高。当然，我们可以换一个视角理解这个问题，也就是说，具备不同数据能力的人可以胜任不同层级的管理岗位。不具备相应数据能力的管理者，将不能胜任相关层级的管理岗位。

2.2　管理者的数据能力

2.2.1　不同时代对管理者数据能力的要求不同

在工业时代，基于专业学科分类下的专业分工，形成了科层制组织架构，如图 2-4 所示。管理者在不同的职能和岗位上要求掌握不同的专业知识，人力资源管理者要懂得人力资源管理学知识，财务职能管理者要懂得财务相关知识，生产管理者要懂得生产管理相关知识，专业能力是管理者的基本要求。企业经营和管理的专业分工形成了职能部门，各职能部门的管理者要求具备专业知识，可以叫作"I型"人才——在一个领域内比较专业的人才。

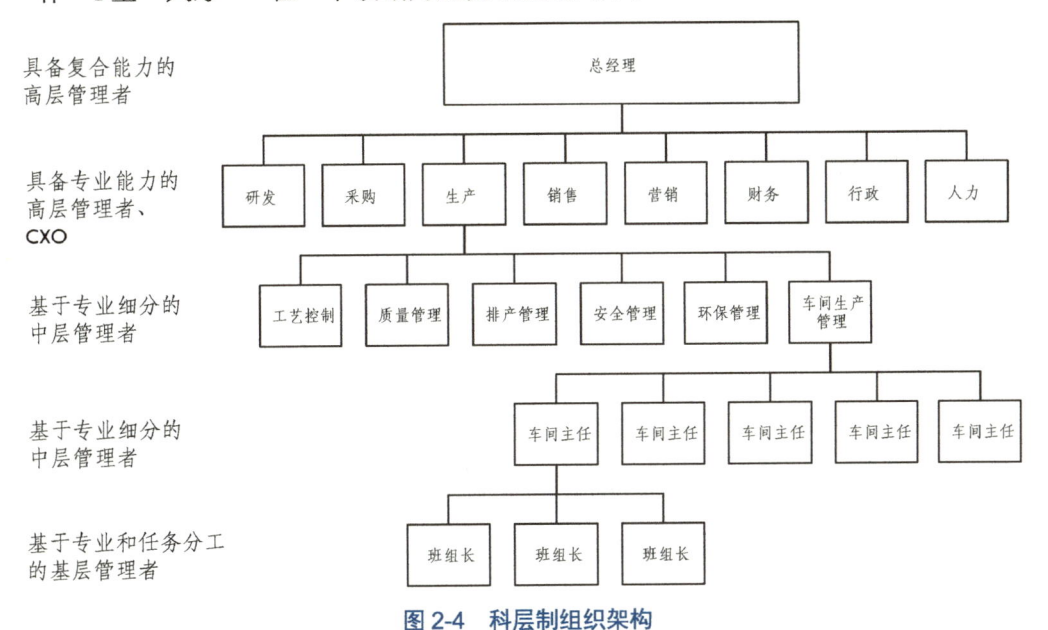

具备复合能力的高层管理者

具备专业能力的高层管理者、CXO

基于专业细分的中层管理者

基于专业细分的中层管理者

基于专业和任务分工的基层管理者

图 2-4　科层制组织架构

为了实现跨专业的高效协作，需要管理者在职能专业基础之上还要了解其他专业的基础知识，从而有了"T型"人才。我们经常说要培养"又红又专"的人才，就是指培养不仅在自己的专业领域内有高深的专业理解、丰富的知识，还要掌握跨专业的知识，能够更好地与其他专业或者职能部门人员协作的人才。

在数字智能时代，对管理者数据能力要求的复杂度更高，需要管理者掌握数据专业方面的知识，能够利用数据分析助力自身的专业能力，从而提升"数据能力"，于是有了 π 型知识结构的人才，即"π 型"人才。

数字智能时代复杂的外部环境和快速变化的经营决策所需要的业务洞察，要求管理者不仅在自身专业领域内很强，还要在数据管理、数据处理和数据分析上更好地理解业务逻辑。特别是公司的业务越来越多元，需要管理者对业务的理解更加充分，能够理解并洞察业务之间的关系。这个时候，我们把具备三个方面专业能力的管理者叫作"m型"人才。

在智能领域，很多事情需要融会贯通。管理市场的管理者要懂得社会学、心理学、人类学、人口学、统计学等各种学科的知识；在人力资源管理领域，管理者需要懂得心理学和组织行为学的知识，还要懂得业务和财务知识，从而对人工费用和人工成本有更好的理解，也要懂得数据科学。管理岗位对管理者专业能力的要求越来越复合，管理者越来越需要掌握更多的专业知识。因此，顶级复合型专家人才是企业高级管理者的最高层级，这类人才称为"O型"人才。从"I型"人才到"O型"人才的简单说明如图2-5所示。

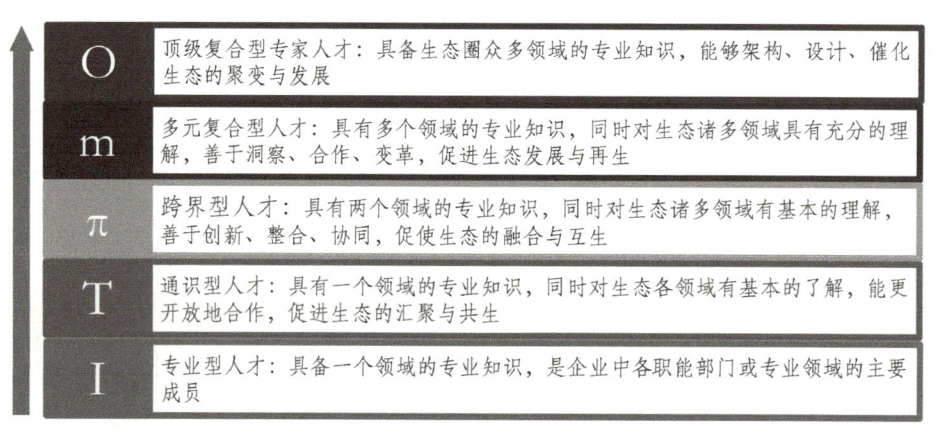

O 顶级复合型专家人才：具备生态圈众多领域的专业知识，能够架构、设计、催化生态的聚变与发展

m 多元复合型人才：具有多个领域的专业知识，同时对生态诸多领域具有充分的理解，善于洞察、合作、变革，促进生态发展与再生

π 跨界型人才：具有两个领域的专业知识，同时对生态诸多领域有基本的理解，善于创新、整合、协同，促使生态的融合与互生

T 通识型人才：具有一个领域的专业知识，同时对生态各领域有基本的了解，能更开放地合作，促进生态的汇聚与共生

I 专业型人才：具备一个领域的专业知识，是企业中各职能部门或专业领域的主要成员

图2-5 数字智能时代的人才需求（从"I型"人才到"O型"人才）

时代不同，对管理者的数据能力要求也不同。在工业时代，我们强调管理者的专业能力，而在数字智能时代，我们强调管理者的复合能力。在数字化转型期，需要管理者在工业时代专业能力的基础上提升数据能力，并且随着数字化转型的深入，其对管理者的要求越来越高，需要管理者能够构建算法，并不断将算法沉淀为公司智能决策系统，从而逐步构建智能指挥体系。

2.2.2 新时代对管理者数据能力的要求

在数字化转型期，管理者不仅要懂业务、熟悉本职岗位的专业知识，更要能够借助数据能力提升自己的认知能力、判断能力和决策能力，并将专业能力不断用数据赋能经营管理决策的思想转化为算法模型，构建企业数智化决策模型，为企业智能化自动决策增砖添瓦。

数据能力都包含哪些方面呢？我们可以从数据价值挖掘的全过程来思考。图2-6展示了数据的全生命周期，从数据采集到数据处理、管理、分析，再到数据应用，不断产生新的数据需求。

第2章 管理者的数据能力维度与4M模型

- 基于业务需求而衍生的新的数据需求

```
新的数据需求
```

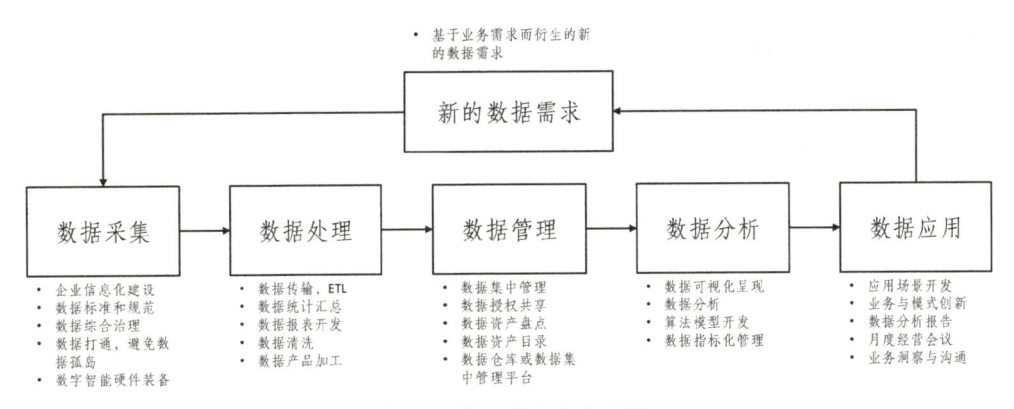

数据采集 → 数据处理 → 数据管理 → 数据分析 → 数据应用

- 企业信息化建设
- 数据标准和规范
- 数据综合治理
- 数据打通，避免数据孤岛
- 数字智能硬件装备

- 数据传输、ETL
- 数据统计汇总
- 数据报表开发
- 数据清洗
- 数据产品加工

- 数据集中管理
- 数据授权共享
- 数据资产盘点
- 数据资产目录
- 数据仓库或数据集中管理平台

- 数据可视化呈现
- 数据分析
- 算法模型开发
- 数据指标化管理

- 应用场景开发
- 业务与模式创新
- 数据分析报告
- 月度经营会议
- 业务洞察与沟通

图2-6 数据的全生命周期

1. 数据采集

数据价值挖掘赋能经营管理决策的起点是**数据采集**，其包括利用数字智能硬件对现实世界中企业的经营管理活动进行自动采集，或者利用信息化软件实施人为数据采集。数据采集的全面性和完整性，以及数据的质量直接影响着我们后期对数据价值的挖掘。如果我们采集的数据不全面、不完整、质量不高，就会影响我们对数据的使用。所以，管理者要理解数字智能硬件是如何工作的、是如何采集数据的，以及如何才能保证采集的数据全面、完整和高质量。管理者需要知道并理解在现实企业业务活动中采集什么数据、如何采集数据、以什么方式将数据记录下来，才能保证所采集数据的质量。

2. 数据处理

在数据被记录和采集之后，接下来就需要对这些数据进行**处理**。很多企业实施信息化软件系统都是在不同阶段，并由不同部门来组织的，数据在采集之后被存储在信息化软件系统的服务器中。即使现在很多企业使用数字智能硬件，也是如此，数据都存储在数字智能硬件的存储器中，或配套的电脑中。这些数据需要通过提取、转换和存储，然后导入数据资产管理平台，这个过程就是数据传输、转换和存储的过程。我们把这个过程叫作"数据处理"过程。在这个过程中，我们需要对数据进行加工、处理和优化，包括数据转换、清洗、优化和开发成直接用于分析、挖掘的报表等。

3. 数据管理

接下来，需要对采集并存储下来的数据进行**管理**。数据管理也是一项非常重要的能力，包括数据传输、分发、共享等的管理，以及数据存储管理、数据质量管理、数据安全管理和数据资产管理，即对数据的"入、存、管、出"进行全流程的管理，确保数据资产能够以更好的状态满足业务需求、满足数据价值挖掘的需要。

4．数据分析

在有了高质量数据之后，接下来需要对数据进行**分析**，即用数据分析方法和分析工具，或者自动的算法对这些数据进行分析、挖掘，发现管理问题，总结背后的规律，形成知识或诀窍，从而赋能经营管理决策。这里面包含两个阶段，第一个阶段是人为参与的数据分析和挖掘，第二个阶段是开发自动算法，由算法对数据进行自动分析和加工处理，甚至形成自动指挥业务活动的指令，由系统自动指挥业务活动，即业务决策系统算法开发。

5．数据应用

数据在被分析和挖掘后，形成业务洞察和管理决策指令，就需要在实际业务场景中进行应用，让业务活动做出调整，让行动发生改变，让业务指令得到执行。这是一个数据洞察落地到业务活动的过程，需要通过组织决策、业务流程环节的协调，通过个人影响力、说服能力或者沟通能力，让数据价值得到落地。这是数据应用的能力，不仅仅是对数据进行分析得到业务洞察，发现管理问题，还需要管理者做出改变，具备与人文相关的能力，能够组织协调、影响他人、推动业务调整。

如图 2-7 所示，数据全生命周期是一个闭环的体系，需要我们按照闭环的思维来管理。

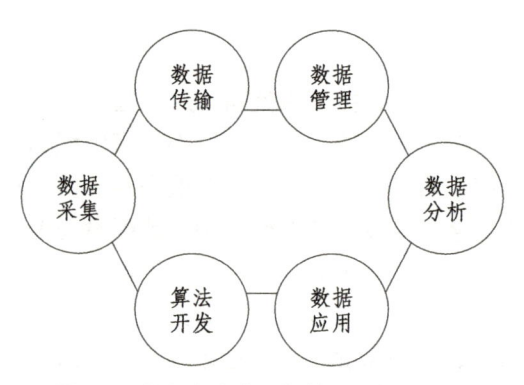

图 2-7 数据全生命周期管理的相关技能

2.2.3 管理者数据能力 4M 模型

为了能够在数据全生命周期中发挥个人能力，实现全生命周期的数据价值挖掘，管理者需要具备什么样的能力呢？我们在长期的咨询实践中发现四个方面的能力非常关键，是管理岗位上的决策者或者管理者所需要晋级和提升的。在这四个方面做得比较好的管理者，其业绩表现、决策水平、领导力都很突出。反之，如果在这四个方面有短板，就会影响其在企业数字化转型过程中所能够发挥的作用。这四个方面分别是数据意识和数据思维、数据分析方法、数据工具、业务场景应用，如图 2-8 所示。

（1）在数据意识和数据思维层面，管理者要充分认知数据的价值及重要性，能够从理念到行动中都体现出对数据价值的高度认知。

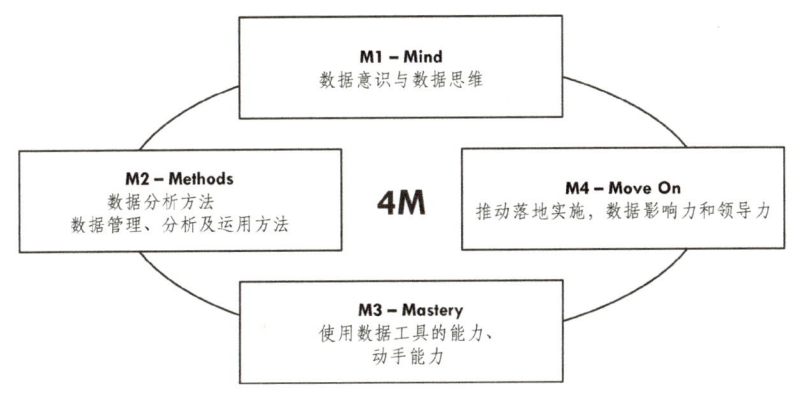

图 2-8 管理者数据能力 4M 模型示意图

（2）在数据分析方法层面，管理者需要掌握适用的数据管理、处理和分析的方法，能够构建数学模型去表征和分析业务，能够结合业务场景寻找到数据应用点，能够让数据在业务场景管理和决策中发挥作用。

（3）在数据工具层面，管理者需要熟练掌握一个数据处理与分析工具，满足自己业务数据分析的需要，包括但不限于 Excel、Tableau 和 Power BI，还可以是更高级的数据分析工具，如 SPSS、Matlab、R 语言、Python 等。

（4）在业务场景应用层面，管理者需要具备数据可视化、数据分析报告撰写及用数据讲故事的能力，能够将对数据的洞察有效地同团队、协作部门及高层进行沟通，能够发挥数据的影响力和领导力，让数据在实际业务中落地，兑现相应的价值。

数据意识和数据思维（M1）是大脑，数据分析方法（M2）和业务场景应用（M4）是两只手，数据工具（M3）是行动的能力（腿），四个方面组合才能构成完整的管理者的数据能力。

2.3 管理者数据能力 4M 模型之 M1（Mind）：数据意识与数据思维

2.3.1 数据意识：对数据价值和意义的识别

什么是"数据意识"？

首先我们需要理解什么是"意识"。所谓"意识"，包含两个字"意"和"识"，分别表示"意义"和"识别"，也就是对意义和价值的认知和识别。

所谓数据意识，就是对数据价值或者意义的认知和识别。数据意识的高低在于对数据价值认知的高低、对数据价值识别能力的高低。

管理者认为数据很重要属于认知维度。除了发自内心地认知到"数据是黄金一样的资产"，还需要知道数据为什么很重要，以及怎样才能让数据很重要。这是数据认知层次的三个阶段。

第一阶段，知道数据很重要。这几年宣传数据价值的人很多，管理者经常听到别人、媒体、公司高管团队说，所以也认为数据很重要，但具体数据为什么重要或者如何重要，他们并不知晓。

第二阶段，懂得数据很重要。如果管理者在实际工作中能够通过切身的实践，发现数据的价值，然后能够"因为看见，所以相信"，知道数据赋能管理决策，发现了管理中的问题，总结了经营管理活动中的规律，从而为公司创造了价值，所以坚定地相信数据很重要，这就上升到了认知的第二个阶段。

除了重视数据，还有意识地利用数据进行管理，在日常经营管理活动中使用数据做出评价和判断，能够用数据表征管理的一切活动，擅长使用数据做出更科学、合理的决策，发挥数据的作用，这是数据意识在行为上的表现，属于第二个阶段。

如果能够站在理论高度思考数据用什么方式发挥价值、能够发挥出什么价值，也能够看到自己公司中还有很多机会点能够发挥数据的价值，做到"信以为真"，"因为相信，所以看见"，逐步成为一种行为规范，那么这就到了认知的第三个阶段。

第三阶段，践行数据价值。如果只是道听途说，没有在实际工作中应用，那么对数据价值的认知是不足的，也不能把对数据价值的认知落实到应用上。就像只知道怎么踩离合、踩刹车、踩油门，不是真正地会开车一样，只有在熟练开车之后你才能体会到驾驶的乐趣。数据意识的第三个阶段就是用，而且在用的过程中感受到数据的价值，并让自己更加喜欢用数据思考、用数据决策。

我们可以将认知数据的三个阶段具象为"听、说、做"三个层次。

（1）听的层次是指听别人说、读别人的书、看别人的文章、听别人的课，开始认为数据很重要，也了解了一些数据的应用场景，逐步懂得了一些数据价值挖掘的思路和方法。

（2）说的层次是指不仅自己了解了、理解了、懂了，而且能够讲给别人听，能够"布道"给更多人。

（3）做的层次是指自己能够将数据应用到日常生活、工作的方方面面，能够在使用数据的过程中感受到数据的价值。

2.3.2 数据意识模型

1. 数据意识模型的四个维度

在实际咨询服务过程中，我们构建了一个评价管理者数据意识的框架模型，分为四个维度，分别是：

① 认知维度；

② 情感维度；

③ 能力维度；

④ 行为维度。

如图 2-9 所示，每个维度都有不同的层级，可形成定性评价的能力测评维度。

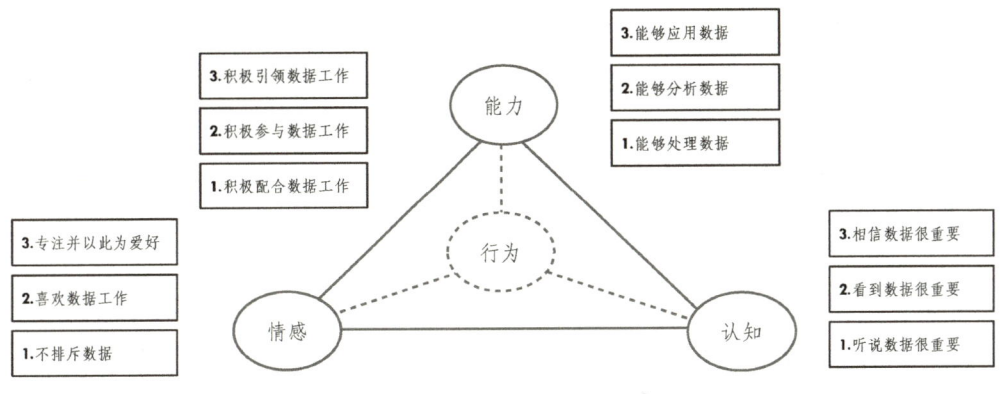

图 2-9 数据意识模型的四个维度

1）认知维度——发自内心地相信数据很重要

数据意识，即对数据价值的认知和识别。认知维度的数据意识就是对数据的价值信以为真，发自内心地相信数据的价值，并且相信数据技术是未来企业管理决策的基础，未来不仅仅需要去利用数据分析提升思考和决策能力，还要相信随着系统和算法的不断迭代升级，系统会具备智能，能够创造算法和自动决策。这种认知可以是自己在"听"别人讲解之后理解的，也可以是自己通过推演之后得出的结论，还可以是通过获知数据分析方法赋能业务，创造业务价值之后获得的信心。

所以，数据意识的认知维度可以分成三个层级。

① 听说数据很重要；

② 看到数据很重要；

③ 相信数据很重要。

相信是一种能力，也是一种认知层次，因为相信，所以会重视数据，会尊重数据分析成果，会在日常管理中寻求数据作为依据。

相信是一种力量，因为相信，所以会坚持，会创新，会努力去创造，会传播，会在自己的影响力范围内，通过自我的努力重视数据采集、数据管理、数据分析和数据应用。

2）情感维度——爱上数据，激发兴趣，发自内心地喜欢上数据

数据意识的情感维度是评价人是否发自内心地意识到数据价值的标准，表现为对数据感兴趣，对数据分析方法、算法、将数据应用到日常经营管理场景中充满好奇，并不断尝试。

情感维度的数据意识也可以分为三个层级。第一个层级是不排斥数据，不排斥日常的与数据相关的工作，包括数据采集、数据处理、数据传输、数据分析和数据应用。虽然个人不具备更高的能力利用数据、发挥数据的价值，但对其他人的数据能力持肯定态度，不排斥。

第二个层级是喜欢与数据相关的工作，并在日常管理中喜欢谈论数据，喜欢询问数据，认为从事与数据相关的工作能够给自己带来愉悦。

第三个层级是爱上数据相关工作，并以此为爱好，自己喜欢研究一些数据分析算法，喜欢用数据分析和处理工具对数据进行分析。对数据敏感，见到数据之后喜欢尝试分析和解读，并对数据分析后得到的结果充满成就感。

3）行为维度——在日常经营和管理决策中利用数据兑现数据价值，付诸行动

数据技术是实用技术，是在业务应用中发挥价值的技术，因此实践是最重要的。数据意识也要在实际行动中落地，所以对于一个管理者的数据意识，还要从

行为层面进行评估。

数据意识的行为维度也有三个层级。

第一个层级是积极配合公司与数据相关的工作,包括数字化转型、数据化管理、信息化建设、数据采集、数据体系建设等。在意识到数据价值之后,能够积极配合相关工作,不成为公司数字化转型和数据化管理推进的阻碍,完成自身岗位需要完成的工作,并能够高质量地完成。

第二个层级是积极参与公司与数据相关的工作,成为公司数字化转型、数据化管理及数据体系建设的积极分子和主要力量。

第三个层级是成为公司数字化转型、数据化管理和数据体系建设中的引领力量,能够引领各层级管理者共同推进数据技术应用,成为"布道者"和企业内部的教练。当然,要想成为引领者,还需要不断学习外部新技术,掌握最新资讯,不断引进领先的数据技术在公司内部落地。

4)能力维度——有能力进行数据价值应用,有数据采集、管理、分析和应用的能力

能力维度是指不仅能够从观念上认知到数据的价值,也能够从情感上爱上数据,还要具备一定的数据价值识别能力,能够利用数据发挥数据的价值。这就是能力问题,没有数据相关能力,单纯的认知数据价值也是没有意义的。不同的能力会带来不同的价值认知,我们有熟练的数据分析能力,就能够更好地体验数据的价值,随着数据能力的提升,对数据价值的认知也会升级。

能力维度也可以分成三个层级。

第一个层级是能够熟练处理数据,为数据分析提供高质量数据集,能够结合业务对数据进行综合治理,确保数据的全面性、完整性,对数据质量有充分的认知。

第二个层级是能够熟练分析数据,包括熟练使用软件工具对数据进行分析,能够解读数据分析结果,能够将结果和实际业务关联起来,洞察业务背后的逻辑。

第三个层级是能够把数据应用到业务场景中,结合业务需求,探寻数据赋能方法,利用现有的数据集赋能业务。

能力需要培养,并需要在实际工作中通过使用数据体悟,这就需要同行为维度相结合来不断提升。

2. 数据意识模型四个维度的关系

认知引领情感:我们只有对数据的价值有充分的认知,才能逐步喜欢上数据,才能热爱数据技术。

（1）情感驱动能力：只有喜欢上了数据、爱上了数据分析，我们才能有动力去主动学习，才能培养自己的能力。

（2）能力变现行为：只有学会了数据分析，才能在工作中让数据技术落地于公司业务经营和管理中。

（3）行为带动认知：随着行动上利用数据技术为公司管理和业务经营创造价值，我们的认知水平会不断地提升，从而形成一个闭环。

所以，要想培养企业各层级管理者的数据能力，首先要在企业内部普及数据技术相关知识，让大家都有充分的认知；然后让大家喜欢上数据技术，感受到数据技术带来的成就感；最后培养大家的数据能力，提供相关的工具和条件，让大家在实际行动中应用数据技术，提升管理效率，推动业务创新。

2.3.3 数据思维：利用数据模拟人类的认知模式

什么是"数据思维"？

数据思维就是数据的思考维度，是解读数据背后故事的思维方法。数据技术是认知技术、思考技术和决策技术，所以人类的认知模式就是数据技术的基本模式，我们把这种认知模式叫作数据思维，即用数据认知世界的"模式"，是数据分析方法背后的方法，还可以叫作数据分析的"套路"。

比如，我们人类本能的认知模式是"对比"，通过对比，我们发现差异，发现事物的发展变化，从而认知外部事物；再如，我们认知世界时经常使用"分类"这种认知模式，通过对事物的分类，判断事物属于什么类别，从而基于对某种事物的认知推演类似事物，形成对更多新事物的认知，能够更加快速地认知新事物。

再如，人类在长期的历史实践中，把植物分成不同的类目，基于类目，总结不同类目植物的特征，从而在认知新的植物的时候，只要判断该植物属于哪种类目，我们就能够知道它的基本特征，包括是否有毒、是否有益、喜欢什么样的环境和土壤等。

同样，我们对人也会进行分类，会分成男人、女人，分成大人、小孩，分成好人、坏人，等等。我们在生活中只要把人归到这些类别中，就知道他们的基本特征。

这些认知模式用数据来模拟就是数据分析方法，这些认知模式可以被看作形成数据分析方法的方法，也可以叫作数据分析的"方法论"。为什么要研究这种方法论呢？因为只有方法论才能更好地指导我们利用数据、挖掘数据的价值，从而把握事物发生和发展的规律。

管理者经常会面对一个问题，就是随着企业规模的扩大，信息系统不断增加，服务器中的数据不断丰富，手中就会有越来越多的数据表，每天要应对各种会议所需要的数据表和数据分析报告。面对这么多的数据表和数据分析报告，他们不知道从哪里下手分析。

这些管理者也经常听别人说要进行数据分析，可是对什么是数据分析、要做哪些数据分析、做这些数据分析有什么用却一头雾水。上级经理也经常要求我们做数据分析，对我们提供的数据分析报告总是不满意，觉得没有分析出什么来，不能给管理决策带来任何帮助。

其实，这些企业经营管理中的数据非常有价值，需要做更多的深入分析，从而让我们能够发现管理中的问题，探索经营管理的规律，预测未来的销量和利润，找到更有价值的业务机会。这就需要我们运用多种数据分析方法来从数据中发现和洞察。讲数据分析方法的书或者课程有很多，自己也读过很多，参加过很多课程，可是，大多数的数据分析方法要么想不起来用，要么不知道用在什么业务场景中。

面对种类繁多的数据分析方法，有没有一个思路告诉我们什么时候该用什么分析方法、什么时候应该构建什么模型？面对数据表中密密麻麻的数字，是否有一个套路能够让我们从非常多的维度进行分析，最好能够全面地进行分析，从而游刃有余地处理和分析这些数据、洞察这些数据背后的管理问题，让领导、同事和自己都觉得对这些数据进行了深度的价值挖掘呢？

其实，这是一个数据思维的问题。所谓数据思维，就是面对数据，我们有一套模式，能够对这些数据进行有效的、全面的、体系化的分析。数据思维是一种对数据价值进行挖掘的思维模式。数据技术是认知技术，数据思维就是从数据中挖掘认知的模式。换句话说，如果我们掌握了数据思维，我们就有了从数据中挖掘价值的思维模式，就能够更加充分地分析和挖掘数据价值。

数据技术是认知技术，人类的认知模式就是思维模式。数据是对现实世界的数字化的记录，从这些记录中挖掘认知，就类似于我们的大脑从我们所接触到的信息和数据中发现认知。一旦掌握这种认知模式，我们就可以有多种数据分析方法，然后就能够解读和分析数据、洞察业务了。

我们也可以把数据思维当作认知模式，构建数据分析方法，从而提升数据价值。数据思维是数据分析方法背后的方法。掌握数据思维，我们就能衍生出多种数据分析方法，就会有思路；有了思路，我们就有了出路。

2.3.4 先有数据意识，后有数据思维

数据思维是不断训练出来的。通过科学的训练，我们养成一种思维模式，能够利用理论化的框架工具，进行有序的、体系化的分析思路设计。数据思维模式也是从我们人类的认知模式中总结出来的。在具备数据思维模式之后，我们利用数据分析方法，模拟大脑的思考模式，就能够形成数据分析的算法模型。

我们需要让科学的认知模式形成理论化的框架，再通过思维训练，形成一种系统化的方法，然后利用系统化的方法解决日常数据分析挖掘的问题。当碰到一堆数据时，我们需要按照这些认知模式，以一种抽丝剥茧、顺藤摸瓜或者按图索骥的方式，体系化地、全面地找到数据分析思路和方法，然后践行这些数据分析思路和方法，将数据资产的价值最大化地发挥。

在日常生活和经营管理中，最常用的十八种认知模式构成了人类认知世界、探索知识的基本方法，如图 2-10 所示。这些方法只是最常用的、相对比较简单的方法。我们也可以将这些方法相互融合，从而研究出更加复杂的分析方法和算法模型。

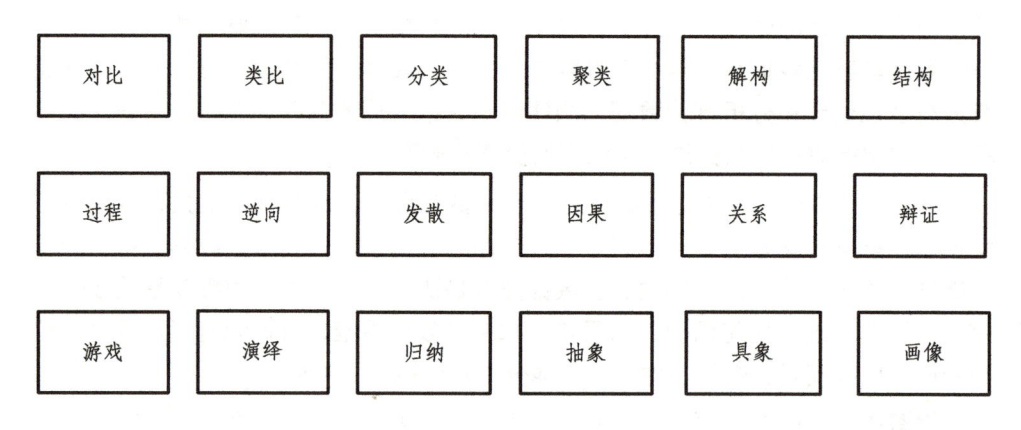

对比	类比	分类	聚类	解构	结构
过程	逆向	发散	因果	关系	辩证
游戏	演绎	归纳	抽象	具象	画像

图 2-10 常用的十八种认知模式

对于图 2-10 所示的十八种认知模式，限于篇幅问题，我们不会在本书中一一介绍。我们将针对日常经营和管理活动中经常用到的四种认知模式进行详细介绍，这四种认知模式分别是对比、分类、解构和关系。

数字化转型为我们提供了大量的数据，有了这个数据基础，企业各层级管理者通过基于数据思维创造的数据分析方法，对数据进行分析和挖掘，赋能经营和管理决策。

随着数字智能时代的到来，不仅企业经营管理活动被充分地记录，企业外部的公

共数据资源也会越来越丰富。利用这些数据，企业能够更好地认知内外部环境，把握市场规律，洞察客户需求，提升客户体验。所以，企业各层级管理者的数据思维是企业利用这些内外部数据的基本条件，也是未来企业对管理者的基本要求。

2.4 管理者数据能力 4M 模型之 M2（Methods）：数据分析方法

数据技术是一种认知技术，是促进知识产生并指导社会实践的基本方法。在这个过程中，我们的思路和方法非常重要。数据就摆在那里，如果没有数据分析方法，我们就无法解读数据背后的故事和逻辑。能不能运用方法分析手中的数据，是挖掘数据价值的关键。

2.4.1 数据分析方法是数据掘金的工具

手中有很多的数据，我们该用什么数据分析方法来分析，从哪些视角和维度进行分析，采用什么算法来分析呢？这是很多管理者面临的问题。面对着越来越多的数据无从下手是绝大多数企业管理者在数字化转型中面临的挑战。每个月月初，财务人员和人力资源都给出了各种各样的数据，这些数据都以电子表格的形式摆在管理者的面前，应该如何分析，发现了什么问题，找到了什么规律，接下来应该如何调整，很多人都手足无措。这就像面对一个金矿，我们却没有方法去挖掘，无法将数据转化成真正的管理价值。

所以，管理者需要掌握一套体系化的数据分析方法，在大量的、越来越多的企业经营管理活动数据中挖掘价值。但是数据分析方法非常多，应该用什么方法，将什么方法用在什么业务场景下，是管理者需要思考的问题。用合适的方法来处理、管理和分析数据，是管理者的基本能力。在我们手中有了足够多的数据资产之后，数据分析方法就如同我们的掘金工具，掘金工具的好坏决定着我们能否从金矿中挖掘到黄金，以及能否挖掘到足够多的黄金。

2.4.2 数据分析方法是认知世界的思维模式

数据分析方法有许多种，我们应该如何体系化地找到适用的数据分析方法呢？这就涉及数据分析方法背后的方法，即数据思维。有了认知世界的思维模式，我们就有了数据思维，就有了数据思考的维度，就能够找到对应的数据分析方法，从而对数据进行加工处理，形成我们对现实世界的思考和判断。

在不同的企业中，数据分析方法的实施会因为业务流程或者业务逻辑的不同而不同，所以，管理者要在对业务逻辑充分认知的基础上，利用手中的数据去构建数据分析方法。即使使用的是成熟的数据分析方法，在实际使用的过程中，我们对数据分析结果进行的解读也会不同，从而产生不同的决策。所以，在让数据分析方法落地的时候，我们也要结合企业的实际情况。

管理者需要在实际工作中积累数据分析方法，并形成自己的体系和思路，针对手中的数据进行游刃有余的分析工作，从而及时洞察业务规律，指导自己的业务管理活动，这是一个基本的能力。随着数据分析方法在实际工作中的应用，管理者不断探索新的方法，在积累和沉淀中逐步提升个人的数据分析能力。

数据分析方法与数据分析工具不同。不要认为学会了 Excel，成了用 Excel 处理数据的高手，就成了数据分析高手，也不要认为学会使用 SPSS、Matlab、SAS、R 语言或者 Python，就会数据分析了，这完全是两回事儿。数据分析工具会发生变化，随着数据量级的增加，我们需要更高效的分析工具，但是数据分析方法可以是不变的，或者是不断积累的。

数据分析需要一个长期积累经验的过程，需要我们对数据分析结果进行解读与应用，并在实践中检验结果，将数据分析和挖掘的知识和经验沉淀为个人能力。

2.4.3 数据分析方法需要总结和沉淀

数据分析方法有很多，同样的数据分析方法在不同的业务场景中也会有多种应用。我们不仅要持续探索不同的数据分析方法，也要善于总结数据分析方法背后的方法，从而创造出更多的数据分析方法，以应对复杂的业务环境。

数据分析方法需要迭代，要在不断使用的过程中进行优化。迭代是一种非常重要的思想。对于同样一种数据分析方法，开始的时候我们考虑的维度或者要素可能不全面，随着算法的应用、过程中总结，以及不断产生新的数据，我们可以纳入更多的要素，去完善算法。当数据分析方法非常成熟的时候，我们将其整理成算法，交由软件系统去自动执行，这样我们就可以把分析经验和分析方法沉淀为决策模型，使之不断为数智化企业建设增砖添瓦。

我们要善于总结和沉淀，如果能够整理出自己常用方法背后的思路，这会给数据分析工作带来极大的帮助。笔者有二十多年数据相关工作的总结沉淀，积累了很多的思路，利用这些思路来分析数据，针对同样一个数据集，可以用多种数据分析方法、多种维度来解读，从而形成更加全面的认知。

倒逼自己总结沉淀的一个方法是交流和分享。如果自己使用一种数据分析方法解决了一个日常经营管理中的问题，就可以尝试将其写成案例、分享给别人，或者讲给别人听，在交流分享的过程中，我们能够加深对数据分析方法的理解，甚至产生迭代的新思路。

2.5 管理者数据能力 4M 模型之 M3（Mastery）：数据工具

数据技术在业务场景中得到应用之后，就会产生大量的数据集，对这些数据进行实时动态的分析，能够为业务和管理决策提供依据，因此把数据变成决策依据需要我们通过数据分析来实现，而数据分析不能单靠我们大脑对数据的解读。我们大脑对数据的解读能力有限，所以我们还需要使用数据工具来呈现数据，让其帮助我们对数据进行处理和分析。

2.5.1 每一个管理者都需要数据工具

传统的思维模式限制了我们的兴趣，限制了我们掌握数据工具的意识，限制了我们的数据能力。

笔者曾长期在外资企业工作，与本土企业的高管团队相比，外资企业的高管在工具方面更加擅长，特别是对数据处理工具、数据分析工具、办公软件的使用非常熟练，动手能力非常强，甚至自己写报告、做数据图表、处理和分析数据。这种差异也让外资企业的高管团队在做决策的时候更有效地参考数据，而不是靠经验判断，他们的管理决策更加理性，从而使决策准确性更高、更有依据。

（1）工具能够改变一个人的习惯和思维。如果你熟练掌握一个软件工具，就能够非常容易地随时随地实现自己的想法，而不需要花费大量的时间和精力找别人来做，甚至在找别人来做的时候还说不清楚到底想要什么。

会开车和自己有车的读者朋友可能有一种生活体验，就是当你会开车、自己有车的时候，距离就不再是你走出家门到外面看更多世界的障碍，也不再是心理上的障碍。你会觉得城市的哪个地方都不远，而当你没有车的时候，就会觉得去离家较远的地方比较麻烦。工具可以改变一个人的思维模式，甚至生活方式和工作方法。

如果你不懂数据分析，不会使用数据分析工具，就连指挥下属进行数据分析的能力都没有，更不要谈如何带出优秀的团队了。

（2）工具能够塑造一个人，你使用什么工具，就能够创造什么价值，就能够胜任什么样的岗位，就能够在职业发展上走多远。如果你使用数据分析业务，做出管理决策，你就是一个管理者。一个管理者日常的工作就是决策，考验的是大脑的思考能力。如果能够利用数据技术、软件分析工具提升自己大脑的思考能力、分析判断能力，你就能够胜任更高级的岗位，能够处理更加复杂的数据和信息，能够游刃有余地处理更加复杂的业务场景。

（3）工具不在于多么"高大上"，而在于是否满足自己的工作需要。如果你掌握了一种工具，却长时间不用，那么你很快就会在不断更新迭代的版本中落伍。学以致用在这个场景中非常合适，在工作中使用，在使用中不断熟悉该工具，探索工具的更多功能。

2.5.2 数据工具正在不断进化

数据分析的工具在不断进化，过去我们使用的工具是 Excel，通过对数据的统计分析，我们能够发现管理中的问题，能够知道发生了什么，Excel 成为管理者的基本工具。但是随着企业数字化转型的升级，我们拥有的数据越来越多，需要更加复杂的数据工具来处理和分析数据。

即使是 Excel 这样的基本的数据处理和分析工具，仍有很多管理者不会使用，或者使用得不够熟练。对 Excel 工具的熟练程度在一定意义上决定着我们处理和分析日常经营和管理数据的能力和效率。微软提供的 Excel 工具为我们处理日常经营和管理数据提供了便利。但是，随着企业数字化转型和数据化管理的升级，企业的数据越来越多，数据之间又有着各种关联，如何利用一个更加高效的工具把更多的数据进行集中分析，已经成为我们这个时代新的工具使用要求。Excel 已经不能满足我们的需求了，我们需要更新的工具来进行多表、多数据之间的关联分析，并且这个工具能够有更多的数据分析模型和算法，能够胜任更复杂的数据分析模型的运行。由此，数据处理和分析工具升级成为时代的必然。

数据处理和分析是指在对基础数据进行统计、汇总的基础之上，进行的多表数据之间的关联分析。数据的可视化呈现是处理和分析数据的基本方法，所以数据可视化工具成为一种新的工具。目前市场上常见的数据可视化工具有 Power BI

和 Tableau，已经成为主流的应用，当然还有国产的数据可视化工具，如 Fine BI、Smart BI 等，这些数据可视化工具能够对更多的数据进行可视化分析和呈现，让我们能够更快地从数据中发现问题、找到规律，从而指导我们的业务实践活动。

如果可能，管理者需要掌握更加高级的工具，对数据进行更加深度的挖掘，这是一个高级要求。但很多的管理者还没有认识到数据价值挖掘的重要性，仍然期望数据自动价值挖掘算法的出现，等待着被指挥，这预示着一个被动心态导致的将来被淘汰的结局。其实，当数据价值挖掘自动实现的时候，我们对管理者数据能力和管理能力的依赖度就降低了。现阶段，管理者能够创造的价值是如何将线下的分析算法转变成线上的算法，由系统来完成，让系统来指挥企业资源的调配，从而让个人的价值不会因为时代变迁而被替代，否则管理者的岗位就不复存在了，就像有了 ETC 快捷支付之后，我们对高速收费员的依赖度就降低了。

数据工具正在进行着快速的迭代，从过去的 Excel，到传统的统计分析工具 SPSS、Matlab、R 语言，以及现在的 Python 等，一直有新的数据处理和分析工具出现。管理者需要迎合时代需求，掌握新的工具，来完成新时代的任务。新的时代需要新的工具，如果你还处在骑马打仗的冷兵器时代，永远赶不上现在的热武器时代，即使有再强的超级武功，也会被打败。

2.5.3 工具永远是工具，替代不了思想

现在市场上流行一种认知，只要掌握了数据分析工具，就具备了数据分析能力，就像很多人认为的一样，只要能够熟练使用 Excel，就有较强的数据分析能力，其实数据分析工具和数据分析与洞察、数据资产价值挖掘有着本质的区别。我们有很多的数据，也有很多的数据分析工具，这两者的结合才是数据价值挖掘的关键。我们掌握的数据分析工具，如 Excel、SPSS、Matlab、R 语言、Python 等，都只是工具，如果不能利用这些工具实现相关数据分析，我们拥有的数据仍然是原始数据，不能形成业务洞察，不能形成决策指令，这些数据对现实世界的指导作用仍然为零。

工具永远是工具，永远无法替代人的思维，无法形成新的思想，无法指导我们的业务活动，除非这些工具能够自动智能化。所以，我们必须利用数据分析方法对手中的数据进行分析和挖掘。这是一个过渡阶段，在这个过渡阶段，数据在被采集和存储之后，经过我们开发的算法来指导社会实践。未来才是算法产生算法、由算法指挥现实世界的时代。

在数字化转型期，人为的参与非常重要，我们发明算法来指挥社会实践。在这个阶段，工具就是工具，永远替代不了人类的思想。我们要强调人类思维的重

要作用，将人类的思维和算法沉淀为数据算法，让系统软件来模拟我们人类的算法，最终实现替代人类算法的目标。

在这个阶段，工具也很重要。面对同样的一个数据集，面对同样的数据分析算法，如果没有成熟的计算工具或者软件，我们就只能靠手工来完成数据的大量运算，哪怕是最简单的数据基本计算，如增、删、改、查。但数据分析的运算不仅仅如此，我们需要更好的工具来实现数据的加工处理。比如，R 语言有上百万个数据分析算法包，由众多的 R 语言项目参与者来设计和开发，你可以下载使用，但是因为是开源工具，具体这个算法是否正确，需要使用者自己研究确定。当然，如果我们有足够的资金，可以使用 SAS，设立一个专职的机构来完成对相关算法的正确性的认证。

2.5.4　熟练掌握一种适合自己的工具

熟练使用一种工具可以改变我们每一个人。如果我们学会了 Excel，掌握了 Power BI 等数据分析和数据可视化的工具，就知道如何做出更好的数据分析和数据洞察报告，就可以有效地利用手中的数据，做出更好的分析，得出更好的业务洞察，从而形成更有效的管理改善方案。不会使用数据分析工具，我们就很难从数据中得出更好的业务洞察，从而无法得出更好的管理方案。工具非常重要，可以改变一个人的行为和思维，从而让一个人产生变化。

在数字智能时代，我们有了更多的数据资产，如果我们再掌握了先进的数据分析工具，就能够进行更好的数据分析，得出更好的业务洞察，从而做出更好的管理决策。当然，随着数字化转型的推进，我们会有更多的数据分析模型和算法，会有更多的数智化引用场景，就能够创造更多的数据价值，这样我们就能够成为永远不会落伍的管理者。

工具不在于多么高级，只要适合自己的业务环境和分析场景就好。当然，我们也不能老抱着 Excel 不放。Excel 是工业时代的数据分析工具，那个时候我们的数据集不多，基本上都是结构化数据，我们对数据分析的时效性要求也不高。但是，在数字智能时代，Excel 基本上无法满足我们日常数据处理和数据分析的需要。一方面，我们有了更多的数据集，单一表格制图模式已经不适合了；另一方面，Excel 是离线版本的，在时间上有一定的滞后性，我们需要更多的在线版本的工具，能够实时动态地呈现分析结果。另外，Excel 所拥有的算法模型是非常有限的，只能进行少数简单的统计分析，我们需要更加复杂的算法模型来处理和分析数据。

Excel 虽然有些过时，但在于其功能还是非常丰富的，管理者可以把 Excel 当作一个基本工具。除了 Excel，数字智能时代的管理者至少还要掌握一种适合自己业务场景的工具。我们推荐 Power BI 和 Tableau，这两种工具是在线化的可视化工具，能够实现跨表关联分析，能够处理非常巨大的数据集，能够融合更多种算法模型，能够实时动态地呈现分析结果。当然，企业也许会有自己的工具，这要结合企业自己的场景去选择。

2.5.5　测一测你的 Excel 工具操作能力

你的 Excel 水平在第几级？可利用表 2-1 提供的清单进行自我评估。

表 2-1　管理者 Excel 水平分级测评表

层级（Level）	Excel 功能	熟练程度
Level 01	• 熟悉 Excel 的软件界面，能够对文件、工作簿、数据表进行熟练操作 • 能够熟练录入数据，对数据进行格式化设置，配置字体大小、颜色、格式；能够熟练设置数据格式（字符型、日期型、数字型、科学计数法等） • 能够使用"快速填充"功能；能够熟练操作行列的宽度/高度，能够熟练操作展示面 • 熟悉 Excel 基本的菜单和功能条，知道什么功能在什么位置，能够熟练找到相关的功能 • 排序、分列、筛选等功能	
Level 02	• 简单的常用的函数操作，能够熟练进行数学计算、字符运算、逻辑运算 • 数学公式：+、-、×、÷，幂次运算，利用括号撰写复杂数学公式 • 逻辑运算：and()、or() • 字符文本运算：&、right()、left()、mid()、find() • 时间日期运算：date()、month()、year()、day()、weekday() • 判断运算：if() • 查找替换：lookup()、index()、match()、subset()	
Level 03	• 快捷操作：快速移动、快速选择 • 快捷键：ctrl^d、a～z；ctrl^-、ctrl^+ • 常用快捷操作的使用	
Level 04	• 熟练使用透视表功能，不仅仅是简单的行/列的选择，还能够熟练操作透视表的各种计算方式、展示方式	
Level 05	• 熟练制作数据图表，并能够制作复杂的组合图，能够进行美化设置	
Level 06	• 数据分析工具加载项的各种功能 • 线性回归 • 相关系数计算	

续表

层级（Level）	Excel 功能	熟练程度
Level 07	• 规划求解功能 • 两种条件规划的熟练使用	
Level 08	• 超级工具：Power Query、Power Pivot、Power Map 等	
Level 09	• 基本宏的使用 • 外部数据接入、导入，SQL 查询与应用 • 链接的使用 • 数据库链接接入数据 • Excel 统计插件	
Level 10	• VBA 初步使用，能够编写小程序完成大量的重复工作 • VBA 熟练到高级编程	

注：以上分级并非基于软件操作的难易程度及能够掌握这些技能所花费的时间，而是基于业务应用中的难易程度及应用的频率来做的分类，企业需求不同，可能会有差异，以上分类只是一个非严格的经验判断而已，仅供个人参考，如果要将其作为企业人才评价或者招聘的标准，则需要结合企业自身需求重新进行分级归类。

2.6　管理者数据能力模型之 M4（Move On）：数据应用

2.6.1　数据应用是一个复杂的系统工程

将数据技术在管理中应用是一个复杂的系统工程，不是一个单纯的技术问题，也不是一个单纯的组织、团队和个人的能力问题。与企业的数字化转型一样，技术能够解决的，基本是可以解决的，如果是个人能力问题，也是可以通过招聘优秀的数据人才来解决的。但现实中推进数字化转型和数据化管理是一个非常复杂的系统工程，与企业经营管理的各项要素都有或多或少的关系，包括战略、组织、流程、文化、人才、机制、IT 等，因此将数据技术应用到任何一个数据化管理场景中都需要一套复杂的体系。

每一个数据技术应用场景都涉及很多问题，至少涉及业务流程、组织架构、责权利体系，以及公司战略、组织文化和数据技术应用的问题。管理者在把数据相关技术应用到某一个业务场景的时候，需要考虑复杂的组织问题、业务问题和体系问题。

不要小看任何一个小场景的数据应用，哪怕这个小场景仅仅利用数据采集来回答过去发生了什么。比如，在生产制造型企业中，我们通过数据来记录所有的生产经营活动，从而能够有效地计算产品的生产成本和费用，能够精细化地核算每一个客户、每一个产品、每一项业务、每一个订单的利润。我们需要利用数据来记录所有的业务活动，然后将每一部分的投入准确地分摊到相对应的客户、产品、业务和订单上。但是当数据被采集到每一项业务活动的时候，我们的业务活动管理就变成了透明的、阳光的、可透视的，从而让从事业务活动的相关单元或者人员觉得"透明了"，觉得自己被监控着和观察着，甚至有人觉得自己被"算计"着。这是数据的基础应用，告诉我们"发生了什么"。这促进了企业管理活动的透明化、阳光化，会遭到有阴暗面的业务活动的抵制或者反对。

在企业推动数据化管理或者阳光化治理的过程中，需要管理者平衡收入影响和支出问题，然后来决定什么地方可以阳光化、什么地方暂时不可以阳光化，最后有序地推进企业的数字化管理或者智能化管理。

在企业经营管理中，数据和算法能够改变企业的利益结构、权力结构。在数据技术应用的过程中改变利益结构和权力结构，必然会面对各种各样的阻力，特别是高层的阻碍，这对管理者应用数据赋能经营管理决策来讲是一个挑战。这个挑战体现了管理者的数据场景应用能力，包括利用数据分析来说服相关高层并推动管理变革，也包括在过程中利用数据体系来改变企业的经营管理方式，让系统自动地做出相关的应用场景决策。

2.6.2 数据应用需要复合能力

数字化转型不仅为管理决策提供了算法赋能、数据分析赋能，还为公司的战略方向、商业模式及组织资源的管控方式带来新的挑战。推动数据和算法在企业经营管理中的落地需要管理者具备复合的能力。管理者需要具备理性的数学能力、感性的能力，以及能够推动落地的相关人文方面的能力，包括个人的性格特征、情感感染的能力等。

人在组织中的角色定位，决定着思考问题的出发点，决定着个人推动数据应用的能力。如果我们从组织设计的角度赋予了个人权力，那么可以直接通过职位权力来推动，但是如果定位的是服务部门，则需要个人发挥更大的影响力，通过说服、用数据来讲故事影响协作部门采取行动。在将数据应用到企业业务场景中的时候，我们需要的不仅仅是确定性的数据分析结果，还需要说服力和关系驱动力。这些能力虽然与数据没有关系，但是在数字化转型的过程中，它们决定着个人的影响力和领导力。没有人文的推动力，没有足够的情商，靠单纯的智商是很难推动数据技术落地的。

在数字化转型的过程中,管理者的数据能力仍然需要包含定性的、情感的推动数据技术落地的能力,包括个人的管理风格、影响力、同理心、洞察个体心理的能力等。当然,如果能够利用数据进行更简洁的数字化表达,或者可视化表达,让更多的人从数据中发现问题、规律、机会、趋势,我们就能够更容易地说服他人。用数据说话,用数据讲故事,用数据表达观点,用数据呈现问题,用数据呈现解决方案,用数据预测未来收益,用数据规避未来风险,那么数据就会成为管理者的工具或者手段,成为发挥管理者价值的"尚方宝剑",从而推动数据技术落地。

这是一个非常复杂的过程,需要管理者掌握心理学和社会学的相关知识,从而把握人性,洞察人性。社会人文的规律也是数据研究的课题,与数据的理性并不矛盾。所以,数据能力还包括人文方面的潜质和相关能力。数据的理性并不是绝对的,而是相对的。

2.6.3 变革推动力是数字化转型的核心动力

管理者的数据能力不仅表现在数据管理、数据处理和数据分析等方面,还表现在人文方面,最终的目的是做出业务决策,对企业经营管理活动进行优化。所以,将具体的分析结果应用到实际业务活动中,需要管理者利用数据推动组织变革,推动业务改善。

企业数字化转型涉及组织架构、文化、流程等的变革,管理者的变革推动力是企业数字化转型落地的关键。所以,各层级管理者要能够利用数字技术带动组织变革,带动组织的文化变革和业务调整。

在推动企业数字化转型的过程当中,管理者需要将现有信息系统中的数据进行体系化应用,应用到业务流程的各个环节当中,利用数据可视化来讲故事,用数据来沟通,提升个人的影响力和领导力。

在企业数字化转型升级的过程中,管理者需要不断把业务决策模型转化为系统决策模型,用系统自动决策替代人为决策,为数智化企业建设发挥自己的能力,做好知识管理,沉淀好算法。

第 3 章

数据思维能力晋级

　　数据分析方法有许多种，而且还不断有新的数据分析方法和算法模型产生，掌握数据分析方法背后的方法才是王道。数据思维是数据分析方法背后的方法，通过数据思维训练，建立成熟的认知模型，数据分析方法就会源源不断地衍生出来。

3.1　数据思维与数据思维训练

3.1.1　什么是数据思维

　　随着企业数字化转型越来越普及，数据类的课程也越来越多，这是非常好的现象，为管理者提升数据分析能力提供了更多的选择。我们也看到在很多知名机构提供的数据思维培训中，对数据思维的理解是偏颇的，并不是真正的数据思维，充其量只是数据敏感度的概念。

　　什么是数据思维呢？所谓数据思维，就是对数据的思考维度，即我们从哪些维度来思考和掌握数据。所以，有了数据思维，我们就有了分析数据的思路和方法。我们也可以将数据思维定义为数据分析方法背后的方法。

　　数据是我们现实世界的一种记录，是我们认知世界的基础要素。通过对数据的加工处理和分析，我们能够更好地认知现实世界，所以数据思维也是我们的认知模式。我们是如何认知外部世界的，就应该如何分析数据。

3.1.2　常用的数据思维

对于普通的企业管理者、非专职的数据分析师，我们对其掌握数据分析方法和算法的能力要求不高，他们只需要掌握常规的数据分析方法即可。笔者对常用的数据分析方法进行了总结，在日常的企业经营和管理当中，我们常用的数据思维包括对比、分类/聚类、关系/关联、过程、解构/结构、类比、归纳/枚举、发散/逆向、推理/演绎、因果/果因、抽象/具象/画像、游戏思维等。

这些思维模式也是人类在科学发展过程中常用的认知模式。各种科学学科产生的新知识也是人类用这些思维模式创造的，这些思维模式是我们人类文明的积淀，是人类的宝贵财富。利用好这些思维模式，我们就能够创造出无限的数据分析方法及算法。

3.1.3　数据思维衍生的数据分析方法和算法

数据思维是数据分析方法的指引，从数据思维出发，我们可以创造出很多的数据分析方法。同样是对比，我们可以从不同的视角去对比；对于分类，我们尝试找到更多的分类维度，从而对分析对象进行多维分类；对于解构，我们可以用不同的方法来解构事物，达成分析目的；对于关系，我们尝试用数据去探寻事物之间的关系。笔者研究了常用的大数据算法近 200 个，绝大多数都是分类算法，部分是关系类算法。

以上这些数据思维并不是完全独立的，相互之间有一定的包含关系。比如，关系思维与因果思维，有些关系是因果关系；画像思维是分类思维的一种，是在分类标签基础上进行的典型特征的描述。另外，解构思维是一种底层思维方式，并不能直接产生数据分析方法，但能够让我们把分析的维度或者要素拆解出来。

3.2　对比思维模式

对比是我们日常生活中最常用的认知模式。我们看到一个事物，就拿它与我们之前对事物的认知进行对比判断；我们看到一个产品，就拿它与我们熟知的产品进行对比；我们看到一个人，就将这个人与我们熟悉的人进行各种对比：身高、胖瘦、颜值、肤色、发色、着装，等等。

3.2.1 对比三要素

对比是人类最常用的认知模式之一。其原理非常简单，我们在通过对比形成对事物的认知的时候，往往考虑三个要素：主体（我们通过对比评价的对象）、客体（比较对象，也是我们对比的标尺或者标杆、参照物）、对比维度（评价事物的维度）。如图3-1所示，对比思维模式包括三要素：主体、客体、对比维度。

```
                    对比思维模式
          ┌──────────┬──────────┐
          ☆          ☆          ☆
        ┌───┐      ┌──────┐    ┌───┐
        │主体│     │对比维度│    │客体│
        └───┘      └──────┘    └───┘
```

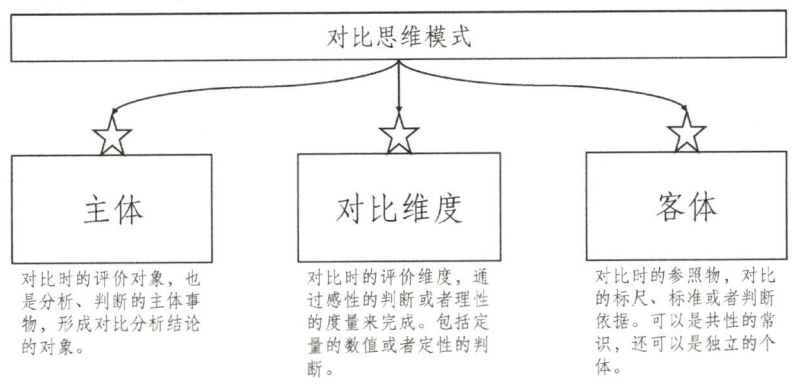

主体	对比维度	客体
对比时的评价对象，也是分析、判断的主体事物，形成对比分析结论的对象。	对比时的评价维度，通过感性的判断或者理性的度量来完成。包括定量的数值或者定性的判断。	对比时的参照物，对比的标尺、标准或者判断依据。可以是共性的常识，还可以是独立的个体。

图3-1 对比思维模式的理论抽象框架

对比思维是参照客体，以对比维度的比较对主体形成结论性判断。如果我们想改变他人对主体的评价结论，有两种方法：一、改变客体，也就是改变参照物；二、改变对比维度，也就是改变对比的"标准"。

3.2.2 对比客体的设定

1. 客体设定

比如，我们对一个员工进行评价，可以根据以大多数员工为基础的"普通员工"标准，认为这个员工比较优秀，比大多数员工都优秀。这个时候，对比的客体是"大多数员工"。如果对比"客体"是公司优秀员工群体，那么我们对该员工的评价就不是比较优秀了，而是比优秀员工还有很大的差距。

选择不同的对比客体，你会得到不同的结论。把员工A与员工B对比，你会觉得A不如B的业绩好，A是差的；把员工A与员工C对比，你会觉得A比C的业绩好，A是优的。对A的评价，取决于你选择谁与之对比。

比如，你评价一个员工的销售业绩，发现A员工比B员工多很多，有更高的业绩；但是，当我们把对比维度换成增长率时，会发现B员工的业绩增长率远高于A员工的业绩增长率，B员工有更快的成长速度，有更大的成长潜力。由此，我们通过更换对比维度，改变了我们的结论。

我们的销售额增长了 30%，具体是好是坏，要想形成共识性的认知结论，就需要我们有共识性的对比"客体"。对比增长 25%的目标，我们超额完成了目标，是好的；对比去年 20%的增速，我们实现了比去年更快速地增长，也是好的；对比我们的主要竞争对手，他们普遍的增速都超过了 40%，我们是慢的；对比行业增速 20%，我们快于行业增长，是比较不错的。同样是 30%的增速，对比的"客体"不同，我们得到的结论也不同，如果团队中的不同成员选择不同的"客体"来看这个问题，就会有不同的看法，这也是很多企业开会时面对同样的问题，会有不同的观点的原因。

如图 3-2 所示，面对同样一个数据，要想让团队形成相同的结论，我们需要相同的"客体"，需要在"客体"选择上达成共识。另外，我们在看待一个数据的时候，需要多维度去看，360 度去选择"客体"，形成更全面的认知和判断。

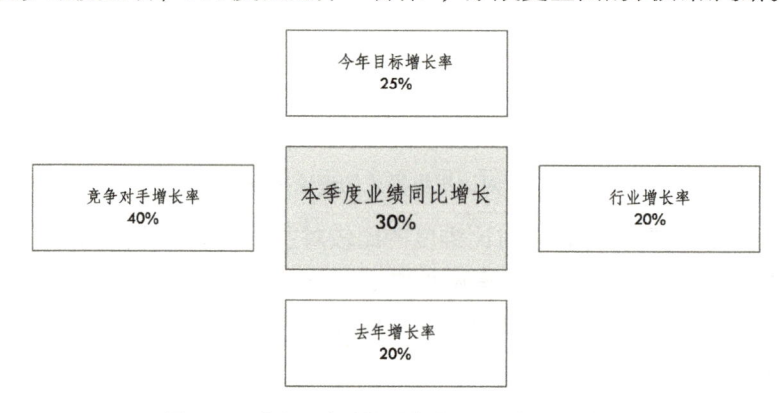

```
              今年目标增长率
                  25%

竞争对手增长率   本季度业绩同比增长   行业增长率
    40%              30%              20%

              去年增长率
                 20%
```

图 3-2　对比"客体"选择与 360 度全面对比

2. 客体设定陷阱

片面选择某一"客体"，来"误导"人们形成片面的结论，背后都有某种动机，我们把这种现象称作"客体设定陷阱"。如果客体设定不合理，就存在故意误导我们形成不同结论的情况。所以当我们阅读别人呈现给我们的报告时，我们要敏锐地去看是否存在"客体设定陷阱"问题。

在日常生活中，存在大量的"客体设定陷阱"。比如，为了让我们对产品的价格形成"不高"的结论，厂家会给我们设定一个价格对比参照系，从而让我们认为这个价格"不高"。苹果手机 512GB 的同款售价 8690 元，如果对比小米、华为同技术层级的产品，价格肯定是高的，但是如果对比 256GB 和 128GB 存储容量的同款手机，这两种存储容量的手机的价格分别是 7990 元和 7290 元，512GB 存储容量的手机的价格仅仅比它们高了 700 元、1400 元，不足 10%。这两款低存储容量的手机就成了对比的参照系。

3.2.3 对比维度的选择

1. 选择对比维度

对比维度是我们分析和判断事物时所选择的度量值或者数据指标。相同事物之间的对比，如果我们选择的对比维度不同，我们得到的结论也会不同。

比如，对同样的产品进行对比，如果从价格、价值、外观包装、产品功能、技术含量等各种维度进行对比，我们就会有不同的结论。

比如，我们对比分析员工，如果从业绩的对比维度来分析，我们认为业绩好的员工更加优秀；如果我们选择的对比维度是忠诚度、离职风险，那么我们认为忠诚的员工是好的员工；如果我们将能力作为对比维度，那么我们认为能力强的员工能助力公司持续发展；如果我们将颜值作为对比维度，我们就会选择那些颜值更高的人。

我们在通过对比来形成分析结论的时候，要看我们选择了什么样的对比维度。对比分析是最常见的分析方法，我们很容易就因为对比维度选择不同而形成不同的结论。大家也往往会因为不同的人有不同的看待事物的维度和视角，形成不同的分析结论。

所以，我们必须小心地选择更客观的对比维度。比如，在招聘中遴选人才，我们看重的不是颜值，而是将来为公司贡献的价值、与岗位的匹配度、对未来公司发展的能力贡献，我们要弱化高颜值带来的好感，从而遴选出真正优秀的人才。

如何选择更客观的对比维度呢？要回归到我们做事的目的，从目的出发选择对比维度才是中肯的，任何脱离目标和目的的维度选择都带有偏见。

2. 维度设定陷阱

在日常经营和管理当中，我们经常会碰到因为选择不同的对比维度而形成不同对比结论的情况。通过设定不同的对比维度，左右我们对具体事务的评价，这种现象我们叫作"维度设定陷阱"，就是通过选择特定的维度，让人产生不同看法的方法。

很多广告经常通过设定特定的对比维度，让消费者对目标商品产生不同的印象或者不同的对比结论，从而喜欢上目标商品。

在日常工作中，当下属跟上级提到绩效和涨薪的时候，经常会因为选择不同的对比维度而影响上级的判断，这就是维度设定陷阱，因此我们在生活中、工作中要注意识别别人谈话中的对比维度，确保对比维度选择是客观、中肯的。

3. 对比维度数量

我们在对比事物的时候，可以选择一个对比维度，也可以选择多个对比维度。我们看待事物需要多维度的视角，从而对事物形成更加全面的认知。

1）单一维度

在对比事物的时候，选择一个对比维度，我们叫作"单维度对比"。单个维度选择也有很多选项。比如，对于 B 端客户，我们可以从时间的维度进行对比，有新客户和老客户之分；我们可以选择客户对公司的业绩贡献，有大客户和小客户之间的对比；我们还可以选择从利润贡献的角度对比客户，就会有利润贡献大的客户和利润贡献小的客户；我们还可以从客户需求的角度对比客户，从而有挑剔的客户和普通的客户。

图 3-3 所示为两个 C 端客户的对比，我们可以从很多维度来对比，可以从人口统计学各个维度进行对比，也可以从行为特征的维度进行对比，还可以从实际需求的维度进行对比。

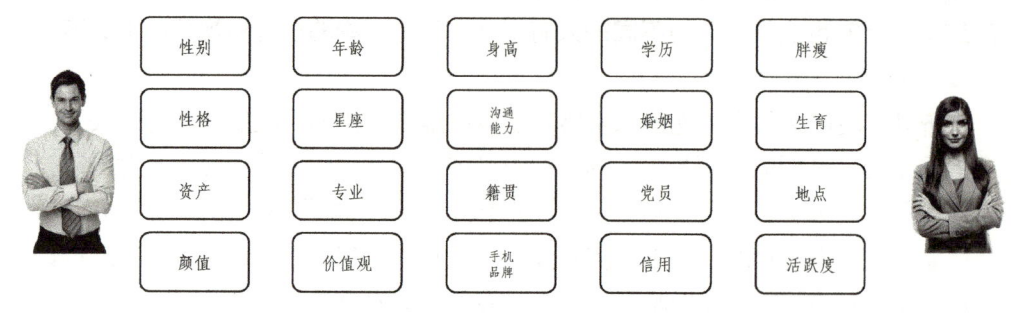

图 3-3　C 端客户对比的不同维度示例

2）多个维度

如果有两个以上的维度，我们就可以采用多维视角对比事物，还可以通过"指数化"的方式将多个维度进行合并，这种"指数化"的方式称作"降维"。

比如，对于数据质量，我们可以从八个维度对比不同业务部门或者不同数据集的数据质量。数据质量可以分成八个维度，包括全面性、完整性、真实性、实时性、及时性、准确性、精确性、相关性（关联性）。如果针对八个维度都采用质量评分的方式来对比，我们可以有如下这种对比分析（见图 3-4）。

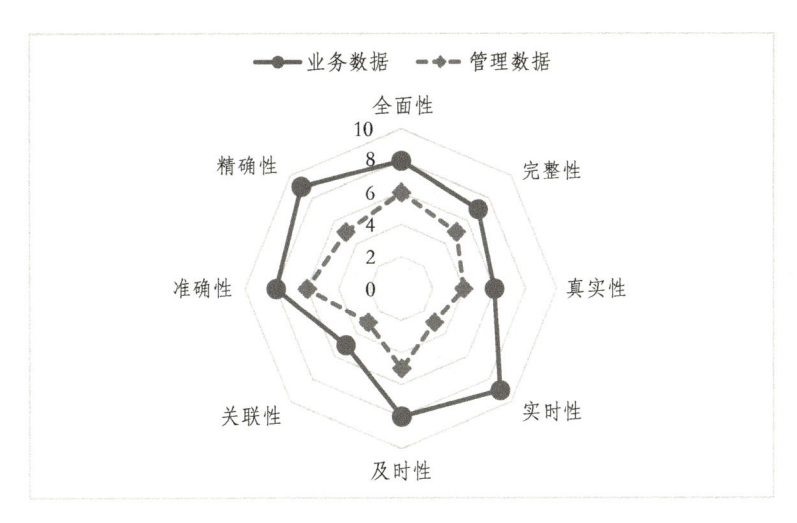

图 3-4　数据质量八维度对比示意图

3）多维度"指数化"降维

经济生活中有很多通过"指数化"降维的"指标",如 CPI（消费者价格指数）、PMI（采购经理人指数）、基尼系数等。

我们在日常管理中经常使用的 KPI（关键业绩指标）也是通过指数化方法减少维度,形成的一个整体评分的指标。如果公司利用平衡记分卡的方式来考核,我们就有四个维度:客户维度、流程维度、学习成长维度、财务维度,先给出每个维度的评分,再通过加权的方式来计算总得分。

比如,如表 3-1 所示,我们在对客户进行等级评价时往往也需要从多个维度进行比较分析,为了能够形成一个较为中肯的、客观的结论,我们可以根据每个对比客户的维度的重要程度进行加权,从而得到客户的评分,然后根据这个评分对客户进行分级管理。

表 3-1　从多维度通过加权进行客户对比的示例

维　度	权　重	客户 A	客户 B	客户 C
规模维度	40%	60 分	80 分	90 分
增长维度	20%	80 分	60 分	65 分
信用维度	10%	70 分	70 分	80 分
忠诚度维度	30%	75 分	60 分	50 分
客户得分		69.5 分	69 分	72 分

3.2.4　从被动到主动：主动识别和主动设计

在日常生活和工作中，我们需要主动识别别人强加给我们的对比客体和对比维度，也要主动设计对比客体和对比维度来与协作对象达成共识。如果针对一组数据，大家形成不同的结论，往往是因为大家的对比客体或者对比维度不同。

比如，我们看待一个产品、一个客户、一项业务、一个项目、一个员工，如果我们的认知结论不同，就是因为我们分析和判断这些事物的维度、我们与之比较的客体不同。在同样的对比维度下，因为对比客体选择不同而得出不同的结论；在同样的客体比较基准下，因为我们选择的对比维度不同，获取的数据不同，从而形成不同的对比结论。

【练习题】

尝试找到三个日常生活中通过改变对比客体来"误导"消费者认知的例子，在工作中实践利用主动设计客体或者主动变更对比维度来主导听众认知的方法，并在事后同朋友或者同事分享。

3.3　分类思维模式

分类思维模式是我们人类认知世界的基本方法，我们通过对外界事物的分类，然后将事物归属为某些类别，这些类别具备一定的基本特征，这些个体事物也符合这些类别的基本特征，从而简化了我们认知世界的过程。比如，我们对动物和植物进行分类，当碰到新的动物或者植物的时候，我们就会更加容易识别这些动物或者植物，然后根据它们的特征，对它们的习性有更简化的了解。

植物分类法中也有不同层级的分类，目前植物分类学按照十个层级进行分类：门、纲、目、科、族、属、组、系、种、亚种。不同的类别有不同的特征和习性，根据新发现植物的归类，我们能够更好地推测该植物的特征和习性。

我们在征服自然界的过程中，总结了各种易于识别动植物的分类方法。比如，通常颜色鲜艳的动植物往往具有比较强的毒性。基于这种认知，我们应尽力避免触碰这些颜色鲜艳的动物或者植物。

在日常生活中，我们也会有意识或无意识地对接触的人或者事进行分类。对于人，我们有好人、坏人的分类，也有男人、女人的分类，还有大人、小孩的分类，还有按照不同职业进行的分类。针对不同类别的人，我们有不同的应对策略。比如，对于身着制服的公共服务人员，我们有天然的信任，如警察、医生。

分类简化了我们对事物的认知，促使我们采取适用于某类事物的处置策略。

在管理上，我们把产品、客户、业务、员工、事项进行分类，然后针对不同类别的事物采取不同的策略，从而简化我们的认知，形成更加直接的判断，采取更敏捷的应对策略。

为了让我们更有效地处理繁杂的日常管理事务，时间管理矩阵将我们每日要处理的事务按照两个维度进行分类，从而形成了四类事务。针对不同的事务，我们应采取不同的策略。

如图 3-5 所示，在时间管理矩阵中，对于重要且紧急的事务，要马上做，而且这类事务要尽力减少，否则每天都是在"救火"；对于重要但不紧急的事务，需要计划好时间去做，否则不紧急的事务也容易变成紧急的事务；对于不重要但很紧急的事务，可以授权他人去做，比如电话经常打扰我们的日常工作，这个时候接听电话的事情可以交给秘书去做，做一次筛选，看是否重要，重要的事情要马上去做，不重要的事情交给他人去处理就好；对于不重要且不紧急的事务，从自己的日程表中取消就好，不需要去做。

通过时间管理矩阵，下面来体会一下分类的认知模式。

第一步，通过分类维度对事务进行分类。在该示例中，我们通过重要程度和紧急程度两个分类维度将我们日常碰到的事务分成了四个类别的事务。

第二步，针对不同类别的事务采取不同的策略。在该示例中，针对不同类别的事务，我们有四种不同的处置策略。

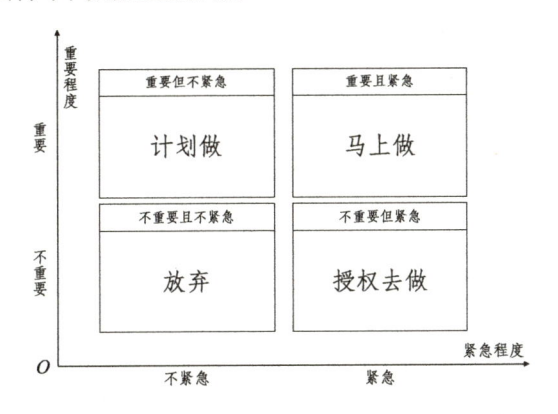

图3-5 时间管理矩阵：事务分类与对应处理策略

基于以上经验的总结，我们可以把"分类思维模式"总结成以下思路：事物→分类维度→类别归属→对应某类别的处置策略，如图3-6所示。

（1）针对要分类的事务选择分类的维度；
（2）基于分类维度将事务分成不同的类别；
（3）针对不同类别的事务研究或者制定策略；
（4）用不同类别的策略处理不同类别的事务。

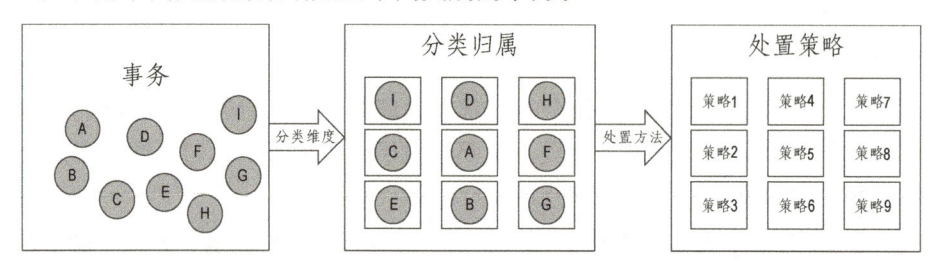

图3-6　分类思维模式的基本思路

分类维度可以是一个维度，也可以是两个维度，还可以是多个维度。单个维度的分类思维模式应用比较简单；两个维度的分类思维模式可以让我们创造各种矩阵分类分析方法，前面的时间管理矩阵就是典型的"矩阵分类分析方法"；三个维度就能够构筑"魔方分类分析方法"；三个以上的维度就可以构筑更加复杂的分类分析方法。分类分析方法是大数据时代我们最经常使用的分类算法。

根据采用的维度数量，我们有不同的分类分析方法，包括单维度分类分析方法、双维度矩阵分类分析方法、三维度魔方分类分析方法和多维度分类分析方法。

3.3.1　单维度分类分析方法

单维度分类分析方法比较简单，针对要分析的事物，我们选择一个维度就可以将其进行分类，然后针对不同的分类设置不同的处置策略，就可以完成对应的分析。

比如，针对"客户"这个事物，我们可以选择不同的维度对客户进行分类管理。

如果我们选择时间维度，就有针对老客户和新客户的不同应对策略。老客户对公司的产品或者服务比较熟悉，我们不需要花费太多精力去介绍公司、业务、产品，只要把精力聚焦在提供优质产品和服务上，就可以充分地维护老客户；而新客户对公司不了解，对我们的产品质量不熟悉，对我们的服务质量没有信心，我们需要花费大量的精力在品牌沟通、产品介绍、服务介绍上，这样在营销和销售环节就有更大的投入。所以针对老客户，我们聚焦在交付和服务环节，提升客户的忠诚度；针对新客户，我们聚焦在营销和销售环节，树立客户对产品和服务的信心，提高客户的认知度，如图3-7所示。

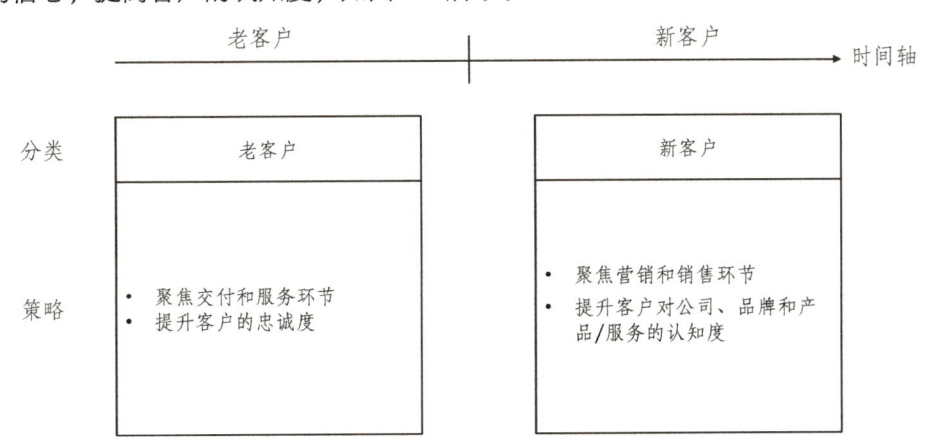

```
                老客户      |      新客户         →  时间轴

分类      ┌──────────────┐    ┌──────────────┐
          │    老客户     │    │    新客户     │
          │              │    │              │
策略      │• 聚焦交付和   │    │• 聚焦营销和   │
          │  服务环节     │    │  销售环节     │
          │• 提升客户的   │    │• 提升客户对公 │
          │  忠诚度       │    │  司、品牌和产 │
          │              │    │  品/服务的认知度│
          └──────────────┘    └──────────────┘
```

图 3-7　单维度分类分析方法示例：基于时间轴的单维度客户分类策略

如果我们选择销售额维度，就有针对大客户、小客户的不同应对策略。大客户给公司贡献更多的业绩，提升公司的规模，提高公司产品的市场占有率，当然也有可能给我们贡献更多利润，所以我们就可以为大客户提供更多的优惠或者服务，从而让大客户更加满意，提升大客户的忠诚度；而对于小客户，因为其业绩贡献小，如果我们花费太多精力和费用在小客户上，就分散了公司的资源，不利于公司扩大规模或者提升竞争力，也不利于公司盈利能力的提升，所以我们为其提供有限的优惠和服务，如图3-8所示。

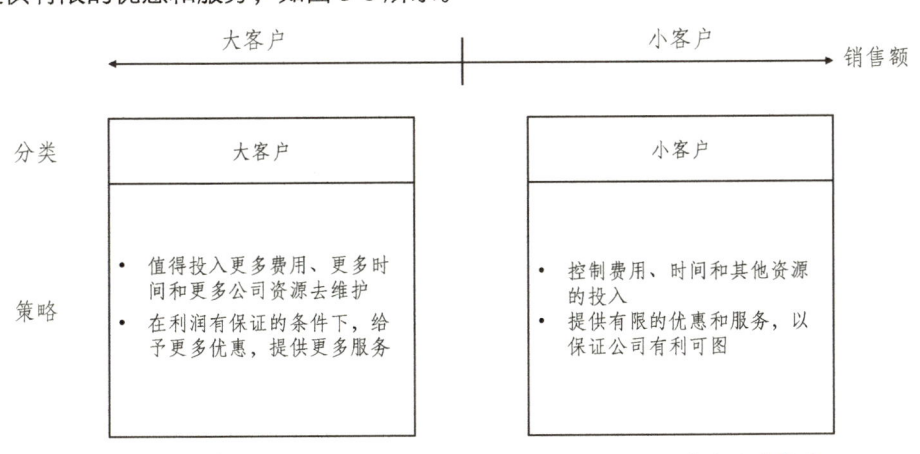

```
                大客户      |      小客户         →  销售额

分类      ┌──────────────┐    ┌──────────────┐
          │    大客户     │    │    小客户     │
          │              │    │              │
策略      │• 值得投入更多 │    │• 控制费用、时 │
          │  费用、更多时 │    │  间和其他资源 │
          │  间和更多公司 │    │  的投入       │
          │  资源去维护   │    │• 提供有限的优 │
          │• 在利润有保证 │    │  惠和服务，以 │
          │  的条件下，给 │    │  保证公司有利 │
          │  予更多优惠， │    │  可图         │
          │  提供更多服务 │    │              │
          └──────────────┘    └──────────────┘
```

图 3-8　单维度分类分析方法示例：基于销售额的单维度客户分类策略

针对客户的分类，我们可以寻找更多的维度，以构筑更多的单维度分类分析方法。这些维度可以是利润贡献（或利润率）、增长率（或成长性）、距离远近、品牌认知度、活跃度、购买力、商务条款（付款或者交付要求）、支付方式、定制化要求、对服务的需求程度，等等。感兴趣的读者可以按照单维度分类分析方法的思路构筑更多的单维度分类分析方法。

【练习题】

寻找某个维度，对市场、行业、企业、客户、员工、产品、业务、部门、车间、工段或岗位等进行分类分析方法的练习，找到处置以上事物的有效策略，并同同事或者朋友交流分享。

3.3.2 双维度矩阵分类分析方法

双维度矩阵分类分析方法是对要分类分析的事物选择两个维度进行归类，然后针对不同类别设置不同的应对策略或者处置策略。我们将两个维度放到两个坐标轴上，从而构筑一个四象限（2×2）或者九象限（3×3）的矩阵，形成矩阵分类分析方法，如图 3-9 所示。我们分得越细致，就越需要多样化的策略，甚至是千人千面的策略。

下面举几个例子让大家更好地理解和应用矩阵分类分析方法。比如，对于员工的分类管理，可以根据两个重要维度：品德、才能，构筑一个"德才矩阵"，对员工进行分类，然后针对不同的员工采取不同的用人策略，如图 3-10 所示。

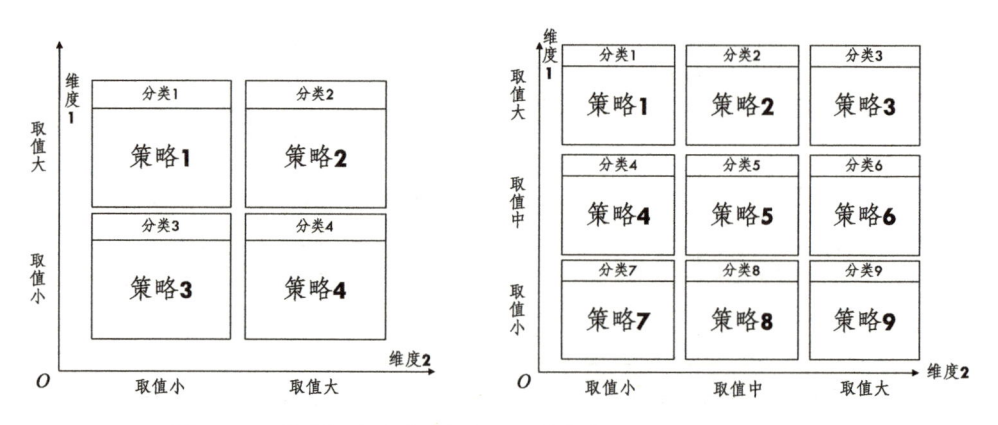

图 3-9 双维度矩阵分类分析方法的基本模型（四象限/九象限）

第 3 章 数据思维能力晋级

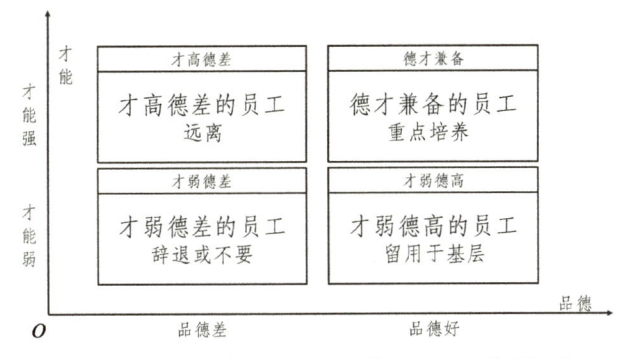

图 3-10 双维度矩阵分类分析方法示例：德才矩阵

同样针对公司的员工，可以从另外两个维度进行分类管理：沟通能力、做事能力，这样可以构筑一个"做说矩阵"，如图 3-11 所示。

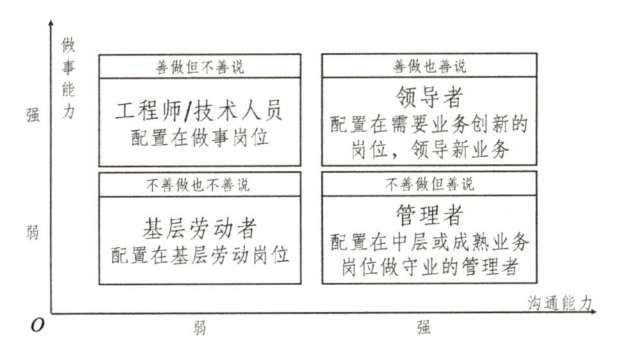

图 3-11 双维度矩阵分类分析方法示例：做说矩阵

针对员工的管理，还可以选择另外两个维度进行分类分析，一个维度是能力或者业绩，另外一个维度是忠诚度，或者离职风险。这样可以构筑一个"人才流失风险管理矩阵"，如图 3-12 所示。

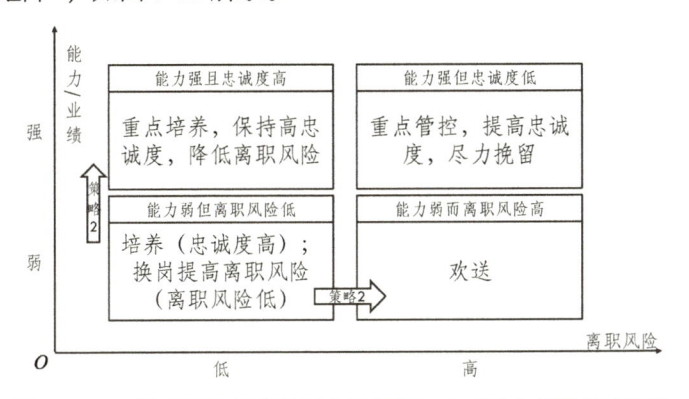

图 3-12 双维度矩阵分类分析方法示例：人才流失风险管理矩阵

管理者数据能力晋级

（1）能力强且忠诚度高、离职风险低的员工是公司最喜欢的员工，但公司对其也不能放松警惕，要时刻关怀，保持其高的忠诚度，降低其离职风险，向其倾斜公司育人资源，通过重点培养，不断提升其能力，让其在公司重点岗位发挥更大作用。

（2）对于能力强但忠诚度低、离职风险高的员工，通过重点风险管控，尽最大努力提高这些员工的忠诚度，尽力挽留，让他们成为能力强且忠诚度高的员工。

（3）针对能力弱但离职风险低的员工，通过换岗或者调薪促使他们主动离开，因为他们的忠诚度高，还可以通过培训的方式提升其能力，让他们有机会能够进入第一象限（注：忠诚度高和离职风险低是两种不同的情况，有些人不愿意离职是因为在公司外找不到更好的机会，被动留在公司，并不是因为忠诚度高）。

（4）针对能力弱且离职风险高、忠诚度低的员工，可以愉快地欢送其离开公司，让他们可以在人才市场上找到适合自己的岗位。

我们针对要分析的事物，总是可以基于管理目标找到重要的分类维度，从中遴选两个关键维度，然后构建矩阵分类分析模型，用不同的策略管理不同类型的事物，让决策更加科学和合理。采用矩阵分类分析方法的思路，可以构建各种各样的矩阵分类分析模型，让我们的分析能力持续进阶。

上面针对公司员工构筑了三个矩阵分类分析模型，只要我们找到更多的分类维度，就可以构筑更多的矩阵模型，并用数据去表征，然后采取不同的策略进行管理。大家可以尝试构筑更多的员工矩阵分类分析模型，可以参考以下维度的两两组合：智商-情商、颜值-业绩、职位-能力、性格内向/外向-感性/理性、做事能力-责任心、技术能力-管理能力，等等。

我们不仅可以对员工进行分类分析，还可以对公司的产品、客户、业务、供应商、资产、车间、产线、设备、存货、岗位等任何需要管理的事物进行分类分析，从而构筑矩阵分类分析模型，然后制定不同的管理策略。

我们不仅可以对事物构筑矩阵分类分析模型，制定不同的管理策略，还可以对事情、活动或者其他行为进行矩阵分类分析。比如，我们对"事情"的处理策略构筑一个矩阵分类分析模型，然后制定对应的处置策略。做好一件事，必须保证两个方面的成功，一个方面是"事"，另一个方面是"情"，所以做好事情，不仅事要做对，情感也要维护好，让对方高兴。所以，我们把处理事情的策略按照事、人两个维度的重要程度来构筑一个"人-事矩阵"，如图3-13所示。

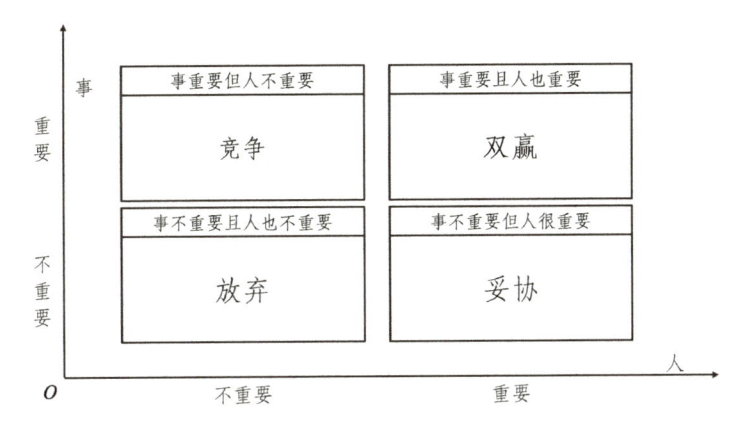

图 3-13 双维度矩阵分类分析方法示例：人-事矩阵

在我们处理事情的时候，如果事情对自己很重要，必须要"赢"，同时人也很重要，也要让对方高兴，让对方"赢"，则我们的策略必须是一个双赢的策略；如果事情对我们很重要，但对方的人不太重要，我们只需要保证能够赢就行了，所以我们应采取竞争的策略；如果人很重要，但事情对我们来说并不太重要，这个时候我们应采取妥协的策略，只要对方高兴就好了；如果事情不重要、人也不重要，我们放弃就好了，不用浪费时间和精力去处理这样的事情。

合适的策略能够让我们更好地处理碰到的事情。如果选择了不合适的策略，我们的处境就会比较尴尬。比如，在家庭中，存在夫妻关系、亲情关系，人很重要，家里的琐事不太重要，这个时候有必要采取"妥协"策略，家和万事兴，如果采取了"竞争"策略，家里就容易不断争吵，鸡飞狗跳。

如果公司里同事之间在协作办公的时候经常吵来吵去，意味着员工们在处理事情的时候采取了"竞争"策略，大家把对方看得不是特别重要，这个时候我们有必要通过团建，加强员工间的情感联系，让彼此之间的重要程度提升，才会更好地强化协作；但是，如果员工关系过于好，人的重要程度被提升，那么事的重要程度就容易被弱化，容易采取妥协的策略，这也是在组织变革的过程中，员工关系越好，公司的管理变革越难推行的原因。

【练习题】

利用双维度矩阵分类分析方法的思路选择公司需要管理的事/物，遴选两个分类维度，构筑一个矩阵分类分析模型，并制定针对不同类别的策略，然后与公司同事分享你的分析和对应的管理策略，与同事达成共识。

3.3.3 三维度魔方分类分析方法

我们在对事物进行分类分析的时候，如果选择 3 个维度，那么我们构筑的将是一个三维立体的魔方模型，这种方法叫作"三维度魔方分类分析方法"，其基本模型如图 3-14 所示。

其基本思路是：针对要进行分类分析的事物，如客户、产品、员工、业务、资产、门店、业务活动等，我们选择与管理目标相关度高的 3 个量化维度，然后构筑一个三维立体魔方，针对魔方的每个方块采取一种策略，从而形成分类管理策略模型。

（1）如果将每一个维度分成 2 段，即取值高和取值低，则会构筑一个包括 8 个魔方的模型，即将事物分成 8 种类型，分别制定不同的策略。

（2）如果每个维度分成高、中、低 3 段，则会有 27 个魔方，即把事物分成 27 种进行针对性的管理，需要制定 27 种不同的策略。

（3）如果将每个维度分成 5 段，则能够构筑 125 个魔方，需要针对分成的 125 种事物分别制定对应的策略。

具体将事物分成几种，则要考虑企业实际的管理精细化程度，以判断是否需要将事物分成这么多种和采取这么多的策略。

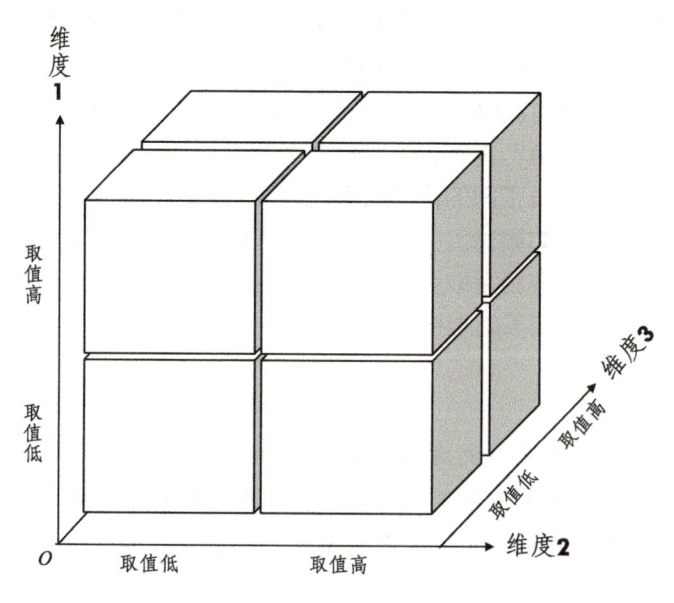

图 3-14 三维度魔方分类分析方法的基本模型

第 3 章 数据思维能力晋级

在具有复购特征且能够联系到客户的条件下，我们经常采用 RFM 模型来管理和维护客户，从 3 个维度对客户分类，针对不同的细分客户，采取不同的维护策略，从而有效地挖掘现有客户的价值。

在具有复购特征的行业中，老客户的价值非常高，因为老客户熟悉我们的产品和服务，对企业和品牌有了解，基于以往的合作基础，不用投入太多的费用去营销公司品牌让他们信任，大幅度节省了营销和销售的费用，能够更好地让利客户，从而提升客户的忠诚度，因此，老客户的细分管理能够让我们更精细化地管理客户，将公司资源投在重要客户上，并有效防止重要客户的流失，做到提前预警、及时维护。

RFM 模型从 3 个维度细分客户群体，3 个维度分别是 R（Recency，时间近度），代表着客户的活跃度，由最后一次交易时间确定近度，时间越近，客户越活跃；F（Frequency，交易频率），代表着客户的忠诚度，客户购买频率越高，其忠诚度越高，根据一定时间内客户购买的次数确定；M（Monetary，金额大小、额度），代表着客户价值的大小，由一定时间内客户购买的总金额或者客户平均每次的购买金额确定。如果将 3 个维度分别细分为 2 段，则会产生 8 类细分客户，如图 3-15 所示。

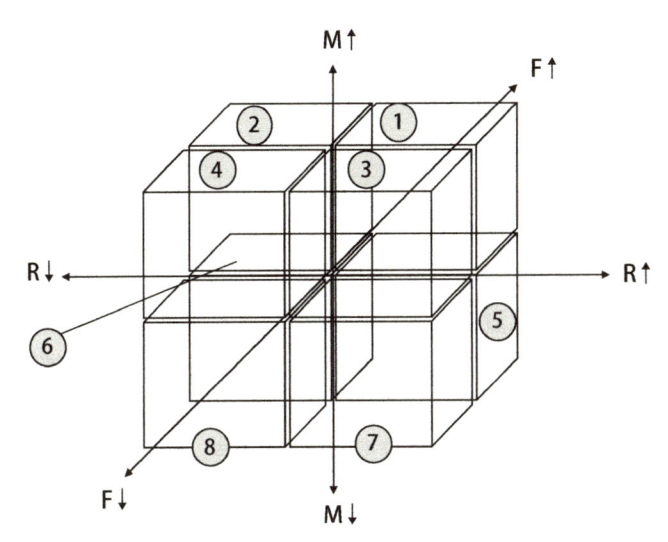

图 3-15 三维度魔方分类分析方法示例：RFM 模型

结合实际数据特征，我们分别给每类客户一个名称，如图 3-16 所示。针对不同类型的客户，我们需要制定不同的维护策略，业务团队或者客户经理需要根据维护策略，采取行动。

	R	F	M	客户类型	维护策略
1	↑	↑	↑	重要价值客户	重点关注
2	↓	↑	↑	重要保持客户	及时维护
3	↑	↓	↑	重要发展客户	激励发展
4	↓	↓	↑	重要挽留客户	优惠留存
5	↑	↑	↓	一般价值客户	一般关注
6	↓	↑	↓	一般保持客户	一般保持
7	↑	↓	↓	一般发展客户	见机发展
8	↓	↓	↓	一般挽留客户	一般挽留

图 3-16　RFM 模型中的每种客户类型及其维护策略

如果将每个维度分 3 段，就会有 27 类客户，可以采取 27 种不同的维护策略。在日常管理中，结合公司自身客户的数量、业务团队人员的数量，以及公司客户分类管理的精细化程度，选择适合的分类数量，最多可以做到"千人千面"。一般意义上，这种分类方法不适合分太多的类型，常规的 8 种已足够超越现有的粗放式管理方案，27 种太多，125 种分类往往需要合并类型来制定简化策略。

【练习题】

如果公司的业务具有客户复购性，并且业务团队能够联系到具体的客户进行点对点维护，可以尝试引入 RFM 模型来分类管理客户。

3.3.4　多维度分类分析方法

有了一个维度、两个维度和三个维度，就会有四个维度、五个维度，以及成千上万个维度，维度越多越复杂，人类的大脑很难区分这么多个维度，三维立体已经是我们空间想象力的极限，超过三个维度的超维空间已经超越了我们大脑的想象力。为了简化管理，我们可以采取降维的方法来合并多个维度。这时候经常会用到主成分分析方法，因为当多个维度存在的时候，维度之间往往具有相关性，不像 RFM 模型的假设一样，各个维度之间不相关，在空间上类似于"垂直"的关系。

在多个维度空间上，如果两个维度之间不"垂直"，我们可以采用主成分分析方法将多个维度合并成少数不相关的维度，从而达到降维的目的。感兴趣的读者可以参阅相关资料来延伸阅读。本书不是专业的统计学书籍或者数学书籍，读者可以自行查阅相关专业书籍来了解数学和统计学方面的专业知识。

3.4 关系思维模式

企业是以盈利为目的的组织，通过对投入资源的加工处理，提供客户需要的产品或服务，从而创造客户价值和利润，并获得持续发展。企业创造价值的基本逻辑就是通过对投入资源的调配和处置创造客户价值，将之变现为公司的产出。

企业通过对投入资源 x 的调配和利用，创造产出 y。所以，企业运作的基本原理可以抽象为一个产出 y 与投入资源 x 之间的关系函数，即 $y=f(x)$。这是投入与产出之间的关系模式。

存在就要有价值，"雁过留声，人过留名""活着就要改变世界"，都在说明一件事情，我们在企业管理岗位上任职所能够创造的价值，就是通过对投入资源的利用实现的。我们的价值发挥在这个字母 f 上，f 的英文全称是 function（函数、功能、职能），是将投入 x 变现为产出 y 的方法。所以，我们要想创造价值，就必须掌握创造价值的方法，即 f。

3.4.1 事物之间存在的四种关系

事物之间存在四种关系，具体介绍如下。

1. 确定性的函数关系

就像精确的数学关系一样，事物之间具有精准的匹配关系。比如，"一个瓶子一个盖""一只青蛙，一张嘴，两只眼睛，四条腿""两只青蛙，两张嘴，四只眼睛，八条腿"。这种确定性的关系往往出现在工厂的物料清单上，如一个产品需要四个螺丝钉，两个产品就需要安装八个螺丝钉，这是一种完全的确定性关系；或者出现在财务计算中，产品定价 10 元，两个产品的销售额是 20 元，三个产品的销售额是 30 元，在不打折的情况下，这种确定性的关系就存在。

在商业决策上，对这种确定性关系的研究没有太大的意义，因为这种确定性的函数关系是可以通过科学或者业务逻辑直接推导的，不需要大量的数据研究，也不具有弹性。

2. 不确定的因果关系

在企业实际的业务经营管理活动中，确定性的函数关系并不总是存在，当我们投入资源创造产出的时候，总会受到各种外部因素的影响。面对一项业务，我们投入 100 万元，产出 120 万元，当我们投入 200 万元的时候，并不确定可以产出 240 万元，因为会受到客户需求、市场竞争及其他外部因素的影响；公司投入广告来带动销售，投入 100 万元的广告费带来了 1000 万元的销售额，下一次再投入 200 万元的广告费，并不一定能带来 2000 万元的销售额。投入广告费和带来产出虽然有着因果关系，但由于广告投入的时点、媒体的选择、媒体自身客户活跃情况、竞争对手广告投放等各种因素的影响，投入广告费带来的产出具有一定的不确定性。

企业经营就怕这种不确定性，就像赌博一样，如果下注之前不知道底牌是什么，仅靠完全随机性的猜测是没有意义的。企业经营管理追求在不确定条件下谋求更好的确定性，所以我们必须研究投入 x 与产出 y 之间的关系，并优化这种关系，提高这种关系的确定性程度。在商业决策理论中，我们对这种因果关系确定性程度的把握越高，我们的决策就越科学，就越能够创造利润。

3. 没有因果关系的关联关系

事物之间的第三种关系是关联关系，是逻辑上不存在因果关系的关系，但是两者之间还有共生的关系，要么是正向关联关系，要么是负向关联关系。

比如，据统计，人的智商与上网看短视频的时长呈反比关系。上网看短视频的时间越长的人，平均智商越低，上网看短视频和智商之间没有必然的因果关系，所以我们不能通过调控上网看短视频的时长来改变我们的智商水平。

事物之间会有共同的"因"，导致在"果"的层面产生共生关系。虽然我们不能用关联关系来调控资源投入以获得想要的结果，但可以通过一个现象的表征来研究另外一个现象，从而能够更好地管理想要的结果。

4. 没有关系

事物之间的第四种关系就是没有关系。有时候我们投入的资源不能带来产出，它们之间没有产生关系，那么这种资源投入就是无效的。虽然在商业逻辑上存在因果关系，但如果在数据上表现出没有关系，那么我们投入资源的方法就有问题，就需要改善。对这方面的研究也为我们提供了调控资源投入效率的方法。

3.4.2　企业经营和管理决策中的 $y=f(x)$ 关系

当我们在企业经营管理环境中通过数据分析来研究投入和产出之间的关系时，最有研究价值的是上面提到的四种关系中的第二种，即事物之间存在的不确定的因果关系。数据分析方法本身不能回答因果逻辑，只能回答事物之间是否存在关系，无论是正向的联动关系，还是负向的联动关系，具体的因果逻辑需要我们从商业逻辑上去判断。

因果关系是企业经营管理分析中最需要的，因为我们都需要通过控制"因"的投入获得"果"，如果事物之间有确定性的"因果关系"，我们就能够有更加确定性的经营成果，虽然企业经营环境的复杂性让我们无法找到真正的确定性关系。比如，我们投入广告费是带来新客户的因，我们投入人力或者资本是带来公司经营发展的因，我们投入研发费用是驱动企业增长的因。当我们更确定地把握投入和产出的关系时，就能够通过优化投入来提升产出的确定性。

线性关系是我们研究的投入产出关系的简化模型，并不是所有的投入和产出之间的关系都是线性关系。从企业长周期经营和管理的角度来看，在特定的误差冗余度的条件下，我们可以把短期的投入和产出之间的关系看作线性关系。

所以，当利用线性关系来研究多种费用投入和单一产出之间的关系时，我们就可以构建一个线性规划模型，即：

$$Y = aX_1 + bX_2 + cX_3 + dX_4 + eX_5 + fX_6 + \cdots + \mu$$

其中，

Y：企业目标产出，可以是客户数量，可以是销售额，可以是企业增长，还可以是利润。

X：企业的资源投入，可以是费用、成本、研发投入、人力投入、资本投入、固定资产投入、培训费用投入、资源关系维护费用等；$1,2\cdots n$ 代表每一种与产出之间有因果关系的投入项目。

$a,b\cdots$：代指每一种投入转化为产出的效率。

在企业经营实践中，通过事后的数据分析，我们就可以评价每项投入转化为产出的效率，在以后的投入决策中减少转化效率不高的资源投入，增加转化效率高的资源投入，从而达成优化资源投入的目的。

在以上公式中，Y 和 X 都是事后统计的数据，属于已知数据，而未知数据是各项资源投入的转化效率（$a,b,c,d\cdots$）及常数 μ。当我们有足够多的历史数据时，就可以通过线性规划的方法求解这些未知数。在 Excel 2007 以上的版本中，可以求解 16 个未知数以下的线性规划方程，基本可以满足企业经营管理需求。在这些未知数被求解出来之后，如果它们能够通过统计校验，那么在理论上就可以被认为是成立和正确的。我们就可以判断每项资源投入的效率，然后在再次进行费用预算或者资源投入决策的时候动态调整资源投入，将更多的资源配置在转化效率比较高的项目上，从而起到优化的效果。

3.4.3 不确定的因果关系案例

笔者的团队曾经在为一家国内领先的快速消费品公司提供咨询服务的时候，利用这种方法有效地优化了该公司的销售费用投入，起到了非常好的效果。在实际咨询服务中，我们将这家公司财务会计科目中与销售费用有关的 48 项三级会计科目分成了 7 个大类，分别是：

（1）回收产品处置费用；

（2）临期产品处置费用；

（3）渠道激励费用和渠道返利；

（4）店内陈列与终端建设费用；

（5）销售导购人力费用和奖金激励费用；

（6）价格促销或者销售折扣费用；

（7）活动费用等。

然后，我们用 $X_1 \sim X_7$ 分别代表以上 7 项费用，用 a、b、c、d、e、f、g、h 分别代表这 7 项费用的转化效率和常数项，从而构筑了销售额 $Y=f(X_1,\cdots,X_7)$ 的公式，即：

$$Y = aX_1 + bX_2 + cX_3 + dX_4 + eX_5 + fX_6 + gX_7 + h$$

每个月的销售费用数据和销售额数据都可以构成一个等式，该公司在提供销售费用数据时将其分成了 14 个销售大区，每年有 12 个月的数据，于是可以构筑 14×12=168 个等式，我们通过线性回归求解了 8 个未知数。

通过对这 8 个未知数解出数值的比较，我们对 7 项费用做出了调整，将转化效率高的费用增加，将转化效率低的费用减少，逐步优化费用配置。

当然我们不能只考虑转化效率高的费用而不考虑其他费用的配置，因为在实际业务逻辑中，这些费用是用来构筑一个产品通路的，这个通路将产品从公司传递到最终用户的手中，任何一项费用缺失都会导致这个通路出现断点，导致产品无法高效地到达用户手中。这就相当于分成几段的管道，每个环节都非常重要，任何环节被堵死，都不可能通透。

企业经营和管理活动中存在大量的投入和产出之间的关系。比如，销售费用、营销费用和公共关系费用是推动公司业务发展的因，因此我们可以构建一个 $y=f(x)$ 研究模型来进行数据分析，找到投入和产出之间的关系，优化投入配置，提高投入产出效率。

表 3-2 列出了在企业经营和管理中几种常见的 $y=f(x)$ 的范例。

表 3-2　企业经营和管理中常见的 $y=f(x)$ 的范例

序号	产出 y	投入 x	$y=f(x)$	说　明
1	销售收入	营销费用（广告费用、推广费用、媒体费用等）；销售费用（招待费用、销售人员费用、渠道投入费用、其他销售费用）	销售收入 $y=f$（营销费用，销售费用）	销售收入是一个企业综合投入的结果，最直接的是销售费用和营销费用，当然在实际业务逻辑中，公司的销售收入还与公司人力投入、产品研发投入、技术改造费用投入，以及现金流、固定资产投资都有关系。有些费用的投入产出是长效的，有些是短效的。本模型重点关注的是短效费用投入
2	增长率	新产品/技术研发费用；新市场开拓费用；新业务投资额	增长率 $y=f$（新产品/技术研发费用，新市场开拓费用，新业务投资额）	一个企业的发展与其投入的研发费用的关系最密切，当然，还与其他方面的投入有高相关性，如高端人才引进、薪酬激励费用等。注意：基于我们长期的观察和数据验证，企业的研发投入与增长率之间的关系有两个特征，一个是指数（非线性特征），另外一个是时间的滞后性。如果线性模型不太适合，读者可以尝试在建模的时候探寻 y 与 x 在时间差上的匹配关系
3	新客户数量（电商）	市场开拓费用；市场营销费用；媒体推广费用；平台推广费用	新客户数量 $y=f$（市场开拓费用，市场营销费用，媒体推广费用，平台推广费用）	对于传统的电商企业，销售收入与流量经营费用的投入关系最密切，虽然销售收入与其他的费用投入也有关系，但最直接的是用于引流的费用。在具体使用的时候要考虑是使用自有电商平台，还是使用天猫、淘宝、京东、拼多多等电商平台
4	产品毛利率	产品研发费用；生产技改费用；品牌投资费用	产品毛利率 $y=f$（产品研发费用，生产技改费用，品牌投资费用）	产品的毛利率是产品竞争力的体现，是产品本身对比竞争对手的溢价能力，这项能力的塑造与企业在产品领先方面的投入有直接的关系
5	销售团队人均产值	人才引进费用；培训费用；销售激励费用	销售团队人均产值（人均销售额）$y=f$（人才引进费用，培训费用，销售激励费用）	销售团队的人均产值是销售团队的人效，人效的增长与销售体系建设、销售团队建设、人才培养，以及团队士气的激励有着密切的关系

续表

序号	产出 y	投入 x	y=f(x)	说　明
6	企业人效	平均薪酬；人才培养费用；人才引进费用；企业文化建设费用；团队建设费用；组织发展相关费用	企业人效 y=f（平均薪酬，人才培养费用，人才引进费用，企业文化建设费用，团队建设费用，组织发展相关费用）	一个企业的人效与组织建设、人才发展、员工培训和薪酬激励的费用密切相关，具体这些费用应该如何配置和优化，需要我们从投入产出的视角构筑模型。 注意：企业人效是一个比较复杂的问题，甚至包括了地域特征，在中国三四线以下城市中，因为存在流失率低、终生雇佣的特点，所以人效问题与激励、人才培养、组织发展之间的关系有被弱化的特征
7	产品质量	工艺改进费用；技术改造费用；质量控制费用；岗位培训费用	产品质量 y=f（工艺改进费用，技术改造费用，质量控制费用，岗位培训费用）	与产品质量直接相关的因素包括：质量管理中与人、机、料、法、环相关的投入（质量控制费用、工艺改进费用、岗位培训费用），以及与公司产品技术相关的研发投入等
8	员工满意度	工作环境费用投入；员工人均薪酬福利；员工薪酬竞争力分位值（同行对比、同职业对比、同专业对比）；团队建设费用；文化建设费用；员工人均培训费用	员工满意度 y（内部调研值）=f（工作环境费用投入，员工人均薪酬福利，员工薪酬竞争力分位值，团队建设费用，文化建设费用，员工人均培训费用）	员工满意度相关指标有许多，不同的企业会有所不同，不同行业、不同市场区域的企业也会有不同，具体选择哪些指标，企业可以在做尝试性模型探索后选择高相关性的指标进行研究

注：以上 y=f(x) 的关系不是完善的模型，只是一个指引，因为不同企业的费用归类不同，费用的会计科目设置也会有差异，以及企业的实际业务逻辑也会有所不同，在具体使用时还要结合实际业务情况进行详细、科学的论证。

【练习题】

在本企业探寻 y=f(x) 的业务逻辑关系，并尝试构筑数学模型进行研究，找到费用投入优化点，尝试进行优化，并找到最佳投入配比比例。

3.5 解构思维模式

解构是非常强大的思维模式，通过解构，我们能够将困难的事情拆解成简单的事情，从而游刃有余地进行处理，做到"大事化小，小事化了"。对于一座大楼，我们可以将其拆解成不同的功能组和建筑层级；对于一辆汽车，我们可以将其拆解成不同的模组和零部件。解构思维模式能够把一个复杂的事物拆成简单的组件。

3.5.1 解构思维模式：一种强大的思维模式

对于企业管理，我们通过专业的分工，将各种事物处理方法进行解构，从而实现更加有效的管理，成就了各种管理学的理论。比如，对于营销管理，我们可以按照 4P 模式进行解构，也可以按照 4C 来解构，还可以按照 4R 来解构。图 3-17 呈现了三种不同的营销管理理论。

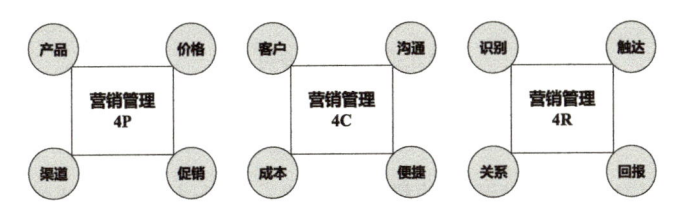

图 3-17 营销管理的解构思路 4P→4C→4R

菲利普·科特勒最早在工业供不应求的时代，将营销管理解构成 4P（产品 Product、价格 Price、渠道 Place 和促销 Promotion），给营销管理者提供了一个基于四个维度的管理方案，让市场营销管理更加专业和高效。这个是以产品为王的工业时代的营销管理模式。随着时代的发展，市场逐步供过于求，企业必须以客户为中心，从而诞生了新的营销管理模式。这种营销管理模式围绕着客户和沟通来进行，包括客户（Customer）、沟通（Communication）、便捷（Convenience）和成本（Cost），被称为 4C。随着互联网时代的发展，营销和销售逐步一体化，企业按照客户旅程来设计营销管理体系，从而诞生了 4R（识别 Recognize、触达 Reach、关系 Relationship 和回报 Return）这种营销管理思想。

把一个复杂的管理问题，通过解构的方式，拆解成各个组件、关键要素或关键环节，从而更加容易地管理好每个组件、关键要素或关键环节，只要这些解构的组件、关键要素或关键环节被管理好了，这个复杂的管理问题就能够得到有效解决，这就是解构的作用。换句话说，解构可以把复杂的问题变成多个简单的问题，把一件大的事情变成多件小的事情，从而使其处理起来更加容易，是简化管理的主要手段。

传统管理学把管理问题拆解成组织、计划、控制和反馈，让管理活动有了专业的、明确的定义。现代管理学对管理活动的分类拆解，让我们能够有效组织管理活动。

对于复杂的外部环境竞争，迈克尔·波特将其拆解成五个方面的竞争力，除了同行的竞争压力，还有上游供应商的竞争压力、下游客户的竞争压力、潜在进入者的竞争压力，以及替代品的竞争压力。从这五个方面分析，就可以更加全面地了解企业所面临的外部竞争环境。竞争五力模型（波特五力模型）如图3-18所示。

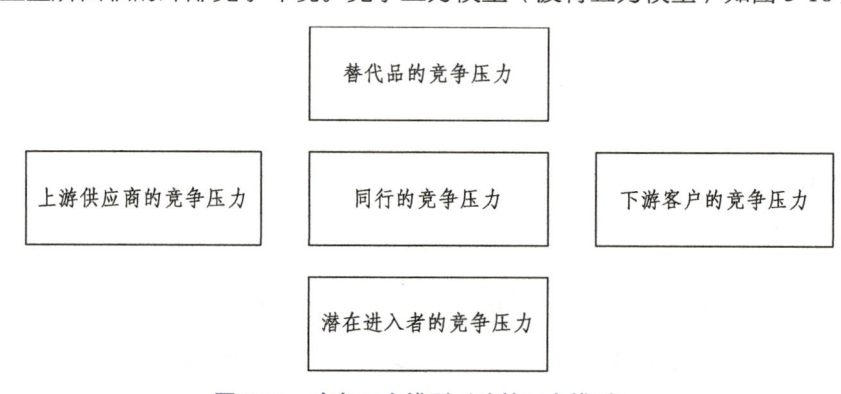

图 3-18　竞争五力模型（波特五力模型）

类似的对复杂管理问题解构的模型非常多，绝大多数的管理学理论是建立在解构复杂问题的基础之上的。比如，麦肯锡战略模型 7C、SWOT 模型、战略分析 PEST 模型、PDCA 管理闭环、问题分析 5W2H、管理目标 SMART，等等，想了解这些模型的读者可以参阅相关的书籍。

3.5.2　解构思路：决定分析思路

对管理问题的解构决定着我们如何思考工作，也决定着我们如何分析经营管理活动。比如，你把销售额解构成：

销售额 = 客单价 × 客户数量

那么，你为了提升销售额，达成战略要求的目标，会有五种基于该解构方案的策略。

（1）在现有客户中提高客单价，"向现有客户要更多"。

（2）在客单价不变的情况下，开发更多新客户。

（3）在客户数量稍微有下降的情况下，大幅度提升客单价（或者商品价格）。

提价会减少客户数量，只要提价带来的销售额小于客户流失减少的销售额，该方案就是可行的。

（4）在客单价稍微下降的情况下，大幅度增加客户数量。如果客户对公司商品价格的敏感度很高，价格稍微下降就会有大量新增客户，那么该方案就是可行的。

（5）同时提升客单价和增加客户数量，通过加大营销力度、增加销售渠道，在提高产品价格或者客单价的同时，开拓更多市场以增加客户数量。

如果你把销售额解构成：

$$销售额 = 业务人员数量 \times 业务人员人均销售业绩$$

那么，你为了提升销售额，达成战略要求的目标，会有五种基于该解构方案的策略。

（1）在不增加业务人员数量的情况下，通过培训或者激励，提高每个人的销售业绩。

（2）在人均销售业绩不变的情况下，通过招募更多的业务人员提升销售额。

（3）在业务人员适当减员（替换为精兵强将）的情况下，大幅度提升业务人员的人均销售业绩。

（4）在人均销售业绩小幅度下降的情况下，招募大量的业务人员（因为招募人员多，生手会拉低人均销售业绩）。

（5）同时增加销售人员数量和提升人均销售业绩（培训、激励或者招募更优秀的业务人员）。

类似的解构"销售额"的方法还有很多。

$$销售额 = 门店数量 \times 单门店平均产出$$

$$销售额 = 门店坪效 \times 营业面积$$

$$销售额 = 客流量 \times 成交率$$

$$销售额 = 单品数量 \times 平均单品销售额$$

你在心中如何解构你正在管理的事物，你就有什么样的管理方案。面对复杂的管理问题，你解构得越好，就管理得越好。解构是一种能力，掌握解构的方法能够提升分析问题和处理问题的能力。如何更好地解构管理问题，我们就如何管理和分析业务。

比如，解构市场营销管理，当市场供不应求的时候，我们以厂家为中心，4P营销理论比较适合；当市场供过于求的时候，4C营销理论比较适合；而在互联网时代，4R营销理论更加符合市场营销管理的需要。不同的时代有不同的适合需求的解构方法。这说明两个方面的问题：一方面，解构问题可以有多种方法；另外一方面，解构问题没有完美的方法，不同情境下需要用不同的方法。在不同公司的管理模式和战略目标下，同样的管理问题也可以有不同的解构方法。

3.5.3 解构的四种方法

解构的基本方法有四种，分别是组分法、流程法、要素法和属性法，流程法和要素法解构事，组分法和属性法解构物。这四种方法是笔者经验的总结，针对管理学上的理论和框架，我们发现这四种方法是最常用的方法。

对事的解构有两种方法：一种是按照做事的先后顺序来解构事，叫作流程法；另外一种是按照做事需要把控的关键因素或者要素，确保事情能够做成、做好，叫作要素法。

对物的解构有两种方法。

一种方法是按照物的组成部分来解构物，叫作组分法，即把物按照它的组成部分进行解构，多个部分组合成一个整体，只要我们管理好物所有的组成部分，这个物就能够被我们很好地管理或者处理了。

另外一种方法是按照物的关键特征来解构，把控对物认知的关键属性或者特征，这种方法叫作属性法。只要把握了物的关键属性，我们就对这个物有了非常充分的认知。

图 3-19 呈现了四种解构方法之间的关系。

	事	物
组成	**流程法** 事情处理的关键步骤 例：4R营销理论，PDCA闭环管理，人力资源管理解构为选、用、育、留、离，项目计划制订	**组分法** 关注物的重要组成部分 例：资产管理解构为各种资产的管理，咨询团队组合解构为"三驾马车"（客户经理、方案经理、交付经理）
特征	**要素法** 处理事情要把控的关键要素 例：4P和4C营销理论，管理学理论（计划、组织、控制、反馈），任务管理解构5W2H	**属性法** 关注物的关键属性 或者特征 例：人力资源管理职能专业划分、财务管理职能专业角度划分

图 3-19 四种解构方法之间的关系

1. 流程法——如何做事

流程法是按照做事过程进行解构的方法，主要用来回答如何做事。从规范做事程序的角度对事情进行拆解，只要有好的过程，就会有好的结果。我们按照一个好的流程解构，能够程序化地把事情做好，做事的流程不对、不科学，做事就无法更加高效。

任何事情的达成都需要一个过程，无论这个过程长短，都有完成的先后顺序，因此我们就可以将这个过程分成不同的环节，只要将每个环节做好了，最终这个事情就完美解决了。通过对事情进行科学的阶段划分，我们可以更加精细化地管理过程，避免"等待最终结果产生"。

比如，我们解构"客户关系管理"，可以使用流程法来规范客户关系的管理。我们构建客户关系的过程是不认识→认识→感兴趣→有意向→高意向→准成交→成交→复购→转介绍，如图 3-20 所示，这样我们就可以有效组织公司资源，从引流开发客户，到维护客户关系，到实现复购和裂变，再到策划行动方案，从而把客户有效地管理起来。公司的客户关系管理的最终成果，即销售额，是否能够实现，关键在于整个过程中的转化是否能实现。只要每个环节都有非常高的转化率，我们就能够得到最佳的营销结果。

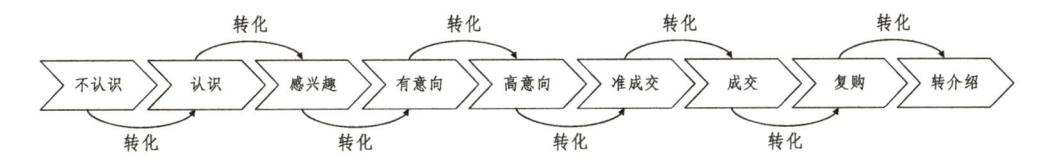

图 3-20 用流程法解构客户关系管理

4R 营销理论就是按照流程法进行的解构。管理学中有很多使用流程法对管理问题进行解构的框架。比如，PDCA 闭环管理就是按照做事的流程进行的解构，如图 3-21 所示。

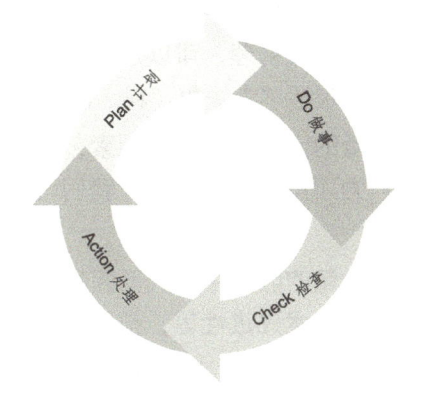

图 3-21 PDCA 闭环管理

流程法解构管理的核心目的是"如何做事"。如果事情处理得不好，我们就需要考虑用流程法对做事的方法进行解构。比如，如果一个项目没有做好，项目管理就需要按照项目开展的流程进行细化；如果一个客户的拜访效果不好，我们就需要按照如何拜访客户设定一个流程，对员工拜访客户的过程进行精细化管理；如果财务报销过程比较混乱，我们就需要按照财务报销流程进行精细化管理；如果公司始终招聘不到合适的人才，我们就需要把整个人才招聘过程进行解构，进行精细化的管理。

流程法能够有效地发现整个做事过程中的问题，从而促使我们进行有效的管理和调整。如果我们按照流程法把客户转化的过程进行量化分析，就能够在管理客户关系的全流程中，找到转化率比较低的环节，从而进行精准化的管理。

2. 要素法——如何把事做好

要素法是按照做好事情的关键要素来解构事情的方法。我们通过对做好事情的关键要素进行有效把控，从而能够把事情做得更好。

比如，对"客户关系管理"这样一个管理问题，我们可以用"要素法"来解构。我们可以把客户关系解构成构筑客户关系的触点、频次、强度、持续性等几个关键要素。

我们知道，人与人之间的关系是人与人之间的交互所留存下来的共同记忆。共同记忆越深刻，人与人之间的关系就越紧密。因此，我们可以构筑管理客户关系的关键要素：与客户共同记忆的触点和频次，以及共同记忆的强度，即给客户留下深刻印象。当然，为了使客户保持记忆、不遗忘，我们要重复强化客户的记忆。客户关系管理可以用下面的公式进行量化。

$$客户关系 = 共同记忆的累积 = \Sigma（共同记忆频次 \times 共同记忆强度）\times 遗忘曲线系数$$

比如，我们为了做好产品质量管理，可以从影响产品质量的几个关键要素入手对产品质量管理进行解构，包括"人、机、料、法、环"五个方面。

（1）"人"：影响产品质量的因素中有人的因素，员工操作的熟练程度及操作的有效性影响着产品质量，为了提高产品质量，我们可以对员工进行培训，让他们对工作程序更加熟练。

（2）"机"：在影响产品质量的因素中，机器因素非常重要，机器运行的稳定性、精准性，以及机器本身的技术先进性等，都会影响产品质量。我们对机器进行的维护和保养，对机器零部件的改造，甚至我们采用更加先进的机器进行加工，都能够使产品质量得到改善。

（3）"料"：在影响产品质量的因素中，零部件的质量或者原料的质量影响着最终产品的质量。我们可以通过提升原料或者零部件的质量来提升产品质量。

（4）"法"："法"是加工制造的方法，是工艺过程。采用的工艺或者加工方法，影响着产品的质量。我们可以通过改善加工工艺提升产品质量。

（5）"环"：环境也是影响产品质量的因素，环境是否干净，是否有污染物进入产品中，环境的温度、湿度是否影响产品质量，如果是，我们可以通过有效控制产品加工过程中的温度和湿度来提升产品质量。

对于如何提升管理效率，我们可以对影响管理效率的关键要素进行解构，把控好影响效率的要素，从而提升管理效率。对于如何提升客户服务质量，我们可以解构出影响客户服务质量的关键要素，如服务人员的能力水平、服务的态度、服务人员的数量及客户服务的专业性等。

对于如何提升客户的满意度，我们可以通过解构影响客户满意度的关键要素进行管理。比如，影响客户满意度的要素包括产品的价格、产品的质量、售后服务质量，售后服务质量中的关键要素是响应售后服务的时长、问题解决的速度、响应客户售后服务的专业性等，这样我们就找到了提升客户满意度的方法。

3. 组分法——把控好物的每个部分，就解决了物的整体

组分法是按照物的组成部分进行拆解并管理事物的方法，主要针对物的组成。目的是管控好物的每一个组成部分，构筑物的整体。只有处理好物的每一个细节，才能做出更好的物。

针对研发产品，我们需要研发产品的每一个零部件、每一项功能，并确保这些组成部分能够构成完整的整体。管理好一个团队，需要管理好团队中的每一个人。管理好公司的资产，需要管理好公司的每一项资产。所以，我们要按照产品、团队、资产的组成部分进行拆分和管理。

组分法是比较简单的解构方法，考虑事物的组成部分，比较容易做到全面和完整，特别是对现实中"物"的解构，相对容易一些。比如，一个产品、一辆汽车、一个团队、一个群体、一个地区、公司的有形资产等。相对抽象的或者概念化的"物"就不容易拆解。比如，公司要缴纳的税可以拆解成流转税、所得税和附加税，这种拆解方法把不能归到流转税或者所得税中的税种都包括在了附加税中，其实前两种税也可以算作"附加税"，附加在经营活动的交易环节。对于相对抽象的"物"，我们需要按照一种分类方式将其拆解成不同的类别或者部分。

比如，公司资产是一个相对抽象的概念，我们可以按照是否有形、是否看得见将其拆解成有形资产和无形资产；我们也可以按照流动性将其拆解成固定资产和流动资产；还可以按照经营活动所需将其拆解成经营类资产和投资类资产。不同的管理目的，不同的解构维度，会得到不同的解构结果，这也是一个分类的问题。

4. 属性法——认知了对象的关键特征，就充分认知了对象

为了更好地管控好资源，我们对管理中的对象还可以用关键特征的方式去认知和管理，这种解构的方法叫作属性法。所谓属性法，就是梳理出认知或者管理对象的关键属性特征，只要把握好关键部分，就不会有太大的问题。

比如，要管理好客户关系这个对象，我们可以从"客户关系"的关键特征进行管理。客户关系比较关键的特征有：

（1）客户对产品功能上的需求；

（2）客户对售前、售中和售后的服务需求；

（3）客户在整个购物过程中的体验；

（4）客户使用产品的体验；

（5）客户从产品使用上所获得的价值；

（6）客户为使用产品所支付的费用、成本和时间等投入。

2B的销售是一件比较复杂的事情，涉及客户购买决策的复杂度，因为多数的B端采购都涉及不同的利益和兴趣团队，他们在客户的购买决策中扮演不同的角色，起到不同的作用。如果不能很好地解构2B客户的购买决策，我们对2B客户购买过程的管理就无法很好地把握，只能"等待"客户做出购买决策。如果能够把2B采购决策的参与者，以及参与者扮演的角色、参与者在客户购买决策过程中发挥的作用解构出来，我们就可以进行更加精准的销售控制，从而有效地把握整个销售过程。

从企业采购视角解构决策者的决策权，可以有引荐权、建议权、使用权、支付权、评审权、监督权、否决权和定夺权等，如图 3-22 所示。无论是一套大型设备的采购，还是原料或者零部件的采购，都要经过多个部门的参与，它们扮演着不同的角色，发挥着不同的职能，拥有不同的权限，销售团队要确保所有的相关利益者都能够获得满足，才能实现销售成交的目标。

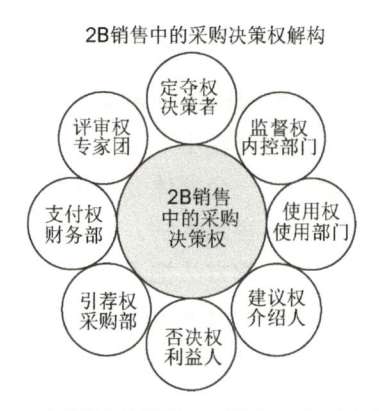

图 3-22 用属性法解构 2B 销售中的采购决策权

属性法和要素法类似，不同之处在于要素法用来解构"事"，属性法用来解构"物"，都是从把控关键特征的视角进行的解构。

3.5.4 解构的原则：相互独立，完全穷尽（MECE 原则）

在我们研究解构或者分类的时候，需要有一个解构事物的参考标准，为了更好地管理解构出来的子项，我们需要有一个 MECE 校验。MECE 是 Mutually Exclusive、Collectively Exhaustive 的首字母缩写，意思是我们解构出来的子项要达到"相互独立，完全穷尽"，这是一个理想状态。

一般情况下，只有用组成方法解构，即用流程法解构事，用组分法解构物，才能做到 MECE。对于用特征法解构的结果，很难做到 MECE。无论是对事进行解构的要素法，还是对物进行解构的属性法，因为只关注关键要素或者关键特征，忽略不重要的部分，所以没有办法做到 MECE，至少在完全穷尽的维度上是很难做到的。

比如，在管理员工满意度时，我们用属性法来解构员工满意度，关注了员工重点关注的几个要素，包括薪酬福利、办公环境、企业文化、同事关系、劳动强度等，但可能忽略了某些整体上不太重要但对个人可能非常重要的要素，如交通出行的便利性、环境污染、周边企业的情况、员工心理因素、上级经理性格特征、老板的个人品行等。

3.5.5 解构的工具：思维导图

我们在对事物进行解构的时候，可以采用一个比较流行的工具：思维导图。目前市面上思维导图的软件比较多，大家可以结合自己的需要，选择自己喜欢的或者大家都常用的思维导图软件，将解构的能力进一步高效提升。

人们经常使用的思维导图软件包括微软的 Visio（流程图软件）、XMind（开源软件）、Mindjet MindManager、MindMaster（亿图）等，也有一些在线的开源软件可以使用（如 SaaS）。

思维导图是一种工具，也是一种方法，有了这种方法，我们就可以对事物进行多层级的解构。比如，我们解构员工满意度，可以有一层的解构、二层的解构，甚至三层的解构，如图 3-23 所示。只有解构清晰了，我们才能更好地设计员工满意度调查问卷，以更好地开展员工满意度调查，并获取影响员工满意度的方方面面。但是，这种基于关键要素或者关键特征的属性法，因为无法做到 MECE，所

管理者数据能力晋级

以只能在主要管控维度上发挥作用。

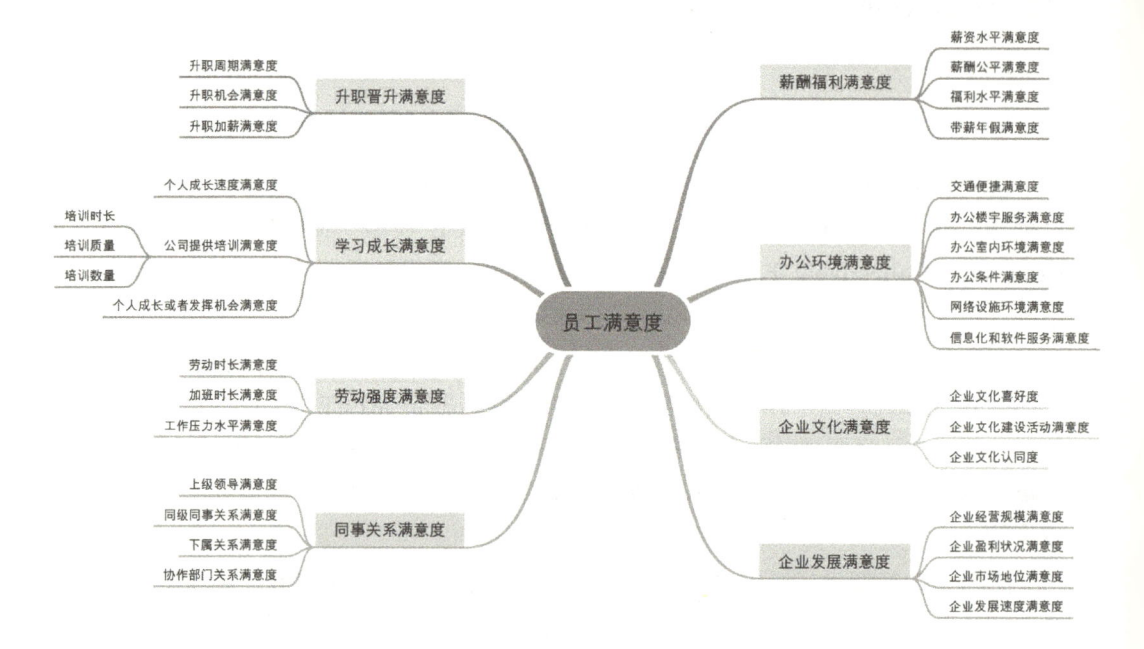

图 3-23　员工满意度解构示意图（思维导图）

【练习题】

根据你对以下管理对象的熟悉程度，选择一个最为熟悉的，尝试利用多种方法进行解构，并与同事们进行分享，得到更高职位或者上级经理的反馈。

练习 1：解构财务管理

练习 2：解构你的岗位

练习 3：解构会议管理

练习 4：解构项目管理

练习 5：销售额、销售量、利润、毛利率、库存量、产品质量、应收款等指标下降了，是什么原因呢？用解构的方法拆解导致指标下降的维度，以及对应的要素。

3.6　过程思维模式

事情的发生和发展都需要一个过程，只要是过程，就可以利用解构的方法将其分成不同的阶段，进行分阶段管理。不同阶段有不同的特征，有不同的发展变化逻辑和规律。掌握这些阶段的特征、发展变化逻辑和规律，我们就能够更好地把握管理过程，从而更有效地达成目标。

3.6.1　过程思维模式：重点在于过程管理

与结果管理有所不同，过程思维模式的重点在于过程管理。只有好的过程，才会有好的结果，如果不能精细化地管控过程，我们就只能等待结果发生。在生产管理中，精益生产的核心思想就是管控生产的过程，确保最终结果的优良；而在非生产制造行业，国内企业的管理者在过程的研究上相对薄弱，之前很多管理思想特别强调结果，让很多企业只关心结果，不关心过程，不研究达成结果的过程，对过程中的各种错误和浪费视而不见、听而不闻。过程思维模式与传统管理中以结果为导向的思维模式有所不同。

管理学中的流程管理、流程优化就是针对过程的，通过优化达成管理目标的过程，才能得到期待的结果，才会有更好的结果。过程思维模式强调研究过程的特征和规律，以及把控好过程的节奏，通过用数据表征过程，用数据研究过程成功的经验，从而达成最终结果。

3.6.2　事物的发展都有一个过程：探索背后的规律

事物发展的过程都有一定的规律可以遵循。比如，人的成长是一个过程，每个人都会经历孕育、出生、婴儿、幼儿、少年、青年、中年、老年这样一个过程，如图 3-24 所示。在每一个阶段，人都有不同的特征、不同的需求，在身体状况、生理需求、生活需求、心智成长，以及能够创造的价值上都有不同。针对不同阶段的不同需求、特征和规律进行研究，就能够更好地指导一个人的全生命周期成长。

从人的全生命周期不同阶段的"管理"上，可以看到，针对事物的发生和发展过程，如果我们不分成阶段进行有针对性的"管理"，把过程中不同阶段的特点忽视掉，采用一种"管理"方法和思路，就非常不合适。我们不可能期待婴幼儿能够工作，也不可能期待一个迟暮的老年人有年轻人的精力。而在实际企业管理中，如果忽略了过程中分阶段的管理，则会让很多管理工作得不到期望的结果。比如，客户的管理工作也是一个过程，一个从不认识到认知到熟悉再到采购的过程，如果我们忽视了每个阶段的不同，针对所有的阶段都给予相同的策略和方法，缺少详细的分阶段的过程管理，只是等待着客户来购买，那么这种方法的效率不高，结果也不好。

图 3-24　人的成长是一个有规律的过程

所谓过程思维模式，就是将事物发生和发展的全生命周期过程分成具有不同特征和规律的阶段，按照阶段划分采集数据，用数据表征和研究每个阶段的特点、需求、规律，从而利用这些特征和规律把控好每个阶段，保证最终结果的实现，如图 3-25 所示。

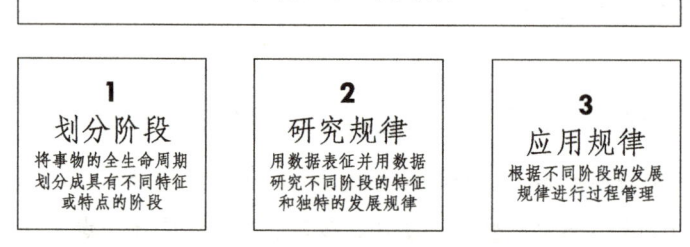

图 3-25　过程思维模式：事物全生命周期规律研究和应用

2003 年，笔者曾经作为一名战略咨询顾问为万科地产集团提供中长期战略规划的咨询服务，并参与了住宅地产产品的定位、规划和品牌规划项目，参照了美国著名地产公司普尔特地产的客户细分。美国普尔特地产公司按照客户家庭的全生命周期细分客户群体，并开发符合不同家庭生命周期的住宅产品，很好地满足了客户的住宅需求，提升了产品全生命周期使用的体验。普尔特地产公司将客户家庭的全生命周期分成七个阶段，包括：①单身家庭；②两口之家；③育儿家庭；④教育家庭；⑤成熟家庭；⑥空巢家庭；⑦老年家庭。处在不同家庭生命周期阶段的客户对住宅有不同的需求，如图3-26所示。

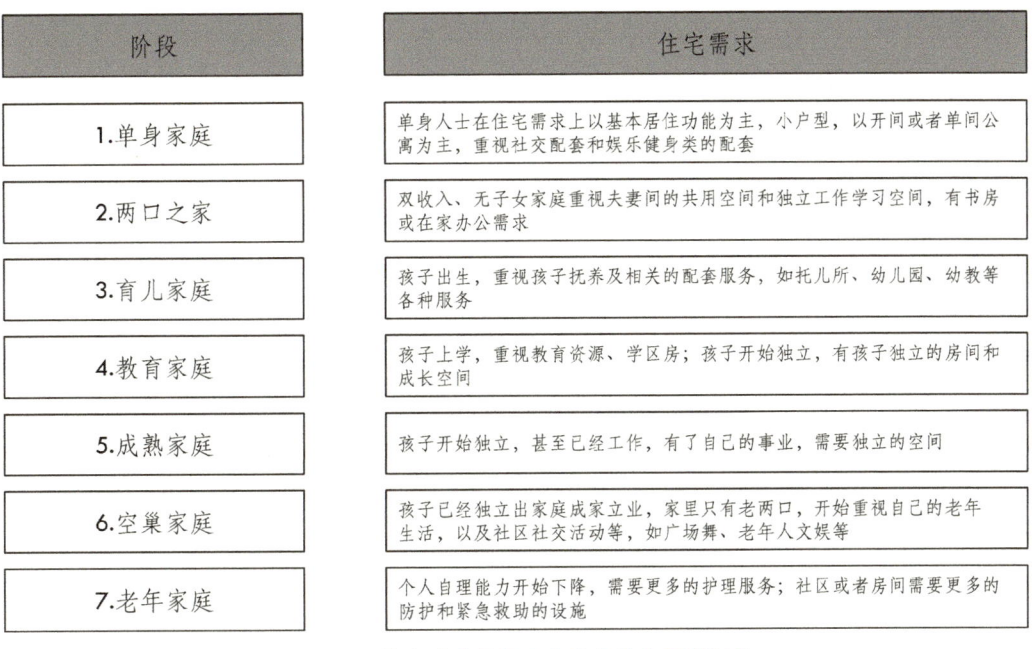

阶段	住宅需求
1.单身家庭	单身人士在住宅需求上以基本居住功能为主，小户型，以开间或者单间公寓为主，重视社交配套和娱乐健身类的配套
2.两口之家	双收入、无子女家庭重视夫妻间的共用空间和独立工作学习空间，有书房或在家办公需求
3.育儿家庭	孩子出生，重视孩子抚养及相关的配套服务，如托儿所、幼儿园、幼教等各种服务
4.教育家庭	孩子上学，重视教育资源、学区房；孩子开始独立，有孩子独立的房间和成长空间
5.成熟家庭	孩子开始独立，甚至已经工作，有了自己的事业，需要独立的空间
6.空巢家庭	孩子已经独立出家庭成家立业，家里只有老两口，开始重视自己的老年生活，以及社区社交活动等，如广场舞、老年人文娱等
7.老年家庭	个人自理能力开始下降，需要更多的护理服务；社区或者房间需要更多的防护和紧急救助的设施

图 3-26　住宅地产的客户家庭全生命周期划分

按照家庭生命周期阶段划分规划和设计住宅地产产品，以满足不同家庭的居住需求，从而更好地优化产品线，让每一款住宅地产产品都能够有精准的定位，使万科地产集团的产品线规划更加清晰和明确。其遵循每个事物发展阶段的规律，满足不同阶段的需求，从而让结果达成从过程出发，并保证能够达到预期。

不仅仅是人的一生、家庭的生命周期，任何事物的发生和发展都需要一个过程，每个过程都可以划分成不同的阶段。比如，企业的发展也可以分成不同的阶段：初创期、成长期、扩张期、相对成熟期，如图3-27所示，不同的时期有不同的成长规律，在经营和管理上的重点、难点和需求也有很大的不同。

一家企业发展到了成熟期，如果不谋求产品和业务上的创新，就会陷入滞涨期，甚至开始退步，所以到了一定的阶段必须寻求企业增长的"第二曲线"，不进则退在市场竞争中是必然的规律。利用数据研究企业的发展阶段，探索企业经营和管理在不同阶段的重点和策略，是用数据驱动企业战略发展非常重要的关注点。

一款产品在市场上也有一个生命周期，如图3-28所示，从最初进入市场的阶段，到在市场上达到成熟，再到最终退出市场，有一个完整的生命周期。在产品的全生命周期中，不同的时期需要不同的投入、不同的市场策略、不同的定价策略、不同的团队管理模式、不同的数据指标。如果不能明晰每个阶段的特点和成长规律，很多产品在过程中就不能最大化地发挥出效能，不能给企业带来最大化的收益。

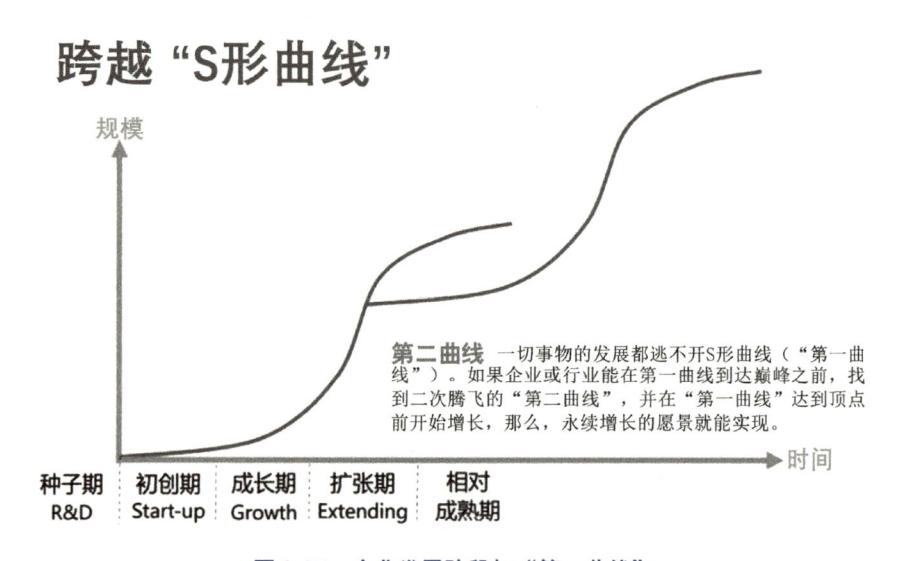

跨越"S形曲线"

第二曲线 一切事物的发展都逃不开S形曲线（"第一曲线"）。如果企业或行业能在第一曲线到达巅峰之前，找到二次腾飞的"第二曲线"，并在"第一曲线"达到顶点前开始增长，那么，永续增长的愿景就能实现。

种子期 R&D｜初创期 Start-up｜成长期 Growth｜扩张期 Extending｜相对成熟期

图 3-27　企业发展阶段与"第二曲线"

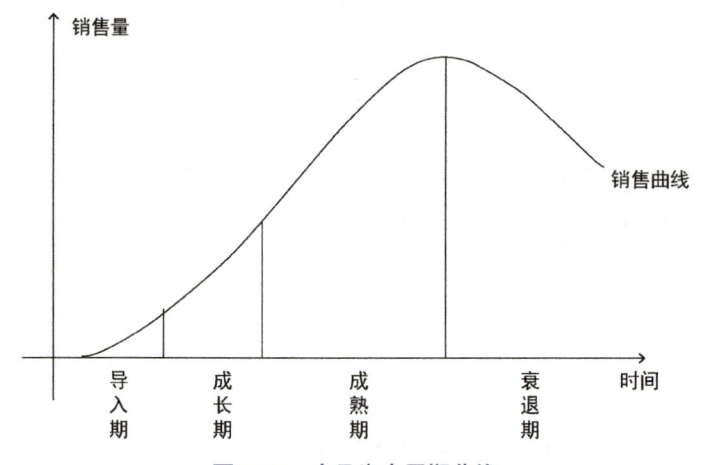

图 3-28　产品生命周期曲线

描述典型事物发展过程的模型叫作 S 曲线模型。19 世纪末，法国的社会学家塔尔德观察到，一种新思想的采纳率在时间上的变化遵循 S 曲线模型。1890 年，塔尔德在《模仿律》（*Laws of Imitation*）中提出了扩散理论和社会学习理论。这个 S 曲线模型在各个领域被应用。比如，经济学家指出一个经济体的增长规律遵循 S 曲线模型；生物学家指出一种病毒或流行病的传播规律也遵循 S 曲线模型；社会学家在研究人口增长的时候，也提到了 S 曲线模型。20 世纪 70 年代美国城市学者诺瑟姆发现并提出了"诺瑟姆曲线"，这个曲线表明：发达国家的城市化大体上都经历了类似正弦波曲线上升的过程，一个国家的城市化率在达到 30%左右的时候会进入快速提升的阶段，然后进入缓慢增长的阶段，变化曲线类似一个拉长了的"S"。

一个员工在职业生涯中的成长过程也是一个过程思维研究的课题，员工的业绩和司龄（加入公司的月数）之间的关系，呈现一个典型的 S 曲线模型，如图 3-29 所示。示例的图形是我们为一家连锁医疗美容医院的销售团队做绩效研究时的数据制图。从图上我们可以看出，一个员工加入公司的前 6 个月基本都是学习和积累的过程，随着客户资源的积累、销售技巧的提升和对公司产品和服务的理解，业绩越来越好，等司龄达到约两年半的时候，业绩达到其在此岗位上的巅峰状态，这个时候员工就进入了个人成长的滞长期，此时公司需要为员工谋求"第二曲线"，要么为他调整工作岗位，给予更加具有挑战性的工作，要么让其升职以承担新的责任，要么给其加薪以满足个人需求，否则这个员工就会谋求其他的发展机会，这也是员工在入职 3 年时主动离职的原因。

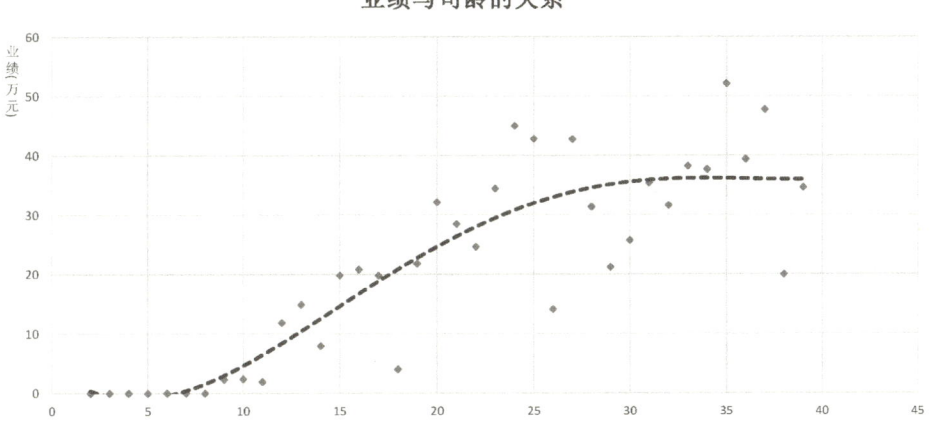

业绩与司龄的关系

图 3-29　员工职业生命周期研究（业绩与司龄之间的关系）

通过量化研究事物的发展阶段和发展规律，我们能够更好地把握事物的发展规律，指导企业经营和管理实践。S 曲线模型适用于各种事物发展规律的研究。这也是过程思维模式要强调的第一个关键要点。企业的经营管理者要重视研究产业、市场、技术、产品和企业发展的规律，结合规律，在不同的发展阶段将工作重点放到该阶段需要把控的关键要素上。

3.6.3　目标的达成需要一个有效的过程：研究做事的方法

除了对事物全生命周期分阶段研究，过程思维模式的第二个应用领域就是每件事情都是一个过程，我们执行一项任务、完成一个项目、达成一个结果、举办一个活动、开发一个客户、拿下一个招投标标的等，都可以用过程思维模式来思考、分析和管控，从而通过对过程的管理，确保最终目标的达成。

销售成交是一个过程，任何客户的购买都需要一个过程，如果我们能够把这个过程分成不同的阶段，把握每个阶段，最终客户购买的目标就能够达成。如果我们能够将整个销售过程数字化，用数据表征销售的不同阶段，优化不同销售阶段的成功，那么最终目标——让客户下单购买就更容易达成。

比如，我们把销售过程划分成几个阶段：不认识→认识→感兴趣→有意向→高意向→准成交→成交→复购→转介绍。我们可以对这个过程进行数字化管理，通过采集和记录整个成交过程，通过数据研究每个阶段的转化效率和转化方法，不断优化每个阶段的销售活动，确保每个阶段都能够更高效地转化到下一个阶段，从而保证销售绩效目标的达成。

利用以上的思想，我们就可以对客户的全生命周期进行阶段划分，从而构筑一个客户旅程的销售管理模型，如销售管理的 AARRR 模型（销售漏斗模型的变形），如图 3-30 所示，也是很多移动应用在运营管理中经常用到的模型，俗称"海盗模型"。该模型重点关注整个产品运营过程中每个环节的转化效率和投入产出的分析（ROI），如果整个环节的客户获取成本和运营成本小于产品收入的毛利，那么就是有利可图的运营管理模式。

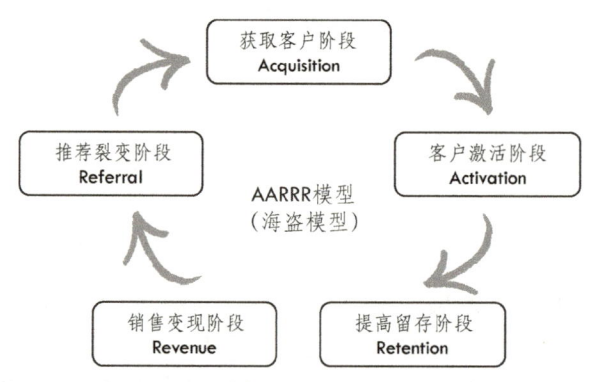

图 3-30　销售管理的 AARRR 模型（海盗模型）

1. 获取客户阶段（Acquisition）

获取客户是第一步，通过网络推广和传播或者流量采购获取客户，客户获取成本或者流量转化的效率是运营管理中获取客户阶段关注的数据指标。

2. 激活客户阶段（Activation）

在获得客户流量（注册客户数量、会员申请量、浏览量、访问量或者其他流量平台的导入）后，我们需要激活这些客户。如果没有激活，这些客户就不能成为活跃客户和真正的客户。这个阶段我们更加关注客户的活跃度（日活 DU、月活 MU）或者活跃率（日活率、月活率）。

3. 提高留存阶段（Retention）

用户在激活后是否流失，是否留存，是否持续使用我们的产品或者服务？留存率非常重要。留量比流量更重要，流量可以通过购买获得，而留量需要我们产品的吸引力，需要我们的增值服务打动客户并使其愿意"留"下来。这个阶段我们关心的数据指标是留存率和留量，相对于留存率的数据指标就是流失率。

4. 销售变现阶段（Revenue）

获取收入是最重要的一环，所有企业的经营结果都靠收入来评价，如果收入的毛利不能覆盖流量获取成本和整个运营成本，那么产品或服务就无利可图。这个阶段我们关注的数据指标是成交率、客单价，通过提高每个客户的成交金额来提高销售收入。如果客单价不好提高，我们只能在成交率上做文章，让更多的人购买我们的产品或服务。

5. 推荐裂变阶段（Referral）

网络流量的获取成本越来越高，成交的客户是对我们的产品认可的客户，为了最大化我们的销售收入，减少流量获取成本，我们让满意的客户帮助我们推荐和裂变。这个阶段我们关注的数据指标是转介率（转介绍的成功率）、转介数，以及二者的乘积——转介因子，或者裂变指数。

有了这五个阶段的数据指标，我们才能更好地评估运营过程，才能发现整个运营过程中的短板，找到改善客户全生命周期价值的方法，提高我们的运营绩效。

在企业经营管理过程中，我们可以把做事的方法用过程思维进行解构，拆解成不同的阶段，对每个阶段的关键成功要素进行量化研究，用数据指标表征阶段的有效性，从而让整个过程能够更好地得到控制。只有有了高质量的过程阶段的成功，才有整件事情的成功，才有最佳的结果。

3.6.4　企业的管理需要一套有效的流程：让成功可复制

公司的业务流程是典型的过程思维的应用，做任何事情都需要一个过程，这个过程在标准化和规范化之后就是公司的业务流程。我们把做事的方法按照程序、步骤划分成不同的环节，各个环节串联起来就是做事的流程，如图 3-31 所示。

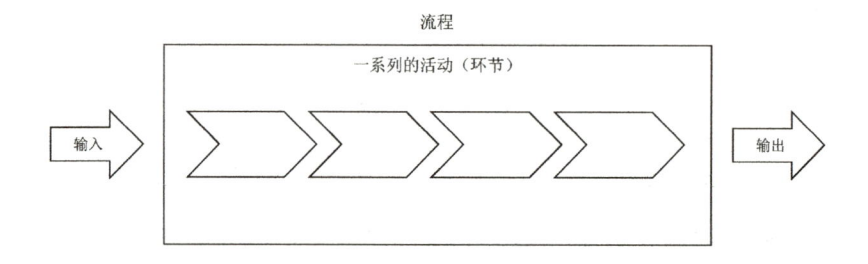

图 3-31　流程的定义

1. 流程的定义

所谓流程，就是做事的程序，是工作流转的过程。这些工作过程（环节）需要多个部门、多个岗位、多个专业领域的人的参与和配合，也可以算作协作的工作方式的标准化规范。每一个环节都需要输入各种资源，包括人、财、物，还包括各种信息、数据、技术等不可见的资源；每一个环节都需要一系列的任务或者动作来完成，即做事过程；另外，每一个环节都必须输出一定的结果，从而为下一个环节所用，即输出。每一个流程都必须具备三个要素：输入、做事过程（一系列的活动）和输出。没有输出的流程是没有价值的，因为输出是流程存在的意义和流程所创造的价值。价值创造是流程存在的根本性的意义。我们在对企业业务流程进行梳理的过程中，评估流程是否有存在的意义就看输出是否有价值及这个价值是否大于输入。也就是说，这一系列的活动就是价值创出的过程。

2. 流程的层级

在业务流程规范化管理的过程中，我们会有一个流程层级的划分，如图 3-32 所示。不同的层级代表着流程管理的颗粒度，即精细化程度。流程管理精细化程度越高，流程颗粒度越细，做事的方法就越明确。一个企业流程管理的颗粒度决定着这个企业管理的精细化程度。成熟的企业都需要一种明确的做事方法，保证企业能够高效运营，而发展中的企业因为业务的稳定性不足，对做事的方法探索较少，流程管理的精细化就非常低。

基于我们咨询服务团队的经验，大多数的中小民营企业在流程管理上都到部门级；管理较为规范的企业能够达到部分的岗位级，能够明确每个岗位的职责和做事方法；没有经过业务流程再造的企业，基本都在部门级，能够将组织架构做精准的划分，明确每个部门或者团队的职能和职责就不错了。具体每个岗位如何才能把岗位价值最大化地发挥出来，每个岗位怎么做事才能把事情做好，多数都依赖该岗位员工的个人能力和长期的经验积累。

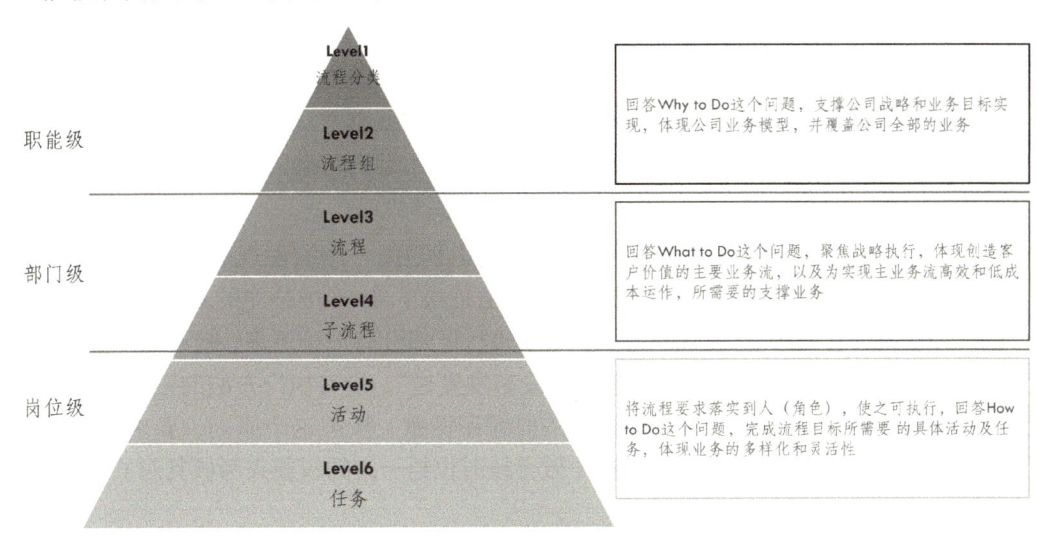

职能级
- Level1 流程分类
- Level2 流程组

回答Why to Do这个问题，支撑公司战略和业务目标实现，体现公司业务模型，并覆盖公司全部的业务

部门级
- Level3 流程
- Level4 子流程

回答What to Do这个问题，聚焦战略执行，体现创造客户价值的主要业务流，以及为实现主业务流高效和低成本运作，所需要的支撑业务

岗位级
- Level5 活动
- Level6 任务

将流程要求落实到人（角色），使之可执行，回答How to Do这个问题，完成流程目标所需要的具体活动及任务，体现业务的多样化和灵活性

图 3-32　流程层级的划分（L1~L6）

流程思维是细分业务流程环节，对公司进行精细化管理的基础。每个业务流程的划分都要基于几个关键的要素：这个流程所需要的资源输入；另外也要考虑到做事过程的专业性、方法的可复制性；除此之外，还要考虑该流程中参与人之间的协作，而人与人的协作需要进行责任的划分。随着数字技术的发展，越来越多的工作和决策开始被数字化的技术替代，所以就有了业务流程的数字化再造。同时，随着数字技术的应用，内外部环境的变化越来越快，企业的业务流程需要有足够的柔性和敏捷可变性，不再是工业时代几乎一成不变的固化的流程，所以流程开始从过去的"稳态"逐步演变为应景应时而动的"敏态"。

3. 流程的固化方法

一个致力于持续发展的企业必须重视流程的沉淀和固化，虽然在数字智能时代我们更强调敏态流程，但固态流程是敏态流程的基础。只要企业在经营，业务活动就在进行，员工就都在从事各种各样的业务活动，具体他们做事的方法是否是最优的，是否遵循历史最佳实践，对这个问题多数企业的答案都是否。基于我们咨询服务的经验，多数企业的管理者和员工只重视做事，而不太重视做事方法的沉淀，每次碰到事情时都需要重新思考这件事情怎么做，岗位换了，对之前同事做事的程序没有传承的机制，过去曾经探索或者尝试过的做事方法都没有形成文档或者方法、流程、机制进行保存，人走了，过去积累的经验也就走了；岗位上的人换了，做事的方法又要重新摸索一遍，而摸索是需要付出成本和代价的，过去成功做过的事情在换了人之后，还会因为方法不得当、考虑不周全、经验不足而成功概率低。

如何沉淀好的做事经验、总结最佳实践，并在公司持续发展的过程中，传承这些经验和方法，让每个员工的活动都按照最佳的做事方法执行？这需要一套好的流程管理机制。而这套流程管理机制是以过程思维为基础的。我推荐一个比较好用的方法，这个方法就是"CBA 到 SOP"的固化方法。

公司在业务活动的执行过程中，每次都需要遵循一个流程规范，如果没有流程规范，执行人必须将自己做事的程序和方法记录下来，形成公司的 CBA（Current Best Approach），即目前最好的方法。如果执行了却没有记录下来，就不计入业绩，遵循一个原则，即"没有记录下来的就没有发生过"，没有执行方法的记录或者流程，这件事就没有做过，就不算入你的业绩和贡献。按照这个原则，要求公司每个人都参与到 CBA 的贡献当中，在绩效考核时也给一定的权重来考核其对 CBA 的贡献。

当事情或者活动第二次执行的时候，必须参照之前的 CBA 进行执行，如果发现 CBA 中有缺陷或者不足，就进行改善，形成 CBA1.X 版本，如果有较大的改动，则可以申请成为 CBA2.0 版本，进行规范化的版本管理。当 CBA 达到 3.0 版本的时候，我们可以将这个优化过三个版本的 CBA 固化为公司执行业务活动的标准操作规程，即 SOP。一件事情到底怎么做，事前需要准备什么，输入是什么，执行的各个环节需要注意什么，最终输出的结果是什么，都形成规范性的管控文档，并在这个过程中严格执行，严格检查，持续反馈，从而让公司各种业务活动的执行方法不断优化。普通的员工进来能够按照过去沉淀的好的做事方法进行执行，不会太差；而优化的员工，又能在执行这些 CBA 或者 SOP 的过程中不断优化这些做事的方法，既改善了做事的方法，又提升了公司的运营效率。

比如，开会是公司管理中最常见的业务活动，而这个活动占用的时间非常多，甚至很多企业的高层基本就是会山会海，没有太多个人的时间来思考和分析业务，所以公司必须有一个好的开会方法，有一个开会的 CBA 或者 SOP。

3.6.5 过程思维在数字化流程中的应用

事情的发展都有一个过程，企业的经营管理活动都是由过程组成的。为了更好地把握企业经营管理活动的规律，我们将各种经营管理活动划分阶段，研究每个阶段的规律，从而应用规律更好地把控经营管理活动的过程，以期得到想要的结果，达成企业经营目标。对企业比较重要的过程研究包括：行业生命周期研究、客户全生命周期研究、产品生命周期研究、供应链全流程研究、项目全生命周期研究等。

下面以"客户旅程"来举例说明一下，图 3-33 展示了一个医疗美容机构客户旅程中的关键转化点。

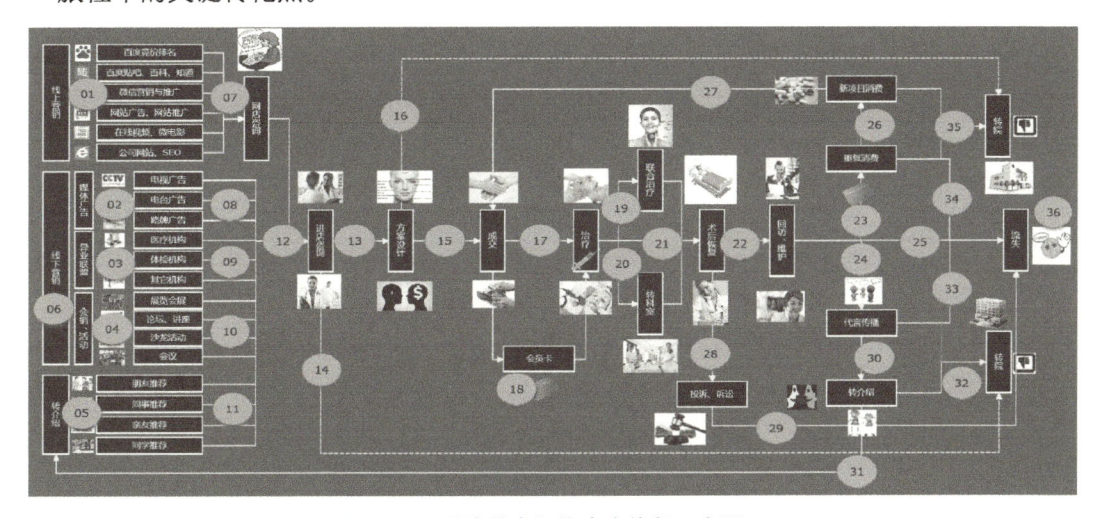

图 3-33 医疗美容机构客户旅程示意图

本书前面多次提到过，对于客户成交，无论是 C 端客户成交还是 B 端客户成交，都是一个过程，都要经历一个从不知道到知道，从知道到感兴趣，从感兴趣到有意向，从有意向到准成交，从准成交到成交，再到复购和转介绍的过程。这个过程是一个阶段一个阶段地转化的过程，而企业的经营绩效由这个过程中的转化率决定，如果企业的产品或者服务具有吸引力，能够有效满足客户的需求，那么就具有较高的转化率，甚至不需要销售团队付出太多的努力，就可以达成成交；如果企业的产品和服务比较复杂，这个转化过程也就比较复杂，需要很长的周期。

另外，这个过程也与客户购买决策的复杂程度有关系。客户购买决策的复杂程度与客户决策的大小有关系，以及与参与人的关系的复杂程度有关系。比如，C端消费者买一听可乐，决策非常简单，但是 C 端消费者买一辆汽车或者一栋房子，这个决策过程就比较复杂。B 端也是一样的，与 B 端参与决策的人的数量、决策流程有关。

为了更高效地达成销售转化过程，完成公司的经营目标，我们需要持续研究客户的成交过程，并在每个客户触点上完成高效的转化，或者有意识地增加触点，从而有效地促进转化。因为所有营销和销售的过程都是在与客户的接触点上完成转化的，这就需要我们以客户触点为基础进行交易过程研究。

在每个客户触点上，客户都在接收我们的销售信息，从而完成对产品或服务购买的决策。客户形成购买决策是一个过程，这个过程可以分成不同的阶段，不同的阶段所需要的信息不同，完成转化的契机也会不同，一般来讲会有四种决策：感性决策、理性决策、专业决策和关系决策。

第 4 章

数据管理能力晋级

> 数据资产是企业数字化转型的基础，"无数据，不管理"。数据质量决定决策质量。为避免"垃圾进、垃圾出"，企业必须构建完善的数据体系，搭建体系化的数据资产管理平台，为数字化转型和数据化管理升级构建高质量的数据集。数据资产管理不是 IT 部门的事情，每一个管理者都是数据资产管理的关键人。

数据已经成为我们这个时代非常重要的资产，对数据的管理是企业进行数据化管理和数字化转型，并进行高效数据决策的基础。没有高质量的数据，就不会有高质量的管理决策，就不会有智慧企业的升级。现在，数据对企业的经营和管理决策越来越重要，企业各层级管理者提升数据管理能力是企业拥有高质量数据集的基础。数据源自企业的业务经营和管理活动，如果管理者不懂得数据管理，在日常经营和管理中不重视数据管理，就不会有高质量的数据集，就不能满足日常经营管理决策的数据需要。

为了让企业中各层级管理者掌握一些基本的数据知识，形成更清晰的认知，并有一定的数据管理能力，以配合企业数据资产管理相关活动，本章将给各层级管理者就数据相关知识及数据管理相关知识做一个介绍。本章的内容不是数据管理相关专业的技术理论，而是具有普适性的一些知识、概念，需要管理者达到了解的程度。对于专职从事数据管理相关工作的人员，需要参考更专业的书籍，或者学习更深层次的知识，才可以满足相关专业岗位的需求。

4.1　数据基础知识

4.1.1　数据的概念

虽然几乎每个人都在谈数据,但是数据的具体概念在每个人心中都是不同的。有些人认为由阿拉伯数字构成的数字集合是数据;有些人觉得以 Excel 格式存在的数据表叫作数据;有些人认为存储在电脑中的文件叫作数据;有些人认为存储在服务器数据库软件中的数据表叫作数据;有些人认为保存下来并可以展示在电脑中的记录叫作数据;有些人认为数据还包括那些存储在电脑中的媒体影像文件;有些人认为记录在纸上表格中的数字也叫作数据。其实,以上观点没有对错,只是看问题的视角不同而已。

现在我们把数据称为数字化的证据和依据。"数据"由两个字组成。

第一个字是"数",含义是数字化的,不是模拟信号,不是物理介质,而是以电子媒体介质存储的,可以通过电脑和网络存储、提取、读取、展示的内容。

第二个字是"据",有两层含义:第一层含义是"证据",通过数据,我们知道发生了什么,能够追溯和反查,能够知道谁在什么时间干了什么;第二层含义是"依据",也就是通过对数据的解读,我们能够做出判断,从而做出正确的决策。作为依据的数据往往不是原始数据,而是通过对原始数据进行加工处理,得出的一些认知和判断,能够指导管理者做出更好的管理决策,所以叫作"依据"。

由以上概念来看,数据不仅仅包括我们通过数字化智能硬件采集的数据,如日志、记录、图片、音视频等,还包括我们加工成的数据指标、可视化展示的图表,以及决策数据等,前者称为"原始数据",后者称为"分析数据"。

4.1.2　主数据管理

我们现在经常提到主数据管理(Master Data Management,MDM),因为随着人们对数据的重视,以及数据应用的普及,数据质量越来越成为我们应用数据的瓶颈,数据质量不高经常导致"垃圾进、垃圾出"的现象。为了提升数据管理的效率,提高数据质量,企业需要将主数据管理作为数据资产管理非常关键的一步。

什么是主数据？主数据是用于描述业务活动主体或对象的数据，它在各个系统中共享使用，包括组织个体、角色、产品、客户、会计科目及地理位置的相关信息等。

以上数据都是相对静态的数据，用来描述交易数据对象或者用来管理交易对象的数据规范。在企业经营和管理中，最重要的主数据包括如下几种。

（1）客户数据：描述客户信息的数据，要动态跟踪每一个客户的基本信息，确保信息完整、规范，并能够及时地更新，统一入口和出口。

（2）供应商数据：描述供应商的数据，要动态跟踪每一个供应商，管控供应商的信用风险等，确保信息完整、规范，统一入口和出口。

（3）产品数据：公司产品或者对公司竞争非常关键的竞品的信息等，为业务决策提供基本数据集。

（4）工艺或者技术数据：包括物料清单或者配方、工艺条件、技术路线，以及生产过程中的控制条件等相关数据。

（5）财务数据：会计科目的分类分级等数据。

（6）组织架构数据：组织架构设计、组织分工、责权利等基本数据。

1. 主数据管理的必要性

主数据管理对一家企业的数据质量管理起到至关重要的作用，如果没有主数据管理体系，公司数据质量的管理就缺少了规则和约束，很多数据就会混乱，随着企业数据集不断丰富，各种问题就会显现。在实践中，影响数据质量最大的两个方面为分类体系规范、编码体系规范。

1）企业必须建立一套分类体系规范

比如，对于产品的分类，如果缺少分类的标准体系，那么针对一款产品，不同的部门会有不同的名称，会将其归为不同的类别，会有不同的分析视角。大家的意见不一致，导致大家在核对数据上存在偏差，不能形成一致的意见。我们有一款鞋子产品，按材质可归为布鞋，按风格可归为传统老布鞋，带绣花（梅、兰、竹、菊四种），手工制作，批发零售都可。在业绩统计的时候，出现了不同的统计口径，有人统计到传统鞋系列，有人统计到手工鞋系列，有人统计到布鞋系列，有人统计到绣花鞋系列，重复统计导致该产品的合计不一致。图 4-1 展示了鞋服产品分类的规则。类似的现象有很多，企业必须有一套规范的、普遍认同的，并且科学有效的分类标准。

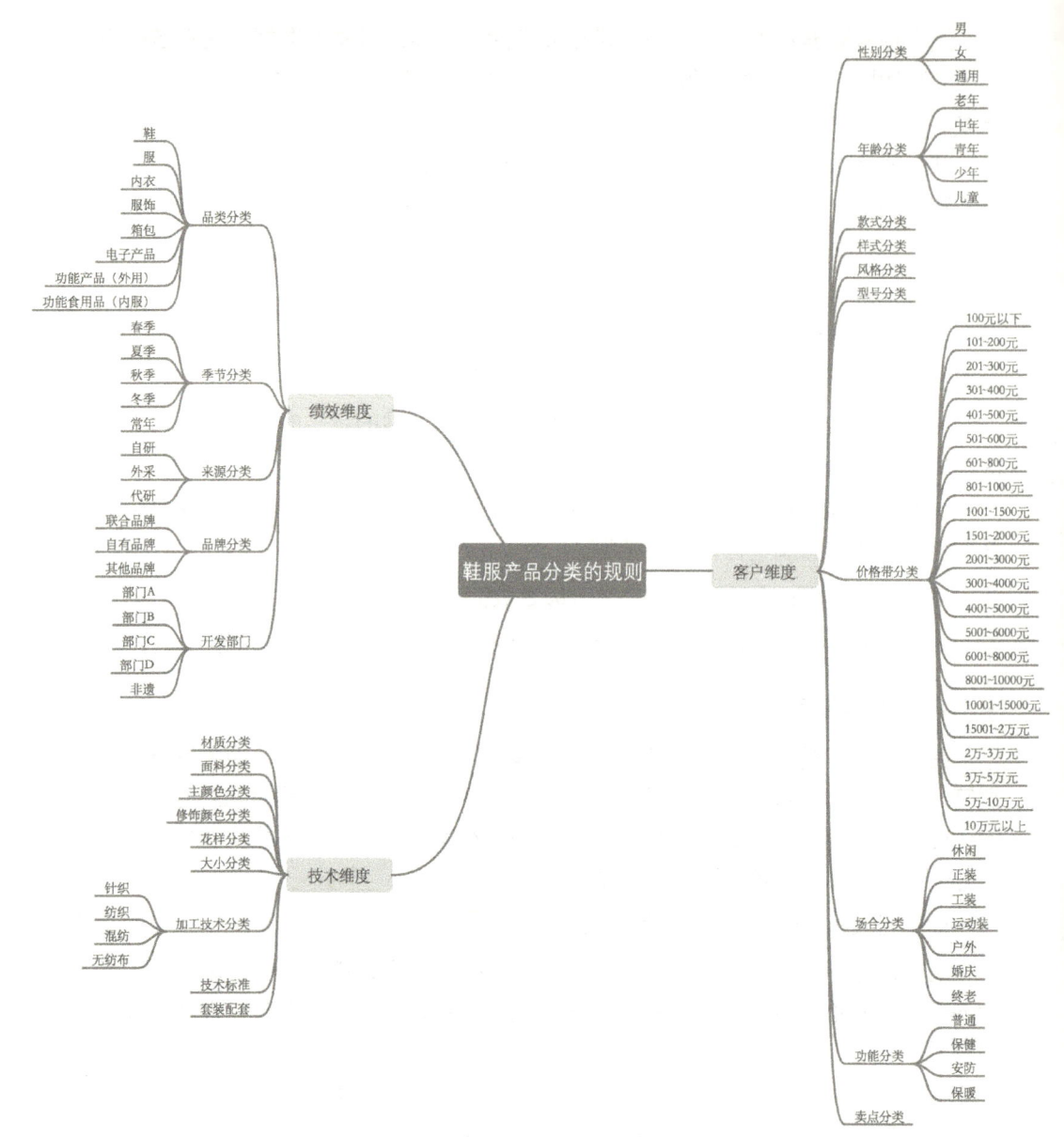

图 4-1 鞋服产品分类的规则

2）企业必须建立一套统一的编码体系

编码是识别和追溯事物的基础，建立一套完整的、科学的编码体系，对事物的识别、追溯、统计分析和经营管理决策非常重要。如果编码混乱，统计就容易出错，甚至需要人工介入去处理数据，费时费力，造成统计不准、数据不全、大家不认可数据等问题。在企业的数据体系中，有产品的编码体系、客户的编码体系、员工的编码体系、供应商的编码体系、物料的编码体系等。不同体系使用不同的编码规则，会导致在不同体系中统计的数据不一致，体系之间的数据无法关联，无法匹配到具体的客户或者产品上，需要手工干预。

我们团队在一家石化企业曾经看到，该企业在四套信息系统中都记录了客户信息，都有客户的相关活动，因为编码不一致，缺少统计编码管理，导致我们无法弄清楚具体哪个客户拜访了多少次、花费了多少销售费用、成交了多少订单、给他们发送了多少货物、现在应收账款对应的订单，以及应收账款对应的业务员。

此外，我们团队在一家服装企业中发现，为了减少编码资源和信息化的投入，他们重复使用编码。如果一款产品下架了，它的编码就会被回收，然后被赋予新的产品，重复使用；如果一个员工离职了，他的员工编码就会被分配给新的员工。这样导致产品分析、员工绩效分析和人力效率分析无法追溯。因为在企业统计某个员工的业绩的时候，之前员工的数据也被计入其中，在企业统计一款产品的销量和变化的时候，之前产品的销量也被计入其中，这就导致了数据的混乱。

主数据管理是对主数据进行有效管理的一套方案。对主数据进行系统化的维护是公司数据资产质量保证的基本条件，其重要性不言而喻，因此企业必须有一套完善的编码体系来进行管理，确保主数据能够支撑业务需求。

2. 主数据管理的概念与流程

我们对主数据管理有两种理解：一种理解是"管理"，也就是一整套从技术到管理制度的解决方案，包括底层技术平台的实施，以及在公司制度、流程中建立相关的制度、流程，并有责任人提出主数据管理的解决方案；另外一种理解是"技术"，就是一个管理主数据的信息化系统，这个系统可以单独地存储、记录和规范企业的主数据，也可以同其他信息系统打通，所有的业务信息系统中的主数据必须引用该系统中的记录，如果该系统没有，则需要在主数据管理系统中建立之后才可以使用，其他所有的业务信息系统都不能单独新建任何主数据。前者叫作主数据管理，后者叫作主数据管理系统。

主数据管理是一套科学的管理体系，不仅包括技术平台，还包括公司的管理制度、流程，以及责任人的日常主数据维护。

通用的主数据管理流程是：当业务部门有新的主数据需求的时候，需要向主数据管理部门提起申请，申请建立新的主数据，主数据管理部门结合原来的主数据规范，审核新的主数据，确保在企业统一的主数据规范下新增主数据。

主数据应该为各个业务系统所用，并对应数据分析与应用系统，确保数据标准和规范的统一。

3. 主数据管理系统

主数据管理系统不仅要对主数据的分类标准和字段的数据标准进行规范管理，还要与业务系统进行打通，为业务系统提供数据标准和主数据服务。

之前大家都不太重视数据质量和数据间的关联关系，能够建立主数据管理系统的企业不多，现在有越来越多的企业开始重视主数据管理，开始上线主数据管理系统，而原有业务系统源自不同的厂家，导致主数据管理系统与原有业务系统之间无法互通，因为有些原有业务系统的厂家可能已经不存在了，即使存在，原有的实施团队也已经不存在了，原来系统中的数据结构没有人知道。还有一种情况就是，原有业务系统中的数据结构不合理，导致无法与现有的主数据管理系统兼容，无法实现相互通信，反写相关的数据库。

4.1.3 交易数据管理

与主数据对应的还有两类数据，一类是交易数据（Transactional Data），另外一类是索引数据（Reference Data）。索引数据是基于业务逻辑或者事物构筑的数据之间的索引关系或者关联关系。

交易数据是对企业日常经营管理活动的记录，是动态的数据，也是不断重复的对一件事情的记录。每一条交易数据都是基于时间记录的实时动态的数据，在企业交易数据记录足够精细化的情况下，我们能够根据企业的交易数据重塑其发展过程。

只要企业在经营中，就会有交易数据产生。比如，每一个员工每天的上班打卡、下班打卡也是交易数据（活动记录）的一部分。客户下订单、客户付款、为客户交货、一个运送单、每次开具发票，等等，每一项活动都会形成一条交易数据记录。

交易数据是否完整、全面地记录业务活动，决定着我们是否能够追溯企业经营管理的每一项活动、每一次交易、每一次事件。在记录交易数据的时候，如果我们采集的字段和信息不全面，后期也无法补足，那么我们需要对记录的信息进行规范，这就是交易数据的规范化管理。

交易数据的规范化管理需要构建以下几个维度。

1. 交易数据需要记录字段

字段记录了相关信息的维度，包括交易记录的时间、地点、相关参与者和记录者的信息。比如，对于销售订单，我们需要用丰富的字段来记录：时间、地点、渠道、客户经理、客户、产品、价格、数量、折扣等相关信息。在必要的时候，我们还需要记录该销售订单使用了哪些优惠政策、哪张优惠券、哪个特定时期的销售方案，等等，这些信息如果不能在发生交易的时候被记录，后期就无法逐一补全。

在交易记录中，我们没有必要把可索引到的数据同时记录。比如，我们记录了订单数据中客户经理的相关信息，就没有必要再记录该客户经理的姓名、性别、年龄、业务部门、岗位等相关信息，只需要记录该客户经理的员工编号即可。同时，我们记录了产品 ID（编号），就没有必要记录产品的相关信息，包括产品的名称、类别、规格、供应商，因为这些信息都是可以从产品信息表中索引得到的。

交易数据的管理需要以主数据的规范管理为基础，如果没有规范化的主数据分类标准，交易数据中记录的信息来源就容易不够规范，导致数据混乱。举个例子，如果我们缺少对产品、客户和员工的规范化编码管理——这属于主数据管理的范畴，在记录交易数据的时候，记录的产品交易活动就容易不规范、不准确，对以后数据的统计和分析产生影响。如果我们重复使用产品编码、员工编码，就无法追溯具体的产品或者员工。

鉴于交易活动需要记录的内容和信息需求的变化，我们在预留数据结构字段的时候，要尽可能留有余地，至少在现有字段数量的基础上预留出 1/3 以上的空白字段，以防在增加更多字段的时候，数据库不能支撑。这个 1/3 以上是一个经验值，这些预留字段能够满足未来三到五年的可变需求。

2. 交易数据需要记录信息的分类标准

在记录交易数据字段的时候，特别是定性字段，我们需要建立规范的分类标准。比如，在订单记录中，我们需要记录订单来源、订单业务部门的归属，这要求我们对订单的来源有规范的分类，对订单归属的业务部门有具体的界定。这里面涉及两个问题，一个是分类标准的问题，另一个是管理上归属的界定问题。

我们在实践中碰到这样一种情况，销售订单数据用来统计业务团队的业绩，如果是复购客户的销售订单，该销售订单的业绩就会由客户开发人和销售订单处理人分成，前者分成 30%，后者分成 70%，这个销售订单的业绩分成比例就是管理问题，而如何记录业务团队的工作是分类标准的问题。

3. 交易数据需要记录信息的数据类型与格式

交易数据记录的数据类型与格式需要进行规范的管理，这是"元数据管理"的问题，也是对描述数据的数据的管理问题。

对于交易数据中字段的取值，要按照规范的格式进行管理，特别是日期型、字符型、地址型和数值型的字段的取值。

对于日期型的字段，在取值的时候尽可能用日期选择器，而不是手工填写。如果需要手工填写，要规范填写格式。比如，年月日模式可以用 2021-01-25 格式，可以用 2021/01/25 格式，还可以用 2021.01.25 格式，只要规范，将来就方便清洗，就怕不规范。

对于地址型的字段，要尽可能接入地址库 API，采用下画线选取到街道的模式，只留下最后的门牌号手工填写，而不是直接给一个文本框填写地址，否则地址处理就会非常混乱，导致在进行数据分析的时候识别地址出现错误。比如，北京、北京市、北（空格）京，这些在后台处理数据的时候会带来清洗的难度。

对于数值型的字段，具体是整数还是小数，要有一定的规范，要在制定规范之后采取下拉菜单的模式。比如，产品质量问题的原因记录，要把各种产品质量出现问题的原因进行归类，然后采取下拉菜单选取的方式，避免大家随意填写。对于性别这样的字段，也要有一个取值的规范，如男/女、男性/女性、M/F，具体如何填写，符合规范即可。

4. 命名规范的问题

无论是数据库后台英文的命名，还是用户端字段的命名，都要有一定的规范。虽然规范的命名不利于数据安全，但在自己服务器上采取的规范，不会带来信息泄露风险。如图 4-2 所示，我们需要对数据字段、数据表名称进行规范化，对数据表、数据字段的取值进行规范管理。

举个例子，在图 4-2 中，"业务规范"下有一条是"对于交易类、状态类的数据，采用增量法更新"，这一条非常重要。在信息化建设的过程中，为了降低开发难度和实现数据表结构的简单化，或者为了节省算法运行时间或者存储空间，企业会采用状态更新或者数据覆盖的方式来记录，这样容易丢失历史数据。在一个员工升职之后，我们在员工基本信息表中更新了他的职位信息，而他之前的岗位就被覆盖了，无从可查。员工工作岗位在员工基本信息表中属于动态的数据，我们需要通过动静分离的方式来记录，需要增加一个动态表。动态表是一张记录员工岗位异动的表格，记录员工岗位异动的情况。比如，我们在查询员工基本信息时，想知道员工在什么岗位，可以通过查询岗位异动记录表中的信息来获得当前的岗位状态，这样我们就不会把员工之前的岗位数据丢失了。

图 4-2 数据标准与规范的部分示例图

再如，产品信息中有产品的进货价格和销售挂牌价格，这两条信息属于"状态信息"，属于动态数据，而不是静态数据。虽然我们在查询产品基本信息的时候希望获得这两条信息，但如果这两条信息被记录在静态表（产品基本信息表）中，当进货价格变动或者销售挂牌价格有变化的时候，就把之前的进货价格或者销售挂牌价格给覆盖了，所以我们必须维护一个动态的数据表，从而保证数据的"动静分离"，保证状态数据的增量更新。

4.1.4 元数据管理

所谓元数据（Meta Data），就是描述数据的数据，是由对数据结构、数据信息字段、数据属性等方面的描述构成的数据。元数据是对数据的目录编制，用于对数据进行规范的管理，确保数据的质量，特别是在数据的一致性、规范性方面，让所有数据按照相同的标准记录。我们也可以把元数据管理当作企业采集数据时的一种编码规范。

元数据的作用有描述功能、整合功能和控制功能。

（1）描述功能。元数据描述了数据的结构和数据字段的属性、取值规范，描述了数据采集和记录的规范。在进行信息化建设或者用数字智能硬件采集数据时，借助这种描述，可以规范采集和记录的数据。

（2）整合功能。元数据的管理让各个业务系统参照相同的数据标准和规范，对于描述相同事物的数据之间的关联整合，元数据起到规范整合的作用，确保业务系统数据之间的联通性。

（3）控制功能。在元数据建立之后，所有以后建立的业务系统都需要按照元数据的管理规范和标准执行。元数据控制着业务系统的数据产生，如果业务系统记录的数据不满足元数据管理的规范要求，我们可以拒绝其进入数据仓库。一般我们在建立业务系统时，需要强制新的业务系统按照元数据的描述进行数据采集、记录、传输和处理。图 4-3 展示了一个简单的元数据管理规范。

TAB019

表名：SH_RUBER_PACAKGE_INFO

字段	类型	说明
包装箱编码	char	FK
包装箱名称	Char	FK
包装箱类型	Char	
规格	Float	
单位	Char	枚举值
材质	Char	枚举值
备注说明	Char	枚举值
供应商编码	Char	
供应商名称	Char	仓库所属企业
添加时间	Datetime	仓库负责人姓名
添加人	Char	FK，一卡通号
修改人	Char	FK，一卡通号
修改时间	Datetime	

TAB020

表名：SH_RUBER_ PACKAGE _IN_OUT_LOG

字段	类型	说明
发货流水号	Char	PK
包装箱编码	Char	FK
供应商编码	Char	FK
合同编码	Char	FK 产品类别
包装箱名称	Char	
供应商名称	Char	
客户编码	Char	FK
客户名称	Char	
出入库	Char	0未入1入库2出库
数量	Float	出入库数量
发货方式	Char	计量单位
添加时间	Datetime	
添加人	Char	FK

TAB021

表名：SH_RUBER_PACKAGE_RECYCLE_LOG

字段	类型	说明
回收流水号	Char	PK
供应商编码	char	FK
供应商名称	Char	
包装箱名称	Char	
包装箱编码	Char	
包装箱规格	Text	Jason
合同编码	Int	
客户名称	Float	
客户编码	Char	默认“人民币”
操作人员	Text	FK
操作一卡通	Char	
回收时间	Datetime	
备注说明		

图 4-3　元数据管理规范示意图

企业数据资产要建立管理标准和规范，就要有元数据管理。对于数据采集，企业要有采集什么数据、这些数据需要哪些字段、这些字段的类型是什么、取值的规范，以及采集的方式和方法等标准和规范。有了元数据的管理规范，主数据管理、交易数据管理和数据质量管理就有了基础依据。

4.1.5　数据质量管理

数据质量管理是现在很多企业在利用数据时所面临的难题之一。过去企业的信息化建设并没有从数据分析和挖掘的视角管理数据质量，数据随便记录，导致在真正使用数据的时候，数据质量不高，“垃圾进、垃圾出”。在数据分析过程中，如果使用的数据质量不高，就不能得到让人信服的分析结论，不能得到有效的分析结果，即使得到了也是“垃圾”。

我们团队在咨询服务的过程中，事前会问企业的高管团队“是否有数据”，只要是上马了信息系统的企业，高管的回答都是“我们有数据”。而在真正实施项目的过程中，我们团队在从信息系统导出数据之后，就发现问题了，这些企业花费巨资上马的信息系统、花费大量的时间和精力记录的数据根本不能用来做分析。

企业有数据但数据无法用的根本原因是，过去信息化建设的理念是以系统软件记录企业经营管理活动，满足业务流程留存证据的需要，而不是为了满足数据分析和挖掘使用的需要。出发点不同，导致数据质量不同。

举个例子，随着企业规模的扩大，客户越来越多，我们需要一个信息系统来记录客户信息，留存客户信息，所以我们建立了 CRM 系统（客户关系管理系统）。在 CRM 系统中，我们留了一个文本框来填写客户名称。在这个文本框中，业务团队可以记录任何文本型的信息，手工填写或者电脑录入都可以，业务人员可以使用客户名称的简写，也可以使用客户名称的全称，本来要求记录企业名称，有的人只写了企业联系人的姓名。这种只留下文本框填写客户名称的信息化实施方式最为简单，一条编程语句就可以实现。信息化实施方式简单了，然而却为后面的数据质量留下了隐患。同一个企业客户可能因为名称记录的不同，导致被重复记录。业务人员在记录新客户数据的时候，可能系统中已经有了该客户，导致重复记录。我们在以后使用数据检索客户的时候，可能检索出好多个相关联的客户，却不知道我们要找的到底是哪个客户。对于该客户与我们进行了多少次交易，我们更无法统计出来。

现在，为了确保客户名称的完整性，我们需要规范客户名称记录，只要是企业客户，我们要求企业提供工商注册的完整名称。所以，在信息化实施的过程中，我们留下的不是一个无数据校验的文本框，而是一个带有数据动态索引的文本框，在业务团队输入客户名称之后，信息系统后台就在原有数据库和工商企业信息库中进行检索，找到拥有相似客户名称的企业，业务员在给出的选项中点选后形成记录。这就需要企业的信息系统动态地接入工商企业信息库，利用一些数据服务平台提供的 API 来检索数据，从而确保我们填写的客户名称是企业客户在工商注册时所使用的完整名称。这个信息系统的实施不仅涉及复杂的程序编写，甚至还会产生数据接口费用。但这样的信息系统从数据质量出发，以保证记录的数据都是真实的、有效的、可用的，甚至是可信任的。

同样地，我们在记录客户地址的时候，也需要使用类似的方法，接入地址数据库，如利用百度地址数据库接口，检索到街道级别。业务人员在录入客户地址的时候，不是在一个无校验的文本框中进行填写，而是利用文本索引，在下拉菜单中选择到街道维度，然后填写具体的楼宇、门牌号。这样记录的数据是准确的。同时，这也倒逼业务团队要获取精准的数据，避免获取无效的、假的数据。

对数据质量进行诊断和规范性的管理，我们一般考虑八个维度：全面性、完整性、准确性、精确性、真实性、有效性、及时性、实时性，如图 4-4 所示。

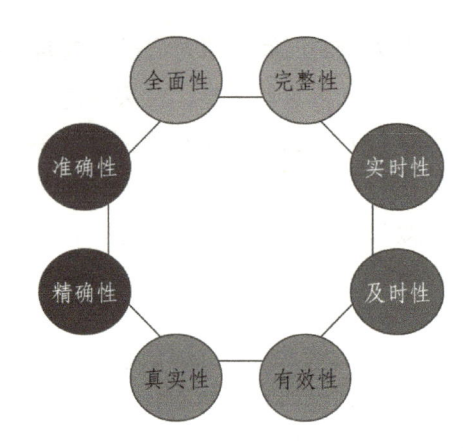

图 4-4　数据质量的八个维度

1. 全面性和完整性

全面性是指采集的数据的维度是否全面，以及记录信息的字段是否满足业务数据记录需求。比如，我们需要采集员工的基本信息，我们到底有多少个字段？这些字段是否体现我们对员工基本信息掌握的全面性？不同企业对员工信息掌握的程度不同，民营企业可能更关心员工本人，国有企业则更关心员工的政治关系、家庭成员的情况。这代表需要新的字段，我们是否预留了足够多的字段来采集这些数据，以体现数据的全面性？员工基本信息记录的维度如图 4-5 所示。

员工基本信息记录的维度							
员工编号	姓名	性别	出生日期	籍贯	户口地址	婚姻状况	生育状况
家庭住址	联系方式（手机号）	紧急联系人姓名	紧急联系人电话	紧急联系人关系	微信号	邮箱地址	办公地址
最高学历水平	最高学历专业名称	最高学历毕业学校	最高学历毕业时间	次高学历水平	次高学历专业名称	次高学历毕业学校	次高学历毕业时间
入职日期	入职岗位	目前在职状态	目前岗位状态	目前岗位职级	目前岗位序列	目前岗位薪级	劳动合同到期日期
工资卡开户银行	工资卡账号	工资卡账户名称			政治党派	入党日期	政党职务	政党关系地址
子女1性别	子女1出生日期	子女2性别	子女2出生日期	配偶姓名	配偶出生日期	配偶工作单位	配偶最高学历水平
父亲姓名	父亲生日	父亲工作单位	父亲工作单位职务	母亲姓名	母亲生日	母亲工作单位	母亲工作单位职务

图 4-5　员工基本信息记录的维度

目前，我们对客户信息的需求越来越多，如图4-6所示。我们希望知道客户更多的信息，从而能够更好地洞察客户需求，满足客户需求，给他们提供更好的体验。所以，客户基本信息表中的基本信息的全面性需求在提升。对于企业客户的信息、个人客户的信息，以及企业中联系人的基本信息，我们知道得越多，越能做到"千人千面"，以及精细化的客户洞察。

客户基本信息表（个人客户）示例							
客户编号	客户姓名	客户性别	客户出生日期	客户籍贯	客户户口地址	客户婚姻状况	客户生育状况
客户住址	客户住房自有/租住	客户住房大小	客户住房档次级别	客户小区档次级别	客户小区物业级别	客户住址商圈	居住地交通距离
私家车车牌号	私家车品牌	私家车型号	私家车类型	私家车级别	私家车年限	私家车位（自有/租）	车位室内/户外
手机号	手机品牌	手机型号	通信地址	党派	党内职务	兴趣体育	兴趣音乐
最高学历	最高学历专业名称	最高学历毕业学校	最高学历毕业时间	就业公司	就业公司职位	就业公司入职日期	就业公司收入
工作单位地址	社会就职	职称	专业领域	学术成就	关注内容	常用媒体	家庭资产级别
子女1性别	子女1出生日期	子女2性别	子女2出生日期	配偶姓名	配偶出生日期	配偶工作单位	配偶最高学历水平
父亲姓名	父亲生日	父亲工作单位	父亲工作单位职务	母亲姓名	母亲生日	母亲工作单位	母亲工作单位职务

图 4-6 个人客户基本信息的维度示例

全面性体现了数据的全面维度，根据需求，维度可以不断增加。同时结合与客户之间关系的往来，我们也可以不断增加一些基于业务往来的维度。

完整性则体现了数据记录的完整度。在实施信息化的过程中，因为一些信息无法获得，如客户的资产信息、收入信息、个人通信地址等，所以信息就有了空缺，这种空缺的程度决定了企业采集各方面信息的完整性。

信息记录不完整，一方面是信息无法获取，另一方面是业务人员采集到了信息，但是不愿意将其填报到信息系统中。有些公司的业务人员认为客户是自己的，不愿意把客户的信息透露给公司，这样自己离开公司的时候还可以带走客户，自己走了，公司就没有人能够继续联系该客户了，所以不愿意把客户的真实信息填写到信息系统中，这也导致了数据填报的完整度不够。当然，也有可能是业务人员因为嫌麻烦，不愿意填写，导致数据填报的完整度不足。

在实施信息化的过程中，为了保证数据的完整度，采集更全、更多的数据，我们需要"恩威并施"：一方面对填报比较全的业务人员给予奖励；另一方面对记录不全的业务人员给予惩处。当然，也需要利用制度和流程来保证数据的完整度。

比如，在客户信息记录中，如果不记录客户信息，就不能构成商机，针对该客户的差旅费用就不给予报销；针对成交的客户，如果没有全销售流程的记录，则该客户的业绩就不能算作个人的业绩，只能算作公司的业绩，业务人员就不能从中得到业绩提成；在对生产环节的记录中，记录不全的，不能计入工时，就没有工时工资，等等。这样的措施有利于强制数据填报，以保证数据的完整性。

国外公司的企业文化比较规范，大家在数据采集上都有基础的认知，记录数据是工作的一部分；而国内的公司，因为缺少数据文化，记录数据不被认为是工作的一部分，公司员工从心理上认为这是一份额外的工作，这属于数据文化建设的问题。

2. 准确性和精确性

准确性和精确性反映的是数据采集方式的问题，使用不同的数据采集方式，得到的数据的准确性和精确性是不同的。准确性反映的是对记录的对象信息进行度量的偏差问题，精确性反映的是计量的精准度问题。

对于身高，如果采用米尺，就能够提高精准度，如果采用的米尺有问题，则影响准确性；如果采用目测，则准确性高、精确度低，不能精准到厘米，误差较大。

对于体重，如果采用体重秤来称量，则有比较高的精确性，受制于体重测量条件，我们无法让客户裸体称重，会受到衣服和身上携带物品的影响，则准确性会受到影响。

当记录客户地址的时候，如果不能精准到门牌号，只记录客户在哪个区、属于哪个街道，则精确性会稍差。图 4-7 展示了准确性和精确性的差异。

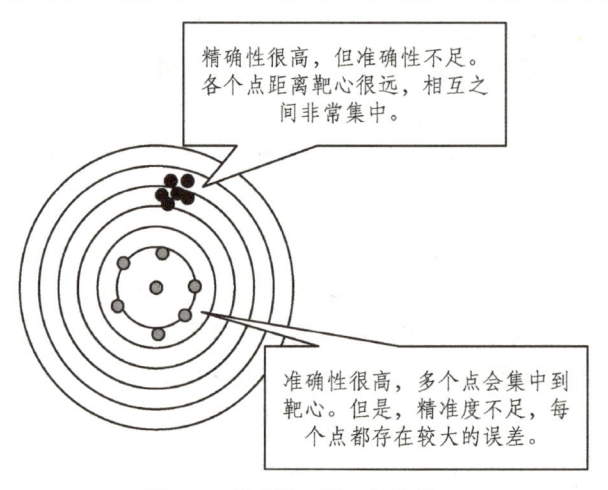

图 4-7　准确性和精确性的差异

3. 真实性和有效性

真实性反映的是数据是否得到真实的记录。记录的数据是否真实存在，是否真实采集，是否存在瞒报、假报、误报的情况，在填写数据时数据是否处于保密状态，如果有以上情况，数据填报就需要有检查核验的机制。

数据真实性要求要从文化上发动数据采集人真实填报数据，也要从制度和流程上保证数据采集的真实性。如果可行，数据采集人和实际责任人分离，避免因为利益冲突而出现瞒报、误报、假报的问题，做到"管钱不管账，管账不管钱"，通过制度和流程上的分离来避免人为的数据造假问题。如果成本太高，则可以用事后的检查核验机制进行数据真实性的核查。如果有检查核验机制，则在数据填报的时候就对数据进行校验，如手机号的数字和城市的校验、地址和邮编的校验、日期的校验，等等，其中对数据类型的校验是第一位的。

对于文本型或者定性数据，我们通过对数据记录进行分类，用下拉菜单的方式采集，可以有效提高数据的准确性和真实性。当记录方式简单的时候，数据采集人更偏向真实记录；当记录耗时长、需要录入的信息多且复杂的时候，数据采集人偏向于敷衍了事，容易导致数据采集的真实性降低。

有效性是对所填报数据的价值的评价，反映了采集的数据是否有效，是否可以使用，是不是对我们填写的对象的真实的记录。比如，我们填写一个员工的年龄、司龄，这些数据会随着时间的变迁而变得无效，这个时候我们需要记录员工的生日和入职日期，用这两个日期计算出来的年龄和司龄就不会失效。很多状态类数据会随着时间的变化而变得无效，只能记录当时的情况。比如，员工的职位、岗位或者所负责的项目、所执行的任务，都会随着时间的变化而变化，导致曾经记录的数据失效。所以，具有时效性的状态类数据要记录时间。一个人的身高、体重等都会随着时间的变化而变化，这类数据都要采用日志型的记录模式进行动态记录，而不是作为静态信息进行记录。

为了保证数据的有效性，要在事物首次出现、事情发生时进行记录，而不要事后填补，数据的补录会导致数据效用降低。我们不能依赖记录者的记忆力来保证数据的真实性和有效性，不能靠回忆记录数据，而应靠真实所见。看着数据当场记录，并在记录之后进行校验，这是记录的基本方法。

在保证数据真实性和有效性方面，只要有人的参与，就容易犯错和造假，人是不可信的。如果能够利用数字智能硬件采集数据，就不用人为记录；如果能够利用固定设备记录数据，就不要用手持的设备来记录，因为人的参与容易导致数据失真；能够马上记录的，就不要事后记录；能够用在线模式记录的，就不要采用离线上传的模式（如记录到 Excel 文件中上传）；能够用电子方式记录的，就不要用人工填报的方式；能够利用信息系统的，就不要用 Office 软件来记录；能够用电脑记录的，就不要用纸质文件记录。

4. 及时性和实时性

及时性是指在需要数据的时候，数据能够及时获得并满足需要；实时性是指数据在事情发生的时候得到实时的记录，而不是事后补录。及时性的要求是满足需求的时效性。很多公司因为没有对数据的采集、传输和存储进行有效的规划设计，在需要数据的时候要到生产业务系统中查询、导出，然后进行统计、汇总，所以数据报表和报告的及时性不足。业务部门在统计数据的时候，动辄需要几小时，甚至需要几天的时间来查询和处理数据，形成数据报表。公司业务越复杂，业务系统越多，我们对数据进行统计、汇总的时间就越长，这是数据在用的时候不够及时的问题。

要想数据能够及时满足业务分析判断和决策的需求，我们需要在做好数据的规范性管理的同时，还要进行数据资产的集中管理，并针对常规性的数据需求，形成自动的数据归集。当各层级管理者需要数据的时候，就可以直接从数据归集中提取并输出，而不需要到业务系统中去导出，并重复地进行统计、汇总。

图 4-8 展示了数据资产管理的逻辑框架。

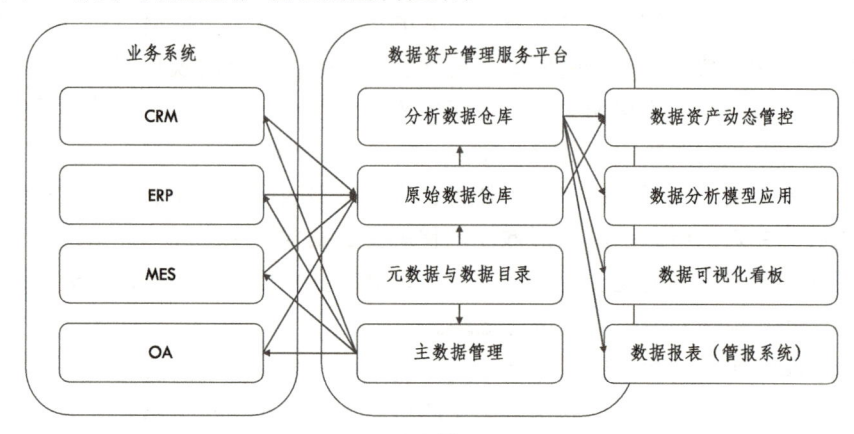

图 4-8　数据资产管理的逻辑框架

如果我们在需要数据的时候要到业务系统中去查询，不仅会影响业务系统运行，还会增加数据查询的负载。如果业务系统比较落后，就容易导致响应迟缓，影响业务部门使用。另外，业务系统相对比较复杂，导出的数据缺少关联性，不同业务系统导出的数据需要利用各种方式进行数据关联和清洗处理，所以，为了满足高层的数据需求，我们需要花费大量的时间进行数据导出、处理及查询、校验。如果我们把常用的数据定期从业务系统导出并存放在一个中间仓库中，当我们需要数据的时候，就从这个中间仓库中取出。而且，基于历史的数据清洗和处理，我们的数据不再是原始数据，而是处理好的结构化规范数据，其响应高层数据需求的时间大幅度缩短。对于常规的数据需求，我们甚至可以做到实时动态地呈现，让服务器和设备自动化地做好人工数据处理，在这样的架构体系下，我们就能够提高数据的及时性。

现在，数据资产管理平台越来越成熟，功能越来越多，不仅能够作为数据存储的中间仓库，还有数据清洗、数据处理、数据目录管理、主数据管理、元数据管理、数据算法模型开发、数据资产动态管控、授权管理、数据安全管理等各种功能。另外，也有数据资产管理平台把应用段的功能进行整合，提供了数据可视化呈现、数据报表动态加工处理、数据算法模型开发等功能。我们将在讲解数据技术体系架构时进行详细的介绍。

受历史因素的影响，数据质量的管理变得越来越复杂，如果我们在实施业务系统信息化时没有关注数据质量，没有做好数据标准和规范，后期再进行数据质量优化，花费的时间和精力就要比过去多很多。根据历史的经验，如果我们没有在实施业务系统信息化时做好数据质量管理，那么后期的管理几乎是不可能完成的任务，即使能够进行优化和改善，我们所要付出的代价将会是在过去信息化建设时进行质量管理所需投入的 20 倍。这个更高的投入来自对历史数据的追溯、清洗和维护，来自对数据标准和规范的重建，来自对现有信息系统的改善和调整。特别是对现有信息系统的改善和调整，有时候我们连最初实施信息化的厂商和开发厂商都找不到了，就需要翻看历史的技术文档，如果这个文档也不在了，那么对现有信息系统的改善和调整几乎就是一项不可能完成的任务。

4.1.6 数据结构管理

随着数字技术的发展，越来越多的数字智能硬件实时动态地采集着各种各样的数据，不仅有数字型的数据，也有文本型的数据，还有音频、视频、图片，甚至流媒体类的数据。数据的复杂度在提升。这些数据的复杂度，给我们分析和利用数据带来了难度。而企业业务系统中的数据，目前仍然以结构化数据为主，因为结构化数据便于统计分析，便于查询，也便于分析模型的使用。而对于非结构化数据，我们需要对原始数据进行关键信息提取、转化，才能使之被分析模型使用。

什么是结构化数据和非结构化数据？

所谓结构化数据，就是基于行和列构筑的关系型数据，是有明晰组织方式和格式化的数据。我们经常使用的 Excel 表格采取的就是按照结构化数据的行和列进行存储的组织方式。数据表由列来记录一条数据具有的各种相互关联的属性，我们把这种属性叫作字段；由行来记录不同数据。字段是对数据的各个属性进行的描述。这种数据叫作关系型数据。

二维数据表与单维数据表的不同如图 4-9 所示。

二维数据表（统计数据表）				
学号	数学	语文	英语	总成绩
001	90	95	87	272
002	89	99	93	281
003	82	89	85	256

单维数据表（结构化数据表）		
学号	科目	成绩
001	数学	90
001	语文	95
001	英语	87
002	数学	89
002	语文	99
002	英语	93
003	数学	82
003	语文	89
003	英语	85

图 4-9　二维数据表与单维数据表的不同

由行和列组成的数据不见得都是结构化数据。为了有更灵活的数据记录，能够通过透视表功能进行数据透视，对数据进行统计汇总，我们建议都采用单维数据表，这种数据表是更加基础的数据表，对数据的统计汇总更容易通过透视实现。Excel 有一个功能叫作"逆透视"，可以将图 4-9 中左边的二维数据表转化为右边的单维数据表。

非结构化数据是结构化数据之外的数据，因为记录的信息比较复杂，格式不一致，所以在存储和处理时，不能像结构化数据那样可以标准化。绝大多数数据其实都是非结构化数据。常见的非结构化数据包括聊天记录、电子文件、电子邮件、微博短文、图文文章、音频文件、图片、视频文件、短消息记录、电话录音、音乐、Office 文档等。这些数据内容的组织复杂多样，不能用标准化的格式进行信息提取。

从非结构化数据中提取结构化数据往往会导致一些信息损失，但这是目前处理非结构化数据的基本方法。比如，针对文本信息，我们通过语义识别技术，提取关键语义，然后形成结构化数据库，对文本信息进行深度的分析。目前，我们用机器算法提取非结构化数据中的信息，但因为机器算法不成熟，相对于人类大脑的解读能力，目前还是比较弱的。随着算法和机器学习能力的提升，机器对非结构化数据的分析挖掘能力会不断提升。相信在不远的将来，机器对非结构化数据的处理能力会逐步超越人类大脑的解读能力。

4.1.7 数据资产管理

很多人说"数据是像石油一样的资源",这说明大家对数据价值的认知越来越高,有越来越多的企业开始重视数据,重视数据的采集、处理、分析和应用,开始将数据作为企业非常重要的资产来管理。虽然当前在企业估值计算中,仍然没有足够的算法准确地将企业的数据作为资产来估值,但用货币来估算数据资产的价值一定会实现,这需要一个过程。

虽然很多企业的高层在企业内部一直强调数据的重要性,也在会议上公开宣讲数据是企业非常重要的资产,但是绝大多数企业目前在数据资产管理体系方面还是空缺的,如没有建立数据资产目录、没有建立数据资产集中存储和使用的技术平台(数据仓库/数据平台/数据中台)、没有定期进行数据资产盘点、没有对数据资产质量进行定期的审计。这些在实物资产管理中都是常规的管理活动,但企业对数据并没有进行这些管理活动。所以,推动企业数据资产管理落地非常重要。

什么是数据资产?单纯的拥有数据,不能用"资产"来概括,只有数据结合算法才是有价值的资产。这里有一个误区,就是我们高估了数据的价值而忽略了算法的价值,因为数据只有通过算法才能发挥价值。你拥有海量的用户信息数据,如果没有千人千面的商品推荐算法,那么这些数据不但对企业的销售绩效没有任何的价值,还需要大量的存储设备、服务器资源来存储和处理。

1. 什么是数据资产

企业的数据资产是指由企业采集、存储、控制和使用的并能够给企业带来经济利益的,以物理或电子形式存储的数据资源,包括数据、图片、信息等。从这个定义中我们可以看到,必须是能够为企业带来经济利益的数据资源才能被定义为数据资产。数据资源转化为数据资产必须具备一个条件,即能够为企业带来经济利益。要想让数据资源为企业带来经济利益,则需要对数据进行分析和挖掘,需要算法,没有算法来支撑数据,数据就很难转化为真正的资产。这与设备、生产资料、金融资产等资产有所不同,从数据资源到数据资产的转化依赖算法,而算法的差异带来了数据资产价值的差异。

比如,一家公司通过网络爬虫,或者其他关系,获取了工商注册信息数据库,这些数据资源如果只存储在服务器中,是不能被称作数据资产的,只能是"数据资源"。这些数据资源要想上升到数据资产,就必须给公司带来经济利益。该公司需要一些算法,包括查询的算法,能够为客户提供数据查询服务,这些数据资源通过这项服务为企业带来基础的经济利益。

如果我们有基于数据资源的企业信用评估模型,能够利用信息对企业进行信用评估，然后为企业的客户提供信用跟踪和评估服务，那么数据资产的价值就更高。所以，相同的数据资源因为算法模型的不同，转化成的数据资产的价值也不同。这是数据资产价值评估的难点。因此，我们在对企业数据资产的价值进行评估的时候，还需要考虑算法，以及基于该算法数据资产所能够创造的经济效益的多少。

2. 数据资产价值评估

因为数据资产价值的大小依赖算法，以及基于该算法数据资产所能够创造的经济效益，所以数据资产价值的评估难度会比实物资产价值的评估难度要大很多。同样拥有客户基本信息和客户交易行为数据，我们针对这些数据利用什么样的算法，就创造什么样的资产价值。所以，数据资产价值的评估不仅要考虑数据资源本身，还要考虑算法，以及算法的迭代，算法能够放大数据资产的价值。

图 4-10 展示了数据资产与其他资产的比较。

资产类型	有形资产	金融资产	无形资产	数据资产
形态	厂房、设备、土地、生产资料	现金、债券、信用额、期货、其他金融衍生品	品牌、技术、专利、工艺、知识产权、管理诀窍	数据+算法
使用价值	Y	Y	Y	Y
交换价值	Y	Y	Y	Y
价值增值	弱	中	强，规模放大	强，规模放大，算法放大
所有权	独有、共享	独有、共享	独有、共享	重复拥有，独有性差
可租赁性	Y	N	Y	N
可交易性	中	强	中	弱
流动性	低	强	中	强
获取成本	高	高	高	低
可复用性	部分可重复使用	Y	Y	Y，多元复用
资产安全性	高	高	中	低

图 4-10 数据资产与其他资产的比较

对比企业其他资产，数据资产有其特殊性，正是因为这些特殊性，数据资产比企业其他资产的价值评估难度要大一些。目前企业无形资产的估值难度很大，大家的意见很难统一，多数都是从投入成本的视角进行评估的，但是这种基于成本和费用的估值并不能得到绝大多数市场人士的认可。

同样一个品牌或者一项专利技术，不同的企业对其价值的估算不同，企业规模具有放大效应，应用相同的技术，规模大的企业带来的价值更大。数据资产也有类似的情况，但与无形资产相比还有一个变量，就是算法。算法的成熟度和对数据的挖掘程度不同，同样的数据所产生的价值也不同。所以，具体如何估值，是采用成本+利润的方法估值,还是基于市场价值估值,或者基于未来的收益估值,业界有不同的观点,目前还没有形成统一的认识。所以,数据资产在短期内很难进入企业的资产报表。

4.2 建立数据管理标准和规范数据质量管理

4.2.1 企业常见的数据问题

企业常见的数据问题有哪些呢?我们在实践中发现如下几种常见的问题。

1. 有系统,无数据

企业在发展到一定的规模以后,为了提升管理效率,都会考虑信息化建设,首先上线的信息系统是财务管理系统;然后开始管理客户,上线 CRM 系统,CRM 系统基本上是企业的第二套信息系统;随着员工人数的增加,企业会上线 OA 系统和 HRM 系统,把人管理起来;然后,企业为了加强生产管理或者供应链管理开始上线业务系统,如 ERP、MRP、MES 等系统;最后企业开始上线供应商管理系统、库存管理系统、供应链管理系统等各种各样的系统。

这些系统都是由业务部门或者职能部门主导发起并上线的,但是这些部门的人员对数据技术不够专业,也没有想好如何利用数据、需要哪些数据。他们关注的是业务流程,数据只要能够记录业务活动、留存证据和查询就够了,至于这些流程中该采集和记录哪些数据,越少越好,越简单越容易实施。给部门带来更少的麻烦,创造更多的价值,带来更大的效率提升才是他们实施信息系统的目标。在这种思想的主导下,数据具体记录了什么、有什么用,根本没有被规划到信息系统中去,所以当我们需要数据的时候,发现信息系统中并没有我们想要的数据,这就是"有系统,无数据"这种尴尬状况的由来。

所以,对于实施信息化,数字智能时代(DT 时代)的思路和信息化时代(IT 时代)的思路有了根本性的不同,如图 4-11 所示。这是 IT 时代与 DT 时代实施信息化的思路的不同。DT 时代的信息化实施以采集满足业务统计和业务分析所需要的数据,支撑业务逻辑运行、业务管理和业务决策为目的,而 IT 时代信息化实施的目的是记录流程,留存证据,保证流程环节的运行,传统信息化对具体需要采集哪些数据没有进行系统性的考虑。

管理者数据能力晋级

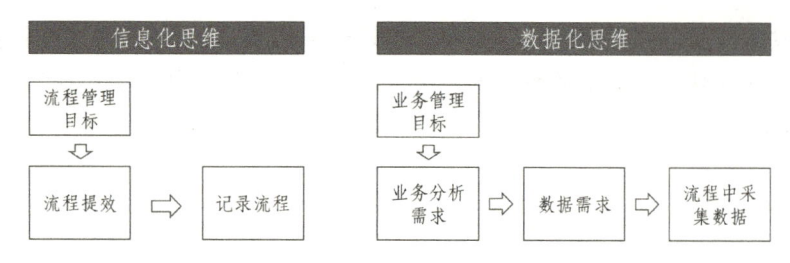

```
信息化思维                    数据化思维
流程管理目标                  业务管理目标
    ↓                            ↓
流程提效 ⇒ 记录流程    业务分析需求 ⇒ 数据需求 ⇒ 流程中采集数据
```

图 4-11　IT 时代和 DT 时代实施信息化的思路不同

2. 有数据，无质量

信息系统中是有数据采集的，因为信息化实施比较全面，借助成熟信息系统的实施，企业采集了很多数据，但是数据质量很差。在我们团队服务的企业中，多数企业的数据质量都不高。按照数据质量评价的八个维度，这些企业采集的数据基本都存在问题。

一方面，数据采集的全面性不足，记录完整度不足，导致只有部分数据能够用，不能体现全部的业务，只能按照抽样的模式来分析，导致大家对分析结果的信任度不高。

企业即使有数据，也需要在对数据进行加工处理之后才能使用，包括对一些名称进行转换、对数据格式进行统一、对数据字段内容进行清洗。比如，日期字段中因为日期记录不规范，有的是 2021-01-25，有的是 2021/01/25，有的是 01/25/2021，有的是 2021 年 1 月 25 日，还有的是 2021.01.25，采用的分隔符不同，导致数据格式不统一；还有地址信息的转换，我们需要把"河　北、河北省、河北"这几种形式统一成一个规范的记录。

另一方面，因为很多业务部门或者职能部门习惯用中式表格，所以在信息化实施过程中，在利用后台数据导出功能的时候，直接给出的是带有统计汇总、合并单元格等功能的"中式表格"，这样有利于查看数据表带来的规范化的格式，但是在利用这些导出的数据表进行分析时，增大了数据处理的难度。

3. 有质量，无关联

系统上线是如何发起和实施的呢？一般情况下，由业务部门或者职能部门发起需求，然后由信息技术部门来实施。每个业务部门或者职能部门主导一个系统，销售部门主导 CRM 系统，财务部门主导 ERP 系统，人力资源部门主导 OA 系统或者 HRM 系统，生产部门主导 MRP 系统或者 MES，采购部门主导供应商管理系统，等等。每个业务部门或者职能部门都有自己的需求、数据结构和业务逻辑，各个系统独立实施，成了一个一个的孤岛，一个部门上线信息系统不会考虑其他关联部门的需求，信息部门也不会考虑其他部门的数据连通需求，导致"数据孤岛"现象。

"数据孤岛"现象有两种情况，一种是相同的数据有不同的标准，另一种是不同数据之间缺少关联。在第一种情况中，同样是客户信息记录，在不同的信息系统中记录的内容不同，记录的标准也不同，甚至客户的编码体系也不一样。我们团队曾在一家石化企业中发现，该企业在四套信息系统中记录了客户信息，包括：①ERP系统，主要由财务部门使用；②CRM系统，主要由销售部门使用；③合同管理系统，主要由法务部门使用；④收发油系统，主要由生产部门使用。在这四套系统中，客户编码体系不一致，有的采用四位编码，有的采用六位编码，有的采用八位编码。同一个客户，在这四套系统中的名称也不一样，合同管理系统和ERP系统要求是法定名称，是工商注册时的客户名称全称，而CRM系统则要求采用业务部门给予的简称，收发油系统只关注订单编号，对客户名称没有要求。四套系统的数据关联不起来。财务部门在与生产部门对账的时候，找不到自动关联的方法，只能靠人工一条数据一条数据地比对，而不是直接用客户编码和订单编码进行自动化的比对，效率低下。

4. 有关联，无利用

最后一个问题就是有了数据，却没有进行足够的分析，主要有两个方面的原因：一个是缺少懂得数据分析的人，没有人来对这些数据进行分析；另外一个是缺少数据分析的平台或者工具，企业没有上线进行数据加工、处理和分析的平台或者工具。管理者用得最多的数据分析工具就是Excel，企业除了业务信息系统，没有数据系统，没有把数据进行集中的管理、处理和分析，也没有在线的可视化分析平台。

管理者的数据能力是企业体系化利用数据赋能管理的基础。现在已经进入数字智能时代，但是管理者还是在传统信息化时代成长起来的管理者，他们习惯于经验判断和靠感性决策，没有数据分析的能力，更缺少数据分析的习惯。在日常经营管理中，大家聚在一起开会，讨论来讨论去，民主化程度高的企业会听取每个人的看法，然后拍板决定，民主化程度不高的企业，则靠级别和管理者的看法，然后就决定如何开干了。一款新产品是否要上市，该投入多大的精力进行市场开拓，全看管理者个人的喜好，而不是消费者或者用户的喜好。管理者觉得做上市前的销售预测是一件不可能完成的事情，缺少历史数据和依据，大家商量一下就决定了，至于是否成功，因为是集体决策，所以大家共担风险与责任。

企业花费了资金上线信息系统，但是没有花费资金搭建数据资产管理和数据分析挖掘的技术平台，更没有实施数据应用体系。企业在上线了信息系统之后，

管理者数据能力晋级

还需要一个数据资产管理平台,将业务信息系统采集的数据进行集中管理,然后再利用数据分析和挖掘平台,系统化地建立数据应用体系,最后利用这个平台为管理者提供数据报表、数据分析和数据应用的功能,让管理者把数据应用起来。图 4-12 展示了数据资产管理平台的概念性框架。

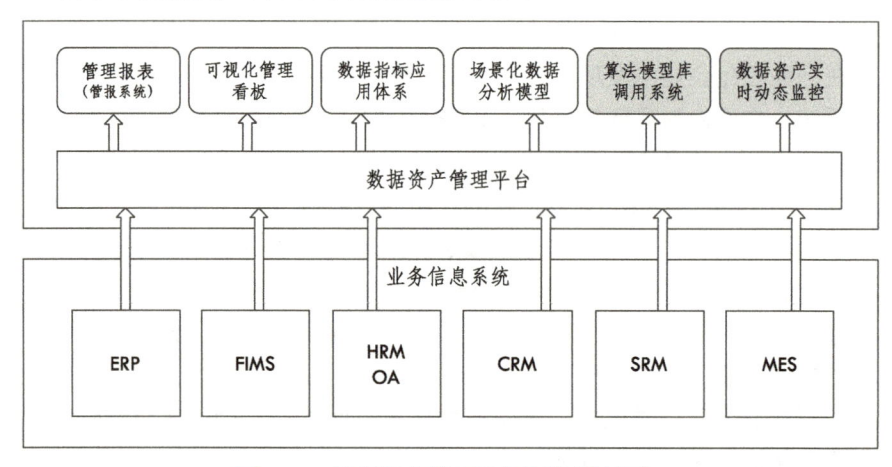

图 4-12　数据资产管理平台的概念性框架

企业在进行信息化建设的时候,要在过去 IT 体系规划的基础上升级到现在的 DT 架构体系,在原来业务系统进行数据采集之外,还要搭建数据资产管理平台,把数据从业务系统利用 ETL(数据提取)工具汇总到数据资产管理平台。在不同的规模和技术组合下,人们对这个平台的称呼会有不同,有人叫数据仓库,有人叫数据集市,也有人叫数据湖。数据仓库就是一个基本的集中存储数据的数据库;数据集市有数据提取和集中管理的功能,并拥有数据授权分发和共享的管控技术;数据湖是复杂的数据生态系统,不仅有数据提取,还有数据管理、数据监控、数据授权分发、数据应用、分析模型算法库等各种各样的数据技术工具,是一个数据管理和应用的生态体系。

在数据资产管理平台之上,我们还要建立数据应用的技术支撑体系,这个体系包括简单的数据报表输出体系、数据指标化管理体系、管理看板系统,等等。这些数据应用体系需要结合业务、管理目标和团队使用情况,系统化地搭建和实施,这不仅是一个技术问题,还是一个管理问题,需要系统化地将数据应用起来。

比如,在搭建数据指标化管理体系时,我们不仅需要一项技术把数据加工成数据指标并呈现在管理应用端,还需要从管理目标出发,按照业务流程对数据指标进行体系化的梳理,并在企业业务发生变化、管理目标发生调整的时候进行实时动态的调整。这是一套技术与业务结合的管理系统。

以上技术应用的三层框架只是一个基本示意架构,实际上,随着技术的发展和分类，目前企业的数据体系架构分成七层，我们会在 4.5 节详细讲解，供大家参考。传统的信息化体系建设基本上只是三层框架下的第一层而已，业务部门在实施信息系统之后就不再管数据的应用问题了。从 IT 时代到 DT 时代的升级，不仅仅是思想的转变，也是技术应用的转变，还有管理的落地。

4.2.2 梳理数据需求

"书到用时方恨少"是一句古话，而现在这句话可以换成"数到用时方恨少"，当我们想用数据的时候，发现数据根本满足不了使用需求。随着管理决策越来越依赖数据，我们发现缺少一些必要的数据。

2015 年我们团队跟一家石化企业合作，这家企业是地方石油冶炼企业，主要的产品就是成品油，包括汽油和柴油，它最重要的客户是加油站。我们团队在推动数据应用的时候，首先想到的是把客户的购买频次管理起来，从而在客户下次想买成品油的时候，能够提前联系客户，保证客户能够更多地从这家企业购买成品油。客户的购买频次在理论上是可以分析出来的。因为在客户每次来购买成品油的时候，企业都有交易记录，根据交易记录之间的时间差就可判断客户的购买频次、每次买油的时间间隔。

实际上，该企业原来的 ERP 系统、收发油系统、电商平台订单系统的数据都无法使用，因为我们无论用哪一个系统记录的交易数据都无法判断客户的购买间隔。

ERP 系统记录了客户每次付款的数据，两次付款之间的时间间隔并不代表客户的购买间隔，因为多数客户都是提前付款给电商平台的，电商平台在客户拉走成品油之后从客户的账户余额中扣款，当余额不足时客户再次充值，付款记录只代表客户的充值间隔，并不代表客户的购买间隔。

收发油系统记录的时间间隔并不代表客户下单的时间间隔，因为有些客户在下单之后，分批次把成品油拉走。比如，一个客户有五个加油站，今天下单买了油，第一个加油站今天拉走，第二个加油站有可能是两天后拉走的，因为每个站的成品油库存不同，所以拉油的时间间隔并不代表客户下单的时间间隔。

电商平台的订单系统多数是合同和优惠政策的使用，客户在电商平台上下单，而实际拉油的时间与在电商平台上下单的时间并不一致，电商平台的订单只是记录了每一车油拉走时的扣款记录，跟收发油系统的数据具有很高的一致性，一次性拉走三车油，电商平台上只会有一次下单、委托和结算的记录而已。

通过三套信息系统我们都无法得到客户的购买间隔，更无法追踪客户购买决策的频次和时间间隔。

管理者数据能力晋级

所以，当我们需要"下次大概什么时候买油"这样一个数据的时候，过去三套信息系统都有客户交易活动记录，竟然没有任何一个数据能够为我们所用。"到用的时候才发现没有这个数据"是我们团队在实际咨询服务过程中经常碰到的问题，而企业管理者的心里都是有这个数据的。在我们提出客户购买频次管理这个管理方案的时候，这家企业从总经理、销售总监到大区经理都说是可以实施这个方案的，当我们进行实际数据梳理的时候，才发现三套信息系统中的数据记录都不是客户购买决策的记录。这三套信息系统都是为了满足业务记录而存在的信息系统，而不是为了采集数据而实施的信息系统。

企业需要采集、记录哪些数据？企业如何更好地梳理数据需求而不是信息化需求，从而避免以上这种情况出现呢？企业需要改变信息化建设的思维方式和梳理信息化建设需求的思路。企业的思路不能从业务流程出发，而应从管理目标出发，从数据管理、数据处理、数据分析和数据应用的需求出发，先梳理数据需求，再考虑在进行信息化建设的时候设置数据埋点，从而把业务分析、业务管理与数据应用所需要的数据都通过信息化的方式采集上来。

因为业务分析、业务管理和数据应用会随着企业发展阶段、每年的战略调整和战略目标的变化而发生变化，所以我们为数据采集而建设的信息化系统也要随时地调整和优化，这就与过去信息化建设的思维模式产生了冲突。过去的信息化建设希望推出一款成熟的产品，即一款完整的、不会变化的，甚至未来五到十年都不会变更的信息软件产品，这样这款产品在一次性交付后就一直被用下去。这是过去传统的信息化建设的思维模式，而现在不同了，我们实施的信息化需要敏捷地适应数据需求、业务需求，随时根据业务的变化而变化。传统的、成熟的 ERP 系统正在接受敏捷地适应新需求的挑战，当然，企业的信息部门也一样，也要适应这种新时代的需求。

如何确定我们需要采集的数据？如何体系化地梳理信息化建设中的数据需求以保证我们采集的数据就是我们需要的？图 4-13 展示了一个体系化梳理数据需求的思路。

在数字智能时代，信息化建设需求梳理的起点应该是公司的战略目标，所有的管理和业务决策都是为了达成公司的战略目标。在公司战略目标明确的情况下，我们需要梳理公司的业务流程，通过业务流程创造价值来达成公司的战略目标。公司的业务流程都是为了完成战略目标而存在的，不能围绕公司的战略目标展开的业务流程都是无效的业务流程。

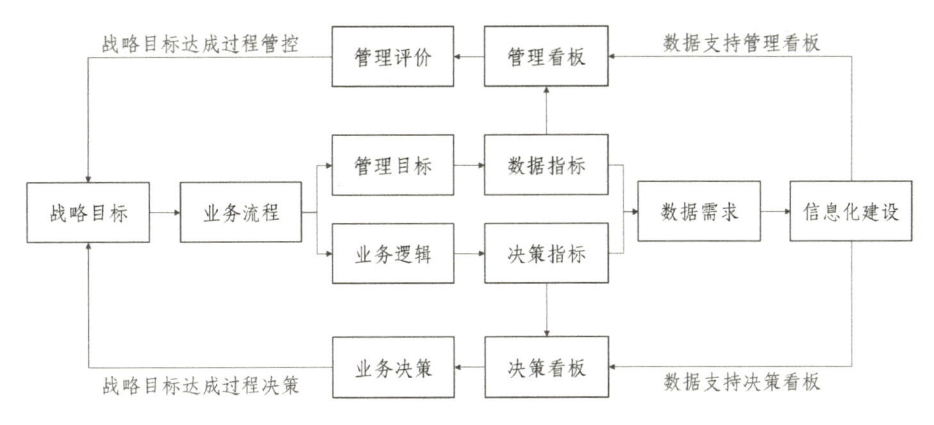

图 4-13　数字智能时代体系化梳理数据需求的思路

在梳理业务流程后，要结合公司战略目标梳理流程环节的管理目标和业务逻辑，管理目标是战略目标在流程环节中的拆解、细化或者过程实现，没有明确的管理目标的流程环节是没有存在的意义的。业务逻辑的梳理是达成战略目标的做事方法和判断逻辑，是决策选择的基本条件。

管理目标用数据表征就是管理数据指标；业务逻辑背后的决策逻辑对应的管理要素，用数据表征就是决策数据指标。无论是管理数据指标，还是决策数据指标，都需要对数据进行汇总、计算或者表征，这就是数据需求，这些数据需求就是信息化建设的需求。通过信息化建设，将这些数据采集和归集，有了这些数据，我们就能够制作管理看板，实时动态地看到业务成果；有了这些数据，我们就能够基于决策数据指标进行实时动态的业务决策。

管理数据指标表征过程中的成果，这些管理成果指向战略目标的达成，而业务决策则是为了达成战略目标而做出的决策。

4.2.3　诊断数据质量

通过评估企业数据质量，我们能够根据数据存在的质量问题，进行有效的数据治理，通过信息化建设或者信息化升级改善，更精准地完善数据采集，满足业务的数据需求。为了满足业务对数据的需求，我们的诊断评估需要从两个方面进行，一个方面是量的维度，另一个方面是质的维度。

首先是对数据进行"量"的评估，就是评估我们需要的数据有没有得到采集，以及我们采集到的数据是不是我们需要的。所以，我们在对数据做"量"的诊断评估时需要梳理数据需求，然后根据梳理的数据需求和实际数据情况来寻找数据的量的差距，从而可以看到我们的数据需求有多少得到了满足。

管理者数据能力晋级

一般企业的数据采集形式有多种，不仅仅有信息化的数据采集形式，还有手工采集形式。所以，我们在诊断数据需求满足程度时，也要把没有通过在线化工具或者信息化手段采集的数据考虑进去。图4-14展示了某企业的数据需求满足程度的诊断报告，很多企业的数据在线化程度都还处在相对较低的水平。

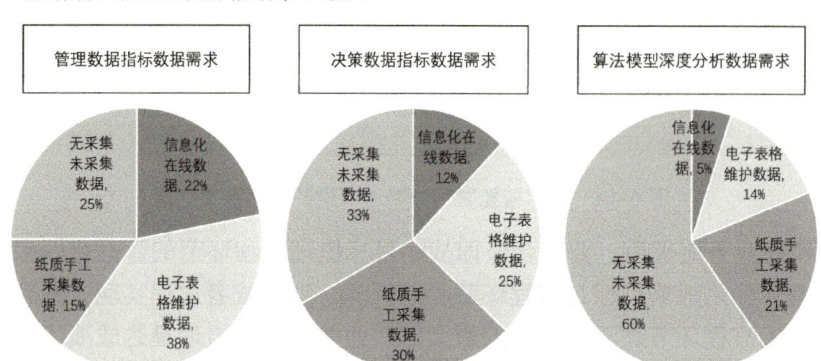

数据数量满足程度评估结果示意图

管理数据指标数据需求：无采集未采集数据25%、信息化在线数据22%、电子表格维护数据38%、纸质手工采集数据15%

决策数据指标数据需求：无采集未采集数据33%、信息化在线数据12%、电子表格维护数据25%、纸质手工采集数据30%

算法模型深度分析数据需求：信息化在线数据5%、电子表格维护数据14%、纸质手工采集数据21%、无采集未采集数据60%

图4-14　某企业的数据需求满足程度的诊断报告

其次是对数据进行"质"的评估，就是评估所采集的数据的质量。评估数据质量的八个维度为全面性、完整性、真实性、有效性、准确性、精确性、及时性、实时性。我们可以运用定性和定量相结合的评估方法来对数据的这八个维度进行评估，图4-15展示了某企业数据质量各维度的评分（10分制）。

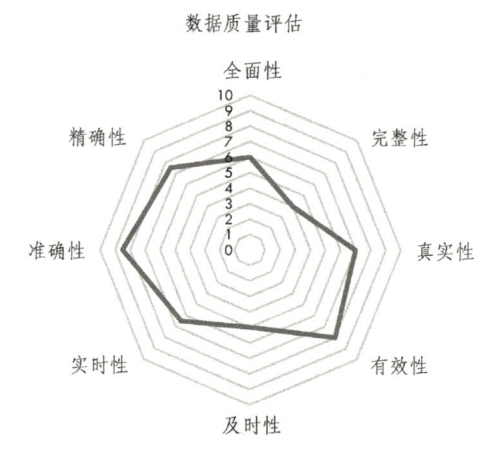

数据质量评估（雷达图，维度：全面性、完整性、真实性、有效性、及时性、实时性、准确性、精确性，10分制）

图4-15　某企业数据质量各维度的评分

目前多数企业数据的质和量都比较差，传统的信息化建设过度考虑流程记录需要，而不太重视数据的应用，造成了目前的状况。特别是外包信息化厂商，能够简化就简化，导致本来比较好的信息系统，因为在实施过程中没有关注数据质量，以及在实际执行过程中，一线业务数据填报人员不重视，在数据的质和量方面都存在问题。我们不能让外包信息化厂商独自背这个锅，需要背这个锅的还有实施项目组、企业管理团队和实际一线团队。要想改变这个局面，还有很多工作要做，特别是在从 IT 思维到 DT 思维的转变过程中。企业的数字化转型首先转的不是管理，不是技术，而是我们的思维意识、思维模式和思维方法。

4.2.4 建立数据管理标准

要想保证数据的质和量都能够满足业务数据需求，我们需要建立数据管理标准，从而用标准来规范数据的采集、传输、存储、共享、使用和应用，没有规范的标准，我们就无法保证数据的质和量的统一性。没有规矩，不成方圆，没有数据标准，数据的质量就难以保证。

所谓数据管理标准，就是从数据全生命周期管理（见图 4-16）的角度建立的相关标准和规范，从而保证数据得到规范的采集、存储、使用，以及得到体系化的、标准化的管理。基于数据管理标准的概念，我们需要从数据内容本身、数据采集、数据传输、数据存储、数据共享、数据授权使用、数据应用跟踪等方面建立标准化管理体系。

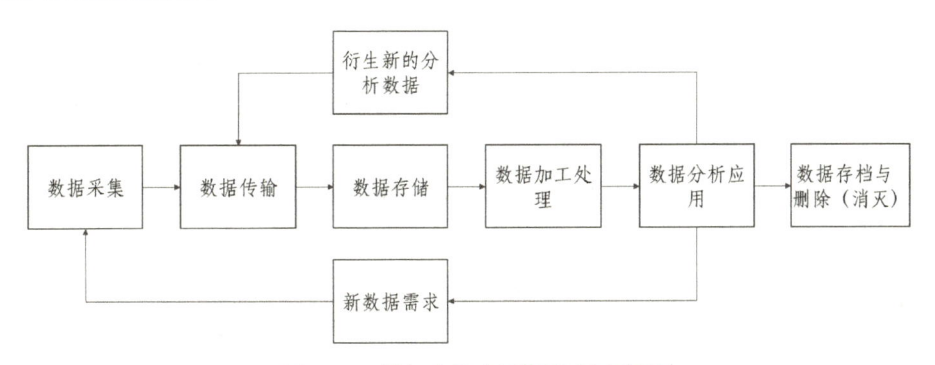

图 4-16 数据全生命周期管理示意图

1. 数据内容本身的标准

数据内容本身的标准需要在实施信息化之前进行梳理并确定，包括两个方面：一方面，我们需要采集的数据；另一方面，记录数据的方式，以及数据的格式和数据字段的取值方式。

第一个方面，我们需要采集的数据。比如，对于客户基本信息，我们要记录哪些关于客户的信息？对于一家 2B 企业，其客户是企业客户，我们需要采集哪些信息呢？只是记录客户的名称，还是要记录客户的名称、地址、联系人、关键决策人、关系人（包括采购部门人员、财务人员、采购审批人员、使用我们产品的人员，等等）？是否还要记录客户的其他信息，包括客户的企业类型（国有企业、股份制企业、集体企业、私有企业、外资企业、中外合资企业、公共上市公司等）、企业客户的规模、企业客户所在的行业、企业客户拥有的品牌、企业客户的产品信息等？对于有赊销情况的客户，我们是否要记录其信用情况并实时更新？我们要根据业务需要，梳理出需要记录的客户信息是第一步，这是保证数据全面性的基础。每一次数据采集都要有标准和规范，这样才能确保我们采集的数据能够满足业务需求。

第二个方面，记录数据的方式，以及数据的格式和数据字段的取值方式。比如，同样是企业客户，针对客户的名称，我们要记录客户在工商注册时的标准名称；针对企业的类型，我们要有分类的标准。当客户企业既是国有企业又是上市企业的时候，我们是应该记录国有企业还是上市企业？针对企业的规模，我们的分类标准是什么？对于商品的分类，我们采用什么样的分类标准？针对质量问题，我们要把常规的质量问题分成多少个类别，才能让我们记录的数据更加规范？

2. 数据采集的管理标准

数据采集标准是使用什么方法采集、在什么时间采集，以及采集的时候有什么规范性的要求。比如，在客户信息的管理中，对于新客户信息的记录：

① 我们要在什么时间记录新客户的信息？我们是在拜访新客户之前登录到 CRM 系统中记录客户信息，还是在拜访完客户并形成商机后或者在客户有了购买意向之后才登录 CRM 系统记录客户信息？

② 记录新客户信息需要遵循什么样的内部流程？我们在记录新客户信息的时候，是否需要上级经理审批才可以正式将新客户信息记录到 CRM 系统中？

③ 当我们记录新客户信息到系统中时，是否有一个校验的流程？是否有一个审查的过程？是否有人去核查一下这个客户的真实性？是否需要财务部门或者商务部门或者法务部门对客户信息进行审查校验，确保信息的准确性？

这是一个管理标准的问题。

对于供应商管理系统，供应商在登录时需要什么标准和规范？需要什么流程？这是数据采集方法的问题。有些信息我们在流程中自动采集和记录，有些信息的采集和记录需要遵循一个流程和规范。我们记录的内容是否需要进行审核？是否有不断更新的制度流程要求？这些就是数据采集的管理标准的规范化问题。

3. 数据存储与使用的管理标准

数据存储与使用的管理标准包括几个方面。

第一个方面，存储安全的问题。数据存放到哪里？由谁来保管？由谁来确保数据存储安全？过去数据如果是系统采集的，就存储在企业的信息系统服务器中；如果数据是个人采集的，基本都存储在个人电脑中，并利用 Excel 手工维护。如果人员调动、离职，这些存储在个人电脑中的数据基本就"流失"了。因为存储在个人电脑中的数据缺乏安全保障：一个问题是物理安全问题，个人电脑如果出现故障，数据就会丢失；如果个人电脑丢失，数据也就丢失了；另外一个问题是数据泄露的问题，数据没有丢失，还存在个人电脑中，但是因为别人的访问，被不该访问的第三方使用了。比如，当个人电脑出现问题被拿去维修时，电脑维修人员就访问了电脑里面的数据，导致数据泄露；或者个人安全意识较弱，别人向你索要数据，你一个文件就发送出去了；甚至因为不小心，本来要将数据发送给业务关系人 A，错误发送给其他业务关系人，导致数据的泄露。

第二个方面，授权使用的问题。如何管理数据的使用？使用人要遵循一个什么样的数据获取流程？是否需要建立一个授权管理机制？谁有权限访问数据？对于特殊和敏感数据的访问，我们需要一个什么样的审批程序？我们需要建立一个内部数据管控的制度流程来控制数据的使用，既能确保需要使用的数据可以访问和使用，又能确保数据安全。我们团队曾服务一家杭州的企业，这家企业因为担心数据安全问题，禁止业务团队访问客户数据，业务团队在联系客户的时候，几乎每次都靠记忆了解客户，甚至当换了客户负责人的时候，新客户负责人需要重新了解客户信息。这就类似因噎废食，不共享数据，就不会泄露数据，但也让使用该数据的人无数据可用。将数据锁在柜子里、存在服务器中不使用，数据就不会产生价值。

第三个方面，存储和使用的追溯问题。如何监控数据的异常使用？如何在发生数据安全事件之后，追溯数据泄露的过程，找到问题产生的根本原因？如果我们在访问和使用数据的时候追溯谁在访问和使用、在什么时间访问、获取了多少数据，那么数据访问和数据使用记录就能够追溯数据的安全问题，可以及时发现潜在的数据安全问题。如果系统检测到一个可以访问数据的员工在一日内访问了全部的数据，而且其使用数据的方式是下载、存储的方式，那么系统就可以预警这里存在潜在的数据泄露问题。员工异常访问和使用数据的监控是一个技术问题，我们需要利用技术来防范数据的安全问题。

第四个方面，通过追溯数据的使用，以及数据应用场景的使用，我们能够知道哪些数据经常被使用，哪些数据无人使用。对于长期无人使用的数据，除非为了满足财务和法律法规的要求作为证据留存备案,我们是否需要考虑不采集这些数据以简化业务数据记录过程,从而优化数据采集、存储和管理?

4.2.5 规范数据质量管理

数据质量管理(Data Quality Management),是指对数据从采集、传输、存储、共享、维护、应用、消亡等数据全生命周期的每个阶段,针对可能导致数据质量问题的过程,进行识别、度量、监控、预警等一系列管理活动,并通过改善和提高组织的管理水平,以使企业数据质量得到有效保障。

数据质量管理不是事后的数据质量的改善和提高,事后数据通过清洗、加工和处理,其质量能够提升的程度有限,最有效的数据质量管理是在事前和事中,而不是在事后。所以,为了保证数据质量,我们必须在事前建立响应的标准和规范,在事中进行监督和检查确保制度流程和规范得到遵循,在事后通过评价、奖惩的管理督促事前和事中的制度流程得到执行,从而形成一个PDCA闭环管理体系。

数据质量的影响因素包括五个方面,即数据信息本身的因素、数据采集设备的因素、数据技术的因素、人的因素、数据管理的制度和流程的因素,如图4-17所示。

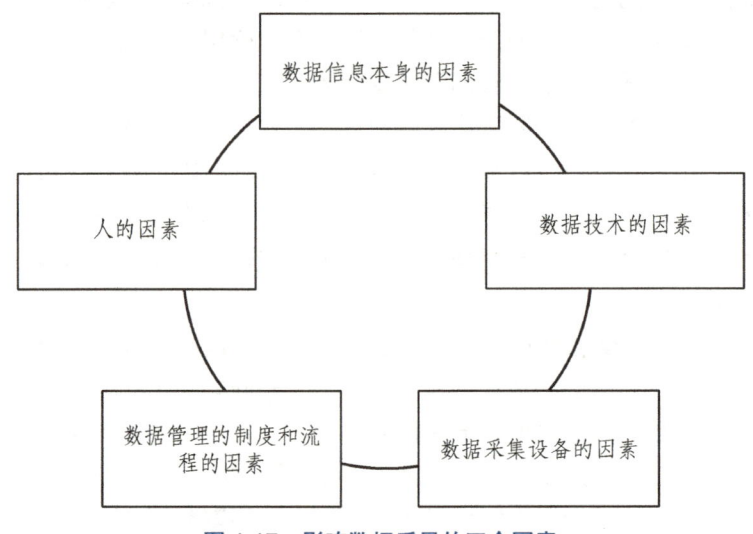

图 4-17 影响数据质量的五个因素

1. 数据信息本身的因素

数据本身的复杂度、数据本身取值的不确定性,以及数据本身定义的模糊性,让数据的质量受到影响。如果我们记录的是非常容易量化的数据,或者规范的、有测量标准的数据,那么数据记录就比较准确。但是如果我们记录的是一些需要定性判断的数据，这些数据本身的准确性就不足，这是数据本身的问题。

举例说明，我们记录客户名称，这个数据比较容易标准化，但是如果我们记录客户规模，因为规模的变动性，以及我们使用的客户规模分类标准的不同，记录的数据就很难保持一致。如果客户是一家公司，我们可以定义客户的规模分类，但是如果客户是一家集团公司，集团下属公司有不同的业务类型，有的是房地产，有的是快消品，有的是会计师事务所。同样拥有十亿元资产，对地产公司来说是小规模，对快消品行业来说是中等规模，对会计师事务所来说是大规模。

面对这种数据本身的差异性和数据记录的复杂性导致的数据质量问题，我们需要通过建立数据标准和记录规范、管理规范来提高数据质量。

2. 数据采集设备的因素

数据采集设备也是导致数据质量问题的因素之一。如果我们不使用数据采集设备，只靠手工记录和填报，那么就有人的因素，以及人所使用的记录数据的设备的问题；如果我们采用智能硬件自动采集数据，那么数据质量就与智能硬件的设置和配置有关系。

为了保证数据采集的质量，我们应尽可能减少人的参与。能够使用自动智能数据采集设备的，就使用自动智能数据采集设备。能够使用固定装备的装置采集数据的，就尽可能使用固定装备的装置，而不使用手持移动设备。能够使用设备识别的，就避免人为的识别，因为人为的识别涉及每个人的判断标准不同。

比如，记录产品包装的颜色，不同的人会有不同的判断标准，也有可能因为色盲障碍，导致颜色识别失效的问题。设备就不会产生这样的问题，当然，设备识别颜色还有一个环境光线带来的误差问题，这些都是与设备有关的影响数据质量的因素。

3. 数据技术的因素

数据技术的因素包括信息软件技术的问题、网络技术的问题，以及数据存储、传输、处理的技术问题。数据技术包括了两个部分，一部分是业务系统，另一部分是数据资产管理系统。

业务系统是离线的、独立的软件系统，还是在线的、联网的信息系统，还是与其他企业共享的 SaaS 服务平台？数据记录标准的灵活性不同。在有些情况下，SaaS 服务平台本身的不成熟和定制化程度不足使得有些数据必须遵循 SaaS 本身的规范，导致我们期望的数据标准无法实现，从而影响我们得到的数据的质量。

数据无论是存储在个人电脑中，还是存储在服务器中，其质量都会受到数据库的数据结构、数据表结构的影响。

信息系统记录数据的技术实现方式不同，也会影响数据的质量。如果采用下拉菜单、点选模式，数据质量就会高一些；如果采取人为填报的方式记录数据，数据质量就会低一些。信息系统在记录数据的时候如果加入了数据校验的环节，数据质量就能够得到改善。信息系统采取必填、选填模式，也会影响数据记录的完整性。

数据技术系统中设置的增删改查的管控方式，也会影响数据的质量。权限设置的问题会导致某些人为的数据修改，从而使数据质量发生变化。

从数据技术的角度，我们应尽可能采用相对完善的数据系统，加入数据校验及数据质量管控模块，从而保障数据的质量。

4．人的因素

人的因素是对数据质量影响较大的因素。人为记录的数据的质量会受到相关参与人的专业度、熟练程度、规范程度等方面的影响，甚至受到人的情绪的影响。所以，在企业进行数据采集、传输、存储、处理和使用的过程中，能够避免人为参与的，就尽可能利用设备和技术来减少人为的参与。

人的因素会影响数据质量的全面性、完整性、真实性和实时性。

（1）全面性：制定数据采集标准的人的专业度、对业务需求的前瞻性，以及业务需求调研的全面化程度，影响着数据采集要求的全面性。

（2）完整性：主要是参与数据采集的人是否认真填报数据，是否尽力获取数据，影响着数据记录的完整性。企业希望业务员记录客户信息的各个方面，但是业务员因为能力问题，是否获取到客户的全部相关信息，会影响数据记录的完整性，当然，业务员是否将采集到的数据都记录到了系统中，也会影响数据记录的完整性。比如，石化企业要采集加油站客户的库容信息，包括客户油库有几个油罐、每个油罐有多少容量，这些数据业务员是否采集得到，是业务员的工作能力问题，业务员是否将采集到的数据都记录到系统中，是数据填报意愿问题，也是一个管理问题。

（3）真实性：因为一线业务团队的个人利益受到影响，业务员在填报数据时是否愿意真实填报？是否存在数据粉饰的问题？是否存在报喜不报忧的问题？是否有因利益驱动夸大或者降低数值的问题？我们团队在该石化企业中，因为要评估加油站客户的采购油品量和实际需求量，从而获得客户开发的潜力，评估现有客户的市占率，于是让业务员采集加油站客户的月度油品需求量。业务员在填报这个数据的时候，因为有高报市占率的动机，所以会存在低报客户月度油品需求量的问题。为了校验业务员填报的客户月度油品需求量，我们用客户历史最大采购量来进行，发现很多业务员提供的客户月度油品需求量都远低于客户历史最大采购量。这就是人为利益驱动或者利益冲突导致的数据瞒报、假报或者真实性不足的问题。

（4）实时性：在什么时间记录数据。我们如果依赖人来填报数据，就有一个在什么时间填报数据的问题，原则上我们要求在事情发生的时候就要记录，而实际执行的时候就会存在人为的偏差。在一家生产制造型企业中，我们要把工序生产加工条件数据做记录，需要员工在执行完生产环节过程后就进行记录，但在实际执行的过程中，往往是生产一线员工在下班之前填报当日的生产过程，导致我们无法跟踪每个工位精准的生产用时、在什么时间开始加工、在什么时间结束了加工。这样每个工位的工时数据就会失真，我们在帮助客户设计系统自动排产算法的时候，工序加工时间就没有数据可以用。同时，员工在每天工作结束后填报数据，一方面影响了数据的准确性，另一方面影响了数据填报的积极性，员工会认为填报数据是工作之外的事情，而不是工作本身的一部分。

5. 数据管理的制度和流程的因素

制度和流程是管理因素，受制于企业的管理水平，企业管理制度和流程的精细化、标准化和规范化程度不同，深刻影响着数据的质量。

数据管理的制度和流程对数据全生命周期进行管理。这些制度和流程所覆盖的数据集，都会成为影响数据质量的管理因素。

业务的稳定性和流程的成熟度也是影响数据质量的因素。对于新业务，我们的管理制度和流程不健全，做事的方法不够成熟和标准化，开展业务活动的方法一日一变，在不断探索和尝试的过程中，我们的数据采集点、采集到的数据，以及数据对应的标准和规范也会不稳定，这也影响着数据的质量。这方面的因素可以归结为人的因素，也可以归结为管理因素。

【练习题】

做一次本公司数据质量诊断，形成数据质量诊断报告，提出数据质量改善的方案。

4.3 数据综合治理

数据质量直接影响着数据应用的质量，没有高质量的数据，就不会有高质量的数据分析和数据赋能管理决策，就会影响企业的经营绩效表现。数据质量是企业经营管理的基础。

在信息化建设的过程中，信息系统很多，数据很多，但因为缺少数据治理的规范和数据质量意识，导致数据质量不高，应用不善。这是绝大多数已经实行信息化建设的企业所面临的共性问题。"数据孤岛""信息烟囱""部门墙""流程崖"等现象非常普遍。

4.3.1 什么是"数据孤岛"

经过二十多年的信息化建设，绝大多数企业的数据现状是"孤岛"形态。基于我们团队服务过的上百家企业的情况，无论是外资企业，还是国有企业、民营企业，在过去信息化建设的过程中，建设了一个个的"数据孤岛"。每个信息系统都是相互独立的，业务流程是独立的，数据也是孤立的，相互之间不通信，相互之间的标准和规范不一致，数据结构不统一，数据无法关联起来。

2015年以后，越来越多的企业开始关注"数据孤岛"问题，开始进行数据的综合治理，希望打通数据之间的隔阂，实现数据关联，以方便业务部门使用，但限于历史因素，数据综合治理的效果并不理想。一方面，对原有标准的修改需要改动原先交付的信息化系统软件，甚至底层的数据结构、数据表结构，以及数据存储方式和前端的用户界面，这个改动的难度非常大。特别是以前封装的完整产品交付的信息化软件，改动起来就需要更改整个软件，这比重构一套信息系统还要难。甚至有的厂商已经不存在了，原来的实施团队也不存在了，原来的技术文档也找不到了，原来的程序代码因为撰写的时候管理不善都读不懂了。修改原来的信息系统以完善数据管理，打通各个信息系统的数据，简直是不可能完成的任务。

1. 为什么会产生"数据孤岛"

产生"数据孤岛"的根本原因是我们进行信息化建设的模式比较片面。过去建设信息化的出发点是业务流程管理，当企业规模变大时，需要通过信息化记录业务流程、留存证据、记录数据，需要对业务进行统计汇总，所以，每个业务部门根据自己所负责的业务流程提出了信息化的需求，然后用信息系统模拟业务流程，在流程中记录业务活动，满足业务流程提效的需求。于是，财务部门主导实施了财务管理信息系统（Finance Information Management System，FIMS），销售部门主导实施了 CRM 系统，这两个部门的需求不同，所以这两个系统也独立实施。对于客户订单，财务部门记录自己需要的信息，销售部门记录自己需要的信息，互不通信，导致客户订单需要重复录入，并且录入的数据结构也不一致。甚至同样一个客户订单，销售部门是实时动态记录的，对从客户下单、客户付款到产品交付的过程进行记录，而财务部门只在收款、开发票等环节记录。此外，后台的客户编码体系不一致，所以我们不能把客户信息导出来进行数据关联。财务部门涉及客户名称与收款账户问题，所以采用的是客户的工商信息标准名称，而销售部门记录的是简称，与财务部门对客户的称呼不一致，无法关联。

因为存在客户将多个订单一次付款的问题，所以我们根据客户累计欠款进行月度结算，财务系统中只记录了结款数据，需要手工分配到具体的订单上。比如，客户在一个月内购买了 3 种产品，累计欠款 350 万元，企业根据与客户的约定，当客户的欠款达到 300 万元的时候就需要结算一次。那么，这个月的 300 万元收款到底算是哪个订单的？剩下的 50 万元应收款算是哪个产品贡献的？针对这些问题没有建立规则，在 CRM 系统中记录的是客户订单，在 FIMS 中记录的是收款记录。3 种产品由 3 个部门负责销售，这 3 个部门的收款业绩如何计算？这 3 个部门的应收款应该如何分担？

这样的问题在很多企业中都存在，因为缺少数据连通和管理规范，原来的信息系统不能解决这些问题，我们在做业务分析、数据分析的时候，无法使用数据，这就是典型的"数据孤岛"问题。

"数据孤岛"产生的根本原因就是过去的信息化建设满足了业务流程需要，而没有考虑数据分析和挖掘的需要，以及管理决策的需要。过去的信息化建设采取的是以流程为中心的信息化建设模式，而不是以数据为中心的信息化建设模式。

2. 如何消除"数据孤岛"

从以上的例子来看，"数据孤岛"不能通过建立数据通信机制来解决，而应通过从业务逻辑、数据需求、业务管理模式出发，回归到管理业务逻辑和流程的管控目标，然后寻求技术的解决方案，甚至对原有信息系统的数据结构进行重构来解决。

比如，在上面的案例中，3 个产品销售订单有 300 万元结款、50 万元应收款，我们采用一个管理机制，即"先售先结"的机制，这样 300 万元的结款和 50 万元的应收款就能够分配到具体的产品销售订单上，具体每个产品销售订单是否结清，结算了多少，就有了数据规范的机制。当 CRM 系统和 FIMS 的数据连通的时候，我们就按照这个客户结算管理机制来匹配数据。在 FIMS 中，我们需要填写哪些订单已经结清、哪些订单已经部分结款、哪些订单还存在应收款。这就要求我们对 FIMS 进行修订。同时 CRM 系统中的订单结算状态也按照这个模式填写，在财务收到款项的时候，先计算，然后在 CRM 系统中填写订单状态。只有解决业务逻辑，才能解决技术逻辑，才能实现数据的打通，保证 CRM 系统和 FIMS 中数据的一致性。

4.3.2 打通数据

消除"数据孤岛"需要首先保证管理逻辑的一致性，再通过技术的连通来解决。

从 4.3.1 节的例子中我们可以看到，消除"数据孤岛"需要先从管理逻辑和业务需求入手，然后寻求技术解决方案，并在实际业务应用中不断寻求数据连通的机制与技术解决方案。如果需要体系化地解决"数据孤岛"问题，就需要从整体 DT 规划的视角入手，让每一套信息系统的实施都在原有信息系统实施的基础上进行功能和数据的叠加，重复利用原有信息系统中的数据。比如，我们实施 CRM 系统在 FIMS 之后，就需要将 FIMS 中已经采集的数据传输到 CRM 系统中，不需要在 CRM 系统中再次录入数据，如果 FIMS 没有新客户的档案，就需要建立新客户的档案，然后在 CRM 系统中引用。如果确实有困难，就需要在 CRM 系统中建立新客户档案，取消 FIMS 建立新客户档案的权限，让 FIMS 引用 CRM 系统中新客户的档案，确保晚实施的信息系统与原有信息系统在客户档案管理上的一致性；并且只有一个客户建档的入口。

企业新的信息化建设越来越需要通用型和一体化的信息化解决方案，孤立的信息系统越来越成为企业"数据孤岛"的构建者。这种一体化的要求，让更多的企业倾向于选择具有更广范围的应用系统的厂家，也促使信息化厂家市场集中度的提升。同时，企业信息化的 SaaS 服务成为一种新的趋势，在同一个 SaaS 平台上不断构建新的信息化应用，满足不同业务场景的需求，成为一种新的一体化解决方案。

在这种一体化的需求下，信息化厂家也暴露出专业度不足的问题，所以 SaaS 服务成为时代的趋势。通过开放的模式，在一个基础 SaaS 平台上开放各种开发接口，让更多专业领域的厂家在通用的平台上，按照互通的接口模式进行协作，满足不同行业、不同企业、不同专业的个性化需求，这种模式比传统的封闭信息系统更具有优势。

1. 什么是数据打通

我们团队在为企业服务的过程中，经常听到企业的管理层抱怨数据不通，从而导致管理问题。我们团队所服务的一家石化企业，在实际沥青业务经营中采用期现套保的模式来降低企业经营风险，所以需要期货操作部门和现货销售部门实现业务数据的打通。当现货销售部门有了一个现货订单时，期货操作部门就需要在期货上进行操作，从而通过期现结合实现业务套利保值的目的。所以，两个业务部门在业务活动上的联动尤为重要。2020 年年初，原油期货价格大幅波动，受其影响，沥青的现货价格也出现大幅度波动。该企业的现货销售部门跟一个国有企业大客户签署了一个长期的 30 万吨的供货订单，根据期现套保的联动关系，期货操作部门对应采取了 30 万吨的期货操作，从而锁定业务利润。

然而，2020 年 3 月原油价格大幅度下跌，导致沥青价格也大幅度下跌，从 3500 元/吨降到 1900 元/吨。合作的那家国有企业只支付了 30% 的预付款，因为价格的下跌，该国有企业客户不愿意继续履行原来的订货合同，采取延期执行合同的模式，具体什么时候执行合同，预计要等到沥青市场价格上涨到 3400~3500 元/吨的时候。为了满足生产，该国有企业客户重新下了订单。该国有企业客户消极执行原有合同被业务部门默认，毕竟其是一个大客户。但是，期货操作部门并没有明确得到这个现货销售业务暂停的信息，没有在期货操作上进行对应的操作，这导致期货方面仍然在执行，让期现结合的头寸不平衡，带来非常大的经营风险。

以上案例是一个数据不通的情况，导致这种情况出现的原因是数据技术问题还是管理问题？本质上是一个管理问题，即期货操作部门和现货销售部门在业务信息上联动的管理问题。是现货销售部门主动推送信息？还是期货操作部门主动获取现货交易信息？现货合同没有执行的信号没有被及时传递给期货操作部门，是哪个部门的责任？在实际的业务中，高层领导将这份责任交给了信息部门，原因是数据应该能够实现风险预警和主动推送的功能。而业务部门之间的信息传递关系没有实际梳理出来的明确化，没有用制度和流程规范化，信息部门无法做到高智能的主动预警和推送。只有在进行业务梳理的时候，先将业务逻辑梳理出来，然后才能在信息技术上予以实现。

2．数据四通：标准通、技术通、流程通和应用通

一般企业的数据不通往往是由四种原因导致的。

（1）第一种原因是各业务系统的数据标准不统一，无法将数据关联在一起进行解析、分析、联动管理。

要想将数据打通，企业需要建立统一的数据标准：采集什么数据，用什么方式采集数据，如何保证数据入口的唯一性，如何确保基础数据规范的一致性。不同的企业在应用数据标准的时候最好遵循相同的标准或者规范，以保证大家在数据标准和规范上的一致性，实现数据的互通。比如，对于商品的分类，研发部门、采购部门、物流部门、销售部门、财务部门是否有相同的分类标准？在基础数据维护上，各部门有相同的标准，才能保证将来的数据互通。

（2）第二种原因是业务信息系统不能在技术上进行通信，不能反写其他信息系统中的数据，只能通过人工进行数据维护。

企业在信息技术上要使用同一标准。一般情况下，使用同一个厂家的产品比较容易实现技术上的"通"。如果采用一个厂家的 ERP、财务管理信息系统、物流仓储系统、人力资源管理系统、生产管理系统、项目管理系统，则技术上的互通互用就比较容易实现。如果不能采用一个厂家的产品，那么在采购新的信息系统的时候，要确保其能够跟原来的系统进行通信，能够被其他系统修改数据，也能够为其他系统提供数据访问的接口，要尽可能采购开放性好的信息系统，而不是采购完全封闭的软件。

（3）第三种原因是业务流程不通导致信息传递问题，没有明确的数据和信息的传递机制。

在业务流程环节，具体的协同机制、上下游联动机制要从制度和流程上进行规范，这是一个管理问题。我们需要明确数据在协作部门之间、在上下游流程环节之间采用 PULL（拉取）模式和 PUSH（推送）模式，一个活动发生，一条记录产生。对于协作部门，是采用将数据推送给其他协作部门的模式，还是等待着其他协作部门来拉取数据？在实践中，推送模式永远比拉取模式更具有时效性。现货销售部门的业务活动发生变化，需要第一时间推送给期货操作部门采取对应的操作。所以，信息系统的数据推送模式必须有一个"喂"数据的功能，还要有一个反馈机制，将数据推送给相关部门。相关部门是否收到并阅读了？在必要的时候，相关部门还要反馈采取的措施。主动地根据业务模型对经营和管理风险进行预警，比让管理者通过统计分析数据发现问题要及时得多。

流程通的背后是业务逻辑的联动性，需要做到三点：

- 数据有共享；
- 信息有推送；
- 过程有跟踪。

（4）第四种原因是在数据应用和管理决策上，存在数据屏蔽或者数据不共享的现象。

企业组织都是由人组成的，是按照部门划分的，所以就会存在数据"所有权"的问题，也会存在"部门墙"的问题，这样数据信息共享就会有难度。数据不能及时共享，会让企业响应外部环境的敏捷性降低。

因为没有明确的数据共享机制，人力部门的数据、财务部门的数据、生产部门的数据、采购部门的数据、销售部门的数据相互之间不通，跨部门数据共享难度大、不及时，无法实现实时动态的敏捷响应，这是一个管理问题。这种管理问题是技术无法解决的，需要业务部门在建立数据共享机制之后，利用数据技术实现数据的推送和分发，确保应该获取数据的部门通过信息化系统直接获取数据，而不是跨部门找人去"要"数据。

4.3.3 数据综合治理体系

数据综合治理不是一个新概念，但是数字智能时代对其的需求越来越迫切，其重要程度在不断上升。因为思路、出发点、目的和管理要素的不同，传统的数据管理的概念已经开始升级为数据综合治理的概念，并融入了更多的管理和技术的要素，让数据综合治理成为一个相对复杂的管理体系。

根据 DAMA 的数据综合治理的框架（见图 4-18），企业的数据综合治理包括十个要素。这十个要素构筑了数据综合治理的各个维度，描述了数据综合治理的复杂性，说明数据综合治理已经不单纯是一个技术问题，而是一个综合管理问题。

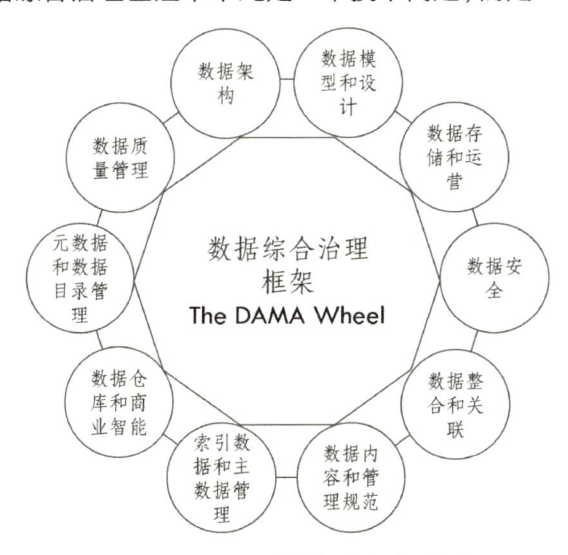

图 4-18　DAMA 的数据综合治理框架

其实，这十个要素背后还有更加复杂的考量维度，包括公司的战略执行、公司的业务目标与管理决策、信息化技术与数据技术，以及从数据到管理决策应用的全生命周期的立体化的管理问题。

所以，数据的综合治理要从公司战略和业务运营出发，如图 4-19 所示，以满足战略目标实现、业务运营过程的管理需求，通过技术系统（包括业务系统和数据系统），来实现公司战略和业务目标。脱离公司的战略、商业模式、业务运营，脱离公司的数据技术规划，脱离公司实际管理决策的数据需求，这样的数据综合治理模式都是有问题的。

企业的数据治理不是一个短期的项目，虽然可以引入数据治理的咨询服务项目和技术服务项目，但是这些项目的落地都是一个长期的过程，无论是从管理方案上还是从技术实施应用上来看。

管理者数据能力晋级

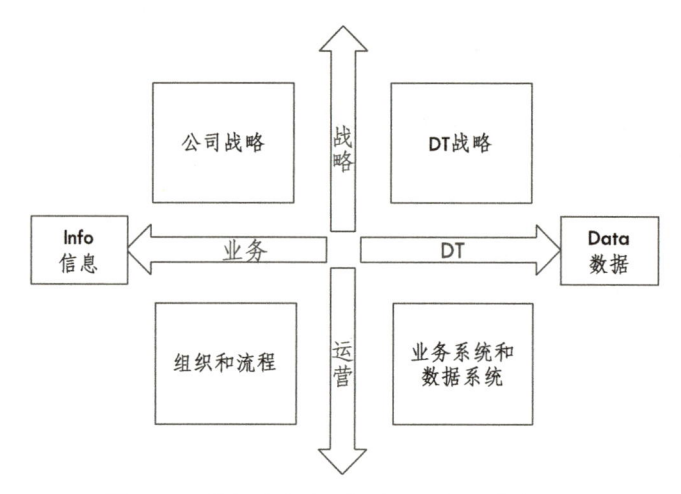

[图示：四象限框架图]
- 左上：公司战略
- 右上：DT战略
- 左下：组织和流程
- 右下：业务系统和数据系统
- 纵轴：战略（上）、运营（下）
- 横轴：Info信息（左）、Data数据（右），中间标注"业务"和"DT"

图4-19 数据综合治理与公司业务一致性框架

我们在推动企业的数据综合治理落地的时候要考虑如下几方面的内容。

1. 战略和业务需求基础上的DT规划

企业的战略、商业模式和业务模式深刻影响着企业对数据资产价值的重视程度，以及业务绩效对数据资产的依赖程度。企业的DT规划必须在企业的战略规划和商业模式创新的基础上进行。

企业战略规划中要有数字化转型的模块，在未来构建数字化企业时要有阶段性的目标和里程碑式的设计，对于需要什么样的数字智能技术体系武装企业的经营管理与业务流程，要有明确的设计路线。

企业的DT规划不仅仅要考虑基础的业务信息系统，还需要考虑数据管理与应用体系。

2. 数据基础标准建设和数据全生命周期管理

在DT规划的基础上，企业要从数据标准和数据规范的角度进行基础建设，确保采集的数据是自己需要的、高质量的，让需要的数据都能够得到高质量的采集。

对于整个数据全生命周期的管理，企业要有体系化的管理规范，要有制度和流程保障，要有PDCA闭环管理。企业要用管理数据资产的方法来管理数据的采集、存储、安全和应用，也要从数据资产的角度不断地完善数据管理体系。

3. 数据技术体系架构和软硬件技术的实施与运营维护

数据技术仍在快速发展，新的数据技术不断涌现，我们要与时俱进地跟进数字智能硬件和软件的建设，对数据综合管理体系进行体系化的运营维护，不断完善数据技术体系。传统的信息化建设模式要彻底改变，要用新的数据技术思维来管理我们的软硬件技术。

在不同的思维模式下，数据技术的管理体系是不同的。如图4-20所示，IT时代的信息化建设思维模式和DT时代的信息化建设思维模式完全不同。

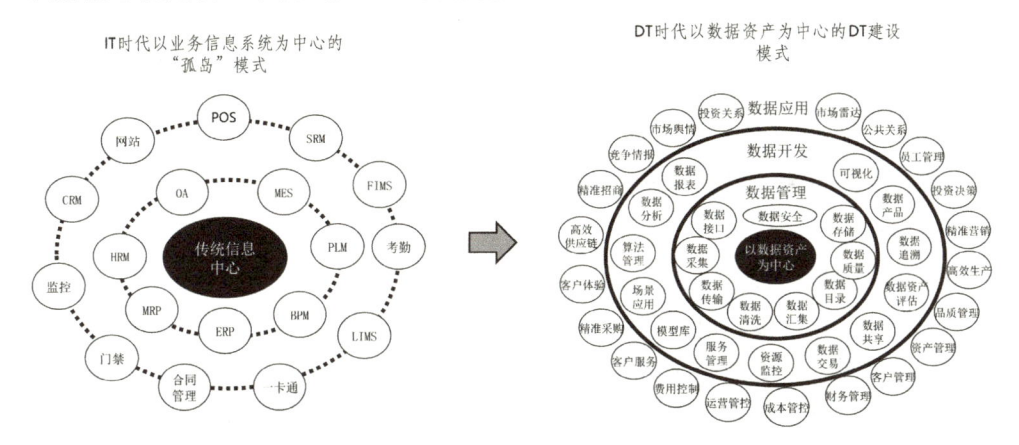

图4-20　IT时代和DT时代的信息化建设思维模式

在IT时代，采取的是以业务信息系统为中心的思维模式，以一个完整的产品体系是否能够满足业务部门的业务流程需求为出发点，以其是否满足业务流程固化和提效的需求为价值评估标准。在这种模式下，每个系统都是孤立的，没有把它们相互之间的数据共享、数据通信、数据关联作为评价标准，也不会考虑数据的一致性。

在DT时代，采取的是以数据资产为中心的思维模式，以数据的采集、管理、开发应用为主要目的，以数据赋能业务管理并创造决策价值为评估标准，所以企业不会考虑业务模块的独立性，而是考虑业务模块之间的联通性、数据之间的共享性、数据采集是否满足分析和决策需要、算法的先进性，以及数据采集、管理、传输、共享、应用的灵活性。数据采集是多样的，不重复的，并且有唯一入口。

4．责、权、利、能的组织架构体系

数据综合治理体系要有人去管理，保证整个体系能够运作起来，而不是将文档放到柜子里，所以，我们必须构建组织，委人以任，并纳入组织考核体系。

在传统的组织架构设计所要求的责、权、利三者统一的基础上，我们还要加入一个新的要求，就是能力的要求，从而形成责、权、利、能四维统一的组织架构体系。数据综合治理要求胜任者要有一定的数据能力，没有数据能力和数据相关专业知识，胜任力就是问题，只安排了人到组织架构中，是无法发挥组织的职能的。

我们需要一个职能化的长效体系，而不是一个短期的组织，甚至虚拟的组织。我们在为企业提供服务的时候，企业没有这样一个数据管理职能，临时成立了一个数据管理小组，有部分人还是兼职，并设置了一个虚拟委员会来领导该数据管理小组。这种临时的组织架构体系在责、权、利、能上因为缺少对应的规范，最后名存实亡，企业的数据治理体系也停留在很多文档性的工作上，没有在实际业务执行中发挥作用。

5. 制度、流程、规范的管理体系建设

数据综合治理体系的建立还需要有配套的管理制度、流程和业务规范，没有制度约束，很多执行就只能凭心而为。

无论是数据采集、数据共享还是数据的使用，都需要制度来约束。什么时候必须记录数据，什么时候必须共享数据，什么时候必须基于数据做出业务决策和判断，等等，这些都是制度和流程的建设。没有规范的制度和流程，数据综合治理最终会成为空话。

4.3.4 数据安全管理

数据安全性的保障更加需要制度的约束，技术很难解决数据泄密问题，没有制度，单纯用数据安全技术，总会有技术被破解的情况出现。

某外资企业为了确保数据安全，在工作的电脑上都安装了一个数据安全软件，如果没有经过授权和审批，从电脑中复制到移动硬盘或者发送到外面的数据文件都是经过加密的，这些文件不能被其他的电脑或者操作系统读取，即使读取也是乱码。这种技术在一定意义上解决了数据被无授权者访问的问题。有一次笔者的一个 word 文档没有保存，就直接点击了关机，结果其他程序都被关闭了，只剩下 word 软件在等待应答保存的提示。然后笔者就取消了关机，这个时候发现那个数据安全软件被关闭了，然后笔者把电脑中的文件复制下来，发现没有被加密。一个阻断关机的操作就能够把安装在电脑中的加密程序关闭掉而不影响文档复制。

这是一个小故事，但说明一个问题，单纯技术锁是锁不住数据安全的。我们必须配合制度和流程来进行管理。换句话说，心锁的作用大于技术锁的作用。在心锁方面，除了制度、流程，还要对接触公司核心数据的员工进行忠诚度管理，让这些"自己人"来管理本公司的核心数据，就不会造成很大的风险。

企业要有明确的制度和流程来对数据进行分类和分级的管理。分类和分级是不同的。分类，就是根据数据的来源、价值对数据进行分类管理。分级，则是根据数据的敏感度和风险对数据进行保密分级管理。我们可以把公司所接触到的数据资产分成公开级、公司级、保密级、机密级和绝密级，不同级别的授权管理制度和流程的适用情况会不同。图 4-21 所示为基于数据获取方式、敏感度和风险的数据分类和分级管理示例。

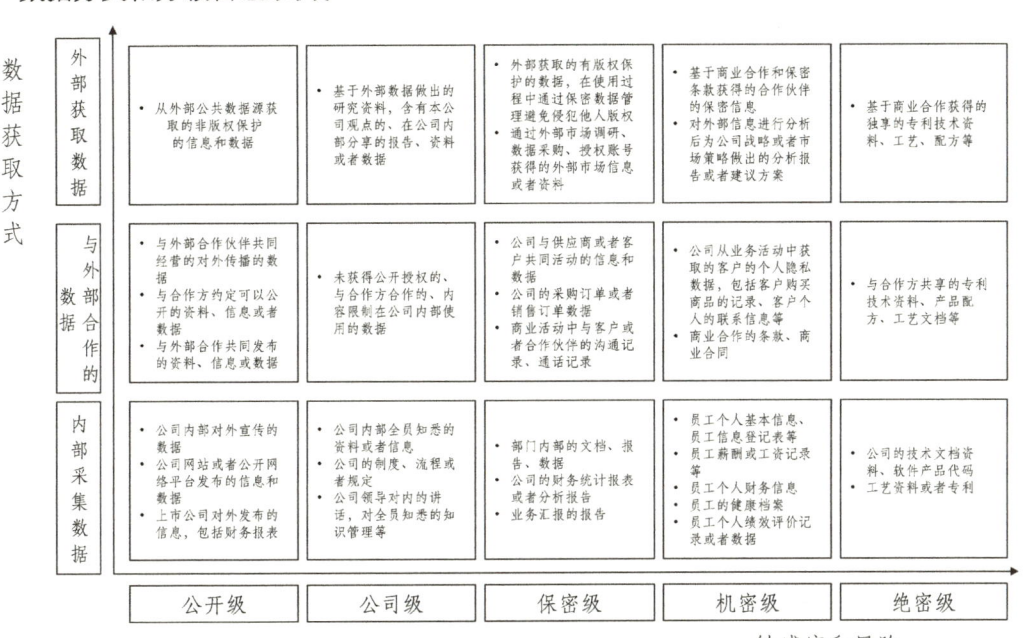

数据获取方式	公开级	公司级	保密级	机密级	绝密级
外部获取数据	从外部公共数据源获取的非版权保护的信息和数据	基于外部数据做出的研究资料，含有本公司观点的、在公司内部分享的报告、资料或者数据	外部获取的有版权保护的数据，在使用过程中通过保密数据管理避免侵犯他人版权；通过外部市场调研、数据采购、授权账号获得的外部市场信息或者资料	基于商业合作和保密条款获得的合作伙伴的保密信息；对外部信息进行分析后为公司战略做出的市场策略做出的分析报告或者建议方案	基于商业合作获得的独享的专利技术资料、工艺、配方等
与外部合作的数据	与外部合作伙伴共同经营的对外传播的数据；与合作方约定可以公开的资料、信息或者数据；与外部合作共同发布的资料、信息或数据	未获得公开授权的、与合作方约定的、内容限制在公司内部使用的数据	公司与供应商或者客户共同活动的信息和数据；公司的采购订单或销售订单数据；商业活动中与客户或者合作伙伴的沟通记录、通话记录	公司从业务活动中获取的客户的个人隐私数据，包括客户购买商品的记录、客户个人的联系信息等；商业合作的条款、商业合同	与合作方共享的专利技术资料、产品配方、工艺文档等
内部采集数据	公司内部对外宣传的数据；公司网站或者公开网络平台发布的信息和数据；上市公司对外发布的信息，包括财务报表	公司内部全员知悉的信息；公司的制度、流程或者规定；公司领导对内的讲话，对全员知悉的知识管理等	部门内部的文档、报告、数据；财务统计报表或者分析报表；业务汇报的报告	员工个人基本信息、员工信息登记表等；员工薪酬和工资记录等；员工个人财务信息；员工的健康档案；员工个人绩效评价记录或者数据	公司的技术文档资料、软件产品代码；工艺资料或者专利

敏感度和风险 →

图 4-21 基于数据获取方式、敏感度和风险的数据分类和分级管理示例

从数据来源来看，如果数据是公司内部采集的，那么商业风险较低，如果是从其他公司获取的，则保密责任就非常重大，会带来商业风险。对于公司采集的数据，如果采集的数据比较敏感，我们就要有保密的责任，特别是个人隐私数据的收集，如果企业在业务过程中采集了客户的个人隐私数据，就要承担相应的保密责任。

比如，酒店业务登记了客户的住宿信息、个人信息，这些数据的保密就非常关键，因为这些数据泄露会给个人和企业带来非常多的不利影响；再如，房地产企业在售房的过程中采集了客户的联系信息和购房信息，如果这些信息泄露了，就会给个人带来各种安全风险。

过去，企业对采集的数据的安全管理意识不足，很多业务团队将采集的数据转手卖给了其他企业，还美其名曰"异业联盟"，实现业务创收。笔者曾经购置了一套房产，结果房子还没交付，各种装修、家电、家居、租房、二手房买卖的骚扰电话就打过来了，笔者的个人购房信息被泄露了。具体是不是企业行为，笔者无从知道，投诉之后也无果，但至少说明，这家房地产企业在客户个人信息保密管理上是不足的，甚至存在违法行为。

数据安全管理包括三个维度（见图4-22）：数据安全意识、数据安全管理制度建设和数据安全技术保障。数据安全意识是灵魂思想，数据安全管理制度建设是约束机制，数据安全技术的使用仅仅是一种保障。数据的特殊性让数据安全技术与数据灵活使用形成一种制约关系。

```
                    ┌──────────┐
                    │ 数据安全  │──── 数据安全意识比数据安全管理制度建设和数据安全技术保障还要
                    │   意识   │      重要，全员的数据安全意识、责任意识及随时的防范意识是非常
                    └──────────┘      重要的保证。很多数据安全事件都是在无意识下发生的，或者因
                         │            为意识的问题而没有采取防范措施导致的，极少数是在有意识或
                         │            者利益驱动下导致的数据泄露。"心防"是最高级的防范。
                  ┌──────────┐
                  │ 数据安全管理 │
                  └──────────┘
                  /            \
        ┌──────────┐         ┌──────────┐
        │ 数据安全  │─────────│ 数据安全  │
        │ 管理制度  │         │ 技术保障  │
        │   建设   │         └──────────┘
        └──────────┘
```

数据安全管理制度建设是在管理上的安全保证。在数据采集、传输、存储、共享、使用过程中纳入数据安全管理的制度和流程，这是一个基础保障体系。我们可以把这个基础保障体系叫作数据安全上的"程序安全"，不让数据泄露发生在过程中。

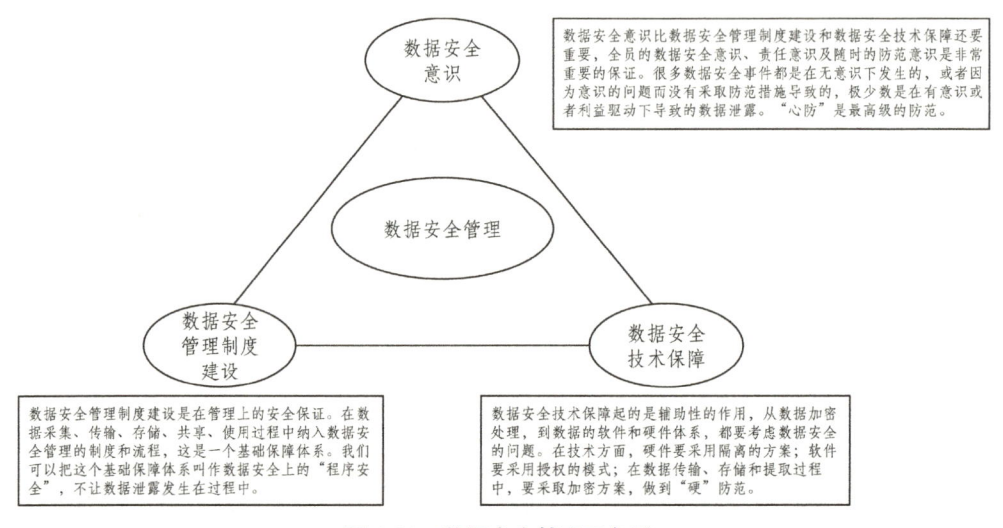

数据安全技术保障起的是辅助性的作用，从数据加密处理，到数据的软件和硬件体系，都要考虑数据安全的问题。在技术方面，硬件要采用隔离的方案；软件要采用授权的模式；在数据传输、存储和提取过程中，要采取加密方案，做到"硬"防范。

图 4-22　数据安全管理三角形

在制度和流程方面，数据安全的法律和法规仍然在健全过程中，不同行业也在逐步完善各种标准，包括电信行业、金融行业、电商行业等，这些都与个人的隐私数据有着密切的关系。企业要结合内外部环境、行业及法律法规的要求，建立自己内部的制度和流程体系，建立审批制度，确保在数据采集、传输、存储及授权使用上有法可依，有据可查，有流程可遵循。

在技术方面，企业无论是在硬件上，还是在软件上，都要做好相关的防范。比如，需要借助防火墙进行网络隔离的，就借助防火墙进行网络隔离，将机密信息和绝密信息锁定在公司内网；该使用VPN进行网络隔离的，就使用VPN进行网络隔离。企业机房的安防和消防等级要比日常办公环境高一个或者两个等级。

顶级的数据安全是大家都有数据安全意识，企业要加强数据安全意识的教育，时刻绷着安全这根弦。企业要进行定期的数据安全意识培训，做好数据安全宣传，让大家知道，我们在拥有数据、可以使用数据创造更多价值的同时，还拥有更多的责任和义务对数据进行保密。特别是一些平台型的企业，记录了客户的行为和

活动，有了客户的交易记录，这些信息对个人来讲是保密数据，甚至涉及个人隐私。企业采集了客户的个人信息，就有对个人信息进行保密的责任；企业记录了客户的个人行为和轨迹，就对这些数据负有保密的责任。企业拥有的数据越多，并且拥有的数据越敏感，企业的数据安全责任和义务就越大。客户从企业那里买了房子、买了车、订了外卖，这些数据记录对其他一些企业有商业价值，这种商业价值可能会使该企业的数据安全意识下降。因此，在数据安全意识上，企业要有足够的自律，不能完全因为商业利益而出卖或者销售客户的相关数据。

4.4 业务流程数字化建设

4.4.1 业务流程数字化再造

随着数字智能技术的发展，我们拥有了越来越多、功能越来越丰富的数字智能硬件。和这些数字智能硬件配套的，还有一定的软件，用来记录、存储和传输数据，因此我们的数据集也越来越丰富。数字智能硬件开始走向平民化，无论是中小企业还是小微企业，甚至个人，都有能力装备各种各样的数字智能硬件。很多企业的业务流程也进入一个需要更新、需要用数字智能硬件来装备的阶段。其实，对大多数企业来讲，业务流程数字化再造已经成为其数字化转型的第一步。

我们团队曾经服务一家生产制造型企业，它的厂区有 4 个大门，2 个门用于行人进出，2 个门用于车辆和货物进出。该企业早期配备了 24 个人的门卫团队，加上门卫组的管理者 4 人（1 个大队长、3 个中队长），共计 28 人，3 个班组，每个门口每个班组 2 人，每个班组有 8 人，每天 3 班轮岗，确保 4 个门口 24 小时有人执勤。为了完成 4 个门口的门卫工作，该企业支出人力成本差不多 300 万元。2016 年，厂区门口装备了数字智能安防设备、员工进出自动指纹+人脸识别设备、访客远程微信预约系统、车辆预约登记和厂区监控设备，这些硬件和软件系统总投资约 120 万元。门口变成无人值守的状态，保留 6 个门卫机动处理各种状况。这样该企业节省下 22 个岗位编制，每年节省下的人力成本近 200 万元。

这是业务流程数字化减人工、降费用的案例。当然，在这套系统上线之后，我们能够通过后台数据统计分析每天进出的人员数量、车辆数量，以及访客数量，还可以对每个业务部门访客数量的变动进行业务预警。数据强化了厂区内的人员管理，我们能够通过该套系统知道每天在厂的人数，针对各种安全要求，能够随时应对各种突发状况。这是一个业务流程数字化建设的解决方案。因为采用了数字化业务流程，引入了智能硬件和软件系统，该企业不仅提高了效率、降低了成本、提升了访客体验，还能够设置数据采集点，以实现数据采集的智能化。

数字技术的日趋成熟让业务流程数字化再造成为企业经营管理优化的必选之路。现在企业各种业务流程环节中有大量传统的业务流程，需要用数字化的思维重构一遍。如果企业的管理者继续对数字化持保守态度，看不到数字化业务流程再造带来的好处，不敢投入资金，那么，数字化就与该企业没有关系。其实，如果对数据进行深度分析和利用，以上案例中的门卫和访客系统所采集的数据的价值，比减员 22 个门卫的价值要大得多。当然，管理者迟疑的原因可能是现在还没有对数据资产进行分析和挖掘的人才，采集的数据没有用武之地。

我们团队曾经跟一家民营企业做过深度的业务洽谈，跟厂长、副总经理及主管销售的领导都做过沟通，调研做了三轮，数字化解决方案已经修订多个版本，然后带着最终的方案跟现任董事长进行沟通，结果被他否了。因为在他看来，企业里现在没有一个人会数据分析，没有一个人能够把实施数字化业务流程再造后的数据利用起来，花费这么大的精力，投资这么多钱，完全是没有必要的，除非企业的副总们能够承诺他们能够把这些数据资产利用起来，并充分挖掘这些数据资产的价值。

这是一个先有鸡还是先有蛋的悖论，没有数据就不会有数据分析师，也不会培育出有数据分析能力的团队；没有具有数据分析能力的团队，就不能把数据利用起来，采集数据、推动业务流程数字化貌似就没有什么意义。我们建议的方案有两个：要么先实施数字化以积累数据，再提升团队的数据能力；要么引入数据分析师，让他们推动数据基础建设。无论采用哪个解决方案，企业都要先动起来。

4.4.2 数据源自业务流程，又服务于业务流程

数据源自业务活动，是对业务活动中各种事物的记录，而企业业务活动都是在企业业务流程的组织下实施的。数据体系的完善度、成熟度、稳定性，以及体系化状况将由企业业务流程的数字化程度所决定。所以，要想做好企业的数据管理，从业务流程角度梳理数据体系、建设数据体系是非常基础和关键的工作。

在推动数字化转型或者数据化管理落地的时候，数据采集不能围绕业务流程展开，而是要围绕如何服务业务展开。即使业务流程数字化再造的可见收益是减少人工、降低费用、提高效率、提升体验，其更重要的目的还是要放到业务管理和决策需求上，还是要围绕数据资产展开，否则就会进入传统信息化建

设的误区。

麦肯锡最新的一次调查显示，现在企业数字化转型的成功率不足 20%，超过 80%的企业数字化转型都是不成功的。其根本原因还是出发点的问题，出发点错了，结果就不会好到哪里去。如果业务流程数字化的目的是减少人工，而不是采集业务管理和业务决策所需要的数据，那么业务流程数字化就会流于形式。

无独有偶，2020 年 8 月，笔者曾到广州某大厦授课。该大厦是一座传说中的 5A 级写字楼，智能化装备比较齐全，门禁系统也比较先进，能够为访客提供扫码预约和扫码登记的服务。访客只要扫码预约，在被访者同意之后就会获得一个二维码，其持这个二维码可以在大厦各层门禁系统允许的范围内通行。本来这是一套非常先进的数字智能安防和门禁系统，也是一个很好的访客系统。然而，这套系统流于形式，并没有真正地发挥作用。当笔者进入大厦时，虽然拥有二维码，但是只要给前台的工作人员一个示意，工作人员就会开启门禁。笔者第一天没有使用二维码，之后两天也都是工作人员开启的门禁。后来笔者了解到开门是前台工作人员必须做的一项工作，这样这套数字智能安防和门禁系统就失去了原有的安装意义。

因此，企业在进行数字化流程再造之后，要按照数字化业务流程执行，并且让数字化系统服务于业务管理活动。有了先进的数字智能硬件设备，优化了流程，减少了人工，提高了效率，提升了客户体验，我们所需要做的就是回归初心，不能再回到传统的业务流程。企业如果没有业务流程的需要，数字化业务流程再造就不会产生真正的价值。如果广州那座大厦的数字智能安防和门禁系统采集的数据能够被重视，并且数据服务能够成为大厦服务的一部分，那么前台工作人员的工作就是协助访客扫码预约，而不再是开门放行，这样数据质量就能够得到保证，大厦给租户提供的数据服务就能够真正成为一种服务。

4.4.3 业务流程数字化是数据采集的基础源头

企业是否有足够的数据可用，取决于企业是否采集了需要的数据。因此，在企业的业务流程中进行数据"埋点"，实时动态地采集业务活动数据是关键的。企业把业务流程中的数据采集规范化，明确在什么环节、什么节点、什么地点、什么时间、什么责任人该以什么样的方式采集或记录什么样的数据，这些关注点就是业务流程中的数据"埋点"，这个过程叫作业务流程数字化。

过去我们关注业务流程效率，讲求做事要做得多、快、好、省，事情做完了，流程环节就执行完了，而记录和填报数据成了额外的工作。这种观念在数字智能时代要改变，数据采集是业务流程中每一个环节的一部分，记录数据是业务活动的一个必备程序。没有记录数据，那么这个业务流程环节就没有完成。总之，我们要有一个核心观念——"没有记录的事情就没有发生过"，没有留存数据记录的任务都没有完成，做事要做到100%，不能只做99%。"行百里者半九十"，我们要做完任务、活动，就要把这些任务和活动用数据记录下来。无论是通过数字智能硬件进行记录，还是通过手工的电子台账进行记录，数据记录都是必不可少的一部分。

2015年我们团队曾经服务一家生产制造型企业，该企业有50多年的历史，加工制造体系非常健全，工艺比较先进，产品属于业内高端、高质量的产品。因为管理效率问题，我们开始推进该企业的数据化管理，为了采集生产管理各个环节的数据，以更好地管控生产效率、减少各种浪费，我们让该企业的各个生产流程环节通过MES实时动态地采集数据，将过去靠手工传递的流转卡（随件单）电子化，从而能够记录每个工艺环节的开始时间、结束时间、工艺条件、操作工人，实现优化排产。由于该企业之前并没有记录数据的习惯，每个工位上的任务说明都是干活，并没有把记录数据当作干活的一部分，所以在推进工艺过程数字化的过程中遇到了阻力。另外，员工认为记录数据是工作之外的事情，好多员工都是在把活干完之后，下班之前在领导的要求下填报相关数据。所以数据记录的时间点和我们期望的时间点不一致，我们无法追踪每个工艺环节到底从什么时间开始、在什么时间结束，在全天有多少时间处于闲置或者等待的状态，排产优化就没有数据依据，该企业仍然靠车间主任来临时安排工作任务。习惯的改变非常难，意识的改变更难。我们要让这些员工知道，记录数据是工作任务的一部分。

为什么要进行业务流程数字化建设？因为企业要在原来信息化建设的基础上更高效和更精准地采集数据，满足数据化管理和数字化转型的需求。流程数字化和流程信息化是不同的概念。过去，企业通过信息化建设，在业务流程中记录和填报了各种数据，为业务流程管控提供了数据基础，也为基本的业务统计提供了基础数据。但是，因为出发点的不同，导致了流程数字化的结果不同。所以，流程数字化是数字智能时代新的数字化方案，而不是传统的信息化方案。

图4-23展示了流程信息化与流程数字化的差异。

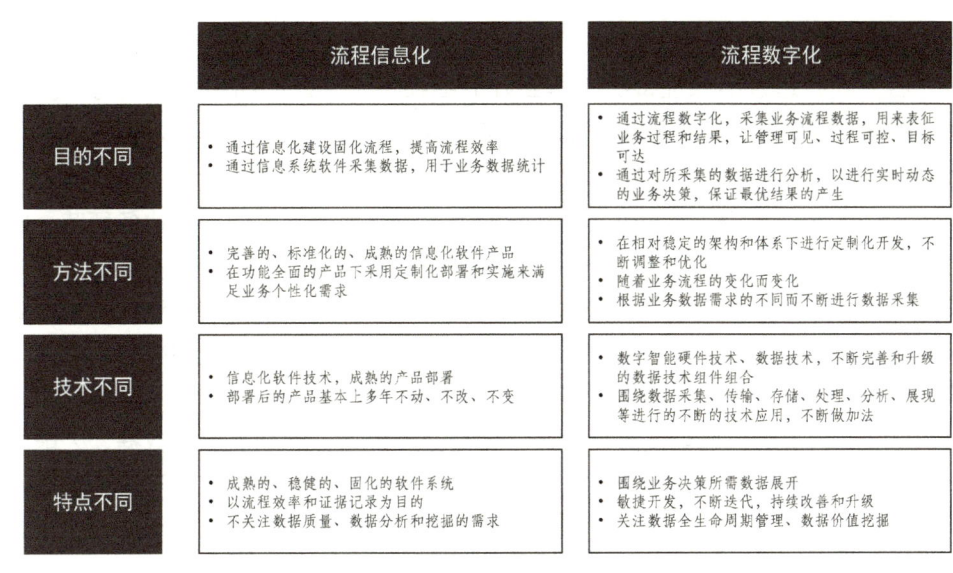

	流程信息化	流程数字化
目的不同	• 通过信息化建设固化流程，提高流程效率 • 通过信息系统软件采集数据，用于业务数据统计	• 通过流程数字化，采集业务流程数据，用来表征业务过程和结果，让管理可见、过程可控、目标可达 • 通过对所采集的数据进行分析，以进行实时动态的业务决策，保证最优结果的产生
方法不同	• 完善的、标准化的、成熟的信息化软件产品 • 在功能全面的产品下采用定制化部署和实施来满足业务个性化需求	• 在相对稳定的架构和体系下进行定制化开发，不断调整和优化 • 随着业务流程的变化而变化 • 根据业务数据需求的不同而不断进行数据采集
技术不同	• 信息化软件技术，成熟的产品部署 • 部署后的产品基本上多年不动、不改、不变	• 数字智能硬件技术、数据技术，不断完善和升级的数据技术组件组合 • 围绕数据采集、传输、存储、处理、分析、展现等进行的不断的技术应用，不断做加法
特点不同	• 成熟的、稳健的、固化的软件系统 • 以流程效率和证据记录为目的 • 不关注数据质量、数据分析和挖掘的需求	• 围绕业务决策所需数据展开 • 敏捷开发，不断迭代，持续改善和升级 • 关注数据全生命周期管理、数据价值挖掘

图 4-23　流程信息化与流程数字化的差异

具体是以流程为中心，还是以数据为中心，体现着流程信息化和流程数字化的差异。最典型的表现就是，我们在实施的时候是否重视对数据资产的管理和对数据资产价值的挖掘。流程数字化从使用数据出发，随着业务需求的变化而变化，而流程信息化则要求流程按照信息化软件的流程来执行。

因为流程数字化在实施的时候重视数据应用，所以数据应用展示功能是其基本功能，但流程信息化并没有考虑到数据应用，最多具有将数据导出到 Excel 表格这样的功能，你可以下载数据，但下载导出数据不是流程信息化的最终目的，只是一种辅助功能。这也是为什么很多企业上线了很多套信息系统，但 ERP 系统中的 BI（数据可视化）模块一直没有实施上线，只是靠业务团队从后台导出数据到 Excel 表格，然后管理者自己做成 PPT 形式的分析报告。

要想推动企业的业务流程数字化，我们必须具备几个管理理念。

（1）第一个理念是重视过程管理。过去还有一个传统的管理观念就是重视结果大于重视过程，企业管理者在"请给我结果"这样的思想观念的影响下，只抓结果，不抓过程。随着企业经营管理的复杂度升级，没有精细化的过程管理，导致结果只能靠人的责任心和尽心尽力程度来实现，如果一个团队中有部分人缺少责任心，做事敷衍，就容易导致整个流程体系出现问题。如果没有过程追溯机制，在出现问题后就找不到相关责任人。

好的过程才会产生好的结果。过去管理体系不健全，做事方法缺少积累沉淀，企业依赖成熟的工人和管理者，不重视标准化的程序和过程，管理粗放。这种理念需要转变。没有好的过程管理，企业就只能等待结果发生。在得到一个好的结果之后，我们是否能保证每次都得到好的结果？这个好的结果是否具有可复制性？因此，我们需要沉淀做事方法，把这个成功的过程固化下来，才能保证在下次按照相同的方法做事的时候获得好的结果。

这种过程沉淀不仅要体现在生产管理上，还要体现在企业各个业务环节、职能部门的管理上。比如，在营销环节，我们举办了一次营销活动，取得了比较好的效果。我们这次的营销活动为什么成功？能否复制？下一次如何做也能够保证成功？我们要把这次营销活动中好的做事方法总结、沉淀下来，用流程去固化，使之不断改善和优化，保证每次的结果都能够更好。

（2）第二个理念是重视数据记录。只有记录数据，才能够追溯数据，才能够总结和沉淀方法；没有记录数据，可能时间过去太久，我们就忘记了曾经做过什么，其他人也不知道我们做过什么。数据的第一层含义是数字化的证据，有了数据记录，我们才能够根据这个数字化的证据来追溯、举证、回忆。

（3）第三个理念是要重视数据分析。在有了数据记录之后，我们需要在追溯的基础上回答一个问题：成功背后的逻辑和规律是什么。我们用数据来评价好坏，通过数据对比发现不同或者差异背后的因果关系，找到事物的因果规律，这样就能够更好地优化投入，更好地管理产出，更好地评价、激励、总结和沉淀，从而用更高级的知识和规律来指导实践，而不是对事物进行简单的重复。所以，我们记录数据的目的不仅仅是留存"证据"，更重要的是找寻"依据"。

4.4.4　业务流程数字化建设的基本思路和方法

业务流程数字化建设的目的是采集业务管理和业务决策所需要的数据，从而赋能业务管理和业务决策，而业务管理的背后是业务目标，业务目标的背后是公司的战略目标。所以，我们要从公司的战略目标出发，梳理出各个业务模块的业务目标，然后回归到业务流程中梳理和确认各业务流程环节的目标，因为业务流程环节的目标与该业务执行的最终目标必须是一致的。

以终为始，业务流程化的最终目标是实现业务改善和业务优化，赋能业务管理和业务决策，所以业务流程数字化建设必须构筑一个从出发点到实际执行和反馈的闭环体系，才能在动态数字化的过程中满足业务需求，达成业务目标，形成一个有始有终的闭环模型，如图4-24所示。

第 4 章 数据管理能力晋级

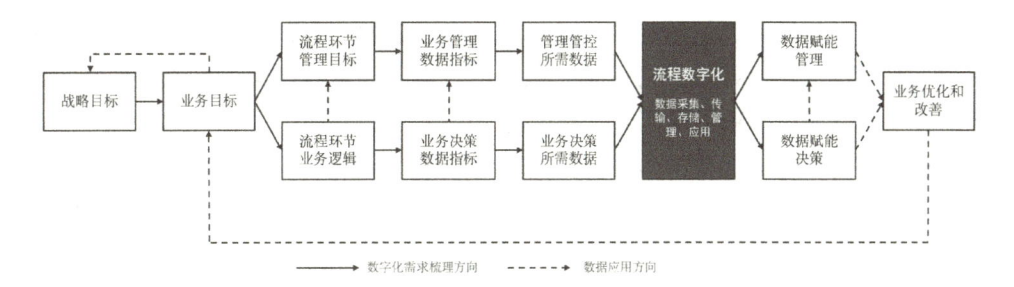

图 4-24　业务流程数字化的闭环模型

在业务流程数字化建设的过程当中，最重要的环节不是业务流程的梳理，而是获取正确的流程表征指标及流程环节业务决策所需要的决策逻辑。决策逻辑不清晰，我们就不知道用什么样的数据来赋能决策。如果我们没有确定的管理和管控目标，就不知道用什么样的数据指标来表征业务流程环节。

所以，我们在梳理业务流程、建设数字化业务流程的过程中，不仅要考虑如何用数字技术或者智能设备替代人工执行工作，替代人工只是数字化提升效率的一部分，不是全部，还要考虑这些数据是否能用来赋能管理评价和管理决策。所以，业务流程数字化已经与传统的 IT 建设的思想不同，我们需要以终为始地思考采集什么样的数据，而不是为了数字化而数字化。

图 4-25 展示了一个基于流程的数字化需求梳理范例。

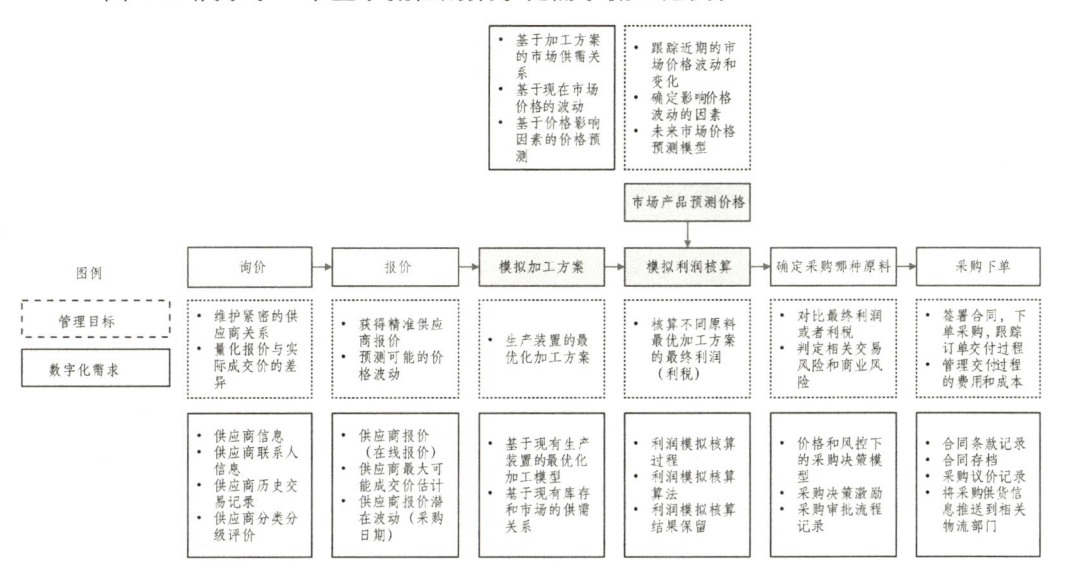

图 4-25　基于流程的数字化需求梳理范例

通过体系化梳理企业的核心业务流程，针对关键流程节点进行数据采集和数据应用的体系化管理，能够将企业业务进行更好的数字化改造，大幅度提升企业的数字化成熟度，更好地优化业务流程，在过程中利用数据实现提效，甚至在某些业务环节创造新的业务模式。

根据企业管理的现状，不断提升其业务流程管理的精细化程度，并利用流程数字化建设来提高某业务管理的颗粒度，让精细化和体系化的过程管理更科学地创造管理成果，可以实现管理可见、过程可控、目标可达。

根据我们的咨询服务经验，中国本土企业业务流程管理的颗粒度不高，按照业务流程管理六层级（Level 1：公司级；Level 2：业务级；Level 3：部门级；Level 4：岗位级；Level 5：活动级；Level 6：任务级）的划分，多数企业只能管理到"岗位级"，即 L4 层级。

图 4-26 展示了某企业从 L1 到 L4 的管理流程节点。

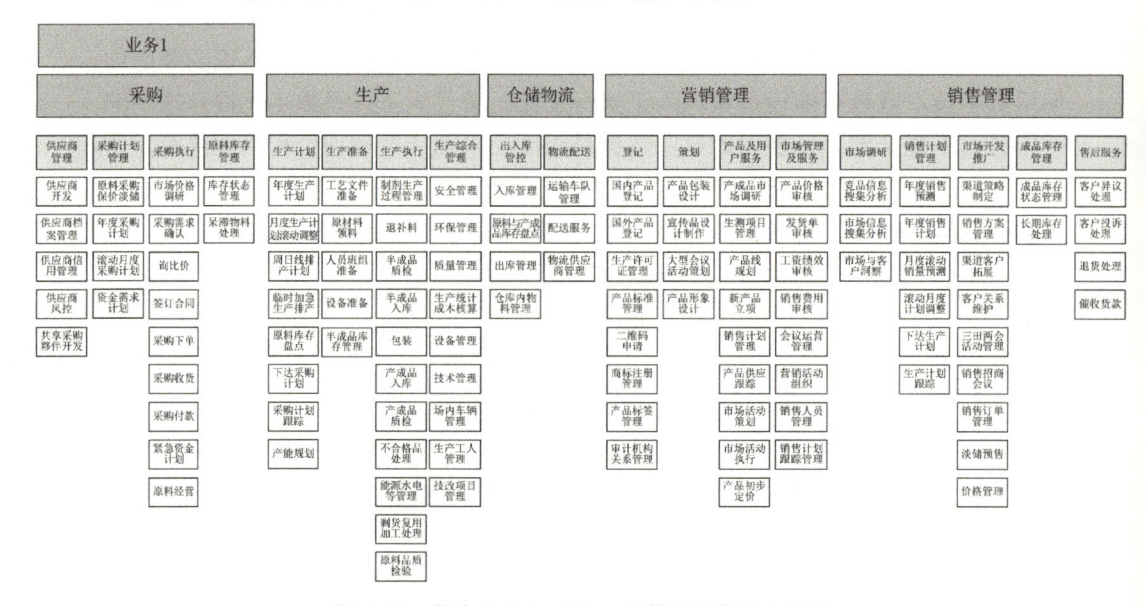

图 4-26 某企业从 L1 到 L4 的管理流程节点示例

如果业务流程节点的梳理不清晰，我们的业务管理就会混乱，每个人都找不到自己的职责定位，不能有效地相互配合和协同，从而产生各种执行偏差。特别是在我们把企业需要实现的目标转化为数据指标来量化管理的过程中，如果我们把数据指标当作个人考核数据指标，就容易产生一种企业利益和个人利益发生冲突的现象，这种现象导致实际管理的数据指标不能实现预定的目标，出现目标偏差。

举个例子，我们团队曾经服务一家农药生产销售一体化的企业，这家企业就碰到了这种现象。一些农药产品受农药使用周期和农作物生长周期的限制，销售周期很短。我们所服务的这家企业有一款产品叫作"豆笑"，即大豆的微笑。这款产品主要用于大豆开花时的虫害防治，在大豆开花时使用，在花落结荚之后就不用了，所以使用周期就十几天。销售部门接了客户一个 20 吨的订单，然后给生产部门下达生产订单，生产部门在盘点了原料库存后，发现现有原料库存只能满足 5 吨产品的生产，然后就给采购部门下达了 15 吨的原料采购订单。因为销售周期受限，所以客户要求在某个日子之前必须交货，如果不能交货就会罚款并退货。采购部门根据供应商的询价和交付周期能够满足客户的订单交付需要，所以就开始走采购审批流程，采购审批流程在周二下午 7 点走完了，需要财务部门给供应商付款，因为供应商都是大型的化工企业，受限于规模议价能力问题，供应协议写的是款到发货。而财务部门最近五年来一直执行一个流程标准：只在周二和周五给供应商付款，其他时间处理相关财务事宜。因为在周二下午 7 点才走完采购审批流程，按照财务部门规定，只能在周五的时候给供应商付款。于是，财务部门在周五才给供应商付出响应采购款，供应商在收到货款之后马上发货到公司厂区，这个时候组织生产再发给客户会比客户要求的交货期晚两天。面对这个结果，生产部门需要做出是否继续生产的决定。因为原料库存是生产管理的数据指标，而成品库存是销售管理的数据指标。作为表征和评价公司经营效率的库存指标，站在公司的利益上，原料库存有更大的灵活性，能够再被销售到市场上去，而成品库存只能等到明年再销售。这个时候生产部门因担心自己背负太多的原料库存，就把这 15 吨的原料生产为成品了，这样库存的责任就由销售部门来承担了。

当企业业务流程中的数据指标变成个人责任的时候，容易产生企业利益和个人利益不一致的现象，这种现象能让指标管理失效。这要求我们在体系化地梳理数据指标时，无论这个指标是考核绩效的关键绩效指标，还是表征管理活动的一般数据指标，都要非常谨慎。

每一个流程环节都要有具体的表征工作好坏的指标，这些指标都需要在业务流程中采集以满足数据指标计算的需求。在采集数据的时候，我们可以通过数字智能硬件装备来实现数据的自动记录，也可以采用信息化建设来记录业务活动。

4.4.5　敏态业务流程与动态数据采集

现在企业经营的外部环境变化越来越快，组织的形式也在发生着变化。因此，企业的业务流程也需要结合内外部环境的变化机动地进行调整。过去传统的、稳定的业务流程需要做出调整和改变，需要去敏捷适应外部环境的变化。

过去的稳态流程需要向敏态流程转变，而不是固守原来的业务流程。特别是当数字智能硬件装备被应用到业务流程中的时候，我们需要结合新的数字化技术进行业务流程的再造，让业务流程随着外部环境的变化而敏捷地变化。

随着对业务流程数字化所采集的数据的使用，我们会需要更多的数据，因为我们需要更全面、多维度的数据来赋能业务管理和业务决策，这样就会产生新的数据采集需求，这就是虽然拥有了数据，但觉得数据不够用的现象。

在我们服务一家石化企业的过程中，该企业的管理者对我们的工作一直不满意，说我们的数据基础没有打好，其实这是一种错觉。在我们对所采集的数据进行了质和量的统计之后，这个企业的管理者才看到，他们现在每日采集的数据已经是两年前每日所采集数据的十倍了，这种提升不仅仅是量的变化，还是质的提高。因为所有管理者都有了数据思维和使用数据的习惯，在工作中就会提出更多的数据需求，企业的数据基础建设就需要不断地满足这些需求，我们把这种现象叫作"数据网络效应"。

数据网络效应其实有三种，如图 4-27 所示。

第一种是"数据应用网络效应"。管理者形成了数据习惯，在管理中习惯了使用数据来寻求问题的解决方案，并用数据来评价这些解决方案的实施效果。这就衍生了更多的数据需求，特别是对一些问题的原因分析，需要更细颗粒度的数据，因此需要采集更多数据来满足不断增长的数据需求，我们把这种效应叫作"数据应用网络效应"。

第二种是"数据场景网络效应"，因为我们在某个应用场景中使用了数据，解决了场景管理的问题或者决策的问题，当我们转移到其他场景的时候，或者管理者去看其他业务场景的时候，就需要该场景也能够用数据解决管理和决策的问题。比如，管理者在销售部门看到了数据分析，就要求财务部门也进行数据分析，然后要求人力资源部门也要进行数据分析。这种因为一个场景应用了数据而带动其他场景也应用数据的现象叫作"数据场景网络效应"。

第三种效应就是基于一个场景的数据应用，与该场景连通的业务环节成为新的场景，场景的边界不断延伸，场景应用影响更多的场景应用，形成更多跨场景的数据网络。比如，我们在销售环节需要数据支撑，销售部门逐步延伸销售活动的边界到产品需求，到产品库存管理，到产品供应链管理，到进销存的整个管理数据体系。这种由场景边界延伸带来的数据需求不断增加的现象叫作"数据跨边网络效应"。

第 4 章 数据管理能力晋级

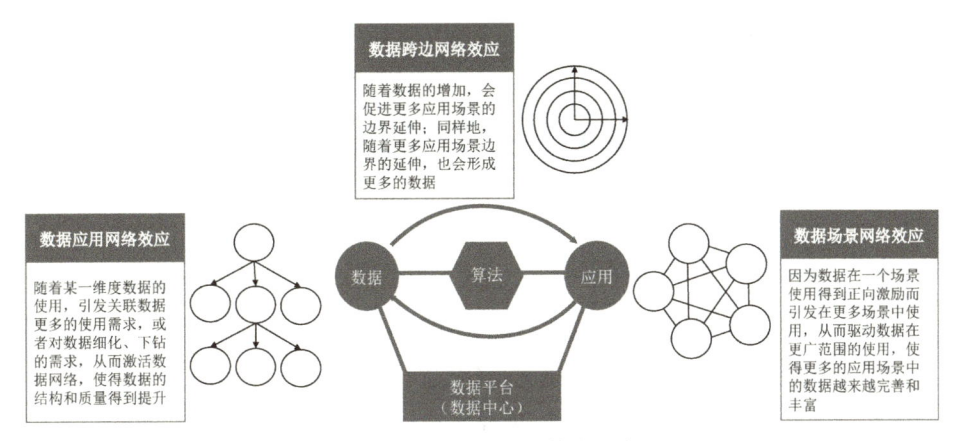

数据跨边网络效应
随着数据的增加，会促进更多应用场景的边界延伸；同样地，随着更多应用场景边界的延伸，也会形成更多的数据

数据应用网络效应
随着某一维度数据的使用，引发关联数据更多的使用需求，或者对数据细化、下钻的需求，从而激活数据网络，使得数据的结构和质量得到提升

数据场景网络效应
因为数据在一个场景使用得到正向激励而引发在更多场景中使用，从而驱动数据在更广范围的使用，使得更多的应用场景中的数据越来越完善和丰富

数据——算法——应用——数据平台（数据中心）

图 4-27 数据三大网络效应示意图

数据的三大网络效应会带来一种现象，即管理者会觉得数据永远不够用。这是一种好的现象。前面提到的那家石化企业的管理者对我们的数据化管理落地不满，其实代表着我们的数据化程度需要不断提升，代表着这三种数据网络效应在显现，这就是进步。这就像一个人懂得越多，就会发现自己不懂的知识越多，就会越加谦逊。我们就担心一个企业的团队觉得自己的数据足够丰富，如果企业处于这种满足现状的状态，那就说明这三大数据网络效应还没有显现，企业的数据化管理或者数字化转型还没有进入常态化。

数据的三大网络效应告诉我们，一家企业的数据体系建设是一个过程，是一个没有终点的旅程，而不是一个有始有终的项目，只有阶段性的满足，而没有一劳永逸的解决方案。随着企业数字化转型的深化，企业不断地敏捷响应外部环境的变化，数字化成熟度和使用能力得到提高，数据体系也在不断发展和进化。

【练习题】

根据前面所学习的内容，对本企业的情况做一个体系化的诊断和梳理，画出企业的数据地图，从企业的业务流程出发，系统梳理企业现阶段的数据需求，以及在每个流程环节需要采集的数据、能够采集的数据和已经采集的数据。对于已经采集的数据，我们可以按照数据记录的方式看看有哪些是数字智能硬件自动采集的，有哪些是在信息化建设中人工维护到系统中的，有哪些采取的是电子台账的维护方式，有哪些需要手工记录到电子表格中，有哪些采取的是纸质的存档方式。

4.5 新型数据技术体系建设

4.5.1 数字化不是信息化

信息化不代表数字化，但是数字化的一部分，因为目的不同，所以传统的信息化建设并不能满足企业数字化建设的需求。

什么是信息化？什么是数字化？两者之间有什么区别呢？

信息化是指以现代通信、网络、数据库技术为基础，将所实施的对象各要素汇总至数据库，供特定人群生活、工作、学习、决策等，并和人类息息相关的各种行为相结合的一种技术。该技术可以极大地提高各种行为的效率，并且降低成本，为推动人类社会进步提供极大的技术支持。从这个定义我们可以看出，信息化是对传统业务流程和业务活动的记录，记录的数据可以帮助我们保留信息、提升管理水平、提高效率、降低成本。信息化本身作为一种技术辅助，所用到的技术为信息技术（包括信息采集、记录和传输）和数据库的查询技术（包括一定的数据统计、汇总）。

什么是数字化呢？数字化是一种在信息技术的基础上发展起来的，包括了新的数字智能硬件（智能芯片和人工智能技术）和信息技术反馈到现实世界的反向伺服的智能硬件技术。数字化要求的信息采集、记录和传输会更加全面，甚至不要求传递给人们来使用，而让数字智能系统自行使用，来反向伺服物理世界。从数据采集到数据应用，信息化在服务人们的管理和决策，而数字化则在数字智能硬件体系下，完全可以替代人工，不需要人工的干预。当然，在初级阶段，特别是在信息化升级到数字化的过程中，人工的参与（包括管理和决策算法的注入）是非常必要的。

我们可以这样理解信息化和数字化的区别：信息化是一个从数据采集到传输再到使用的单向把现实世界变成信息的过程；而数字化则是一个闭环系统，是一个需要通过信息的处理和加工，形成决策和管理指令，然后又反作用于现实世界的闭环系统，甚至是一个不断地迭代升级的闭环系统。这个闭环系统虽然记录了现实世界，但又不需要依赖这个现实世界，完全可以独立于现实世界，形成一个数字的虚拟世界。这个闭环系统的构筑依赖算法和反向伺服现实世界的过程。

因为信息化没有要求闭环，单向的信息采集、记录、传输和使用，依赖于使用者的认知和能力,以及对数据的需求。信息化采集的内容是否能够形成闭环,还不确定。我们基于过去上百家企业信息化建设的诊断经验可以看出,过去信息化建设没有考虑最终闭环,导致数据不能形成管理决策,数据采集不仅不够全面,还不能满足数据决策算法的需求,必须依赖人的信息和经验的注入才能形成决策。

另外,信息化因为没有考虑闭环的反向伺服和反向控制,没有考虑决策算法的需求,单向地采集数据,这就导致了绝大多数企业的信息系统都是"成品",是一个完整的、不再变动的信息化软件系统,一旦实施,几年甚至十几年都不变,稳定地运行在服务器中。而数字化则要求闭环,因为业务是经常变化的,在形成闭环的过程中反馈的错误、失误、信息缺失、决策不准、算法不优,都需要进行调整和变动,每一次闭环都有迭代优化的需求产生,这就要求数字化建设要一直处在闭环反馈、迭代优化的动态管理当中。

数字化是闭环迭代升级的自决策体系,因此更要求两端的"智能化":数据能够得到智能化(非人工参与)的采集,数据决策能够得到自动的执行,而不需要人工的干预。就像地图导航系统一样,你不可能在后台服务中心建立一个人工服务团队,去指挥每一辆使用该导航系统的汽车走什么路线。数字化要求尽可能地奔着闭环去构建,哪怕短期需要人工的参与,但长期的数字化建设和优化的目标就是实现完全的自动智能闭环。

数字化以信息化为基础,但是要求远远超过信息化的要求。在数字智能硬件方面,我们力求使用更多的数字智能硬件来减少人的参与,力求利用数字智能硬件技术代替人工,力求在反向伺服的过程中减少人的参与,依赖算法形成决策。在数字化技术中,算法的精准度和效率,以及快速响应外部环境变化的能力远超过人类的大脑,而且犯错的概率很低。我们希望未来是算法指挥人,减少人的参与,减少人的经验决策,用算法来做出决定。地图导航系统只是实现数字化过程中的产物,智能自动驾驶系统才是我们出行的理想选择。地图导航系统需要人的参与去驾驶车辆,而智能自动驾驶系统则不需要人的参与就能完成整个出行过程。我们只需要把需求输入智能自动驾驶系统,就能够得到想要的结果,到达目的地。

4.5.2 数字化转型所要求的信息化

传统的信息化建设是围绕业务流程和业务活动的开展而展开的,目的是满足业务部门记录业务流程和业务活动的要求,留存证据,输出业务活动报表。传统信息化是单向的数据采集和传输,是非闭环的,体现的是基于流程的线性思维。

管理者数据能力晋级

　　而数字化转型所需要的是智能决策，需要采集、传输、处理、加工、分析数据，为业务管理和业务决策提供算法，并形成智能决策的指令，反向控制物理世界来满足智能化的需求。在这个过程中，我们一直在努力减少人工的参与，能够利用数字智能硬件的地方，尽量不用人工。

　　一家数字化的零售门店是没有店员的，能够自动采集各种数据，能够自动记录各条交易，能够自动结算所销售的商品，能够自动反馈库存情况、下达补货的指令，能够记录客户或者会员的采购行为，能够自动优化门店的陈列，能够优化门店的库存，在满足客户需求的同时，提高流转率，减少库存闲置时间。

　　随着数字化建设的推进，我们将所有的算法都集中在中央服务器中是不现实的，一方面在不断增加中央服务器的计算压力，另外一方面也增加了网络传输的负荷，让整个系统响应外部变化的能力、速度和效率下降。所以，我们需要进行分布式的部署，让很多算法能够在业务模块内自行解决，这样就衍生了一种新的计算需求，即边缘计算。在智能硬件设备上安装智能芯片，自带算法，能够在终端采集数据并自动计算，然后反馈这个模块对外输出的需求数据，而不是将所有的数据都传输到中央服务器。

　　比如，智能手环有采集我们健康数据的能力，把实时动态的健康数据采集下来，传输到中央服务器，中央服务器根据这些数据进行分析、判断，形成我们是否健康的结论，给出我们进行健康优化的指令。在未来，理想的数字化系统希望这个智能手环能够在自动采集数据的过程中进行运算，结合健康判断的算法、治病诊断的算法，能够直接计算出我们的健康状况，只需要记录健康状况的结论数据即可，而不需要把采集的所有数据都保留和记录下来。这样的智能手环具有计算能力，带有健康评测和疾病诊断的算法模型，能够在采集数据的时候进行计算。这就是边缘计算，而不是传输到中央服务器的集中计算。

　　智能手环传输给中央服务器的数据只是结果和诊断数据，大幅度减少了数据传输的量，也缓解了中央服务器的计算压力。中央服务器只需要结合多个智能设备进行自己的智能运算，或者优化一些算法，并将这些算法传输到智能手环的边缘计算处理器，这样就形成了一个分布式的智能运算分层负责的体系。

　　企业经营管理中的数字化建设也跟人类的健康跟踪和优化服务一样，企业需要不断地在各个环节建设数字化，在信息化的基础上升级为数字化，还要不断地考虑边缘计算的可能性，逐步减少对中央服务器计算能力的要求。信息化建设曾帮我们构建了多个业务信息系统，这些业务信息系统在数字化建设的过程中是可以发挥"边缘计算处理器"的作用的，即在业务环节采集数据，自行计算，形成结果和诊断建议，然后传输到中央服务器去处理，大幅度缓解中央服务器的计算压力和整个网络的数据传输压力。这样的数字化技术体系是由一个一个的小闭环连接在一起形成的大闭环体系。

现在很多人对信息化和数字化的概念分不清楚，其实也没有必要分得很清楚，我们只需要知道，在数字智能时代，信息化建设的需求已经变化了，已经跟过去不一样了。过去的思维理念、技术架构、软件需求、硬件需求都在发生变化，我们需要适应这种变化，并理解这种变化。

4.5.3　反向伺服与反向控制体系构筑闭环

数字化转型所需要的不仅仅有数字智能硬件更加密集的装备，还有算法的优化。另外，最需要提升和改进的是反向伺服与反向控制体系。

过去的生产制造体系中已经拥有了自动智能控制系统，自控是基于我们的业务逻辑、算法或者通过自动智能控制系统本身设置的自控条件达到的。过去的自控并不是在算法的基础上构建的，而是基于各种自控模式进行的自控，这种自控有的具有调整编程的能力，有的只能从硬件上采取措施才能改变自控条件。

传统的基于仪器、仪表的自控体系不是数字化转型技术体系中的反向伺服与反向控制体系。在过去基于温度、压力、高度、体积、重力、位置等形成的自控条件中，当温度超过一定数值的时候，阀门就自动闭合；当压力达到一定阈值的时候，压力阀门就自动开启减压，只要压力小到一定程度，减压阀门就闭合。这些都是基于各种固定条件的自控装置，这种自控不是我们所讨论的数字化转型闭环体系中的反向伺服与反向控制体系。

数字化转型闭环体系中的反向伺服与反向控制体系是基于数据采集、数据传输、决策算法而形成控制指令后发送给数字智能控制硬件所采取的各种举动、措施或者控制手段等。这个反向伺服与反向控制体系更加灵活，算法可以根据内外部经营和管理的要求进行优化调整，反向伺服与反向控制体系再根据算法调整对应的控制条件。

数字化转型下的反向伺服与反向控制体系不见得都是硬件装备的智能化，也可以是人为参与的指令执行系统。比如，我们根据客户的交易数据判定某几个大客户的销售额下降，购买频率降低，算法就告诉我们这几个大客户存在潜在的流失风险，他们已经将在我们这里的采购额向我们的竞争对手转移，此时系统形成客户维护指令，给客户经理下达客户拜访和客户洽谈的指令，这个指令就是反向伺服机制。虽然做不到没有人为参与的智能控制，但系统给客户经理下达的管理指令（客户关系维护、控制客户流失风险）就是反向伺服机制，也可以叫作反向控制系统。

在生产上我们比较容易构建基于物理世界的智能硬件，实现智能自动化的反向控制。但在经营管理端，我们还是要依赖人的参与，一台中央服务器在目前还做不到智能化地去维护大客户关系。我们还需要人性化的关系维护，还需要各种维护情感的方法，还需要加深对人与人之间关系的理解。

现阶段，反向伺服与反向控制体系还比较少，这也是很多企业数字化转型的闭环体系不健全的主要原因。这背后是有原因的，一方面我们不太敢依赖算法来指挥企业的经营和管理，我们仍然相信，人做出的决策才是可信的、可依赖的，如果将企业的经营和管理交给了算法，出现错误找谁负责？就像自动智能驾驶系统在道路上出现事故，我们是追究乘车人的责任，还是追究在自动驾驶汽车厂家办公室中写代码的算法工程师的责任？另外一方面，我们的算法确实还不够成熟，还需要很长的时间才能完善，从迭代闭环的视角看，迭代优化的闭环是无止境的，而且随着时间的推移、外部条件的变化、技术的进步等，算法也会过时。这些都是我们不敢相信算法的原因。

因为算法不健全，所以我们不敢相信，因为不敢相信，所以我们不使用算法，那么算法就不能形成闭环，就会随着时间流逝而变得更加不健全。这是一个难以打破的悖论闭环。即使是观念领先的企业，也仍然让两套决策并行，一套是人为的决策，一套是算法的决策。在实际执行的过程中，我们更愿意看到人为决策正确的一面，哪怕正确率只有 10%；我们更愿意去找算法的缺陷，哪怕这个缺陷只是其中的 10%。所以在这个过程中，我们就放大了人为决策的准确性和算法的不准确性。

我们团队曾经为两家石化企业的每日定价做过一个算法模型，来优化每天的定价决策。这两家石化企业一家是央企，一家是民营企业。这两个算法模型都只完成了第一代，民营企业还在并行运行，只是将之作为辅助手段在使用，央企已经完全不用了。究其原因，有很多方面，有前面讲过的我们更愿意相信人，还有利益冲突的问题。

石化企业成品油的每日定价直接影响着企业的利润。因为只要开工，产出的成品油几乎是固定的，而每日定价决定着利润，定价高了，客户少了，油卖不出去，定价低了，客户多了，产出的油不够卖，所以合理、科学的每日定价就显得非常重要。这两家石化企业都是高层团队共同决策，共同担责。民营企业还好一点，因为民营企业没有社会成品油保供的责任，如果定价低了，本来计划今天卖出 8000 吨，结果一上午就卖完了，民营企业可采取断供的方式等到明天调价再卖。但对于央企，如果这个时候断供，则有社会舆论风险和政治风险，甚至导致社会能源恐慌，所以只能硬着头皮继续卖，损失就会加大。

面对如此重要的定价机制，基于历史观念，我们宁愿相信个人的判断，也不愿意相信越来越科学的算法机制。虽然在其他方面，算法的速度、效率和准确性都在超越人类，但管理问题确实阻碍着很多算法的落地。

这里面还有一个隐形的阻力，即人为阻力。算法比人工的准确率高。比如，算法的准确率是 80%，我们需要关注那 20%不准确的地方；人的准确率是 60%，我们需要关注 60%准确的地方。这背后不是看谁做出更准确的决策，而是看谁的利益受到了挑战。在这两家石化企业中，算法取代人工可以带来准确率的提升，虽然我们没有办法将准确率提升到 100%，但是比人工更高的准确率给某些人的权威和利益带来威胁。因为这是一种决策权的取代，这种取代给过去在企业里话语权最重的岗位带来了挑战，甚至算法的出现正在预示着这些岗位的消亡。无论是民营企业还是央企，这种挑战都是不允许的，都是充满巨大阻力的。

此外，无论在央企还是民企，算法是交给那些过去负责定价的人来使用的。他们拿到了一个正在让他们失业的算法，如果是你，你会怎么做呢？是说这个算法好，比自己强，还是试图寻找这个算法的漏洞而否定它呢？答案是显而易见的。

4.5.4 以数据资产管理为中心

数字化转型和数据化管理所需要的数字化建设，必须围绕数据资产管理展开。数据资产管理不仅包括数据资产的采集、传输、存储、使用，还包括为采集、传输、存储和使用数据资产准备的各种功能，有算法库、应用场景库、可视化展示应用等。

在数字化转型和数据化管理的数字化建设过程中，我们更关注数字智能硬件的应用，减少人为的干预，还需要寻找更多替代人工的可能性。特别是在业务流程数字化的过程中，通过替代人工、减少人工，减少费用，提升效率，更重要的是提升数据资产的质量，包括这个闭环体系迭代过程中的算法的不断优化、模式的不断创新。

从数据采集、数据管理到数据应用，我们需要构建一个以数据资产管理为中

管理者数据能力晋级

心的数字化体系,让技术服务于数据采集(目标是采集高质量的数据资产)、数据管理(高效率的、高安全性的数据管理)和数据应用(高业务满足率、高响应能力、高适应性,以及高级的算法模型等)。图 4-28 展示了以数据资产管理为中心的数字化体系的架构。

在以数据资产管理为中心的数字化体系的管理方面,我们要避免陷入一种"数据资产无用论"的陷阱。我们在服务企业的过程中,经常碰到很多管理者说数据无用,因为企业没有能够使用这些数据的人,所以他们认为数据资产无用,因为数据资产无用,所以企业就不需要采集和管理数据。"因为不使用,所以无价值;因为无价值,所以无数据"这是一个悖论闭环。

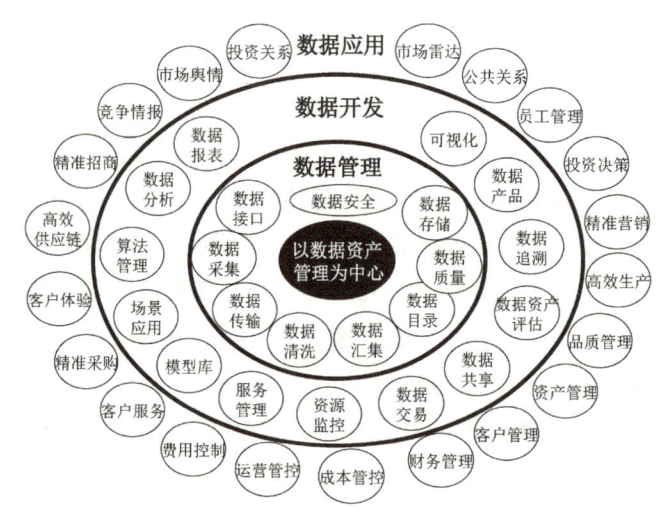

图 4-28 以数据资产管理为中心的数字化体系的架构

要想破除这个悖论,我们必须先从理念上认知数据资产的价值,哪怕我们现在没有能够挖掘数据资产价值的人才和能力,仍然要重视数据资产的采集和管理。有了数据,才会有数据应用,在数据应用的过程中我们才能够不断地积累经验,积累数据使用的算法模型。否则,我们的数据人才引进、数据人才培养就会变得没有意义,再有能力的数据人才,也是"巧妇难为无米之炊"。即使我们在前期的数据资产方面的投资过多,也不要因为数据资产短缺而让人才无用武之地。在这个过程中,前期过多的投资不会浪费,只要人才成长起来,什么都是值得的。

所以,我们在服务企业数据化管理落地中的观点是,先有数据比先有数据人才更加重要,当然这要得利于我们咨询服务的价值,因为我们的专业顾问可以暂时弥补数据人才缺失的短板,并在服务过程中育成一批数据人才,普遍提升管理者团队的数据能力。这样就可以让数据资产悖论闭环逆向旋转:因为有数据,所以管理者和数据人才能够有数据可用;因为有数据可用,所以能够积累更多的经验；因为有了更多的经验，所以我们能够不断迭代和优化，以及创新各种算法，然后就需要更多的数据，于是就在日常工作中努力采集更多的数据，从而进一步丰富数据资产，更加丰富的数据资产为管理者数据能力晋级和数据人才培养提供了更好的土壤。

4.5.5 数字化转型的七层技术架构

企业的数字化转型战略的实施对数据技术体系开始提出更多和更新的要求。前面我们多次提过，数字化转型所要求的数据体系是一个敏捷的，而不是固定不变的数据体系，但这个敏捷的数据体系背后有一个稳定的数据技术架构，一个合理和科学的数据技术架构是非常重要的。如果这个数据技术架构在开始的时候不够科学、合理，我们在敏捷开发的过程中就需要不断地打破重来，这是非常恐怖的。企业的数据规模越大，打破重来的成本及所需要花费的时间就会越多，甚至到最后，我们就会产生无力回天的感觉。

从更加专业的精细分工的角度，在企业数字化转型的过程中，现在比较成熟和领先的、能够适应未来五到十年甚至更长时间的需求变动的架构体系是七层的闭环技术架构体系，如图4-29所示。

⑦	应用层 (Business)	客户分类分级管理	优秀员工流失预警	高层管理驾驶舱	价格预测与定价	月度经营最优方案	月度经营分析报告	订单未下货已在途			
		供应商信用风险预警	业务管理报表	量本利动态核算	成本利润动态核算	客户画像精准推荐	客户流失预警	最优采购方案			
⑥	服务层 (SaaS)	CRM	OA	FIMS	ERP	MES	HRM	BPM	PLM	LIMS	PIMS
		TMS	WMS	POS	MRPII	BIM	CIM	EMS	CADS	BIS	CIS
⑤	能力层 (PaaS)	多租户管理	数据服务	算法模型库	服务管理	数据App	可视化组件	数据授权分发	应用资源监控	数据审计	流量计费管理
		算法模型组件		3D模拟	LDAP	语音转换	图像处理				
④	数据层 (DaaS)	数据仓库	数据安全	数据清洗	数据治理	ETL接入	主数据管理	数据目录	数据血缘	数据接口API	数据资源监控
		监控系统	实时数据库	数据模拟	数据加解密	元数据管理					
③	设施层 (IaaS)	中央服务器	Cloud云	VMS	FaaS	Dockers	计算资源调度	负载均衡	共享存储	微服务	BaaS区块链
		分布式存储	热备系统	灾备系统	IDC		计算资源管理	资源计费系统	REST	Hadoop	
②	边缘层 (Edge)	5G	AI芯片	VR/AR	GPS	Telematics	工业互联网	边缘计算	DCS	ACS	智能模组
		物联网	生物识别	RFID	二维码识别	条码识别	OCRS	图像识别	自控系统	遥感卫星	
①	物理层 (Physics)	智能数据采集传感器 Sensors					智能控制传感器 Controllers				
		设备级	产线级	车间级	工厂级	供应链级	设备级	产线级	车间级	工厂级	供应链级

图4-29 七层的闭环技术架构体系

1. 第一层：物理层（Physics）

第一层之所以叫作"物理层"，是因为这一层是直接与物理世界接触的一层。这一层包括智能产线、智能车间、智能空间等。生产制造体系比较容易理解，智能生产体系已经给我们提供了太多这样的信息和知识。在设备上装备智能控制传感器之后，设备本体就已经是"智能设备"，这个智能设备能够在使用的过程中采集相关的数据，包括温度、湿度、压力、压强、转速、震动频率、振动幅度、流速、质量，甚至能够随时感知组分、成分浓度、化学反应的速度、物理运动的轨迹等。

第一层的技术更强调的是设备本体的智能化。利用数字智能硬件的智能化，企业能够随时采集需要了解的数据和信息，并记录时间和空间等数据，能够实时动态地感知业务活动、生产活动和经营管理决策。在这一层技术实力比较强的企业是过去的智能设备装备厂家，包括西门子、霍尼韦尔、GE（通用电子）、博世等。该层的技术多与传统的仪器仪表分不开，现在主要是智能化的仪器仪表，它们采集的数据多为实时动态数据，背后是一个实时动态数据库，数据采集的频率高、数量大，源自传统自控技术。这些设备能够在设定阈值之后进行风控预警，甚至能够自控，在温度、压力、转速等超过一定额度之后进行安全防护，保证设备运行安全。

这类设备通过现代物联网、互联网或者移动互联网将采集的数据传递给配套的信息系统（计算机或者服务器），进行数据的处理和展示，部分可以实现远程控制。

2. 第二层：边缘层（Edge）

边缘层是物联网技术、移动互联网技术及智能芯片技术发展后的产物，是新的一层，也是网络复杂化后一种新的技术需求。为什么这么说呢？

随着我们需要采集的数据越来越多，算法越来越复杂，数据传输能力和数据运算能力会成为整套数据体系的瓶颈，有些时候我们并不需要把所有终端设备采集的数据全部传输到中央服务器，只需要将结果和中央数据算法所需要的数据记录和传输就好。我们不需要太多的实时动态数据，只需要在发生异常、需要采取决策响应的时候传输数据就行，这就衍生了一种分布式运算的需求。

比如，智能穿戴设备能够随时随地采集我们的血压、血脂、心率、血糖等数据，实时动态地监控这些数据是非常重要的，通过这些数据我们能够随时知道自己的身体是否健康。如果我们的心率、血压和血糖都在正常的范围之内，这些健康的数据对我们的价值在采集之后就开始贬值，变得没有太大的意义，我们只要知道自己现在很健康就行了。但是，一旦这些数据指标发生异常，我们就需要采取健康救助。正常的健康数据的意义不大，我们只需要知道结果就行了，过程中的数据只在实时发生的时候监测即可，没有必要保存，占用传输的带宽、数据存储的容量、数据查询的资源等。

所以，健康数据监测设备中需要有一个计算芯片，来判断监测到的数据指标所表征的身体健康状况，然后留存结果数据，进行判断，随后把实时数据删除。这个计算芯片就是边缘计算的芯片，根据需要，有些算法可能很简单，有些算法可能非常复杂，甚至有些算法会随着算法的优化而自动调整。也就是说，这些边缘计算可以简单到一次大小的判定，也可以复杂到一次疾病诊断。

带有算法和计算能力的芯片分布在各个模块和端口，在物理层的边缘完成计算，减轻了中央服务器的计算压力，减少了需要传输的数据，降低了网络带宽的数据传输负荷，这就是边缘计算的好处。

3. 第三层：设施层（IaaS）

设施层是为数据存储、数据处理、数据管理和数据资产管理提供基础设施服务的一层，包括中央服务器、云服务器、云计算服务器、数据集中存储和处理服务器等。设施层是中央服务器的软硬件部分，提供了数据存储的空间、网络传输的能力、数据管理的能力、计算能力（对数据的入、存、管、出的处理能力），是数据的载体和算法的处理工具。

现在有很多设施服务供应商，包括 AWS（亚马逊云服务）、阿里云服务、腾讯云服务、百度云服务、华为云服务、微软 Azure 云服务等。我们将这些以提供基础设施作为服务的业务称作 IaaS，即 Infrastructure as a Service，中文叫作"基础设施即服务"。当然，这些设施服务供应商不断提升其设施服务的能力，多数已经超越了基础设施的服务能力，还提供更高层级的服务能力。

设施层常见的服务能力有云服务器、数据存储服务器、虚拟化服务、分布式存储、云热备、异地存储热备、网络带宽服务、数据安全服务、负载均衡服务、动态空间、动态网络带宽、计算资源管理、计算资源计费、共享存储等。

设施层的技术相对成熟，但因为复杂度高、集成度高，中小企业最好通过租用的方式来获取设施，这是我们团队顾问共同持有的观点。因为中小企业如果想享受更高端的技术服务，很难组建一个高技术的团队，也很难进行基础设施的投资，其维护成本高昂，通过租用服务的方式，一方面可以享受高级的数据技术基础设施服务，另一方面还能够按照需要灵活选择，以更低的成本享受更高级的技术红利。

4. 第四层：数据层（DaaS）

数据层提供企业真正需要的数据资源或者数据资产。从技术的角度看，这一层提供数据资产管理所需要的一些基本功能。比如，数据仓库是用来存放数据的物理空间，跟我们现实世界的仓库一样，具有高效率存入、取出的能力。当数据量级比较大的时候，我们能够很快地在数据仓库中找到存放的地方，也能够很快地找到我们要取出的数据。数据仓库还具有足够大的吞吐量，能够在很短的时间内吞吐大量的数据，这是数据仓库的入、存、管、出的能力。我们还要监控数据仓库中有多少数据，要有对数据进行编码、追溯的能力，对谁取用过什么数据要有跟踪、监控、追溯的能力，要有授权、控制的能力，即谁可以取用什么数据、不可以取用什么数据。数据仓库还要对数据进行加密保管，不能使数据在取用的过程中被他人识别和盗用。以上这些都是数据层的基本功能。

当然，作为一个保管数据的仓库，数据仓库还需要具有一些更高级的能力，才是一个更加先进的"仓库"。这些高级能力也在不断创新和升级，来满足我们日益增长的数据量级和对数据管理功能的需求。

比如，作为一个仓库，数据仓库要有入库的功能。为了更好地把原来业务信息系统中的数据自动取过来，我们可以让数据仓库具有自动抓取数据的功能，可以利用ETL（Extract、Transfer、Load）工具去其他业务信息系统中抓取数据，也可以到一些公共数据源去爬取数据，即数据爬虫的功能。这些都是数据仓库的额外功能，是基于业务需求扩展的能力。当然，数据仓库还有很多功能，功能数量还在随着需求和技术的发展不断增加。

再如，数据仓库要能够追溯数据之间的血缘关系。数据之间的血缘关系叫作数据血缘，是指数据之间关系的图谱。数据仓库不仅可以在将数据存入仓库的时候设定数据之间的关系，还能够根据数据资产本身的数值、字段及内容，通过算法来计算数据之间的关系，构筑数据血缘，以便在提供数据服务的时候能够推荐相关数据，进行数据的钻取分析、管理问题溯源分析等。

再如，我们将大量的数据存入数据仓库，需要构建一套数据目录，以便很好地索引数据。就像我们将很多书放到一个房子里，需要对这些书进行分类编码管理，要有一个分类目录，以便对这些书籍进行有序的管理，不至于我们在找书的时候，需要把所有的书索引一遍才能找到想要的书。这个叫作数据目录管理，在存入数据的时候建立数据目录，具有对数据进行分类、分目录管理的能力。

再如，业务系统传过来的数据可能因为信息系统本身的缘故（缺少数据标准和规范的管理），质量不高，我们需要对这些数据进行一定的清洗和加工，之后再进行存储，让数据质量保持良好，就像我们在把商品入库之前擦洗一遍商品、清除商品上的灰尘一样。有的数据层的技术已经包括了数据自动清洗的能力，比如，可以把日期规范化，把地址规范化，把一些基本的字段信息进行标准化转换。当然，数据清洗的能力永远是有限的，最好的数据质量管理应该在数据源头进行，数据层的数据清洗功能只能做一些"力所能及"的事情，可以把"北京市""北京"

"首都""京""Beijing""BEI JING""BJ"等字段自动识别为标准的"北京市",但是如果你没有记录这些信息,数据清洗功能是解决不了数据缺失问题的。

5. 第五层:能力层(PaaS)

能力层是指为数据处理、分析和加工提供的各种技术服务,包括算法模型组件、在线分析组件、语音识别转换翻译组件、图片识别组件、数学函数组件、图形函数组件、财务函数算法组件、统计分析函数组件、可视化展示组件等。这些组件就相当于在数据资产管理的基础功能之上为数据的加工处理附加的、待调用的一些功能模块。

能力层体现的是数据的加工处理能力,代表着数据技术的先进性。比如,Excel就是基本的表格处理软件,随着版本的升级,不断增加数据处理、数据分析、数据可视化,以及统计分析的各种算法模型和函数计算,供我们在使用 Excel 的时候调用。

这一层的技术也随着数据技术的创新和进步不断延伸。现在很多基础设施服务商的 IaaS 平台也在提供一些额外的数据处理、数据分析、数据展示、数据输出与管理的功能。如果是自建平台,则难以获得这种大型平台的技术支持,所以中小企业还是选择云服务比较好,而且随着数据安全意识的提升,这些平台服务商的数据安全机制也在升级,管理规范也在优化。当然,大型企业集团则是另外一种情景,可以自行研发各种数据服务和应用功能为集团所用,有自己领先的技术团队,有适合集团业务管控模式的应用方案,能够按需开发,自给自足。

6. 第六层:服务层(SaaS)

服务层由过去传统的信息化业务系统构成,能够根据业务部门的需要,满足业务流程管控、业务信息化建设的需求。过去企业的信息化都是以业务部门的需求为主导建设的。财务部门从自身的管理需求出发构建 ERP 系统或者 FIMS,人力资源部门也从自身的管理需求出发构建 HRM 或者 e-HR 系统,销售部门从自己的客户关系管理需求出发建设 CRM 系统。这些系统都是相互独立的,甚至生产厂商都不同,很难跟整个平台体系相融合。这种"孤岛现象"在新的数据技术架构体系下需要通过统筹规划进行融合,在新的业务系统上线的时候,我们要考虑以平台技术架构体系为基准进行选型。当然,如果可能,就在原有的平台上进行开发。

现在很多数据资产管理平台具有延伸数据应用服务的功能,在规划和设计新的技术平台架构的时候,我们要考虑在这个基础上开发业务应用系统的可能性。这样当业务部门提出新的信息化建设需求时,我们可以通过平台所提供的开发组件进行开发，以保证新技术平台跟原有数据平台的融合。

对于在为新的数据技术架构体系选型时是否考虑现有业务系统的融合问题，不同的人有不同的观点。有的人觉得现在的业务系统已经非常复杂，其信息化程度也比较高，认为需要选择一个迎合原有系统、能够将原有系统融合的体系来建设，保证历史数据能够接入和原有的业务系统能够运行。当然，也有另外一种观点，这种观点认为现有的业务系统已经过时，如果选择了一个迎合过时系统的技术架构体系，我们将永远无法超越，而且新技术架构体系的应用还会受到限制。

我们团队的观点其实也有很多，为了满足客户的需求，我们曾经为客户选择过迎合过时的业务系统的技术架构体系。历史证明我们都会为错误的决定付出代价，为了迎合过时的系统，我们的新系统建设得不伦不类，导致我们在应用新技术的时候碍手碍脚，不能使用最先进的技术。而那些过时的业务系统很快就会被否定，不得不重新建设。所以最终我们还是立足在了第二种观点上，就是宁可打破旧的，也不要为了旧的而调整先进的技术选择。

7. 第七层：应用层（Business）

应用层是我们用数据来赋能管理和决策的层，所使用的技术是围绕着业务开发的，在业务管理和业务流程中我们需要什么技术，这一层就应该提供什么技术。在技术应用与业务中，我们一般用数据支撑思考、判断和业务决策，这是现阶段的技术需求。随着企业数字化转型和数据化管理体系的升级，这个需求逐步从人利用数据赋能业务管理和业务决策，转向系统利用数据和算法指挥内部的和外部"人"来做出决策，这个过渡就是基于数据和算法的智能管理导航体系实现的。

从数据赋能业务的视角来看，目前，我们关注两种价值的创造：一种价值是经营管理，提升效率；第二种价值是数据和算法赋能业务模式的创新，传统的业务开始创造新的业务和营收，为客户或者产业链创造新的价值，从而我们有新的收入来源和利润来源。

从提效到业务创新没有一个明显的分水岭。无论是提升管理效率，还是创造新的业务，都在利用数据和算法创造的价值，只是我们的收入来源在不断增加而已。在这里我们举一个实际业务场景中的例子，大家就可以理解为什么我们说提效和业务创新之间没有明显的分水岭了。

我们团队曾经在 2016 年服务一家传统的日化企业，该企业通过传统超市渠道销售自己的产品。为了满足渠道铺货，该企业投入了大量的销售费用，为了使产品能够被广泛地分销到各大商超，该企业需要派出大量的销售稽查人员到市场上去检查，以便监督销售部门是否能够合理分配巨额的销售费用。该企业在全国有近 250 名销售稽查人员，天天待在各个线下门店，检查商品的铺货情况。他们每天需要检查 8~10 家门店，从每家门店中采集各种铺货数据，顺便也采集竞争对手的铺货数据，在每家门店中他们需要花费 30~40 分钟来做详细的陈列与铺货的检查，填报一张张写得密密麻麻的纸质表格。每天他们在完成 8~10 家门店的检查任务后，晚上需要将这些数据录入 Excel 表格中，然后通过邮件或者 FTP 服务器将文件上传到企业总部的服务器，总部有专职人员检查这些记录表，然后统计这些数据，形成每日、每周、每月、每季度及每年的销售稽查分析报告。

这些销售稽查人员每天需要工作 12 小时以上，天天奔波在各大线下商超，工作辛苦不说，还经常出差，不能跟家人团聚。长期的辛劳导致这些人的流失率非常高，很少人能够坚持工作 3 年以上。为了提升稽查数据采集的效率，我们将他们纸质的数据填报表进行了电子化，利用移动手机端的 App 来实现在线化的数据采集，这样他们在商超中填报的数据能够实时动态地更新在中央服务器中，不用再填报 Excel 表格，也不用上传数据，只要检查完了门店，数据自动就在中央服务器中了。中央服务器的标准分析报表通过服务器的自动计算逻辑直接呈现，也不需要总部的工作人员每天统计、汇总了。因为数据能够及时、自动地被统计、汇总，销售稽查人员在门店采集数据的效率得到大幅度提升，原先需要 40 分钟，现在用 15~20 分钟就能够完成相关数据的采集工作。同时，数据的质量比之前还高，出错的情况也减少了。

通过纸质表格的电子化，250 人的销售稽查团队可以减少到 120 人，总部的 6 个统计数据的工作人员也"失业"了，被安置到其他岗位。原先这些销售稽查人员每年的工资为 10 万元，差旅费用为 20 万元，每人每年的总费用为 30 万元。通过使用电子稽查 App，该企业每年减少费用近 3900 万元。这种业务的提效带来的是更高的数据使用效率，过去需要 3 天才能统计、汇总完成的数据，现在实时动态呈现，而且总部各个管理岗位只要有授权，就能查看高质量的报告和分析报表，甚至能通过可视化的数据图表查看线下渠道的铺货情况，一些商品铺货问题能够第一时间被通知给销售团队，得到及时解决，终端的库存情况也得到大幅度的改善。

为了进一步提升效率，降低人力成本，电子稽查 App 不断被优化，使用越来越人性化和简单化，降低了对一线操作人员的技术要求。于是，我们考虑将数据采集任务外包而不是由该企业正式员工来做，可以减少差旅成本。同时，将数据采集业务外包可以避免本企业销售稽查人员与销售部门的员工之间结盟，避免数据造假。通过社会化的外包，该企业再一次大幅度降低了成本，提升了效率。这算是这套体系的 2.0 版本。

既然这套体系可以大幅度节省市场稽查的成本，提升数据使用的效率，那么用它来服务那些跟该企业有着类似业务的企业，结果应该也是一样的，所以这家企业就将销售稽查团队独立出去，成立第三方企业，开始承接同行或者快速消费品公司的销售稽查任务，逐步将这项业务打造成了一个销售稽查垂直领域的外包共享平台。这个平台应该是原有体系的 3.0 版本，是业务平台化模式的创新，为该企业创造了一项新的业务，我们把这种做法叫作业务模式创新。

无论是 1.0 版本的销售稽查报表电子化，还是 2.0 版本的社会化的外包，还是 3.0 版本的销售稽查服务平台化，都是数据赋能业务的一种方式，所以其本质是一样的。

很多人经常将第七层的业务应用体系与现有的业务信息系统混淆，认为现在的 CRM 系统、ERP 系统、MES 就已经是业务应用体系了，其实这是一个误区。传统的信息化只是第六层的一部分。当然，很多企业将第六层和第七层在应用端界面上重合，采用统一的入口、平台或者信息化软件产品。现在越来越多的企业开始考虑应用场景问题，不仅通过业务信息系统采集数据，还通过这些系统出具数据报表和数据分析报告，给出业务导航的决策建议，这些都是进步。

将第六层和第七层分开是没有意义的，因为第六层和第七层的用户都是业务团队。一个入口，一个应用界面，一个 App 图标，才是我们理想的选择。我们在这里之所以把它们分成两层，主要是从功能和价值上做区分。这七层的技术架构体系完全可以一体化，最好是同一个平台衍生的各种服务才完美，这种完美的产品虽然现在市场上还没有，但是在不远的将来，一定会有非常多的产品出现。笔者本人创立的公司的技术团队也在设计和开发这种一体化的、能够同时覆盖从第一层到第七层的功能价值的产品。预计不超过 5 年的时间，这种一体化的解决方案型产品会不断涌现出来，非常灵活地满足各行各业的需要。

【练习题】

对本企业的信息化技术体系进行一次全面的架构评估，然后根据企业的业务需求，设计一个能够满足企业数字化转型和数据化管理升级需要的技术架构框架，为企业的信息化规划或者数字技术规划提供一个技术蓝图版本。

4.6　数据中台建设

如今，越来越多的企业开始推行数据中台，但是很多人对数据中台只是从名称上理解，并且存在着误区。也有故意混淆"数据三台"的概念而蹭热点的技术服务企业，本来提供的是业务中台产品，借着数据中台的概念，称自己的产品是一款数据中台产品。

本节我们将从"组织三台"和"数据三台"的概念出发，给大家介绍一下"三台"的基本知识，让大家能够更加清晰地认知"组织三台"和"数据三台"。

4.6.1 "组织三台"与"数据三台"的概念

随着数字化技术的应用，企业的组织体系也在发生着变化，越来越多的企业为了提高组织架构和业务流程的效率，推倒"部门墙"，打破流程壁垒，开始推行组织平台化的设计理念，将服务前线的业务口归到一个体系下进行更集约化的管理，将服务前线部门的职能放到一个模块下管理，将职能部门和远离前线的部门归到一个模块下集约管理，前线各个模块"以业务为中心"，前线部门则"以客户为中心"，这种新的组织价值设计理念越来越流行，也带来了新一轮的组织架构优化设计，这是"组织三台"理论产生的背景。"组织三台"理论跟数据技术的三台理论根本是两回事儿。

"以客户为中心"的概念在管理学上兴起已经有很多年的历史了，但是传统的科层制的组织架构体系仍然没有什么变化。传统的科层制的组织架构体系仍然是现在流行的组织架构体系。这种科层制的组织架构体系不"以客户为中心"，而"以管理者为中心"，本质上是"以权力和利益为中心"。

为什么说传统的科层制的组织架构体系不是以客户为中心，而是以权力和利益为中心呢？科层制组织的诞生是工业化的产物。在工业化时期，我们需要组织大量的人力资源共同完成一项巨大的生产任务，所以涌现出了按专业分工的组织体系，有了"科"，如人事科、财务科、采购科、生产科，后来升级到"部门"，部门下再配置不同的科室。这是专业分工的产物，解决专业技术领域跨度太大，没有人有足够的时间和精力掌握所有学科知识的问题，以缩短人才育成的时间。

层级的划分也是人力专业能力升级的需求，所以层级划分本质上也是专业分工，专业能力强的人配置在高的层级，专业能力稍差的人配置在低的层级，然后处在低层级的人听从专业能力强的高层级的人的指挥。通过赋予高层级的人更多的决策权力，企业以权力为工具，以专业能力为分层基础，构筑了科层制的组织架构体系。

现在虽然客户拥有更多的话语权，每家企业都在倡导"以客户为中心"，但是企业的组织架构体系仍然是按照权力划分的生产体系，并不是真正的以客户为中心的组织架构体系。

所以,在组织规模壮大之后,一些领先的企业开始尝试真正的"以客户为中心"的组织架构设计模式,让"听得见炮火"的人拥有更多的话语权。以华为为代表的企业开始进行新的一轮的组织架构重构,涌现出三支柱或者三台的划分。

在业务一线,跟客户直接接触的人为前线,叫作前台,他们奋斗在一线,能够第一时间听到客户的声音,应该被赋予更大的业务决策权,整个组织都应向他们倾斜,从而构筑以客户为中心的前台。

为前线部门提供"弹药"的业务服务部门划归在第二线,业务服务部门为前线部门提供营销设计和规划,提供品牌、市场研究、业务洞察、战略决策规划研究,构成了"组织中台"。业务服务部门虽然不是直接服务客户的一线部门,但是直接管理业务,为一线提供"弹药",支撑一线人员的进攻。

非业务部门,包括人力部门、财务部门,以及行政部门、总务部门等以满足组织整体需求为目的、与具体业务无关的职能部门,划归到第三线,构筑了组织的后台体系。这样就有了"组织三台"的架构设计。

这种基于三台的组织架构设计正在打破过去以专业分工为基础的组织架构体系,开始围绕业务展开人力资源的组织优化和配置优化,从而真正实施"以客户为中心的"的组织建设,如图4-30所示。

组织前台	销售团队	新零售	会员经营	微商城	电商	粉丝俱乐部	私域流量经营
组织中台	采购部门	生产部门	供应链部门	售后服务部门	客服中心部门	物流仓储部门	研发设计部门
组织后台	人力部门	行政部门	后勤部门	总务部门	法务部门	信息部门	战略部门

图4-30 "组织三台"的架构设计

为了配合"组织三台"的构建,很多企业将在职能后台的部门划分为距离业务近的职能部门和距离业务远的职能部门,将人力资源管理和财务管理也按照三台模式进行重构,从而有了"三支柱"的组织架构设计模式。对于人力部门,企业将其分成了为一线服务的业务伙伴团队,即BP(Business Partner),希望业务伙伴团队能够更好地服务一线业务,把一些常规的服务职能放到共享中心(SSC,

Shared Service Center），然后把更专业的人力资源管理和战略决策的人力职能放到 CoE（Center of Excellence），从而构筑了人力资源管理的三支柱；财务管理部门也有三支柱的组织架构设计，包括财务共享中心、财务 BP 和财务的 CoE。这是借助平台化组织架构设计，让组织职能真正地围绕客户展开，从而建设以客户为中心的新型组织体系。

当然，这种组织架构设计的理念仍然离不开级别，也是在专业分工下的级别划分。级别代表着专业能力，所以，我们在进行组织架构设计的时候，还要考虑将决策权统一到更专业、更有能力的人身上，保证组织决策的准确性和科学性。

为了蹭"三台"的热点，有些信息化技术服务企业把服务组织中台的信息化软件系统（如服务供应链的进销存管理系统、服务商品流通的采购系统、仓储和物流发货体系的业务软件系统）叫作"业务中台"，简称"中台"。这不是真正的数据中台，其本质上还是业务信息系统，与阿里的"数据中台"概念也不是一回事儿，大家要注意区分。

那么，什么是"数据中台"呢？数据中台是从数据技术服务业务的视角来说的。从数据采集、数据传输、数据管理和数据应用的视角，我们有了数据的三台架构。与一线业务直接相关的数据体系称作数据前台，包括一线的业务团队的系统和服务一线消费者的系统。比如，电商平台、微商城、订单处理系统、物流发货系统、采购和仓储系统，这些业务系统都在一线，服务一线业务，为一线业务提供数字化的服务。数据前台采集一线业务活动的数据，并为一线业务活动提供信息和数据服务，是一线业务活动的一部分。

比如，淘宝业务活动产生的数据、支付宝一线业务活动产生的数据，都是数据前台，都是业务数据，源自一线，又服务一线，是一线业务活动不可分割的部分。

数据中台则在一线数据的基础上，进行数据整合、统计和汇总，进行业务分析和洞察，为一线的业务决策赋能。阿里将一线业务产生的数据整合到一个数据平台，为淘宝小二、店铺商家、淘宝平台上的 B 端客户提供数据报表服务、业务洞察服务、数据分析和挖掘的相关服务。另外，阿里还把部分数据在脱敏后或者在有限安全控制下开放给第三方开发者，使其开发更多服务一线的业务，从而形成第三方数据服务。这些数据服务可以称作"数据中台"，其中最典型的是"生意参谋"，是为淘宝商家提供的数据服务。图 4-31 展示了"数据三台"详细的架构设计。

对一般的企业来讲，数据中台的概念具有一定的适用性，这样可以区分开对企业现有数据资产进行管理和利用的功能，以及服务一线业务活动或者职能管理活动的功能。

我们可以把七层的闭环技术架构体系中与数据汇集、数据处理、数据加工、业务洞察和数据应用相关的模块独立出来进行管理，强调数据资产的集中管理和价值挖掘，赋能业务决策和业务管理，从服务、管理和引领的视角定义数据中台。其他服务一线业务的业务系统主要具有服务职能，而数据中台不仅提供数据服务，还对数据资产进行统筹管理，确保数据资产质量和数据资产安全，以及数据资产的保值增值，并在数据赋能业务管理和业务决策的过程中起到管理和引领的作用。

数据前台	CRM	ERP	WMS	MES
	FIMS	DCS	HRM	OA
	POS	SRM	MRPII	Ecommerce
数据中台	ETL	数据可视化看板	业务监控大屏	数据目录管理
	数据仓库	数据报表	算法模型库	数据监控系统
	数据清洗	主数据管理（MDM）	数据接口	管报系统
数据后台	IDC	基础设施	云计算	网络设施
	安防消防监控设备	元数据管理	边缘计算	数字智能硬件
	灾备热备系统	工业网络部署	物联网	5G

图 4-31 "数据三台"详细的架构设计

数据中台概念的提出在于促进数据服务业务、赋能业务职能的发挥，从而让角色更好地在组织中发挥出应有的能力。技术本身是不分前台、中台、后台的，数据前台、中台和后台划分的最终目的还是要让数据资产在组织中能够从价值创造上进行定位，让数据资产的价值最大化地发挥出来。

4.6.2 数据中台提供的数据服务

为了更好地理解数据中台，我们可以从数据中台应该承担的角色、输出的结果、创造的价值的视角来切入。因为广大读者并不是专业技术人员，所以我们从通用的视角，而不是从专业技术的视角来讲解数据中台。当然，数据中台的概念也不是从专业技术视角来定义的，而是从功用视角来定义的。换句话说，数据中台的概念是一个需求侧、消费端、用户视角的概念，而不是一个供给侧的概念，也不是一个专业技术领域分类的概念，更不是从信息化软件产品的视角定义的概念。所以，如果从技术角度来实现，必须要结合业务需求才能架构具体的数据中台，脱离业务的数据中台都不是中台，充其量是一个数据资产管理平台。

当然，从为消费端、使用端服务的视角，我们倒是可以考虑成立一个这样的组织，专门负责数据中台提供的功能和服务，输出部门或者组织的价值，这样就能够回归到数据中台价值创造的角色定位上。这个组织需要了解实现功能或者价值创造的各种技术领域，可能包括数据处理、数据传输、数据管理、数据清洗、主数据管理、数据分析和挖掘，还需要理解业务，有一定的业务洞察，懂得管理诀窍，理解企业业务模式下的关键成功要素，以及企业的发展战略等。

数据中台应该提供的基本数据服务如下。

1. 数据提取（ETL）

ETL 是 Extract（数据提取）、Transform（转换）和 Load（装载）的英文简写。传统信息化建设为多个业务部门建立了多套信息系统，每套信息系统都有自己的数据库，这些数据库因为厂商不同，使用的技术体系不同，架构也不同，所以我们需要一套软件把各套信息系统后台的数据通过在线的方式提取出来（Extract），然后通过数据结构的重新整合（Transform），存储到新的数据服务器，或者数据仓库中（Load），最后为数据仓库提供数据加载服务。在数据提取和加载的过程当中，最为复杂的或者难度较高的是 Transform（转换），因为提取出来的数据可能需要一种算法进行数据结构的重新调整，适配新的数据库结构设计的需要，甚至要做一些复杂的数据转换，转换成新的编码或新的数据结构，甚至存在一张表被拆成几张表，或者将几张表组合成一张表的情况。

当然，Extract（数据提取）也是有难度的，主要的难度在于原有的业务信息系统是否支持数据库直接查询，是否存在编码加密转换，是否能够直接访问数据库结构，是否存在数据封装的情况，是否使用了通用的或者兼容大多数 ETL 工具的数据记录方式。这要追溯到原有业务信息系统在上线的时候是否有足够完善的文档系统，是否有明确的各种数据表和字段的说明文档。如果文档不全，数据提取就会碰到各种各样的困难。

2. 数据管理

我们在提取数据之后将之装载到新的数据库中，然后就要对这些数据资产进行体系化的、规范的管理了，要在一定的管理规范和标准下对这些数据资产进行管理。数据管理的功能基本包括四大类，我们常常称作"入、存、管、出"。

第一个功能是数据的"入",就是 Load 的过程,将从其他信息系统提取的数据装载到数据仓库中,通过转换、数据规范化、数据清洗,将规范的、高质量的数据装载进数据仓库。入口把握不好,就会将各种各样的数据都装载进数据仓库,脏、乱、差的数据让我们以后的使用无比痛苦。

第二个功能是"存"。数据在进入数据仓库后如何存储?一个方面是存取效率的问题,另一个方面是结构化目录管理的问题。一个有序存放的仓库在存取效率上大大高于一个货物随地乱扔的杂货场。我们需要建立数据目录,对数据进行分类、分级的有序管理。我们要用目录管理方式,大幅度提升数据访问的效率。当然在这个过程中,技术文档的规范撰写也非常重要,保证让数据库管理员在换岗、换人之后,还能找到原来的数据放在哪里,明白每个字段都代表什么含义,清楚不同数据表的数据源是什么。

第三个功能是"管",即管控谁可以访问什么数据,是否能够做到字段级和数据条目级的授权管理,或者数据取值范围级的访问控制。将企业所有信息系统中的数据都提取出来,集中存放到一个数据仓库中,这个数据仓库不能成为公共图书馆,不能谁都可以访问,否则数据安全无法保证。所以我们必须建立数据的分类分级管理体系,建立授权访问的机制和技术支撑体系,对敏感数据和保密数据要采取数据安全防控的措施,这些措施包括并不限于加密传输、加密存储、授权访问、隔离存储等。

第四个功能是"出",就是对数据的读取进行跟踪和监控,在授权访问的基础上为其他业务系统或者应用系统提供数据服务,提供数据的输出,并能够跟踪什么人使用了什么数据,哪些数据一直无人使用,哪些数据使用频率较高,等等。如果多数人在访问订单数据之后都对订单数据进行各种统计、汇总,将其加工成处理好的数据,这样可以提高数据输出的效率,减少服务器的运算,也减少用户的统计汇总工作,避免重复劳动。

3. 数据清洗

数据清洗是一项非常智能化的工作。当然有些数据在进行转换的时候可能已经做过一次清洗,被转换成了规范的数据。数据清洗也是对数据仓库中新存入数据的基本要求。有些数据可以在输出服务的时候进行数据清洗,为数据用户提供高质量的数据输出,而那些未被处理的脏、乱、差的数据则保留在原始的数据表中。

这是一种额外功能,但基于我们的经验,这个功能能够大幅度提升数据用户的效率。我们在实践中发现,绝大多数人在从系统中导出数据之后都要花费大量的时间对数据进行清洗,这花费了他们日常处理数据 80%以上的时间。如果我们能够在数据中台提供智能化的数据清洗,将类似"北京市""北京""BEIJING"等字段都统一成"北京市",就会大大减少业务部门的数据清洗工作。

4. 数据安全

数据安全是数据前台、中台和后台都需要考虑的功能。将数据集中到统一的平台上,数据的安全就更加重要了。数据安全不仅涉及数据泄露,还涉及数据损失。对数据及时进行备份,通过隔离热备,能够使数据库在遭受物理损伤之后快速恢复,能够使硬盘在发生物理破损之后不丢失数据记录,这些都是数据中台需要考虑的因素。

数据安全的管理对数据中台来讲不仅仅是物理上的安全损害问题,还有管理上的泄露问题。内部员工授权访问总有一定的行为特征,通过对异常行为特征的追踪和分析,能够提前发现数据安全隐患,做到及时防控,这些都是数据安全监控需要通过机制、算法和程序代码来实现的。

此外,我们需要通过防火墙、物理隔离等手段,防御外部的攻击。保密数据的加密传输非常重要,任何公司内部的保密数据在借助网络进行异地传输的时候都应该采取加密传输的方式,甚至采取物理加密,通过发送端和接收端的物理加密和解密锁进行安全防控。具备条件的公司可以采用独立安全专线,构建 VPN 提供数据服务,确保数据安全。

5. 数据质量

数据中台对数据质量的管理是事后的管理,通过数据清洗服务可以解决部分数据质量问题,从技术的角度形成数据质量反馈,对其他业务系统传输过来的数据进行数据质量评价。对于数据质量变差的业务系统,要反馈到相关业务部门和业务系统管理员,确保数据质量能够提升。

因为数据中台是接收数据并提供数据服务的,数据都是从业务系统提取和传输过来的,除非在 ETL 的过程中能够提升数据质量,否则数据质量就会参差不齐。源头的数据质量不高就会导致"垃圾进、垃圾出"的现象。所以,我们需要从源头上管理数据的质量。

数据中台在数据质量管理上建立数据质量诊断和评价的模型算法。实时动态地反馈业务系统的数据质量,以及存在的问题,成为数据中台服务的一种新功能要求。

6. 数据分析

数据分析功能是数据中台的核心功能之一,是对汇集来的数据的深度加工处理，为业务部门提供业务洞察的基本功能或者应用。数据中台通过对原始数据的加工处理，形成表征业务的各种指标数据，或者通过算法模型生成新的分析洞察数据，为业务部门观测业务活动、评价业务绩效、发现管理中的问题提供实时动态的服务，包括数据报表输出的服务、数据指标可视化呈现的服务、数据分析模型算法的输出服务，还可以通过订阅的方式为各个业务口径提供它们所需要的数据分析，如趋势预测、价格预测、销售预测等。

7. 数据可视化

数据可视化是数据中台的一个核心功能。数据中台本身在技术上为数据用户提供直接在线的可视化图表制作，所以数据中台必须具备数据可视化的功能模块，不是直接将开发好的数据可视化图表提供给用户去订阅或者查看，而是给用户一个工具，让其做自己想做的数据图表。

当然，数据中台在技术上必须能够提供一些基础的或者常态化的数据图表，让不会使用系统的人能够看到数据图表，看到数据指标的变化，及时发现业务或者管理中的问题。

8. 数据算法

数据中台能够开发一些算法模型，形成组件或者函数，供用户调用。这就像 Excel 一样，后台有些函数供用户去使用。这就是算法模型的服务，包括基本的函数功能。数据中台还要根据业务需求，开发一些算法模型供用户调用。

数据算法是数据中台功能的高级要求，基础的数据中台服务都不具备这个功能。随着数据中台的技术发展和一些数据算法开源软件接口的丰富，我们可以直接将很多算法模型封装起来，通过界面化的操作调用各种高级算法，如 R 语言项目中各种算法包的调用、Python 中算法库的直接调用。

如果我们能够做深度开发，而不是直接调用 R 语言算法包或者 Python 算法库，能够用所见即所得的方式提供算法模型服务，那么将会提供更友好的数据中台算法服务。

我们在实践中见到越来越多的数据中台类的技术平台化产品开始封装数学模型算法，包括大数据常用的一些算法。用户可以采用拖曳的方式建模，导入数据中台的相关数据，进行模型算法的运算，然后输出分析结果。我们相信，以后会有越来越智能的类似平台涌现。

9. 数据应用

在不同的业务场景下，阿里数据中台所提供的"生意参谋"功能提供了各种各样的服务，用于店铺商品和促销决策，这是结合业务场景的数据应用。

要想让数据中台提供数据应用的服务，数据中台的技术团队要深入业务，懂得业务需求，理解业务洞察。

10．业务洞察

数据中台能够进行业务洞察，能够给业务部门提供风险预警，如客户流失预警、库存过高或过低的预警、优秀员工流失的预警、财务现金流的风险预警等，这是基于业务需求的深度应用了。要实现这部分功能，数据中台技术团队需要跟业务部门深度合作，了解他们的需求，满足他们的需求。

业务洞察可以先从预警、导航等基本的功能开始做起。复杂的业务洞察的建设需要更长时间的经验积累和算法优化迭代过程。这个过程也离不开公司各个业务口径的业务专家团队的参与。

4.6.3 数据中台的意义与价值

数据中台从一个概念的提出到逐步成为一种流行的趋势，受到了越来越多的企业的欢迎，这些企业在进行信息化建设的时候开始考虑数据中台的建设。数据中台从概念走向实践，从阿里走向各大企业，对专门和专业地管理、开发和利用数据资产，具有非常重要的推动作用。

过去在进行信息化建设的时候基本没有几家企业会专门为数据建设一套信息系统，只是围绕业务信息系统展开，因为没有对应的业务口径部门，没有需求的提出，所以企业的信息化部门就没有主动提出建设这样一套系统。有了具体的概念和数据资产管理的需求，数据中台的建设就逐步成为一种"需求"，成为信息化部门发起的信息化建设需求，建设数据中台的意义无疑是巨大的。图4-32展示了数据中台与业务系统之间的关系，只要有业务应用场景和业务系统，就有数据中台，如果理不清业务应用场景，不知道业务需要什么功能，那么数据中台就是一个数据容器，不是真正意义上的数据中台。

笔者有一个观点：只要专注了，就会专业。你专注做一件事，就会想着如何把这件事做得更加专业，做得更有价值。数据资产的专门管理会带来对数据资产更加专业的管理，无论是在人才培养上，还是在岗位职能建设上，都会提升我们的专业化程度。

管理者数据能力晋级

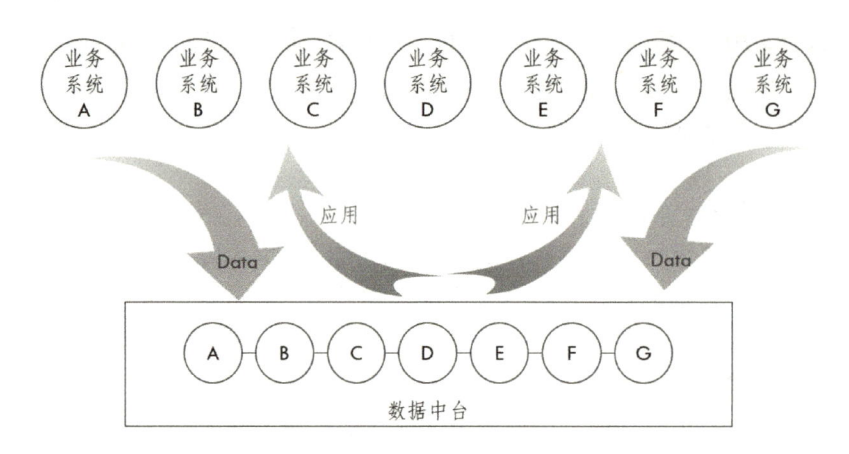

图 4-32　数据中台与业务系统之间的关系

数据中台的建设首先是把数据作为一种资产进行独立的、专门的管理。数据中台将数据从各个业务系统中提取出来，单独地进行线上管理。这就会带来一层价值，即我们开始重视各个业务系统中数据资产的质量。如果提取出来的数据的质量不高，就会促使我们反思原有的业务系统，然后对业务系统中的数据记录方式和业务部门采集数据的过程进行反馈管理，这样就会形成一个数据质量反馈管理的闭环。这是数据中台建设的第一层价值：提升了数据资产的质量和数量。

数据在被提取到数据中台的数据仓库中后，就需要管理、开发和利用，这就有了下一步：数据资产价值挖掘。我们总不能只把数据放在仓库里，让其"睡大觉"，我们要想办法让业务部门把这些数据利用起来，要为数据资产集中管理匹配人才、设置岗位，这样每个岗位上的人就要去思考怎么利用这些数据资产，数据资产就会被逐步利用。原来业务系统中的数据现在独立呈现在大家面前了，谁利用得好，谁从中发掘了价值，给管理带来了优化，给业务带来了价值，我们就能单独看出来了。这是数据中台建设的第二层价值，即倒逼数据资产价值的挖掘，倒逼数据人才培养，倒逼大家去想方设法地利用数据。数据只有被利用才能产生价值，没有使用的数据都是成本：采集数据投入的人力和物力成本、存储成本、管理成本。

数据中台最终的价值在于使企业的数据资产得到有效的管理。

第一个方面，企业利用数据中台建设，对数据资产进行了集中的管理，使数据资产无论在质上还是在量上都得到了提升。

第二个方面，避免了企业的数据散落在各个系统中，散落在各位员工的个人电脑中，甚至散落在各个流程环节中，使数据资产得到有效的保存。

第三个方面，方便大家查找和使用数据，因为大家都到一个地方去找数据，而不是在需要数据的时候到各个口径去查。

第四个方面，我们可以在集中管理数据资产的平台上规划和设计数据资产的集中利用，可以借助算法模型的开发、平台上各种工具的建设、平台新增的各种功能更高效、更科学地对数据资产进行开发利用。

这样数据资产的价值就能够得到更高效和更科学的利用，并且这些方法和经验都沉淀在了数据中台上。

4.6.4 数据中台的建设是一个过程

（1）数据中台的建设不是一次性完工的工程，而是一个持续迭代、敏捷开发、不断完善的过程。不要把数据中台的建设模式跟传统的业务系统的建设模式混淆，不要像我们对业务系统的要求那样，希望建设一个完整的、封装好的、最好是多年都不会变化的产品。数据中台必须是一个开放的系统，要不断地容纳逐渐增多的数据，或者去提取新建设的业务系统中的数据，还要在内部不断融合各种数据，加工出更多的分析数据和使用数据。数据中台要不断完善算法，不断增加新的数据服务，满足业务部门不断变化的需求。所以，数据中台是一个一直处在成长中的系统，与业务系统的建设理念不一样。这一点非常重要，非常值得企业的高层和业务管理部门重视，不要对数据中台抱着"一劳永逸"的态度来建设。

（2）数据中台的建设是一个不断调整以适应业务变化的过程。在对数据资产实行集中管理后，我们需要实时动态地监控数据的质量，不能让新提取的数据的质量影响了原有数据的质量，还要保证新进入的数据有更高的质量，数据越来越多，但质量必须越来越高，可用性越来越强。

（3）我们还要不断优化数据结构，实现数据之间的有机连接，避免"数据孤岛"出现，按照企业的业务流程和业务逻辑将各种各样的数据集"串"起来，将各个数据表之间关联起来，实现数据集之间的联动分析。客户投诉数据反映的是产品质量问题，产品质量数据反映的是零部件的质量问题，零部件的质量数据反映的是供应商某批次的供货问题，供应商某批次的供货数据反映的是谁下单采购、谁做的入库质检、谁做的付款确认。将整个链条的数据打通，避免出现"数据孤岛"现象，数据中台要实时地联动这些数据。

（4）新增的数据要不断接入。在开始的时候数据中台到各个业务系统中去"取"数据，新建设的业务系统必须给数据中台"送"数据，新输送来的数据量级如果

管理者数据能力晋级

很庞大，数据中台就需要扩容、扩能、提速，所以，数据中台在硬件建设上也要适应新的需求。过去一台服务器就能够满足数据资产管理的需求，随着数据量级的提升，我们需要考虑采用分布式存储的方式来加快响应速度，解决数据查询耗时太长的问题。

数据中台的算法模型和数据应用工具的开发一刻都不能停止，我们要不断为业务部门提供新的数据分析、数据展示和数据应用的工具。过去是业务部门前来"索要"数据，现在我们要逐步结合对业务部门的理解和洞察，开始向它们"推送"数据，给它们提供预警和决策，甚至给它们下达质量任务，实现数据中台的职能从服务、伙伴、管理到引领的升级，如图4-33所示。

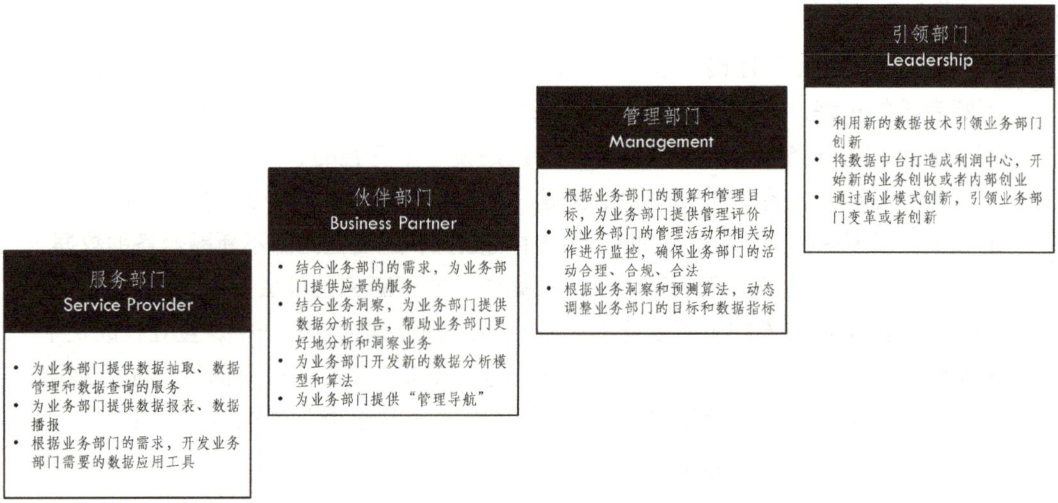

服务部门 Service Provider
- 为业务部门提供数据抽取、数据管理和数据查询的服务
- 为业务部门提供数据报表、数据播报
- 根据业务部门的需求，开发业务部门需要的数据应用工具

伙伴部门 Business Partner
- 结合业务部门的需求，为业务部门提供应景的服务
- 结合业务洞察，为业务部门提供数据分析报告，帮助业务部门更好地分析和洞察业务
- 为业务部门开发新的数据分析模型和算法
- 为业务部门提供"管理导航"

管理部门 Management
- 根据业务部门的预算和管理目标，为业务部门提供管理评价
- 对业务部门的管理活动和相关动作进行监控，确保业务部门的活动合理、合规、合法
- 根据业务洞察和预测算法，动态调整业务部门的目标和数据指标

引领部门 Leadership
- 利用新的数据技术引领业务部门创新
- 将数据中台打造成利润中心，开始新的业务创收或者内部创业
- 通过商业模式创新，引领业务部门变革或者创新

图4-33　数据中台的职能升级路线：从服务部门到引领部门的升级

数据中台需要从一个技术平台内化为企业组织的职能部门，有专职的负责人，有专门的团队，不断发展壮大，从成本中心逐步转变为利润中心。这是一个职能不断升级的过程，也是能力不断增强的过程，更是一个职能组织从被动走向主动的过程。

第 5 章

数据体系化场景的应用能力晋级

数字化转型在经营和管理端的落地需要结合业务场景和企业的实际情况,通过调研分析创新出应用场景,让数据赋能业务提升效率、提高效益、创新商业模式。

5.1 企业数据化管理应用场景的规划和设计

数据源自业务,又赋能业务,从而赋能经营和管理决策,所以规划和设计数据应用离不开业务场景。管理者在数据应用方面所应具备的第一项能力就是将数据应用于业务场景的能力。无论是企业管理者使用数据赋能自身业务,还是数据中心或数据中台组织的团队成员利用数据服务、赋能、管理和引领业务部门,都离不开业务场景。

5.1.1 从数据的四层价值中寻找应用场景

要想有效地规划和设计业务的应用场景,我们必须理解数据的价值,知道数据创造价值的方式和方法。在第 1 章中我们讲述过数据的四层价值,即数据能够回答的四大类问题。

- 发生了什么:数据让管理"看得见"。
- 为什么发生:数据让管理"看得清"。
- 将要发生什么:数据让管理"看得远"。
- 该如何去做:数据让管理"看得懂"。

这四类问题有层次之分，是因为难度不同。

（1）数据能够回答的最简单的问题是发生了什么。数据记录了企业的经营活动和管理活动，所以只要我们对数据进行统计、汇总，就能够知道到底发生了什么、为什么发生，以及我们做得好不好，就可以对过去的经营管理活动做出评价。这就是数据指标化管理，让我们能够用数据指标来表征业务和管理，来评价业务活动和管理结果，从而让我们知道自己的长、短板在什么地方，以及我们应该把时间、精力和资源投到什么地方去改善、优化。

（2）用数据来回答为什么发生，其实是一件较难的事情。其中需要一些算法模型，需要结合业务逻辑来建模，从而量化投入与产出之间的关系，找到最佳的资源配置结构。用数据来回答为什么发生，是在探寻事物背后的业务逻辑关系，即因果关系。只要我们能够找到事物背后的因果关系，就可以基于期望的结果来设计相关的原因。

然而，现实是非常复杂的，我们期望的结果，无论是销售业绩目标的达成、市场占有率的提高、市场地位的升级，还是产品在客户心目中的印象加深，都有着非常复杂的原因。有些原因是可以控制的，有些是无法控制的，需要用数据分析算法模型来研究，这里面涉及探索性分析方法、假设验证类的算法模型。当然，在大多数情况下，我们更加相信假设验证类的算法模型。

（3）将要发生什么是一个预测问题。用数据来回答预测问题比探寻事物背后的因果关系更加复杂，特别是预测干预问题。因为我们预测准确，可能因此采取了非自然状态下的决策和行为，从而导致预测条件发生了变化，以及预测结果不再处在自然状态下，不再准确。这就是预测干预原理，即因为预测准确，让结果不再是预测的结果。

（4）我们该如何去做，就像我们在开车时使用导航一样，我们能够根据历史数据和现在的数据来预测走某条路线到达目的地所需要的时间。随着对未来的预测和对过去历史行为的经验沉淀，我们知道采取什么行动会得到什么结果，这样我们就知道应该如何行动才能达到预期结果。

在管理中，一般有两种预期结果：第一种是在相同的资源投入下，让得到的结果最大化；第二种是在既定的目标下优化资源投入，让总投入的资源量最小化。

如果我们能够用数据回答怎么做最好，就可以形成管理范式，然后让系统指挥或导航我们做出管理决策。随着导航算法的不断优化和增多，我们逐步让系统指挥自己的决策和行动，这样企业管理就更加敏捷和高效。我们要知道，数据系统通过算法做出的决策，比人类的大脑做出的决策更高效、科学、敏捷和快速，人类的大脑容易犯错，而算法不会。

在理解了数据的四层价值之后，我们要按照这四层价值在业务场景中寻找应用场景，让数据赋能管理和决策，让数据真正在业务管理中发挥价值。

数据在场景中的应用也是一个不断升级的过程，这个升级过程包括两个方面。

一方面，在同一个场景下，随着数据应用的不断深入，数据算法模型会不断迭代优化。

另一个方面，我们在一个场景下应用数据，会联动其他关联场景的数据应用，会不断扩展数据应用的场景，这是数据的场景网络效应。这种效应会从第一代逐步升级到第二代，这也是一个升级过程，我们要逐步适应这种动态的变化。

5.1.2　价值导向：提效+创新

在推动企业数据场景应用的过程中，要以价值为导向。数据只有在应用中创造价值，才能够在不断创造价值的过程中坚定团队成员的信心，提升高层管理者的重视程度，以及坚定高层管理者投资数据的决心，从而获得更多的资源投入，丰富数据集、数据算法和应用场景。

如果我们在初始的数据应用失败之后失去信心，就不会达到预期的结果。很多企业在这个方面是非常现实的。所以，我们在探寻数据的应用场景的时候，千万不能好高骛远，追求"高大上"，而是要以价值为导向。哪怕是很小的进步，能够带来可量化和可见的价值就有意义。通过将历史和目标比较，我们知道利用数据和算法节省了多少钱、创造多少利润、带来多少业务。让数据应用场景创造的价值能够看得见、摸得着，才会有后续投入。

笔者曾经服务过一家化肥企业，该家化肥企业在行业内属于头部企业。该企业每年的利润状况也非常不错，每年都有超过10亿元的净利润，在大数据技术应用方面有足够的资金保障。因此，这家企业的董事长在参加了很多论坛和会议之后，设计了一个非常大胆的大数据应用场景——渠道扁平化，希望借助大数据技术彻底改变企业过去三级分销的模式，改善受制于区域代理商和零售门店的状况，提高企业在整个销售通路中的话语权。然后他开始组织实施大数据平台，跟一家上市的软件企业合作，每年投入2000多万元来做大数据平台，并发动了几百名业务员和上千家渠道商采集整个销售通路的数据，包括渠道商的数据、零售商的数据，以及终端农户的数据。他们采集了很多数据，每年投入大量的人力、物力进行终端普查。结果3年后，这个大数据平台并没有对渠道的解构做出任何的改变，受制于区域代理商和零售门店的状况还是老样子。这种不以价值创造为导向、不能在短期为渠道和业务部门创造价值的投入，让所有的参与方都对其失去了信心，包括业务部门、渠道商，还包括给他们提供大数据技术支持的那家上市软件企业。

管理者数据能力晋级

笔者的观点是，宁可在开始的时候选择小的业务场景进行优化、提效，也不要试图一开始就设想一个伟大创举。过去几十年积累的习惯不是一下子就可以改变的，这需要一个漫长的过程。在这个漫长的过程中，如果没有持续的价值创造，所有的参与团队就会丧失信心。

笔者在商务活动中曾经接触过一家家电企业，了解到该企业在进行数字化转型和数据技术平台开发。该企业把全球业务活动数据和消费者数据聚合到一个平台上，构筑了集团的大数据中心，每年投资上亿元。开始的时候大家信心满满，在连续投入 3 年之后，该企业就开始更换大数据中心的领导，换了一个又一个，最终也没有解决数据资产应用的问题。如果数据整合没有在业务端寻找到业务场景，那么数据整合就没有价值和意义。

其实，在传统企业中，数据能够应用的场景非常多。笔者在超过 8 年的咨询实践中，曾经为客户提出上百个数据应用场景，不完全举例如图 5-1 所示。无论是用简单的数据表征管理活动结果，还是用数据赋能业务决策过程，我们的出发点都是价值创造，无论创造的业务价值是提升管理效率、减少人工成本、减少浪费，还是优化业务流程，都是从业务场景的价值创造出发的。企业应按照这个出发点来梳理数据需求，然后再在数据全生命周期链条上完善数据，形成闭环，在让价值创造变现之后再考虑其他的。我们不能为了数据技术而投资数据技术，也不能为了数据资产管理而投资数据资产管理，而应为了改善业务而投资数据技术和数据资产管理，这是根本性的问题。

什么是提效？提效就是提升效率，而效率是指投入与产出之间的比值。提效的方法要么是增加产出，要么是减少投入。在减少投入方面，可以减少人员的投入、物料的投入、资金的投入，还可以减少时间的投入。所以，在效率方面有 4 种效率可以考虑：人、财、物和时间的效率。如果不能找到好的方法扩大产出，那么减少投入就是首要的选择，而这种选择是较为容易实现的。

在这里举几个例子供大家参考。

对一家生产制造型企业来说，库存管理是非常重要的。物料流转的效率是生产制造型企业薄利多销、创造更高利润的根本。比如，我们把原料或零部件加工成产品并销售给客户，在微薄的利润（如 5%的利润）下，如果我们有更快的物料流转速度，而不是有非常高的原料或零部件库存、产品库存，那么我们在一年的周期内也能够创造更多利润。假设一年的流动资产周转一圈能够创造 5%的利润，如果流动资产周转两圈，就能够创造 10%的利润。我们可以考虑用数据去表征每个环节的库存，包括原料库存、零部件库存、在产库存和成品库存，如果每个环节的库存都能够降低 30%，那么整体的流转速度就能够提升。

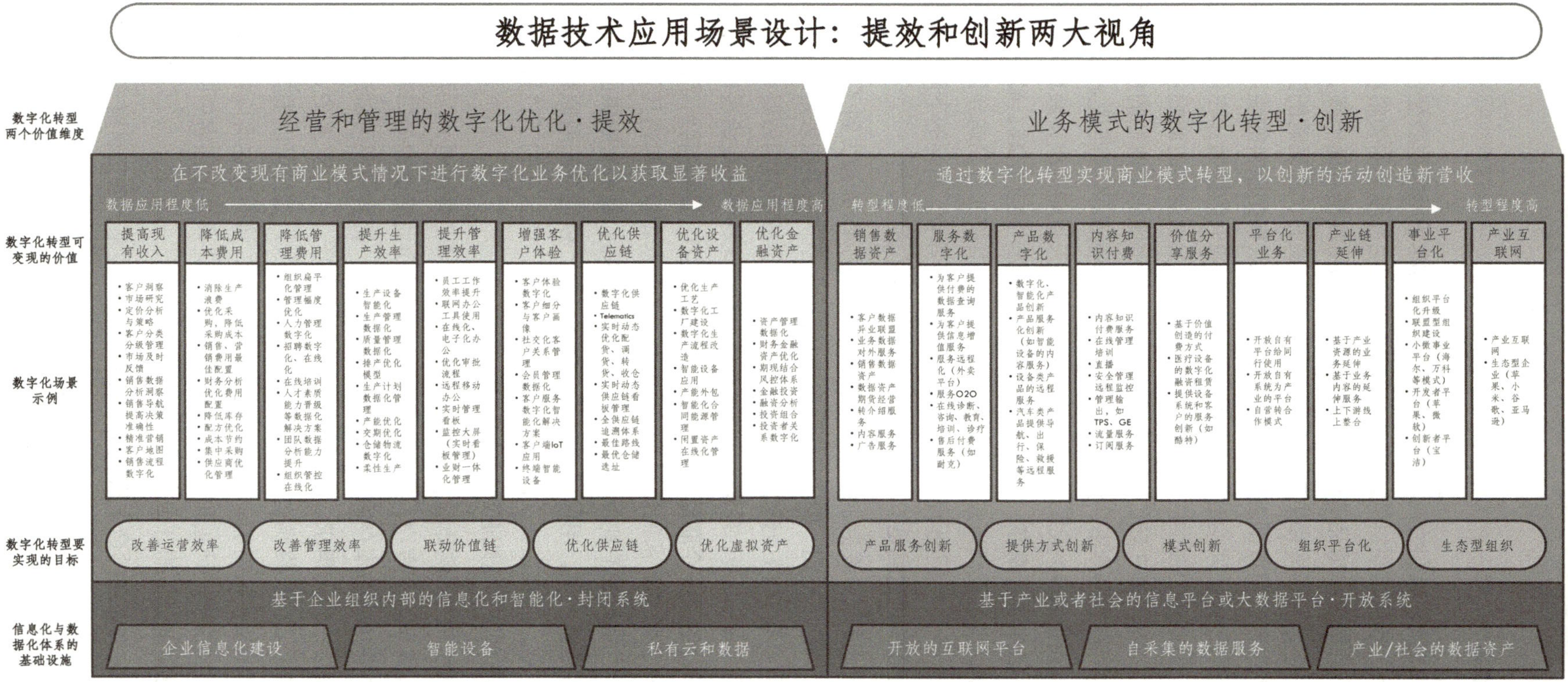

数据技术应用场景设计：提效和创新两大视角

经营和管理的数字化优化·提效
在不改变现有商业模式情况下进行数字化业务优化以获取显著收益

数据应用过程视角

提高现有收入	降低成本费用	降低管理费用	提升生产效率	提升管理效率	增强客户体验	优化供应链	优化设备资产	优化金融资产
· 客户画像 · 市场推广 与营销 · 客户分类 · 分销管理 · 市场定价 · 反馈设计 · 客户数据 分析预测 · 现实内核 · 精准营销 · 销售数字化	· 清单生产 · 进度化 · 库存减少 · 成本降低 · 领料管理 · 报废管理 · 财务分析 · 采购管理 · 配送物流 · 库存周转 · 物流协同 · 采购信息 · 采购竞价 · 成本管理	· 组织扁平 化管理 · 流程优化 · 数字化 管理制度 · 督导在线 · 绩效考核 · 在线培训 · 人才梯队 · 管理层级 · 能力建设 · 组织方案 · 团队建设 · 分析能力 · 管控能力	· 生产过程 · 智能制造 · 生产调度 · 数据化 质量管理 · 数字化 模型计算 · 模拟仿真 · 计划匹配 · 实时生产 · 流程数据 · 监测设备 · 故障预测 · 数字化	· 员工工作 效率提升 · 联网办公 · 无纸化办公 · 优化流程 · 公众号制 · 智能移动 办公 · 实时管理 · 监管效率 · 模型算法 · 数字化 管理管控	· 客户体验 · 客户沟通 · 像化交互 · 客户界面 · 虚拟化 · 客户服务 · 智能化 · 客户端IoT · 客户终端智能 · 应用设备	· 数字动态 · Telematics · 实时动态 · 供、产、销 · 实时动态 · 决策管理 · 数据协同 · 流通环节 · 最优化物流 调度	· 优化生产 · 数据化工厂 · 数字化生产 · 全程跟踪 · 智能应用 · 工业数字 · 资产监控 · 优化重要 资产保护 · 管理	· 法人产品 · 数据集成 · 数据金融 · 资产金融 · 期权结合 · 金融分析 · 风险分析 · 投资结构 · 系统化

| 改善运营效率 | | 改善管理效率 | | 联动价值链 | 智能设备 | 优化供应链
封闭系统 | 优化设备资产 | 优化虚拟资产 |

基于企业组织内的信息化和智能化

| 企业信息化建设 | | | | | | | 私有云和数据 | |

业务模式的数字化转型·创新
通过数字化实现商业模式转型，以创新的活动创造新营收

转型程度视角

销售数据资产	服务数字化	产品数字化	内容知识付费	价值分享服务	平台化业务	产业链延伸	事业平台化	转型模型效应
· 客户联盟 · 异业联盟 · 业务数据 · 对外输出 · 数据变现 · 数据开放 · 数据应用 · 数据合作	· 客户引流 · 数字化咨询 · 数据化 客户服务 · 服务模块化 · 服务模式 （新电商） · 服务模式O2O · 远程医疗、诊疗 · 智能诊断 · 预约诊疗（如 医疗）	· 数字化、 智能化 产品创新 · 创新的 设备创新 · 产品选择、 服务、 数字、数据、 服务、产品 最适应程度	· 内容知识 付费服务 · 社群管理 · 在线培训 · 直播 · 数据管理 · 数据监管 · 电子书、 TPS、GE · 流量服务 · 订阅服务	· 基于价值 的协同付 费模式 · 医疗设备 的数字化 · 医疗管理 · 提供服务 · 系统化模式 · 户内创新 创新（如 影视）	· 数字化、 平台化业务 · 开发自有 平台使用 · 平台使用 · 开发者有 会员平台 · 合作模式	· 基于产品、 资源链接 · 数字化的 基础设施 神、万科 土巴兔	· 组织联 联合供 供链模式 · 小核事业 平台（海 尔、万科 海底捞） · 开发者平 台（苹 果） · 时利者平 台（滴滴、 饿了么）	· 产业互联 网 · 同态型企 业（小 米、滴 滴、亚马 逊）

| 产品服务创新 | 开放的互联网平台 | | 模式创新 | 组织平台化 | 生态型组织 |

基于产业或社会的信息平台或大数据平台开放系统

| 自采集的数据服务 | | | | | 产业/社会的数据资产 |

数字化转型两小价值维度

数字化转型可变现的价值

数字化场景示例

数字化转型要实现的目标

信息化与数据技术基础设施

图 5-1　从提效和创新两大视角思考数据技术的应用场景

说明：以上数据技术应用场景的示例不完全，读者如果对其中的应用场景感兴趣或者有疑问，可以通过邮箱 hilton@data2biz.com 联系作者。

管理者数据能力晋级

按照这个逻辑，我们给一家生产皮革的企业实施了用数据表征各个环节库存的数据化管理。我们将原料的采购、入库、出库，生产线上的领料和用料，在制品在每个环节的数量，成品的质检、入库、出库都用数据表征出来。对于采购，该企业每天用多少料、库存中有多少料、什么时候采购、在采购的时候该采购多少，也都用实时更新的数据表征出来，采购部门可以根据原料的使用情况和库存情况，优化采购节点、采购数量和采购周期。因为我们能够预计在什么时候需要进多少原料，于是我们跟供应商协商，在关键物料上希望供应商根据我们的计划能够提前备货，而不是在我们下单之后再做，这样也优化了他们的生产排期。在没有提高采购价格的条件下，我们从下单采购到收到原料的周期从 40 天减少到了 10 天，采购周期也从 40 天采购一次，减少到了 20 天采购一次，原料库存大幅度下降，过去 4 亿吨原料库存，经过 6 个月的优化调整，逐步消减，最后维持在 1.5 亿吨原料库存。虽然我们还想再降低库存，但是断供和加急采购会让供应商调配货的频次增加，于是我们把 1.5 亿吨定义为原料安全库存。库存的下降大幅度提升了原料的流转效率，这就是一个通过数据提效的简单案例。

经过一年的试点，该企业给客户的订单交期也从 45 天减少到了 20 天。过去该企业为了缩短订单交期，不得不备很多原料，因为原料的平均采购周期是 40 天，现在订单交期从 45 天减少到 20 天，但该企业在同供应商共同做好采购交付计划后，采购交期只有 10 天，采购频率是 20 天一次，这样该企业给客户的订单交期也缩短到 20 天。这是一个联动的优化效应，数据在这个过程中起到了关键的作用。想要知道 2000 种原料目前的情况，只要在电脑的数据看板上单击几下就可以看到目前的库存量、每日的消耗量、采购订单的交付时间、是否有断供的风险，以及排产计划是否能够满足。用鼠标点开一个销售订单，就能够知道原料当前的配套情况、排产计划，以及在什么时候可以交付给客户，完全摆脱了过去需要"翻箱倒柜"，去现场盘点才能知道数据的情况。

为了提升客户的采购体验，该企业把排产计划和交付计划，以及针对客户的成品库存情况共享给了客户，客户随时可以通过该企业提供的接口看到订单的排产情况。如果该企业的库存情况不能满足全单交付，则客户还可以选择分批次交付，以应对终端销售的需求。这样，客户体验非常好，他们对该企业的供货情况有实时的数据可查，在终端销售上可以做到心中有数。他们可以根据终端销售的库存情况随时调货、随时加单、随时延期交付订单，该企业也可以根据他们发出的延单指令，调整排产计划和采购计划。这种联动让该企业跟客户的关系更加紧密，客户也愿意把更多的订单交付给该企业来生产。

这种基于数据联动的合作模式是一种新的供应关系，是交易模式的一种创新。

这种创新大幅度提升了客户的体验，也帮助客户降低了库存风险和商业风险。他们也不会因为销售预测不准确而采购过量，导致库存积压的问题。

企业与供应商之间共享采购计划和采购需求，供应商共享他们的原料库存和对应采购订单的排产和交期情况；企业与客户共享排产计划和成品库存情况，这种上下游数据共享借助企业这个桥梁得到实现，完成了整个供应链的数据共享问题。这是一种新的管理模式，是供应链管理模式的创新。这种创新让整个供应链的效率得到大幅度提升，减少了整个供应链的库存，提高了物料的流转速度。这就是一个在数据应用场景的优化下，不断延伸边界，不断创新应用的典型案例。

管理者要善于发现这样的场景案例，让数据表征业务，用数据使整个供应链透明化、高效化。

什么是创新？创新可以是方法的创新，也可以是方式和模式的创新，还可以是业务的创新。创新一项业务相对较为困难，需要整合大量的资源，但是模式、方式和方法上的创新让企业有很多选择的空间。企业不能囿于传统，需要打破过去的思路，用新的方式同供应商合作，用新的模式同客户合作，这些都可以称作创新。

过去企业不希望客户知道自己的库存情况，担心在他们知道后自己会在价格谈判中失去先机，现在企业通过与客户共享库存，提高合作效率，让他们可以进一步降低库存，让自己可以进一步优化库存，这样的合作方法就打破了过去封锁库存信息的模式。

5.1.3 服务于业务：管理预警与管理导航

业务提效和业务创新最大的难点不在于是否有业务场景，而在于数据技术团队是否理解业务，以及业务团队是否懂得数据技术。数据技术团队不懂业务，业务团队不懂技术，形成了沟通的困境，数据技术团队找不到业务需求和业务场景，而业务团队因为不知道数据可以做什么，也想不到数据赋能业务创新的点。这种现象非常普遍，存在于绝大多数企业数据化管理落地和数字化转型的变革中。

要想打破这种困境，就必须让数据技术团队深入业务，服务于业务。最好数据技术团队中要有业务出身的人，因为他们深刻地理解业务的痛点，能够利用数据技术解决业务的痛点，这是一个比较高的要求。大家都知道，现在的数据技术团队更喜欢技术钻研，他们热衷于了解最先进的数据技术，喜欢复杂而又让人看不懂的算法模型，喜欢最新的智能硬件，一看到崭新的设备和技术介绍书册，内心就非常激动，然而当谈论业务痛点的时候，则表现出不理解，也不知道如何利用数据技术来解决这些痛点，甚至害怕这些痛点成为自己的责任或者包袱，如果解决不好，反而为业务部门"背锅"。

我们在一家传统的农药企业中发现了这种现象。这家企业是一家农药企业，农药行业的季节性很强，如果计划和实际情况产生较大的偏差，就容易造成库存积压。企业每季生产的农药产品都不同，过了季的产品只能等到明年再卖，这就影响了企业的周转效率。销售计划、生产计划和采购计划必须保持一致性，从实际销售到实际生产再到实际采购必须打通。如果从销售、生产到采购的链条出现断裂，出现的偏差就会影响销售或库存。

这家企业的高库存经常被认为是信息技术部门的问题，因为信息技术部门给出的数据不准确，数据不准确导致很多的问题产生，从而影响业务：要么是销售订单完不成，要么是产出的产品卖不完，只能留到明年继续卖。对于这两种结果，信息技术部门都是"背锅侠"，虽然在采购、生产和销售这三个环节，信息技术部门都没有参与决策，但是因为这三个环节的决策都需要依赖数据，而数据源自信息技术部门，最后信息技术部门只能"背锅"。

信息技术部门了解业务、懂得业务是非常重要的。信息技术部门不仅要懂得程序代码，还要懂得产品特性，知道产品的时间敏感度、价格敏感度及品质敏感度，等等。此外，信息技术部门还需要知道产品的生产情况、哪些原料容易采购、哪些原料需要制定采购和交货周期。这对信息技术部门中只知道写程序代码的程序员和软硬件工程师来说，的确是一个非常大的挑战。

在企业从信息化到数字化转型升级的过程中，对数据技术人员理解业务能力的要求越来越高，哪些数据是重要的、紧急的、关键的，哪些数据是必须准确采集的，哪些数据是必须及时送达的，都需要数据技术人员从业务角度理解，这样才能使数据服务于业务。如果数据技术人员不理解业务逻辑，不深入了解每一项业务活动，就只能"背锅"。

在实践中，数据技术为业务提供的相对较为容易的服务是结合业务逻辑的预警服务。比如，安全库存的预警、客户流失的预警、员工流失的预警、现金流的预警、呆坏账的预警、供应商信用的预警。这些算法相对容易实现，只要能够从业务中获得对应的阈值，就可以设定预警。这些预警给业务部门带来的收益是巨大的。随着预警的经验积累得越来越多，我们可以把预警提前，然后使之变成管理导航。

- 针对安全库存的预警，当库存降低到靠近安全警报线时，系统提示进行采购补货，这个时候的提示就是一种管理指令，这种预警就变成了管理导航。
- 针对客户采购频次，可以设定客户流失预警，这种预警不是在预测客户流失，而是在判定客户快要流失时提示业务员对客户进行维护，这种预警就变成了客户关系管理的导航器。
- 对于员工的异常行为，可以设定员工流失预警，在 HR 评测出优秀员工之后，可以通过信息系统紧密跟踪这些优秀员工的行为，一旦发现有异常，就提示 HR 应重点跟踪这些员工，及时发现有离职倾向的员工，并及时挽留，而不是在员工提出离职的时候采取补救措施，这种预警就变成了员工关系维护的管理导航。
- 针对现金流的预警，可以将之变成现金流短缺前的提示，通过延长供应商付款期限、制定提前收款政策、减少客户赊账比例，以及提前办理银行信用贷款来避免现金流短缺。

这些预警是基于业务需求和场景设计的数据应用，也是比较容易通过构建模型来完成的。

在预警和管理导航的转换过程中，信息技术部门跟业务部门会有更多的接触，他们有更多的机会去了解业务和业务痛点。这种主动深入业务的行为和为业务部门创造价值的活动，也会增进信息技术部门与业务部门的关系，从而为信息技术部门理解业务创造更多的机会。

当然，业务团队的成员也需要结合自身的需要，主动发起数据需求，或者数据应用的需求。对于从预警到管理导航的转换，业务部门也可以尝试着去探寻。

5.1.4 回归现实：体系化调研与场景设计

以上是针对数据应用场景的举例，希望通过这些散点状的启发，能够让读者理解数据如何服务业务、赋能业务，甚至引领业务。在实际推动企业数据化管理落地或者数字化转型的过程中，我们还是要回归到体系化的规划、设计数据的应用场景，这就需要进行系统的调研，通过调研来规划、设计数据赋能业务的升级路线，而不是进行散点状的创新应用，缺少主线和系统性。

无论是企业的数字化转型，还是数据化管理的落地，都需要一个体系化的规划设计，找到实施的路线，实现系统性的升级。无论是数据技术部门的管理者，还是业务部门的管理者，都需要在企业数字化转型的过程中不断地探寻应用场景，不断地提出新的应用要求，不断地在尝试中升级和优化。最初的体系化设计虽然不能一次性地解决所有需求问题，但是可以一次性地将业务痛点和需求梳理出来，然后在这个基础上按照轻重缓急，分期、分批次地逐步实施。

在咨询服务实践中，我们团队需要一次性地给客户梳理出批量的需求，尽最大努力解决客户近两年实施数据化管理的问题，这样才能给客户一个相对满意的交付。在这个过程中，我们总结、沉淀了一些经验供读者参考学习。

每个业务部门都有自己的核心关键点，在不同的业务模式下也有自己的痛点需要解决，即使没有痛点，也有难点或者值得优化的点。怎样做才能发现这些点呢？这就需要我们在进行业务调研的时候有一个套路。在进行业务调研的过程中，我们会采用七步法来实施，这个七步法就是我们的咨询服务方法论，如图 5-2 所示。

| 1 有哪些业务痛点 | 2 业务的理想状况是什么样子 | 3 业务的现状是什么样子 | 4 现状与理想状况之间的差距是什么 | 5 造成这个差距的障碍或原因是什么 | 6 消除障碍、弥补差距的方法是什么 | 7 清除障碍、弥补差距的关键成功要素是什么 |

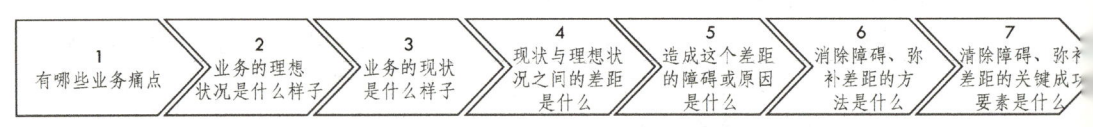

图 5-2　数据应用场景业务调研的七步法（七问）

1. 第一步，有哪些业务痛点

业务调研必须是开放式的，让淤积在受访者心中的问题先暴露出来。让对方先把问题说出来，然后形成问题清单。如果受访者说不出来，就进行下一步，当然，如果他们说出来，也需要进行下一步的提问。没有任何偏见和引导的提问是第一步，只要我们开始互动沟通，我们的问题就会存在偏见或者引导性的力量，会把受访者的思绪引导到我们的路径上来，所以必须要进行不设定方向的提问。直接问受访者的痛点，或者受访者需要解决什么问题，而不是问受访者在某个方面是否有问题，这样就限定了谈话内容的边界，容易在边界内发现问题，而不是让受访者自发地暴露问题。

有些受访者会说很多问题，也有些受访者不愿意暴露自己的问题，这个没有关系，因为后面还有几个步骤。但是在开始必须要不设限定地给受访者提供主动暴露问题的权利。

2. 第二步，业务的理想状况是什么样子

接着要问受访者所理解的业务应该达成的目标、创造的业绩、交付的成果是什么。每项业务都有存在的价值和意义，否则这项业务就没有必要存在了。如果一项业务是不可或缺的，那么必须有一个理想的输出结果。

虽然我们认为这个问题比较容易回答，但是要回答好并不容易，所以在调研中必须要引导受访者理解业务存在的价值，以及业务的理想状况是什么样子。

针对模糊的回答，必须要引导受访者说出具象的、量化的目标。输出的结果必须是可评价的、可感知的，甚至是可以用数据量化的。如果受访者给出的答案不太理想，该如何引导呢？

可以从以下六个方面进行引导，当然现实场景不一定是这六个方面的全部，我们可以结合对业务的理解，有选择地从这六个方面进行引导。这六个方面是数量规模维度、成长或者发展维度、效率维度、效益（收入、成本、利润或毛利、品牌影响力、客户关系、市场占有率或市场地位等）维度、管理质量维度、风险控制维度。

3. 第三步，业务的现状是什么样子

业务的理想状况描述清晰了，接着就可以追问业务的现状。

很多人在说业务的现状的时候，往往会寻找托词，直接把第五步需要问的问题也回答了，这个时候不需要打断，只需要从受访者的回答中判断出现状即可。如果打断或者忽略他们的托词，双方就容易陷入问题对抗中，这种对抗不利于受访者开诚布公地回答问题。如果是公司内部人员的调研访谈，这种对抗就会给未来的合作带来不小的影响。

即使受访者对业务的现状回答得不够清晰，仍然要从六个维度去评价现状，并尽可能地量化现状。如果现状不能量化，这就是数据化应用场景的机会。如果能够帮助受访者找到量化输出的度量值，即数据指标，也是一种场景化的应用。如果能够量化管理，就能够有效地监督和检查，对业务的输出结果进行量化评估，以及协助受访者找到改善的空间。

可以尝试着跟受访者一起量化目前的结果或者价值创造。每项业务都在为企业创造价值，企业要付出人力成本和时间去管理一项业务，就会对该业务的输出结果有期望。如果没有，那么这项业务的存在价值就值得商榷了。

4. 第四步，现状与理想状况之间的差距是什么

如果第二步和第三步有了相对清晰的答案，第四步的问题就会变得很容易回答，即对比理想状况和现状，找到差距即可。找到的差距就是机会，因为只有找到差距，才能够在弥补差距中优化和改善。

第四步的问题答不上来的根本原因是受访者没有回答清晰第二步的和第三步的问题，或者没有找到量化目标和评价目标的方法。继续回到一个岗位应该为企业创造的六类价值这个方面，如果在六类中找不到任何一种，就是岗位设置有问题。企业不能养闲人，更不能设置闲来无事的岗位。

5. 第五步，造成这个差距的障碍或原因是什么

虽然在绝大多数情况下，受访者在第三步的时候会回答第五步的问题，但是此时还是要追问。为了活跃谈话氛围，让受访者感受到对他的回答的理解和重视，这时可以重复他在第三步时提到的原因。但是，还是要问还有没有其他的原因。

在受访者回答完原因后，你会发现，在大多数情况下，受访者回答的都是客观原因，不是主观的原因。这个时候，可以提示他，刚才他基本上把客观原因都讲述了一遍，那么可以从自身的角度来分析一下，有没有可能是自身能力不足或者掌握的信息不够导致的，或者决策不够及时、不够科学、不够准确等原因导致的呢？可以与受访者一起来分析一下造成这种差距的内部原因。

我们在咨询服务中发现，让某个岗位的人找自己的原因是一件非常难的事情。我们可以把这个寻找自身原因的问题调整一下，换成一种句式：如果……，我就会做得更好。如果我拥有数据、能力，获得支持，我就能够做得更好。如果给我一次重来的机会，我就会做得更好。如果给我更多的时间，我就会做得更好。如果给我们部门更多的优秀人才，我们就会做得更好。其实，这就是在委婉地寻找自身的原因。

6. 第六步，清除障碍、弥补差距的方法是什么

解决方案都在业务口径，无论是第三方顾问，还是数据技术团队，都无法与深谙业务的人相提并论，没有办法比这些长期浸润在业务中的人可以找到更好的答案，所以这个时候，要尽力鼓励业务团队成员去寻找最佳的解决方案。

出于安全防范心理，受访者往往打不开思路，可以来启发和引导他们。如果这个时候需要引导，那么调研访谈者的管理学造诣及历史经验就变得非常重要。"它山之石，可以攻玉"，可以借助历史服务的经验启发受访者，通过假设验证的思路对其进行引导。比如，可以这样引导："针对这样的问题我倒是想到一种方法，您是业务专家（我们需要继续把受访者当作专家，而不是以教导的口吻谈话），帮我看看这种方法是否可行，我们是不是可以……照这样做的时候会有什么样的问题呢？"仍然要用询问的口吻。

在访谈的过程中，要努力寻找数字化或者数据赋能的机会，借助数据赋能管理评价，让管理看得见；用数据赋能管理决策，利用数据模型优化业务决策；用数据赋能管理的方方面面，探索业务规律，寻找业务逻辑，寻求数字化的替代方案，优化流程。这些都需要我们在访谈中及时进行设想，然后跟受访者去确认。

这一步的访谈会花费很长的时间，需要跟受访者确认每一个可行的方案，然后获得他们的认可和支持。我们要针对自己衍生的每一个想法，都这样问："如果

用数据或者用数字化硬件这样做是否可行？"

7. 第七步，清除障碍、弥补差距的关键成功要素是什么

在这一步要针对第六步达成的初步解决方案，遴选出可以用数字技术解决的、可以用数据赋能的场景，然后跟受访者一起探讨关键成功要素。每个管理问题和业务场景都会面临复杂多变的内/外部环境，这个时候把握问题的关键点尤为重要。如何识别关键成功要素？这需要业务团队的专业知识、业务经验及业务洞察。无论是第三方服务提供商，还是拥有丰富管理学知识的数据技术团队成员，都要尊重业务专家的意见。

当然，访问者也可以借助学习到的专业管理理论进行验证和提示，可以在这个过程中结合行业经验或某一职能领域经验，同受访者展开探讨，引导他们说出具体的关键成功要素。这个时候，访问者的专业能力起到非常重要的作用，对于是否能够得到较好的解决方案，访问者的能力和经验是关键。

基于以上七步法的访谈，就会形成一些有应用价值的业务场景，这个时候需要根据这些场景实施的逻辑顺序来设计路线图。

首先，根据这些业务场景创造的价值，可以做出评估，按照 1~5 分进行打分。在必要的时候，可以让业务部门来参与这个打分过程。比如，实施这个场景对公司的价值到底有多大？能够创造出非常大的价值为 5 分，比较大为 4 分，一般为 3 分，较小为 2 分，很小为 1 分。根据这个分数，企业应该选择能够创造更大价值的业务场景。

其次，有些场景比较复杂，涉及的要素比较多，牵扯的关系也很多，不仅需要跨部门的合作，还需要跨组织边界的合作，以及供应商或者客户的配合，难度比较高。这个时候可以进行实施难度定性评估，非常难为 5 分，比较难为 4 分，一般为 3 分，比较容易为 2 分，非常容易为 1 分。

有了实施价值和实施难度评分，我们就可以构筑一个数据业务应用场景评价矩阵，把通过七步法调研出来的业务场景放入四个象限中，如图 5-3 所示。

从四个象限中遴选数据业务应用场景，应优先选择价值高、易实施的第一象限中的场景，最后选择第三象限中的场景（价值低且难度大的场景）。对于第二象限和第四象限，是先选择第二象限中的场景（价值高但难度大的场景）还是先选择第四象限中的场景（价值低但容易实施的场景）呢？这是一个仁者见仁、智者见智的问题。

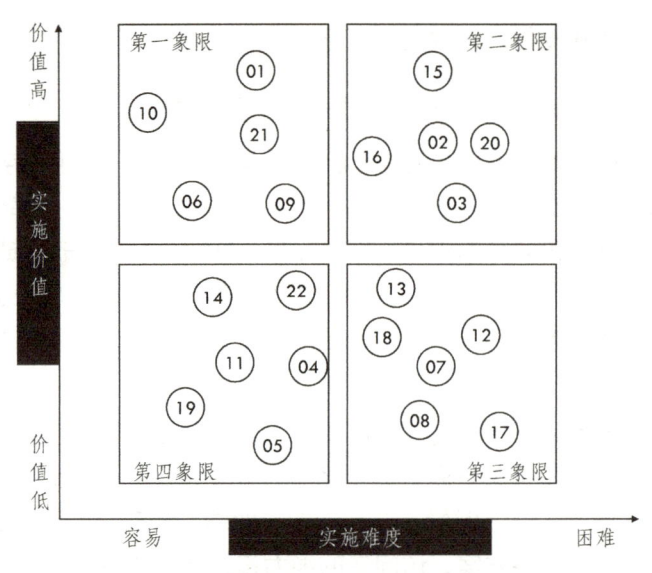

图 5-3　数据业务应用场景评价矩阵

笔者的观点是先选择第二象限中的场景，为什么呢？因为选择第二象限中的场景有两个好处：

第一个好处是价值高，能够真正为业务服务或者赋能，有了足够大的价值吸引，企业就会攻坚克难；

第二个好处是难度大，对比同行，企业做了这些难度大的改善，就能够更好地领先同行，而这些改善就成了企业的"护城河"和竞争壁垒。

当然，如果企业的数字化转型上下协同度不够，很多项目推动难度大、阻力多，笔者会建议选择第四象限的场景，虽然价值低，但难度小、易实施，也能够让大家看到进步。

对于企业自我的调研诊断和评估建议，选择第四象限的可能性会更大一些，当挑战难度大的时候，容易失败，容易影响个人的职场发展，所以，是选择第二象限还是选择第四象限，也代表着管理者在推动组织变革中的风险偏好，以及企业对风险的容忍程度。

5.2　业务流程数字化管理

在 3.4 节中我们已经探讨过业务流程数字化建设的问题，其中主要从数据采集和数据管理的维度来探讨业务流程数字化。在本节中我们会更多地探讨数据反馈闭环的问题，也就是业务流程通过数字化如何创造更多的价值。

从业务流程梳理中寻找通过数字化赋能的场景也是一个有效的选择。传统企业的业务流程都是在企业传统的发展过程中形成的，通过数字化改造，或者通过数据化赋能，能够带来不错的效果。读者可以根据本书介绍的四种方法来尝试选择数据应用场景，以得到更多的数据应用场景，实现从数据技术替代人工再到替代人脑的转变，推动智慧化企业建设。

5.2.1 用数据技术替代人工

如今，数据技术越来越成熟，在多种场景下已经完全替代了人工，无论是收费站的案例，还是现在在线化办公带来的提效场景，都促使企业开始考虑取消某些岗位。在一个企业里，经常定期审视业务流程各个环节的执行过程，研究是否有用数据技术替代人工的可能性，肯定会带来不小的收益。比如，很多超市都在引入自助结账系统，开始减少人工收银，这就是我们经常见到的用数据技术替代人工的案例。

前面我们曾经提到过一个案例，一家生产制造型企业用无人值守的访客系统替代了门卫，将原来有 28 人的门卫团队减少到只有 6 人。而华为正在推动的财务共享中心的建设，让很多企业都在考虑财务各个岗位的减员问题。

现在很多岗位都可以用数据技术来取代了，而且越来越智能化，不仅重复劳动的岗位可以被取代，即使是需要动脑子的岗位也在逐步被取代。比如，一个停车场之前需要配备 3 个收费的人员，并保证 24 小时执勤收费，在有了电子自动收费系统之后，这些岗位已经基本上被取代。

我们团队曾为一家生产制造型企业推动生产管理数据化，所有的排产、报工、报料及生产过程记录都实现了电子化和在线化，工厂里原来配置的统计员的岗位已经没有了，这些人员被安置到了数据分析岗位上。他们本来就熟悉 Excel 表格的梳理，我们就让他们学习新的技能——数据处理和分析，在对他们进行培训之后再遴选优秀的人员上岗。实际结果证明，能够在接受培训之后胜任新岗位的大多是文化水平高的、年轻的一代人。

如果一家生产制造型企业存在劳动密集型的岗位，这种企业的流程数字化就会有更多潜在的机会。2016 年我们团队进驻一家生产制造型企业，工厂里存在大量的人工搬运工作，我们提出用智能传输设备替代人工的方案，通过近 300 万元的硬件和软件投资，省下了近 40 个工序岗位，让工厂 18 个月就收回了投资。并且这些智能传输设备比人工更高效，在传输过程中还能够对产品质量进行光纤扫描，找到产品表面的瑕疵。这套智能传输设备记录的数据，能够帮工厂随时调整生产计划，减少工序岗位的闲置和等待，这比过去靠人工记录数据到 MES 要及时、有效得多：无时间延迟，不会漏记和记错数据。

如今，在企业的生产环节中重复劳动的岗位越来越少，智能机器人或者智能机械臂不仅替代了人工，还能够通过增加传感器和数字智能硬件让企业采集更多生产环节的数据，赋能生产效率管理。

在前面这些案例中，数字智能设备完全替代了人工。企业也可以考虑采用部分替代。我们团队在为一家石化企业提供数据化管理落地咨询服务的过程中，发现该企业的商务部门存在大量的手工台账：在执行业务的时候，他们为了留存数据，会在自己的电脑中建一些数据表，以备份数据。这些数据表的种类累计超过 100 个，是为了满足各层级管理者对数据报表的需求。我们利用在线化的方式，通过扫码来记录这些数据，让这 100 多张手工台账数据表变成了在线的数据表，数据直接被记录到服务器的数据库中，并将各层级管理者定期需要的数据报表直接通过服务器推送到他们面前。这样节省了 150 多名商务人员 10%～15%的工作时间，效率大幅度提升，出错率大幅度降低，这是数字智能设备部分替代人工的例子。

所以，企业不仅要考虑完整的人工替代的方案，还要考虑碎片化的、部分的数字智能硬件替代手工作业方案，让数据化和数字化在给业务流程带来更高效率的同时，还能够帮助企业自动记录更高质量的数据。

现在我们在很多企业客户中推动管理报表系统和数据可视化看板系统的使用，通过体系化的梳理，把企业定期会议中经常使用的数据分析报告和数据报表用在线化的方式自动生成，可以大幅度节省会议准备的时间。石化企业客户需要在月度会前 1~2 天准备月度数据分析报告，我们就把月度分析报告中经常出现的内容做成在线化的可视化图表报告，在开会的时候，他们直接打开可视化看板就可以进行演讲，不需要再做 PPT 报告了，这样他们就可以把更多的时间用在写分析报告、做业务分析和决策上面。

在一家服装零售企业中，每周一早上一上班，各个业务环节的管理者都需要做的事情就是打开 ERP 系统开始导出数据，然后对导出的数据进行统计汇总分析，制作 PPT 报告。因为使用 ERP 系统导出数据的人比较多，经常导致导出数据慢——导出一周的订单数据要用 1 个多小时，还经常让系统瘫痪。这个时候信息中心的经理是最担心的，因为一旦系统瘫痪，他就得准备救援。

现在，我们通过建立数据中台，实时、动态地更新增量数据到数据中台，利用数据中台的可视化报表系统把开会需要的数据图表用在线看板的方式呈现在各个管理者面前。这些人不是在每周一看上周的数据报表和分析报告，而是随时都能够查阅这些数据报表和分析报告。因为数据每分钟都在增量更新，他们看到的是一分钟之前的数据报表和分析报告，这对于他们在节假日、促销活动期间、"双十一"等大促的时候，实时动态做决策非常重要。

这些也是用数据技术赋能业务流程，通过流程的数字化替代人工的一些案例。不管是为了减员增效，还是为了提高响应速度，用数字化流程替代手工劳动都是非常有效的举措，都是非常好的数据技术应用场景。

5.2.2　数据表征流程节点绩效

探寻数据在业务场景中的应用的另外一种方法，也是一种基础方法——用数据表征流程节点的绩效。用数据表征流程节点的绩效，就是利用数据指标来完成对流程节点所达成结果的评价，从而让管理者看到整个流程中哪个节点在拖后腿，哪个节点是瓶颈，哪个节点存在优化的空间，哪个节点限制了整个流程最终的效率，并影响着最终的结果。这种方法跟前面所讲的数据指标化管理是一致的。

现在很多企业的业务流程管理不够细致和严谨，对某些流程环节采用"放羊式"管理，不管不问，所以出现了问题，导致整个业务流程不够高效，效果不够理想，达不到预期的目标。我们团队在探寻业务应用场景的时候，对流程管理进行系统的梳理也是找到关键业务应用场景的方法，更是一种基础性的方法。

比如，过去企业的人力资源部门一直抱怨招聘压力大，找不到人，业务部门也对人力资源部门的招聘工作不是很满意。既然招聘工作如此重要，影响着人力资源的配置，那么招聘流程是否进行过精细化的管理呢？没有。我们团队服务过上百家企业，没有一家企业在招聘中利用数据来管理招聘工作。

企业可以在招聘工作中寻找可以用数据赋能的业务场景。首先要梳理招聘流程，然后查看是否有数据可以用来表征整个招聘流程的各个环节。我们可以把招聘分成 7 个环节。

① 研究招聘需求，设定招聘目标；
② 制订招聘计划；
③ 选择招聘渠道，发布招聘广告，联系招聘渠道，获得简历；
④ 组织面试，遴选候选人；
⑤ 与合格候选人洽谈，吸引其入职；
⑥ 安排报到的候选人的入职事宜，提供基本的入职培训；
⑦ 复盘整个招聘过程，评价各个环节，寻找优化改善点。

以上 7 个环节构筑了整个招聘工作的 PDCA 闭环管理。

如果这项工作没有用数据表征，那么就是"放羊式"的管理，说明企业根本没有好好管理。当大家都在抱怨招聘难，招聘工作不好做、不好管的时候，管理者要看看是否对整个招聘流程进行闭环管理，是否在每个环节都建立了数据表征体系，是否可以通过数据找到哪个环节是招聘工作的瓶颈。

首先，是否有招聘目标？计划用多长时间？预计花费多少成本？是否要通过猎头来招聘高级人才？是否利用合理的渠道来优化招聘成本？在设定目标的时候，是否仅仅设定招聘人数的目标，而没有在时间和成本上也设定目标？是否有历史数据参考以论证目标的合理性？

其次，在制订计划的时候，是否为计划中的每项任务都设定了量化的目标？获取了多少份合格的简历？投入了多少广告费用？用时多少？每个环节应该有哪些量化的目标以保证整个计划链条上的每一步都达到预期的结果？

在后面每个环节，都可以问这些数据表征流程环节的问题。如果能够用数据来回答这些问题，那么招聘工作的优化改善点也就出来了。管理者也就知道了招聘不到合适的人才是在哪个环节上出现了问题。如果我们在每个环节上都用数据来管理，数据技术部门应该用哪种方法让这些数据都能够实现在线化、信息化或者数字化？这样，数据技术就可以在梳理业务的过程中找到应用场景了，数据技术赋能业务场景的目标也就可以达成了。

没有完美的管理，也没有不存在管理问题的企业，只要用心去找寻，就一定能够发现问题，这是我们团队为企业提供咨询服务时总结的心得。过去我们在为企业提供咨询服务的时候，都是奔着解决企业所发现的问题来的，在帮助企业解决具体问题的时候，我们还会发现其他问题，然后我们就在不断地发现问题和解决问题的过程中与企业达成了长期的战略同盟。我们在为客户服务的过程中，手中的工具是数据技术，眼中是业务的关键痛点和关键问题，而心中则是通过数据技术赋能业务为企业创造更大的价值。以价值为中心，以解决问题为目标，以数据技术为工具，这是现阶段企业数据中心或者数据中台组织应该采用的基本模式。

5.2.3 数据赋能业务流程决策

如果数据技术在业务场景中的应用再深入一步，就到了业务的决策过程，即业务部门管理者的思考决策过程。这个要求不仅对数据中心团队或者数据中台组织来讲难度有点儿大，对业务决策者来说也是比较难以实施的。技术人员不懂业务，业务人员不懂技术是常态，属于正常的现象。但是如果能够用数据技术赋能业务流程中的决策，数据技术就会逐步渗透到决策指挥中，智能自动化就容易实现了。也就是说，这种业务场景的应用价值是非常高的。

这需要业务决策者和数据技术团队相互配合来完成，但有些难度。为什么呢？因为当利用数据算法来帮助业务决策者决策的时候，业务决策者的第一个担忧就是这些数据算法会不会取代自己。所以，这时就需要一批有魅力的管理者来主导应用场景的开发和推进落地。

在前面章节中曾经提到一个案例，就是我们团队帮助一家石化企业研究了成品油定价模型，希望负责每日定价的部门使用，但是最终没有真正用起来。根本原因还是在算法取代决策者大脑的过程中利益冲突带来的阻力。

我们团队在为企业服务的过程中发现，绝大多数的业务决策都是可以用算法来取代的，只是现在企业缺少数据、算法不够精准，或者根本没有花费足够的精力去钻研算法，也没有给予足够的时间去迭代升级和优化改善算法。通过对多个算法取代人工决策的应用案例进行研究，我们相信在未来算法决策会成为企业经营管理决策的主流。智慧型企业的建设一定会是未来的基本模式。

比如，如何判断一个客户即将流失？如果通过人工来判断，则时间非常滞后，客户不可能告诉我们他们要流失，只会在行为上远离我们。如果我们能够通过算法去跟踪客户行为，就能够很好地进行客户流失预警，这种通过算法对客户流失风险的判断往往比人的大脑的判断更及时、准确和可靠。前提是我们能够把一线业务和 ERP 系统中的数据都汇集到数据中台中进行算法的判断。系统实时动态地跟踪客户行为比人要精准得多。

再如，用数据和算法来监控员工的流失，比人为判断员工的流失会更有优势。可以通过员工上下班打卡的数据、员工绩效的数据、员工在办公室的行为、员工访问网络的行为等来判断员工是否有离职的倾向，从而做到提前预警。

5.2.4 算法导航业务流程活动（替代人脑）

现在有越来越多的决策完全可以交给算法，让算法来指挥我们的工作和业务活动。虽然在刚开始的时候算法并不是特别准确，但是可以不断优化和改善它，而不是在开始的时候就否定它。

或许大家还有印象，最初的电商平台的推荐算法很简单，消费者买了一台笔记本电脑，电商平台上就给消费者推送其他笔记本电脑的信息。

后来，电商平台不再给消费者推荐其他的笔记本电脑了，而是推荐笔记本电脑的外围设备，这也是比较容易理解的逻辑：消费者买了笔记本电脑，需要配置鼠标、移动硬盘、电脑包、支架、散热器等。这是第二代的算法，算法工程师把自己的经验写成了算法。

再后来，算法工程师不再用自己的思维来判断消费者的需求了，而是从大量消费者的历史采购数据中寻找精准推荐的商品。对于购买了游戏笔记本电脑的人，电商平台推送的是零食，因为买了游戏笔记本电脑，就要玩游戏，在玩游戏的时候吃着零食是多么惬意；对于购买了商务笔记本电脑的人，电商平台推荐的是办公用品或者商务人士喜爱的商品。这些数据不是算法工程师想象出来的，而是消费者的消费数据告诉我们的。这是第三代的智能推荐算法，这个算法比第一代的算法已经精准了很多。

现在的电商平台的算法都已经超越了第三代的智能推荐算法，他们已经在研究消费者在不同地点采购不同商品后的推荐算法。现在的推荐算法已经不再是简单的推荐，而是基于一个人在不同的场景、不同的时间，甚至不同的情绪下，给出的更加精准的推荐。如果我们把第三代的智能推荐算法叫作"千人千面"，那么现在的推荐算法就是"一人千面"。

我们需要给算法迭代的时间，而不能因为刚开始算法比较简单，就否定算法的作用。现在的电商平台得益于这些不断迭代的算法，GMV在不断上升，消费者的购物体验也在不断优化，消费者选择商品的速度在大幅度加快，消费者购买到自己喜欢的商品的概率在提升，退货率在下降，差评在减少，这就是推荐算法迭代升级带来的好处。

在企业的业务管理中，存在大量的用简单算法就能够实现的决策判断，这些决策判断完全可以交给实时动态更新的数据，以及随时随地都在运算并能够跟员工保持实时连接的网络系统，即可以借助数据中台的力量来优化管理。

在服务一家石化企业的过程中，我们团队曾经主导发起过一个研究项目——"客户深耕计划"。过去这家石化企业完全依赖稀缺的石油配额资源，以及成品油产品资源来盈利。成品油是 ME-TOO 式产品，即品质无差异、同质化的产品，所有厂家的产品都是一样的。在这样的市场里，价格是影响销售的最重要因素。

所以，过去这家企业的业务团队依托石化炼厂的资源、成品油的资源，以及价格杠杆在经营。但是，现在汽车拥有度处于饱和状态，电动车快速发展，成品油的销售量在达到顶点之后开始走下坡路，虽然还有很长时间才出现拐点，但是下滑趋势已经显现，这种无增量的市场发展趋势倒逼石化企业不得不应对越来越激烈的市场竞争。

所以，我们提出了一个"客户深耕计划"，我们不是聚焦在价格杠杆上，而是聚焦在客户关系上。在我们与竞争对手报价相同的情况下，如果我们同客户的关系好，就会有更多的客户选择从我们这里买，我们就在这个"同质+刚需"的市场里有更强的竞争力。

过去业务团队想卖出更多的油，第一选择就是向上级申请价格优惠政策，只要给客户优惠，客户就会来买油，业绩就能够达成，这样业务团队就形成了价格杠杆依赖。他们也就不会花费太多心思研究客户心理、洞察客户需求、分析客户痛点，更不会花费心思关心客户的购买行为和习惯等，这些都是过去的传统销售模式。在越来越激烈的市场竞争中，企业如何保持不败？这就需要企业跟客户构筑更加紧密的合作关系。这是我们团队制订"客户深耕计划"的初衷，即为了应对未来的竞争威胁在战略上采取的关键举措。

在"客户深耕计划"中，有一个客户关系导航的项目，该项目的目标是根据客户的购买行为，预警客户的流失，并及时提醒业务团队去维护客户。在这个项目中我们采用了两个业务信息系统中的数据：一个是企业 CRM 系统中的数据，CRM 系统中记录了客户的一些基本信息，包括客户的规模、需求量、偏好、加油站的数量、信用状况，等等；另外一个是 ERP 系统中的数据，ERP 系统是财务结算系统，客户成交并付款的订单会被收集在 ERP 系统中。

我们根据客户每日与企业的交易行为来跟踪客户，利用客户的采购量、采购频次等数据来判断客户是否出现长期不来、该买油的时候没有来或者购买量下降等情况。

CRM 系统中的数据相对稳定，按照半年一次的频率更新，对客户进行评分，评选出谁是优质客户。

ERP 系统中的数据每日更新，只要客户今天来买油，就有交易记录，每天系统自动提取数据并对客户目前与公司的交易行为进行评价，也用打分的方式来评价客户的经营质量。客户的经营质量是用来评价业务员维护客户关系的好坏的，按照最低 0 分、最高 100 分的方式打分，这个分数每天都会变化一次。

如果一个高质量客户（80 分的客户）的经营质量下降，或者不足 40 分，系统就会亮红灯，负责这个客户的业务员就会收到消息提醒，他需要采取措施去维护这个客户。

基于这个原理，每天早上业务员们就会看到手机端推送的红灯数量，他们当天的任务就是拜访或者联络这些亮红灯或者黄灯的客户。业务员每天干什么、去哪里出差、联络哪些客户，都听从这个系统的安排。这其实就是一个行动指挥系统——客户关系管理导航模型，如图 5-4 所示。

管理者数据能力晋级

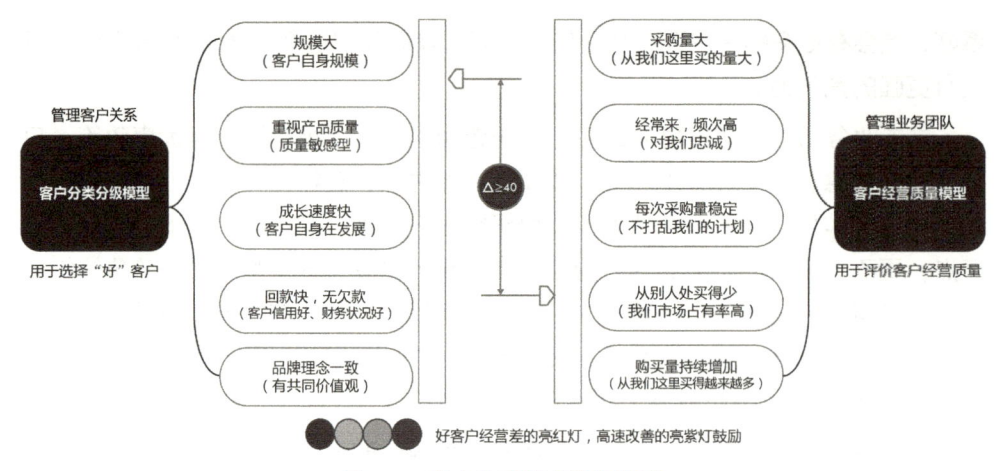

```
管理客户关系                                              管理业务团队
                  规模大              采购量大
                （客户自身         （从我们这里买的量大）
                   规模）
                                   经常来，频次高
                重视产品质量        （对我们忠诚）
                （质量敏感型）
客户分类分级模型      成长速度快     △≥40    每次采购量稳定    客户经营质量模型
                （客户自身在发展）    （不打乱我们的计划）
用于选择"好"客户                                            用于评价客户经营质量
                回款快，无欠款        从别人处买得少
              （客户信用好、财务状况好） （我们市场占有率高）

                品牌理念一致          购买量持续增加
                （有共同价值观）      （从我们这里买得越来越多）

              ●●●●●  好客户经营差的亮红灯，高速改善的亮紫灯鼓励
```

图 5-4 客户关系管理导航模型

这个模型的算法并不复杂，数据也不难找，一直被存放在 CRM 和 ERP 这两个系统中。这两个系统已经上线好多年了，其中 ERP 系统已经上线十年以上。模型中所使用的数据一直没有得到充分的挖掘和利用，有了数据中台的算法和推送红绿灯的机制，这些数据的价值再一次被深度利用，这就是一种数据赋能业务的场景应用。

这是一个相对较为复杂的数据导航管理应用的案例。企业管理中有大量的可以利用"管理导航"来提升管理效率的机会，读者可以从这个方向尝试一番，在必要的时候可以组织一些头脑风暴会议，启发员工去思考这种管理导航方式，利用系统中现成的数据，让数据算法的管理者提供提示、预警和指令。

就像本书开篇说的一样，我们已经让更多的算法导航着我们的生活，接下来，在工作中，需要我们自己去设计导航算法并使之迭代升级。

5.2.5 在线化算法提效管理决策

算法驱动管理决策带来的是决策的科学性，如果可以利用在线化的数据体系来实现算法自动导航业务决策，就能够大幅度提升管理决策的时效性。如果靠人来做判断和决策，哪怕是在数据分析和挖掘的基础上进行的决策，都有时间上的滞后性，如果把算法交由系统来执行，则可以避免因受人的工作时间、精力等的影响而带来的时滞。算法可以 7×24 小时工作，不会疲惫，不会请假，也不会犯错误。所以，算法的在线化是数据化管理体系不断沉淀模型、积累最佳实践，通过技术开发实现算法指挥业务决策模型的在线化。

未来的企业都是数智化的企业，会有越来越多的在线算法指挥企业的经营管理活动或者调度企业的资源。算法自动管理决策是需要不断积累的，在这个积累的过程中，管理者所管理的内容正在发生变化，即从过去管理公司的人、财、物等资源逐步升级到管理公司的算法体系。能够成为算法管理者的人在未来有更好的竞争力，在算法逐步取代人工决策后，这些能够创建算法并管理算法的管理者会继续走下去，而原来只会管理公司的人、财、物等资源的管理者将被算法所取代。

5.3 企业数据化管理的体系化晋级

要想系统地推动数据化管理落地，必须遵循一定的程序和步骤，必须分阶段实施，在确保每一个阶段都有充分的建设之后，才能够有序地推进企业数据化管理的体系化晋级。"眉毛胡子一把抓"会乱，有序的、分步骤的建设可以让我们知道企业处在哪个阶段、什么水平，以及还需要建设什么、加强什么、改善什么。只有知道企业所处的阶段和水平，才能更好地谋划下一步的建设。

在咨询实践中，我们团队把推动企业数据化管理的体系化晋级分成七个步骤，如图 5-5 所示，这七个步骤代表着不同的能力，也代表着数据化管理升级的阶段，同时，也需要不同的数据技术的支撑。企业数据化管理晋级不仅仅是管理体系的晋级，还需要数据技术的支撑，是"两条腿走路"的模式，这样才能将数据化管理体系真正地建设起来。在本章中提及的数据技术都是基本和必需的，如果有额外或者更高级的数据技术得以引进和应用，赋能数据化管理晋级，则是更好的，本书中没有提及，并不代表笔者不支持或者反对。笔者举双手赞成企业在数据化管理体系晋级的过程中，引入更多的数据技术，以期得到更好的数据技术支撑，保证数据化管理体系的落地。

管理者数据能力晋级

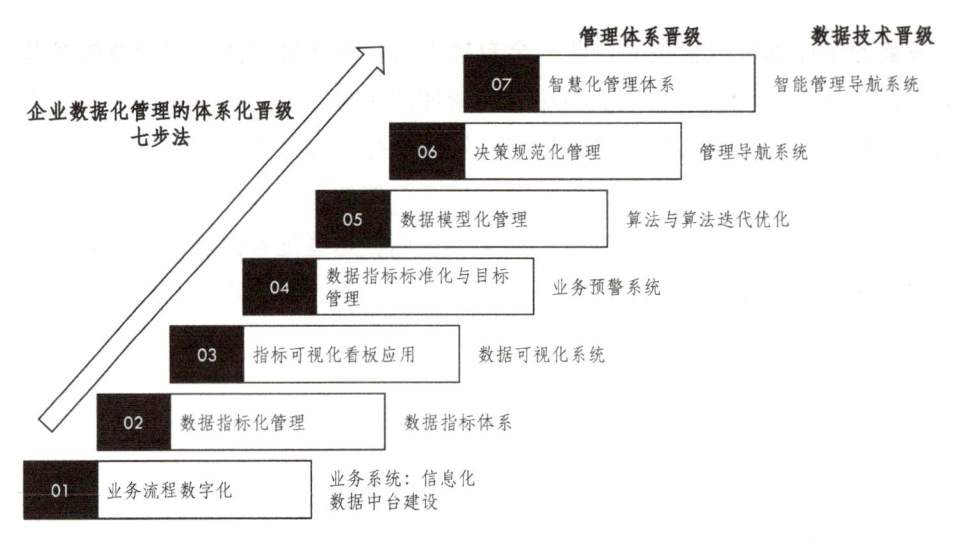

```
企业数据化管理的体系化晋级
七步法
                                    管理体系晋级        数据技术晋级
                          07  智慧化管理体系      智能管理导航系统
                       06  决策规范化管理       管理导航系统
                    05  数据模型化管理       算法与算法迭代优化
                 04  数据指标标准化与目标    业务预警系统
                       管理
              03  指标可视化看板应用    数据可视化系统
           02  数据指标化管理       数据指标体系
        01  业务流程数字化       业务系统：信息化
                                数据中台建设
```

图 5-5　企业数据化管理的体系化晋级七步法与配套数据技术示意图

5.3.1　业务流程数字化

业务流程数字化是企业数据化管理的体系化晋级的第一步，也是数据采集的基础和企业数字化转型的基础。我们已经在多个章节中提及业务流程数字化，每个章节提及的内容的侧重点不同。在数据管理方面，我们的侧重点是通过业务流程数字化来采集更高质量和更全面的数据；在数据技术应用场景中，我们的侧重点是寻找数据的应用场景，通过业务流程数字化来提升管理效率，找到数据赋能流程的场景；现在我们进行业务流程数字化的侧重点是数据体系建设，以满足数据化管理晋级的需求。

要想推进体系化的数据化管理，必须有足够好的数据基础，并且会随着对数据基础理解的不同而有不同的数据基础需求。

我们团队在为石化企业推动数据化管理全面晋级的过程中，结合业务管理团队的数据化认知，走过了一个又一个的闭环。最初的时候，为了让大家理解什么是数据化管理，我们团队利用现有的业务信息系统中的数据，进行加工处理，建立数据指标和看板，帮助业务管理团队看清业务管理，利用数据分析发现管理中的问题，并协助他们改善，让他们在体验中感受数据化管理的价值与好处。

之后，随着对数据化管理的认知水平的提升，他们提出了更多的数据分析和数据应用的场景，从而有了更多的数据需求。我们发现他们所拥有的数据并不能满足他们的需要，接下来我们开始了新一轮的数据基础建设：通过流程梳理和流程数字化的建设，严格要求一线部门采集更多的数据。在这个过程中，因为原有的业务信息系统并不能满足某些数据的采集需求，我们构建了一个报数系统，并利用这个报数系统将所需要的数据采集起来，并集中存储在数据平台中，供业务管理部门使用。

然后，随着大家认知水平的提升，他们开始有更多的应用需求，特别是对业务看板的需求：从过去想了解业务就要找业务团队要报告和数据表，到能够实时动态地看到想看到的数据，并且要保证数据的准确性、及时性和联动性。于是，我们开始了数据可视化平台的建设、数据指标的二次梳理，以及第二轮的数据基础建设。

在第二轮的数据基础建设中，我们以补齐短板、寻找数据漏洞为重点，开设了十几个数据基础建设的子项目，按照项目群进行管理，在各个业务模块和口径强化数据采集和数据管理，并同时建设数据看板，让采集到的数据能够为业务管理人员使用，并在使用的过程中反馈数据质量，形成闭环。

从以上的介绍中可以看出，企业数据化管理的体系化晋级，不仅仅需要管理体系的晋级，还需要技术体系的配合，更需要整个管理团队数据化管理认知水平的晋级。另外，在这个过程中，每一个步骤都不是孤立的、一劳永逸的，都需要在闭环的过程中不断建设和完善。

根据我们团队给企业客户提供服务的经验，我们将业务流程数字化分成两类。

一类是公司管理流程方面的数字化，可以结合数据指标梳理的方法，根据需要管理的数据指标来梳理每个管理流程节点的数据需求。

另一类是与客户有关的业务流程的数字化，我们采用的方法是"客户旅程触点法"，通过对客户旅程的梳理，总结在整个客户生命周期中我们与客户的触点，然后在每个触点梳理需要的数据和可以采集的数据，从而形成基于客户旅程触点的数字化解决方案。

在利用流程法解构客户旅程之后，我们展示了一个 C 端客户旅程，如图 5-6 所示。

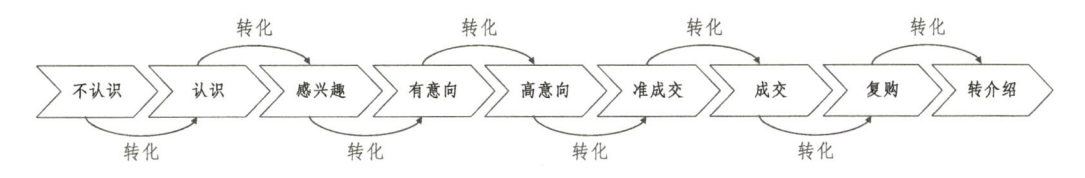

图 5-6　C 端客户旅程示例图

管理者数据能力晋级

在客户旅程的每个节点上，都会存在客户触点。所谓客户触点，即客户触动点，也就是客户能够接触到企业或者产品相关信息的地方，包括线上、线下，或者各种传媒。在整个客户成交的过程中，我们会通过各种各样的方式在触点上进行"转化"，达成最终的销售，也就是说，我们跟客户的接触点，就是我们触动客户的内心并使其发生心理转化的点，即触动点。如何把客户触点变成销售转化的触点？这需要把握客户在每一个阶段的心理诉求。对客户心理诉求的把握需要对企业业务经营活动中的最佳实践进行总结和沉淀，通过数据复盘的方式形成最佳的销售路线，甚至针对不同类型的客户，采取不同的销售路线，即千人千面。图 5-7 所示是我们团队在提供咨询服务过程中同客户一起梳理的线上营销转化的客户旅程触动点路线图。该图比较复杂，主要是让大家理解销售转化路线中有哪些触动点和销售转化的方式、方法。通过对这些触动点的相关数据指标的梳理，特别是转化率指标的梳理，来分析哪一条转化路线是最佳的。

在图 5-7 中，有 98 个触动点，每个触动点都有相关的数据采集需求和数据指标。比如，触达了多少个客户，到下一阶段还有多少个客户，转化率是多少；在每个触动点投入了多少营销推广费用，费用的产出率如何，即转化成本是多少。通过这样的方式，可以体系化地梳理数据，并用数据进行体系化的表征。

现在绝大多数电商平台都提供相关的触动点数据，包括转化率、相对转化效率等，我们在操盘网店的时候可以将这些触动点数据作为决策参考依据。

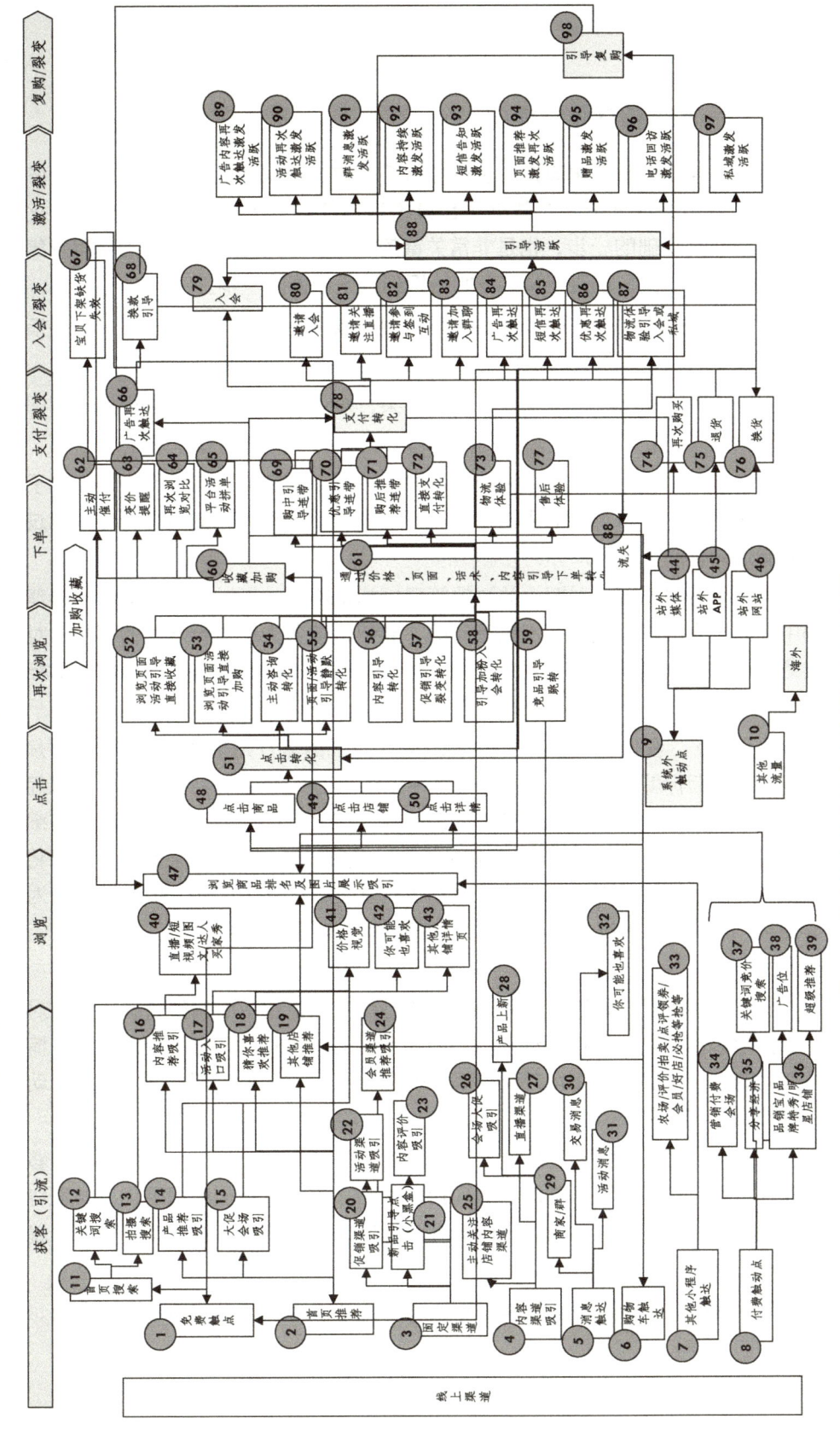

图 5-7 线上销售转化的客户旅程触动点路线图

5.3.2 数据指标化管理

通过业务流程数字化建设，企业拥有了一定的数据基础，接下来对从业务信息系统中采集的数据或者在数据平台集中管理的数据的使用就是数据指标化管理。这是非常基础的一步，也是非常关键的一步，因为这是企业开始使用采集的数据资产的第一步，也是让员工开始认识到数据价值的一步。

数据指标化管理是利用业务信息系统中的数据，将其统计、汇总成数据指标来表征业务活动，赋能业务活动的关键决策。这其中包括两个方面的指标。

一个方面是利用数据指标表征管理结果，对业务活动的结果进行评价，即这项业务活动好不好，有没有达成既定的目标，这类指标叫作管理指标。

另一方面是利用业务信息系统中采集的数据，赋能业务流程的决策，对于下一步该怎么走，用数据指标来指明方向。这类指标是对过程的管理，是赋能过程的数据指标，叫作决策指标。

企业在不同的历史时期，关注的管理指标也不同，所以在数据指标化管理过程中梳理出来的数据指标并不是固定的，要结合业务异动进行及时的调整；对于业务活动中的决策指标，也要结合决策判定条件的不同，遴选不同的数据指标来赋能业务决策，不能固守不变。

举个例子，我们的一个客户在 2020 年 1 月的时候开始生产口罩，这个时候，他们核心的指标就是产量，因为市场供不应求；但是到了 3 月，口罩供应已经满足市场需求，这个时候质量就变得尤为重要，核心指标已经变成产品的合格率；到了 4 月，市场开始出现供过于求的现象，生产口罩的厂家越来越多，要想将产品卖出去，产品必须在质量合格的基础上价格更低，这个时候，成本控制成为关键要素，所以此时的核心指标是成本。在短短 4 个月的时间内，核心指标发生了 3 次变化。

一个企业在应对外部市场环境变化的过程中，也要不断调整管理目标和对应的数据指标，所以数据指标管理不是固定不变的。虽然体系是稳定的，但是指标是变动的，企业必须根据内外部环境的变化及不同时期的管理目标对其进行动态的调整。

精准的数据指标能够清晰地表征企业的业务管理和业务活动的情况，能够让管理者看得见管理和业务活动，实现管理的阳光化、可视化和透明化。如果将指标梳理得足够系统化，提高管理的精细化程度，提高管理可视化的分辨率，就能把企业的管理活动和业务活动清清楚楚、事无巨细地呈现出来。

企业管理中最让人担心的就是不知道发生了什么，这是一件恐怖的事情。上级不知道下级在做什么，下级也不知道上级在想什么，大家靠猜、靠感觉、靠"我认为"来从事管理活动，这是不行的，会出现偏差，既浪费了企业的资源，也浪费了企业的机会。

5.3.3 应用指标可视化看板

为了更好地、更直观地看到数据指标的变化和差异，以及数据指标所表征的业务互动，我们需要借助数据可视化技术。让数据指标更直观地呈现出来，这样我们就能够随时随地地看到数据指标的变化。可视化是简化数据解读的有效手段，而且数据可视化本身就代表着一种有效的数据分析方法。

通过数据可视化，我们能够对数据有更深刻的认知和理解，也能够看到数据背后的结构、特征和规律，从而能够以最快的速度识别出问题所在，找到背后的变化规律。另外，数据图表能够用简单的图形传达更丰富的内容。一图胜千言，一张设计非常标准的数据图表能够把我们想表达的内容，在最短的时间内传递给图表阅读者。

现在数据可视化的工具越来越高级，有非常多的自动生成数据图表的工具，特别是在线化的工具，让我们可以实时动态地更新数据图表，看到数据图表即时的状态。

过去业务部门在进行信息化建设的时候，提出的需求都是导出数据；现在，即使是非常小的业务信息系统，也被要求带着数据展示模块，能够把后台存储的数据用可视化的图表呈现出来。现在，行业内几乎达成了一个共识，即不能对业务信息系统采集的数据进行可视化呈现的系统都是偷工减料的系统。

当然，我们并不是要求每个业务信息系统都需要具备数据可视化的功能，因为我们更加需要数据的集中管理和集中输出，而不是让数据可视化的图表在每个业务信息系统中呈现。最好所有的数据可视化看板都在一个平台上，只有这样，数据才会集中在一个平台上，不需要跨平台提取，也不需要跨平台去钻取分析。在一个平台上进行多系统数据的聚合分析，才是更加有效的方法。而业务信息系统只要满足业务环节采集数据、固化流程的需求即可。

在工业化时代，为了更高效地管理生产的各个环节，在丰田生产模式（Toyota Production System，TPS）中，管理者非常强调看板的作用，无论是手工的看板，还是电子的看板，都将生产过程动态地呈现出来，大家就在一个认知下进行管理，也能够看到问题所在，所以对任何方面的改善都能够更快地达成共识。

现在，几乎所有的业务体系都在用数据技术来实现可视化的管理。利用数据指标可视化看板，我们就像坐在驾驶舱中看到各种仪表盘上的数据，能够对飞机各个部分的运行情况了如指掌。现在，很多企业都在推进可视化大屏幕管理，将管理中关键的信息和指标呈现在大屏幕上，管理者站在大屏幕后面指挥各个口径的战斗是一种新的高效管理方式，这也是有些人把这种管理可视化看板叫作管理者驾驶舱的原因。

受制于管理者的数据基础和对可视化看板的解读能力，可视化看板仍然在多数企业中处在起步阶段。虽然商业智能（Business Intelligence）已经有超过 20 年的历史，可是现在大多数企业仍然在应用 20 年前的数据可视化呈现技术。当然，企业现在应用的思路已经跟过去不同了，因为信息化建设的思路已经从技术主导转向了业务主导。

5.3.4 数据指标标准化与目标管理

我们有了数据指标，实现了数据指标的可视化，此时要对这些数据指标的实时变动进行解读和分析，这就需要一定的解读标准。如果没有解读标准，我们就没有办法判断数据指标的优劣、好坏。比如，顾客的进店转化率是 10%，这个比率是高还是低，是好还是坏？如果没有评判基准，当我们把这个转化率指标放在管理者面前时，不同的管理者就会有不同的结论。有的人认为很高，有的人认为很低。

比如，认为这个转化率很低的管理者之前是做大型超市的，在他看来，进入大型超市的顾客几乎百分百都是为了购物，大型超市里产品品类丰富，只有在极少数情况下顾客才会不购物而离开。

认为这个转化率很高的管理者之前是卖高档奢侈手表的，在机场开了一家高档手表店，大多数顾客进来转一圈就走了，10%的转化率已经很高了。

所以，同样的指标在不同管理者的心目中得到的判断结论是不同的。这个时候，我们就需要逐步建立评价数据指标的标准，从而让大家达成共识性的分析结论。

数据指标的标准从哪里开始建立呢？

首先，我们要考虑现实情况。比如，我们开了一家服装店，进店顾客的转化率大概处在什么水平？是 5%、10%，还是 15%？在不同的品牌、不同的服装品类、不同的价格带下，转化率肯定不同，假设现在的转化率在 10%左右，因此我们不可能把 30%作为标准，不能脱离实际。

其次，我们要有经营和管理的目标，目标是我们努力要达成的结果，所以业务目标也是评价业务结果的一个标准。确定了目标就要努力去达成，达不成就是不好，虽然你会有上千个未达成目标的理由。这个方面对很多传统企业来说是弱项，因为过去企业缺少目标管理体系，所以在很多的环节都没有设定相关数据指标的目标，让目标值缺失。很多企业全年的销售业绩是有目标的，全年的利润是有目标的，全年的费用是有预算的，但是，追问到细节，则目标没有被分解、细化，就没有目标了。

比如，企业有 50 家门店，年初其确定了一个全年的销售目标，但是每家门店的业绩目标没有被分解。门店售卖 5 大品类的商品，每个品类的销售目标也没有被分解、细化，所以就没有评价。甚至有些企业在制定销售目标之后，也没有在季度和月度上分解，导致没有业绩的评价标准，只能等到年底算总账的时候才知道是否达成了全年的目标，而这个时候知道是否达成全年目标的意义已经不大了，因为企业已经没有时间通过采取措施去完成目标了。

在提供咨询服务的过程中，我们还发现一个基本的事实：很多公司的"目标管理"缺位，特别是在中基层。高层的目标没有被精细化地分解到中层和基层，导致很多中基层的管理团队每天努力工作，但是缺少目标和方向，只能凭借个人的意愿和敬业精神来工作，得到什么结果算什么结果。这种缺少目标管理的状态不利于数据指标标准化的建设。因为没有目标，就缺少了数据指标标准的对标基础。所以，数据指标标准化的建设也是一项相当长期的任务。

5.3.5　数据模型化管理

企业在长期发展的过程中都会形成自己的业务决策逻辑和业务模型，实现这些业务模型的数据化是企业数据化管理晋级的第五步。利用过去积累的管理诀窍，将这些诀窍沉淀在系统中，甚至用系统来代替人工做出决策，并在数据模型使用的过程中进行优化和改善，不断迭代这些算法，从而可以助力企业数据化管理的晋级。

数据模型需要模拟人的决策过程，把人在做出业务决策时所考虑的因素都用数据来表征，然后用模型算法来实现决策判断，让算法模型的结果来指导业务决策，这就是数据模型化管理。

我们曾经服务一家电商企业，这家企业每天都会根据自身的业务情况，在阿里巴巴和淘宝平台上购买推广服务。该企业拥有 6 个淘宝店铺和 2 个阿里巴巴店铺，在全国建立了 8 个工厂，每年的营收额在 3 亿元左右。

每天花多少钱用于购买直通车或者钻石展位来推广产品？每天推广产品该给多大的优惠幅度，是 8 折还是 85 折？该企业的管理者每天都要做出这些决策。当

管理者数据能力晋级

我们问这位管理者每天花多少钱来做推广、具体给多少折扣时，他也说不清楚，只能凭感觉回答。确实，他的感觉很好，这 8 年来，他的感觉让他能够根据昨天的销售情况、市场上竞争对手的反应做出相对较好的感性判断，然后给出一个预定目标，最后由团队去执行。但是，在企业里除了他，没有人可以做出推广力度的决策。企业里没有人敢于做出这个决策，倒不是因为这位管理者不愿意放手让下面的人去决策，而是下面没有人自信有这个决策水平。

在将这位管理者的每日推广力度决策模型化的时候，我们跟他一起探讨了做决策时需要考虑的因素。他关注的因素有昨天的销量、今天的库存量、竞争对手店铺的促销力度和今天的目标销量，以及历史上不同折扣力度下的销量，从而他会给出一个基于经验判断的今日推广折扣力度、竞价排名出价，以此来完成今日的销量目标。他的大脑中有一个模糊的决策模型在进行模糊运算，这个模糊的决策模型是不精确的，但是过去 8 年的经验积累让他做出决策的精准度不断提升，误差越来越小，偶有失误，也是在不断积累经验。

如何将这位管理者的决策模型数据化呢？我们可以构筑一个基于关键影响因素的决策模型来模拟他的大脑决策，如图 5-8 所示，从而量化和优化这个决策模型。

昨日产品库存、今日产品产出量（生产计划）

Y（目标销量）= f（昨日推广费用、昨日实际销量、平均客单价、平均获客成本、竞争对手折扣率、竞争对手预估竞价排名出价、同期节假日/正常日水平下的销售量、店铺排名、今日推广费用、今日竞价排名出价、今日推广折扣力度）

图 5-8　电商企业管理者的每日推广力度决策模型

于是，我们开发了一个基于推广费用、折扣力度、店铺排名和竞争对手促销力度的量化模型，如图 5-9 所示。

Y（目标销量）= a×推广费用 + b×折扣力度 + c×店铺排名 + d×竞争对手促销力度 + e

图 5-9　基于推广费用、折扣力度、店铺排名和竞争对手促销力度的量化模型

一家店铺在一段时间内，或者在店铺排名相对稳定的时间段内，推广力度和目标销量之间有一定的线性关系。当然，推广力度和目标销量之间在较长周期内也会有关系，但不能被看作线性关系。所以，我们就把店铺在过去一段时间内每日的目标销量和其他 4 个关键要素构筑了数学等式，用过去 90 天的数据来分析，就有了 90 个等式，我们用线性规划来求解以上 5 个未知的系数 a、b、c、d、e，就会得到 5 个数值。

根据每日的目标销量，我们可以在折扣力度和推广费用上进行选择，于是就

有了一个最优决策模型，如图 5-10 所示。

MAX利润=销量×产品定价×折扣力度-销量×产品成本-推广费用

销量=a×推广费用+b×折扣力度+c×店铺排名+d×竞争对手促销力度+e

图 5-10　最优决策模型示例图

有了这个最优决策模型，只要我们代入公司的今日目标销量（销量），就可以计算出最佳的出价和最优的推广费用预算，从而实现利润的最优化管理。当然，这个模型要随着公司业务不断发展、店铺排名越来越高而发生变化，所以，我们每天都在倒推之前 90 天的优化模型，形成动态的决策模型管理。有了这个最优决策模型，管理者就不用每天自己拍脑袋决定每个店铺的事情，而是交给数据小组做出决策即可，这样他就可以把自己的精力放到战略思考和业务长远发展上。

这是一个数据模型化管理的典型案例。这种案例在企业中有很多，几乎每个企业的管理者都在做着决策，每个决策背后都有一定的业务模型，我们需要做的是用算法替代之前的业务决策，将业务决策逻辑数据化、模型化。

就如我们之前提及的一样，数据模型化管理会遇到来自之前的决策者的阻力，因为这些模型会替代他们的大脑来工作，如果他们把决策机制都交给这些模型，他们就失去了存在的价值，很容易导致自己失业。并不是所有的人都有大格局，或者有更高的追求目标，很多人都在固守着原来的岗位而不愿意改变。

5.3.6　决策规范化管理

所谓决策规范化管理，就是在数据指标体系化管理的基础上，当数据指标达到某种状态时，管理者必须采取行动，形成一致的规范。就像客户关系导航一样，当与某个客户的关系亮了红灯的时候，业务员必须第一时间采取措施维护客户，将亮在该客户头上的红灯熄灭，否则这个红灯在连续亮两周之后，就会亮在上级经理的头上。这就是决策的规范、管理的规范、业务活动的规范和个人行动的指南。

就像设备的自动智能控制系统一样，当温度升高时，必须采取降温措施，如果锅炉压力大，就需要采取减压措施，否则就容易发生事故。在管理中也是如此，如果客户好久没来了，业务员就需要采取措施唤醒客户，预防客户流失；如果客户投诉了，我们就需要采取快速响应，并将客户的投诉快速反馈给对应的管理部门；如果库存过高了，我们就需要采取一定的减库存的举措；如果订单到了交期时间，我们必须组织发货；到了第四季度，我们必须做明年的预算；到了月底，我们需要统计、分析业绩；到了一定的时间、达到一定的数据指标指示的条件，我们就需要采取行动，这就是管理规范。

比如，按照公司的审批制度，如果一项采购费用超过一定的采购额度，就需要对应级别的经理来审批；再如，按照客户接待的管理规范，当来了一定级别的客户时，就需要派出对应级别的经理去接待。

决策的规范化是基于数据指标和标准的行为规范、决策规范或者管理规范，也是员工行动的指南。如果企业在各个业务流程环节都建立了决策规范体系，就可以依赖数据系统来指挥具体的岗位人员或者业务团队采取特定的行动，从而体系化地实施"管理导航"。

企业多少都会有一定的管理规范、决策规范或者行动规范，这些规范需要数据化，成为业务活动、管理决策和个人行动的在线指挥机制，然后借助数据体系、数据指标和指标标准，让系统自动指挥对应的岗位人员和业务团队，从而自动地采取一定的措施，做出既定的决策。这就是企业数据化管理晋级中决策规范化管理的过程。

当然，决策规范不能是死的，一成不变的，要更加敏捷地响应和适应内外部环境的变化。这种灵活的管理规范体系要在不断适应、不断调优的过程中进行闭环管理，反馈闭环、迭代优化是对其基本的要求。

5.3.7 智慧化管理晋级

在不远的将来，数据系统指挥人的行动会成为常态。在生活中，我们正在逐步把决策权交给算法和系统，我们往哪儿走、走什么路，由导航指挥；我们看什么、听什么、接收什么信息、购买什么商品，接受算法和系统的推荐；将来在管理上，我们该做出什么判断、做出什么决策、采取什么措施，也需要听从算法和系统的指挥。这是数据化管理升级的结果，也是数据赋能管理效率提升、准确性提升的目标。

在前面案例中，我们用红绿灯机制指挥业务员每天应该联系哪些客户，跟踪和服务哪些客户，业务团队需要听从系统的指挥来完成自己的工作。这会成为一种管理规范和制度安排，个人不可以自主决策，否则就是怠工，就会影响公司同客户的关系和公司的业务发展。实现这种系统指挥人的算法模型只是第一步，不会是最后一步。在原有的红绿灯机制下，我们开始迈出第二步，算法系统不仅仅指挥你去拜访哪个客户、到哪里出差，还会告诉你要带哪种销售方案、以何种谈判策略去跟对应的客户洽谈。

客户关系导航系统 2.0 版本如图 5-11 所示。在这个版本的概念设计中，我们将根据每个客户的痛点和需求,以及自身特征,对他们进行千人千面的分类,针对不同的客户会有不同的销售方案。比如,针对价格敏感型客户,我们会有一个"以量换价"的策略方案,如果客户希望以最低价购买我们的成品油,那么只要客户每个月使用的 80%以上的油品都从我们这里进货,我们就保证他可以以最低价拿到油品;针对对时效性要求高的客户,我们会给出一个提前配送的销售方案,只要客户与我们共享他的油库液位信息,并保证所有的油品都从我们这里进货,我们就会直接提前送货,甚至在用后结账,即每周或每月以客户实际加的油量来结算,我们保证客户的油库中始终有油,永远满足客户的需求,让客户不需要考虑成品油的送货问题。这些都是针对客户需求制定的"千人千面,千站千案"的策略。

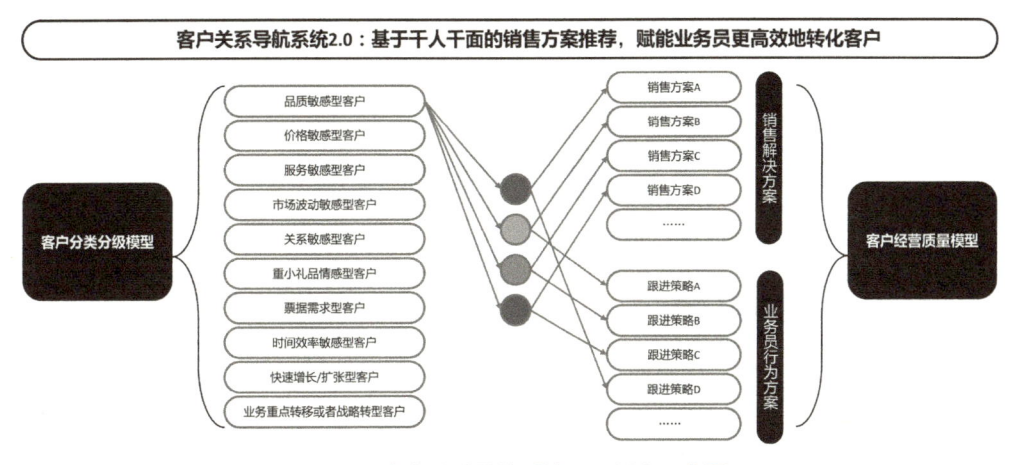

图 5-11　客户关系导航系统 2.0 版本示意图

当客户头上亮起红灯的时候,业务员需要跟进客户。系统不仅提示业务员要跟进这个客户,还要为业务员推荐一套销售方案,甚至包括精准计算的优惠幅度、优惠政策、购油服务,等等。同时,我们还会结合优秀业务员的经验,为业务员提供一套谈判策略方案,让业务员像优秀业务员一样去跟客户洽谈。系统不仅预警和提示业务员,还指导着业务员工作,这就是客户关系导航系统 2.0 版本的目标。这样的指挥系统是更加智慧的系统,这源自我们不断地对算法模型和解决方案的匹配研究,也源自成熟的、优秀的业务员的才智贡献。

当企业几乎在所有的系统中都迈出第二步的时候,数据中台的智能管理指挥系统就成了企业核心的大脑,就成为企业核心竞争力的一部分,代表着企业的聪明程度和智力水平。未来企业间的竞争,就是看谁能够更快地做出更科学、更优异的决策,采取更具有针对性的措施,谁就能赢得市场的竞争。这就是智慧型企业,智能管理指挥系统就是一个像高速运转的大脑一样的服务器,不断采集各种各样的内外部环境的数据，并高速计算着，以及做出每一个流程环节的决策，指挥企业的各种资源高效运转和转化。

系统自动智能化是一个不断积累和演化的过程，也是数据技术体系不断升级和优化的过程。智慧的积累不是一朝一夕就能完成的事情，也不能一蹴而就。企业不可能直接购买一套智慧软件就能成就智慧企业，就像孩子的教育，我们不可能不让孩子在过程中学习，而是直接在孩子的大脑中插入芯片使其变成一个聪明人，更不可能把大学生的智力水平直接移植到一个三岁孩子身上。企业也是一个有机的组织，也需要一个不断成长的过程，而智慧型企业的建设，更是一个持续晋级的过程。在这个过程中，我们要有算法的积累和沉淀，还要对算法进行一代代的升级。虽然使用机器学习、深度学习、人工智能技术会加速这个过程，但是这个过程是不可能直接跨越过去的。

5.4 数据指标化管理

5.4.1 理解数据指标

2015 年年底，笔者曾经服务过一家企业，在刚接触这家企业的时候，这家企业的管理者对自己企业在过去 5 年的发展非常满意。他对笔者说："赵老师，我们公司在过去 5 年做得非常不错，通过自己的努力实现了销售额和利润额的同步增长，公司的规模已经是 5 年前的 3 倍多了。"

然后笔者就问他："陈总，您的企业做得非常好，在过去 5 年员工人数是否也增加了呢？"

他说："当然增加了，业务发展比较快，业务量增加了，我们人手不够，增加了不少人。"

笔者问："增加了多少呢？"

他拿出数据一算，当时的员工人数是 5 年前的 3.4 倍，比业务量增长得更多。可以看到这家企业的人数增长大于业务量增长，平均每个人的产值肯定是下降的。用专业的话来说，随着企业规模的扩大，人效在下降，员工人数的增加并没有随着规模的扩大给企业带来人效上的规模效应。

一般来讲，随着企业规模的扩大，无论在生产上，还是在营销上，都会产生规模效应。生产上的规模效应比较容易理解。营销上的规模效应是指随着企业规模的扩大，企业在市场上的影响力也会扩大，销售人员在跟客户谈判的时候因为品牌影响力的扩大就会更有胜算，从而更加容易地把产品销售出去；同时，在人才市场上，随着企业规模的扩大，企业的影响力提高，企业更容易以低成本吸引优秀的人才，从而进一步提升人效。该企业随着规模的扩大而人效在下降，一定是在管理上出现了问题。

于是，我继续问这位管理者："陈总，你们这几年做得比较好，是否给员工调过工资，或者人均工资水平有没有提升呢？"

陈总说："当然有。我们企业赚钱了，要让员工也享受企业发展带来的红利。"

我们拿到数据一算，员工的平均年薪从 2011 年的 6.8 万元/人，增长到了 2015 年的 8.7 万元/人。从这个数据中我们可以看到，该企业每投入 1 元人力成本，带来的产值肯定会加速下降。基于我们的数据分析，该企业在人力成本上的元当产值（每投入 1 元人力成本所带来的销售额）从 2011 年的 18.1 元/元，已经下跌到 2015 年的 11.7 元/元，不足原来的 2/3，如图 5-12 所示。

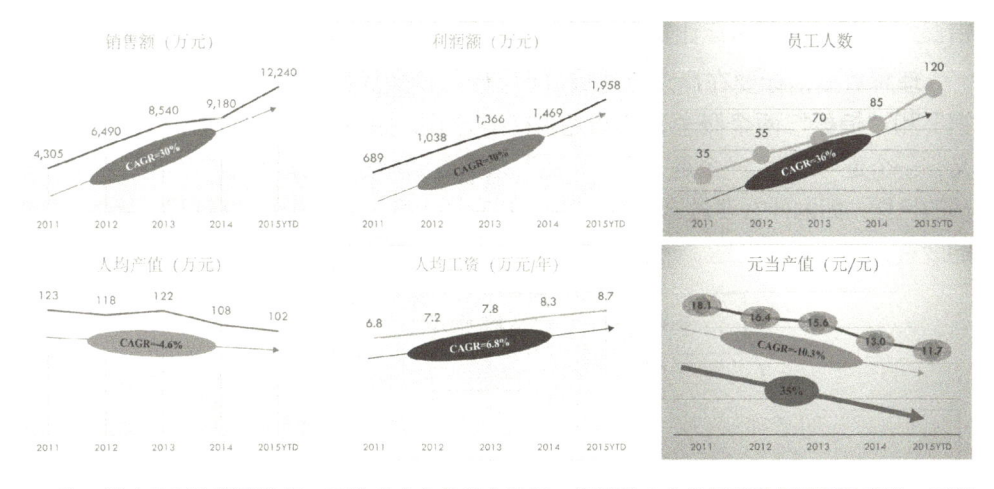

注：以上数据为脱敏数据，不代表企业的真实数据，但反映出企业经营数据指标的变化，不影响分析的结论。

图 5-12　数据指标表征管理的案例图表

人效是企业效率管理中的四大效率之一，一般看一个企业的经营效率，我们经常会关注四种效率：人效、物效、费效和时效。如果企业的人效下降，其内部管理体系一定有改善的空间。

在对人效数据指标进行分析之后，笔者问陈总："通过对人效数据指标的分析，您还认为咱们企业做得好吗？是企业做得好，还是外部环境好？"

企业的业绩表现很好，但是自身的经营质量、管理效率在下降，那么这个时

管理者数据能力晋级

期的盈利不是企业的能力创造的，而是行业给企业的机会。如果没有量化的指标去表征管理，就很难形成理性的、客观的评价，只能进行感性评价。当我们进行感性评价的时候，就会陷入感性归因的误区，即把好事归因到内部因素，把坏事归因到外部因素，如图 5-13 所示。

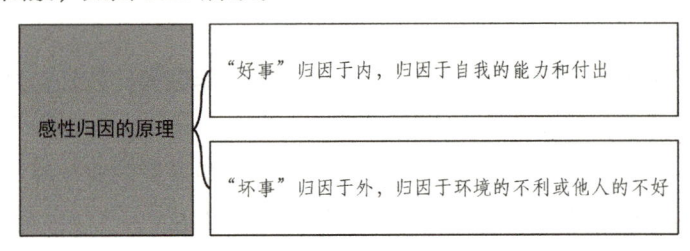

感性归因的原理：
- "好事"归因于内，归因于自我的能力和付出
- "坏事"归因于外，归因于环境的不利或他人的不好

图 5-13　感性归因的心理学现象

为了避免陷入感性归因的误区，我们需要用数据指标去表征管理活动，大到一家企业的整体经营结果，小到一个岗位、一次活动、一个员工每日的工作，只有用数据指标去表征，我们才能够更加清晰地看到真实的情况，而不是用感觉去错误地判断。数据指标让管理可见，让过程可控，让结果可达。

理解数据指标要在概念上达成共识。什么是数据指标呢？数据指标包含了"数据"和"指标"两个概念，数据是表征的方式，是形态；而"指标"包含两个含义，一个是"指"，一个是"标"。"指"是指数据指标对管理有指向作用，指向了管理的目标，即为什么要做这件事；"标"也有两个含义：一个是"标尺"，就是对管理的度量；另一个含义是"标准"，就是我们用来评价管理的标准，如图 5-14 所示。

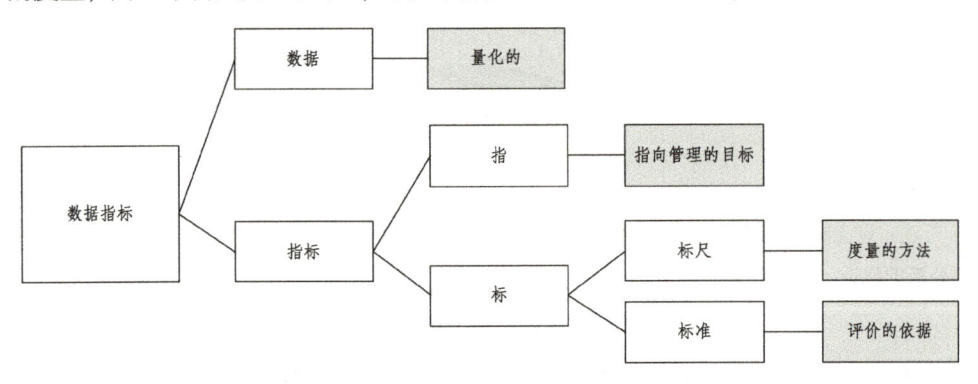

数据指标：
- 数据 → 量化的
- 指标
  - 指 → 指向管理的目标
  - 标
    - 标尺 → 度量的方法
    - 标准 → 评价的依据

图 5-14　数据指标的定义（解读）

如何理解数据指标的概念呢？比如，"销售额"是一个表征业务的数据指标，是对销售订单的统计汇总，也是对公司每一笔收入的统计汇总，它是量化的"数据"；"销售额"这个数据指标的"指"指向的是经营目标——销售收入，采用的标尺是元/年（或者季度、月、周、日、时）；而"销售额"的标准是销售目标，如

果超过销售目标，就达成了管理目标，如果没有超过销售目标，就没有达成管理目标。

数据指标无处不在。只要我们从事经营管理活动，并用数字记录经营管理活动，我们就有了数据。通过对这些数据进行加工处理，我们就可以得到各种各样的指标。这些指标从方方面面表征业务活动，包括业务活动量、活动成果、活动效率等。

比如，针对业务员通过打电话进行销售，即"电话销售"，可以整理出如下几种数据指标：销售额、销售量、通量（通话次数）、通时（平均电话通话时长）、成功电话次数、电话销售转化率/成功率、客单价、连带率（平均每个客户购买产品数量）、平均电话成本、人均业绩、订单数量、拒接电话次数、接通电话数量、销售额增长率、销售量增长率、销售毛利额、销售毛利率、折扣金额、折扣率，等等。

根据目的或者作用不同，数据指标可以分成两类，一类是管理数据指标，另一类是决策数据指标。管理数据指标从结果的角度评价管理活动做得好不好，表征管理活动的质量；决策数据指标是从管理决策的角度进行判断的标准和依据。

数据指标化管理是企业经营管理体系以数据为基础，在每一个流程环节采集数据，形成数据指标来表征每一个流程环节的管理质量，每一项业务活动都能够用数据来表征、评价和发现问题，让管理能够看得见、看得清，提升了管理的能见度、颗粒度，从而形成透明化、阳光化的管理。

数据指标化管理是数据化管理中数据应用的第一步，是在我们通过信息化建设采集各个流程环节的数据之后的第一级应用，因为数据指标是在原始数据的基础上统计汇总和加工得来的，用于表征管理活动质量的数据。如果在业务流程的各个环节都能够用数据指标来表征，就能够让每一个流程环节都得到有效的管理，减少浪费，提高投入产出比。

如果没有数据指标，管理者就不知道哪里出现了问题，就没法管理团队和业务。所以，"无数据，不管理"，如果管理者没有办法量化，就没有办法管理。

5.4.2 数据指标梳理的三种方法

应该如何体系化地梳理需要的数据指标呢？我们团队在实际咨询服务过程中总结沉淀了三种方法：经验法、要素法、流程法。

1. 经验法

所谓经验法，是指结合实际工作中的经验确定对应的数据指标。这种方法对个人经验和阅历的依赖度比较高，而且与个人的企业管理经验有关：如果经验丰富，对管理理解得比较透彻，就能够做得比较好。所以，这种方法的局限性非常明显，就是经验的多少、对管理的理解程度，以及环境的变化都影响得出的数据指标的数量和质量。经验法可以用到另外两种方法中，因为随着经验的积累，以及在实施数据指标化管理过程中碰到的问题得到解决，就会积累更多的经验，梳理出更多重要的数据指标。

积累经验的过程也是对业务的认知不断增加的过程。比如，要评价一家互联网企业，在 2000 年以前，我们更关心点击率和浏览量；到了 2010 年前后，我们更关心注册用户数和活跃用户数量，因为几乎所有的网站或者 App 都要求用户注册；到 2015 年前后，我们对互联网的理解发生了变化，更关心高质量用户的流量，包括交易额、交易频率、用户在线时间等。

2. 要素法

为了让业务决策更加合理和科学，我们需要梳理影响决策的关键要素，把这些关键要素梳理出来并用数据表征，这样我们在决策的时候就会考虑这些要素，这种方法就是要素法。

在梳理影响业务决策的关键要素时要回归业务逻辑和决策逻辑。当然，也要回归业务目标。业务目标不同，决策逻辑不同，关键要素也会有所不同。

比如，一家公司的电商业务的战略重点是提高销量，在扩大销售规模后，规模化采购就能提升利润空间，那么在以扩大销售规模为目标的时期，公司关心的不是利润类的指标，而是销量类的指标，哪怕短期不赚钱，也要把销量做上去。

在销量上去之后，公司开始关心赚钱的问题，这个时候成本、毛利、推广的投资回报率等指标都是公司更关心的关键要素。电商活动是否能够带来利润才是公司决定做什么活动、如何做活动的关键要素。

用要素法梳理数据指标需要我们有深度的业务洞察，深入了解业务，并理解业务的基本逻辑。所以，要素法离不开业务专家的参与，管理者是最懂业务的一批人，他们的参与对梳理业务的关键要素至关重要。

3. 流程法

流程法是指利用流程梳理关键数据指标的方法。这是企业最常采用的方法，也是非常体系化的方法。但是，流程法必须配合业务流程的梳理进行，所以相对复杂一些。流程法一般需要经历五个步骤。

(1)业务流程梳理。
(2)流程节点管理目标梳理。
(3)表征管理目标的数据指标梳理。
(4)流程节点业务逻辑梳理。
(5)赋能业务逻辑的决策指标梳理。
(6)数据指标化管理的数据需求梳理。
(7)数据指标化管理的信息化建设的需求梳理。

用流程法梳理数据指标的一个好处，就是我们能够顺便梳理出数据需求和信息化建设的需求，从而为业务流程数字化建设提供需求说明，让信息化建设首先满足数据指标化管理的需求。

为了梳理出数据需求和信息化建设的需求，还可以增加两个步骤，从而形成七个步骤，我们把这套方法叫作"七步法"。为了进行数据指标化管理体系的建设，必须要有数据，必须梳理出数据需求，必须通过信息化建设才能满足数据指标化管理的数据需求。没有数据，单纯梳理出数据指标是没有意义的，我们想要知道一家门店的进店转化率，结果我们没有方法统计进店的顾客数量，只有门店的成交顾客数量，那么进店转化率这个数据指标即使梳理出来也算不出来，因为没有数据支撑。

5.4.3 数据指标化管理体系构建七步法

利用流程法来体系化地梳理数据指标是一种相对比较全面的方法。经验法过度依赖参与者的经验，要素法过度依赖业务专家对数据技术的理解。流程法比较规范化，降低了对梳理数据指标的人的业务能力和经验的依赖，能够较好地让数据指标形成体系。

下面将使用流程法来体系化地梳理数据指标，帮助大家构建完善的数据指标化管理体系，如图 5-15 所示。

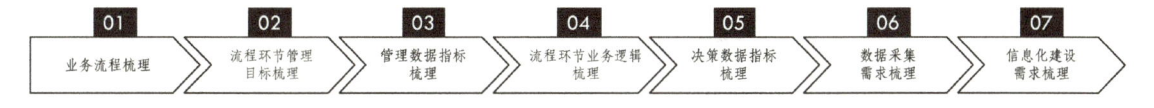

| 01 业务流程梳理 | 02 流程环节管理目标梳理 | 03 管理数据指标梳理 | 04 流程环节业务逻辑梳理 | 05 决策数据指标梳理 | 06 数据采集需求梳理 | 07 信息化建设需求梳理 |

图 5-15 数据指标化管理体系构建七步法

1. 第一步，业务流程梳理

之所以回归业务流程，是因为我们需要实现数据指标化管理的全覆盖。企业的业务流程代表着企业运行的机制，代表着企业运营的体系。核心业务流程代表着企业经营管理活动中最主要的部分，可以考虑先在业务部门推动数据指标化管理，然后再逐步推广到其他职能部门。所以，从业务流程出发，在保证数据指标梳理的全面性的同时，也能够保证某一个模块或板块体系的完整性。

梳理业务流程要从业务流程的基本要素开始。一个业务流程环节代表着一系列的业务活动，每个业务流程环节都有三个关键要素：输入、输出和一系列的业务活动。所以，无论一个业务流程环节处在几级流程上，都需要按照三要素去梳理，确保我们清晰地知道这个业务流程环节在做什么、创造了什么价值、输出了什么结果。

业务流程梳理的层级决定着我们能够梳理出几级流程中的数据指标。所以，必须考虑数据指标化管理的精细化程度，精细化程度越高，业务流程梳理的层级越细。是梳理到部门级、岗位级、任务级，还是梳理到最细的活动级？数据指标化管理的精细化程度要求就是业务流程梳理的精细化程度要求。

从管理数据指标梳理的角度看，管理数据指标的梳理是为了满足部门管理、岗位管理、任务管理和活动管理的需求，这就是管理数据指标梳理的精细化程度要求。

从决策数据指标梳理的角度看，决策数据指标的梳理是为了满足部门决策、岗位决策、任务决策和活动决策的需求，这就是决策数据指标梳理的精细化程度要求。

根据我们团队的观察，大多数公司的流程管理层级都不够细致，多数只能到岗位级，并附有岗位的职责说明书，但是并没有沉淀每个岗位应该如何做事，以及做事的流程和方法。不同的任职者在同一个岗位上，做法就会不同，完全依赖任职者的能力和水平，甚至允许他们自由发挥。如果碰到一个不能胜任的人，完全就是在给他/她交学费。

当然，在进行业务流程梳理的过程中，可以对业务流程进行诊断，提出优化改善的方案，也可以从业务流程数字化的视角寻找数字化优化的空间，这是一次工作、实现多个目标、创造多重价值的过程。

2. 第二步，流程环节管理目标梳理

接下来，需要对每个流程环节，包括不同层级的流程环节进行目标梳理，就是梳理每个流程环节的管理目标。通过精准和明确地梳理流程环节的管理目标，我们对流程最终创造的价值会有更深刻的理解。

一般情况下，我们会从六个方面对每一个业务流程环节所能够创造的价值进行考量。也就是说，一个流程环节之所以存在，是因为它能够创造图 5-16 所示的六个方面的价值。

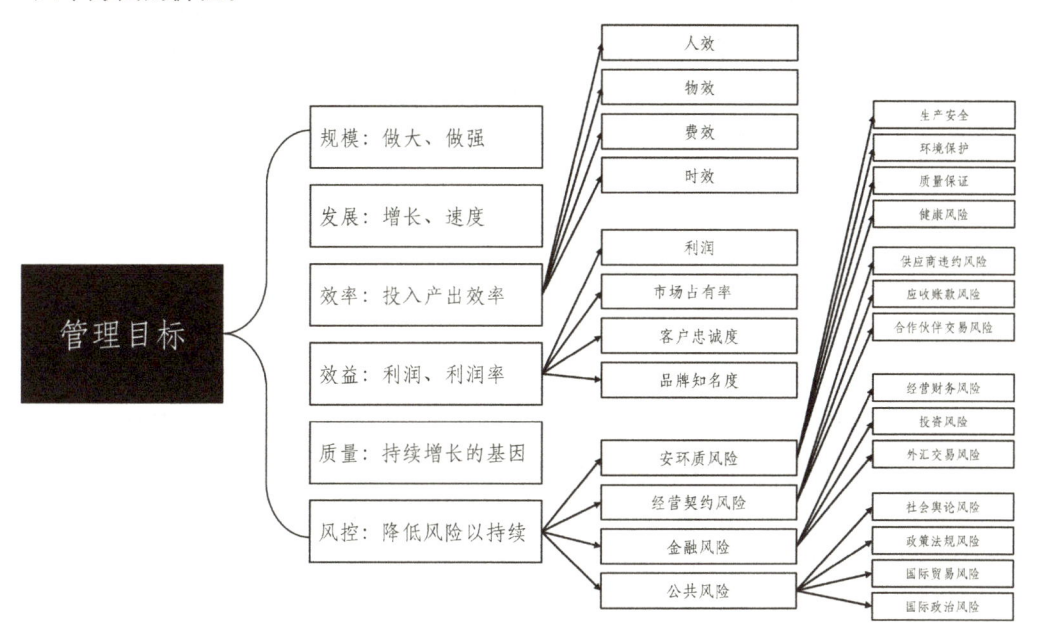

图 5-16　流程环节所创造的六个方面的价值

这六个方面的价值，我们可以进一步细分。

（1）效率。

在效率方面，我们一般考虑四种效率，包括人效、物效、费效和时效。人、财、物和时间资源的投入是公司的基本资源投入。当然，一家公司在资源上可以投入更多，包括专利技术、数据资产、商业诀窍、人力关系、政府关系等各种难以量化的资源。四种效率只是其中基本的效率评价维度，可见性比较强。

（2）效益。

对于效益方面，我们不能狭隘地去看，要有更长远和更宽泛的效益类指标。这其中包括企业所需要实现的目标，可以是规模的扩大，可以是市场地位的提升、品牌知名度的提升、客户忠诚度的提升，等等，所以不要认为效益就只有利润一个维度。

（3）质量。

质量是指企业的经营质量和管理质量。假设一家公司有 1000 个客户，如果这些客户的活跃度非常高，经营质量就高，如果这些客户的活跃度一般，经营质量就差；同样是 1000 个客户，如果这些客户的忠诚度高，经营质量就高，如果这些客户的忠诚度低，评价不好，随时期待着换掉公司，经营质量就差；公司有 1 亿元的营收额，其中 70%是复购客户贡献的，与 70%都是新客户贡献的相比，前者的经营质量更好。这些都是对一家公司经营质量和管理质量的评价。质量好的企业有更好的发展前景，质量不好的企业随时都有可能因为市场竞争或者行业波动而失去原有的绩效。

（4）风控。

风控包括了多个方面，在安全方面，应从环境安全、治安安全、作业安全、质量安全等维度进行考量。当然，还有其他各种经营和管理中的风险防控问题。不同的行业和企业会有不同的风险来源。

在梳理管理目标的时候，我们可以根据流程三要素来表述管理目标，然后利用这六个维度的经营价值和管理价值的创造来对该流程环节提出更高的管理目标，从而让管理目标有更加清晰、精准的表达。

下面用招聘过程中的某些环节来做示例。图 5-17 展示了如何精准地描述流程环节的管理目标。通常招聘有三个关键阶段：①简历获取阶段；②人才遴选阶段；③入职阶段。

首先通过发布招聘广告吸引候选人投递简历，然后选择合适的候选人组织面试，在与面试通过的候选人谈好之后组织他们入职。过程比较简单，但是如何更清晰地描述每个环节的"管理目标"呢？我们可以利用前面提到的方法：第一步，按照流程三要素，即流程的输入、一系列活动、输出；第二步，用规模、发展、效率、效益、质量、风控等六个企业经营管理活动价值维度对前面的描述添加修饰词，从而形成对管理目标的精准描述，即精准描述该流程环节所输出的企业经营价值和管理价值。

我们只有精准地描述流程环节的管理目标，才能更清晰地知道这个流程环节到底输出什么价值，才能用数据去量化它、表征它，然后评价它、管理它。否则，我们就无法评价和管理它。没有量化的评估，我们就不知道这个流程环节做得是好还是坏。

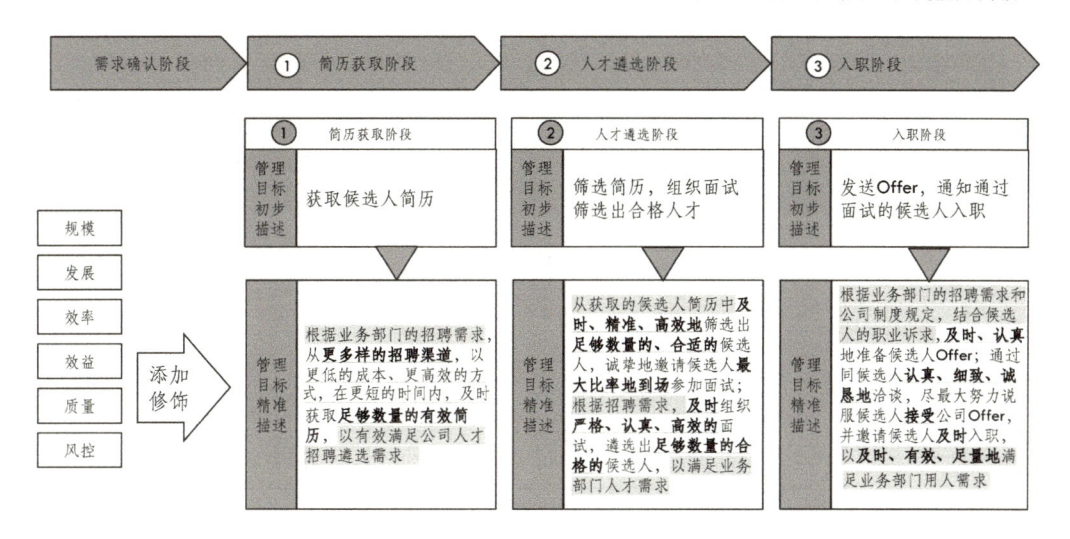

图 5-17　如何精准地描述流程环节的管理目标

所以，对企业经营管理者来说，精准地描述流程环节的管理目标是管理工作的基本功，特别是自己负责的流程环节，如果自己描述不清楚，其实代表你不知道自己所做的工作对公司有什么价值，以及自己每天在创造什么价值。本书提供的方法值得每位管理者用自己所负责的流程环节进行练习。

3. 第三步，管理数据指标梳理

如果我们能够用第二步给定的方法清晰地描述每个流程环节的管理目标，就会非常容易地将添加的修饰词转化成量化管理目标达成效果的数据指标，这些数据指标就是管理数据指标。

比如，在简历获取阶段，我们添加的修饰词有"更多样的"，那么我们就用招聘渠道数量来量化"更多样的"这个修饰词；我们添加的修饰词还有"以更低的成本"，量化之后就是"有效简历平均获取成本"，用我们投入的广告费用和获得的有效简历数量相除得到的数据指标来表征。类似地，我们可以把添加的所有的修饰词都用量化的数据指标来表征，于是我们就有了一系列评价流程环节的"管理数据指标"，如图 5-18 所示。

管理者数据能力晋级

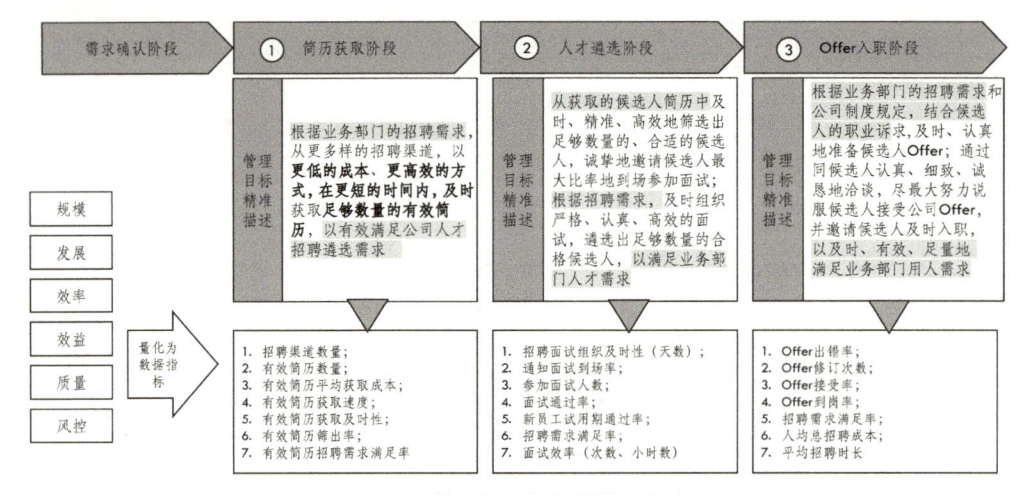

图 5-18 管理数据指标的梳理方法

由此，我们就能够体系化地梳理每一个流程环节，以及每一个流程环节所对应的管理数据指标。这是一种体系化的方法，严格按照这个步骤，我们就有了梳理企业管理数据指标的三步法（见图 5-19）：①按照流程三要素描述流程环节；②按照六大类价值添加修饰词；③将添加的修饰词量化为管理数据指标。

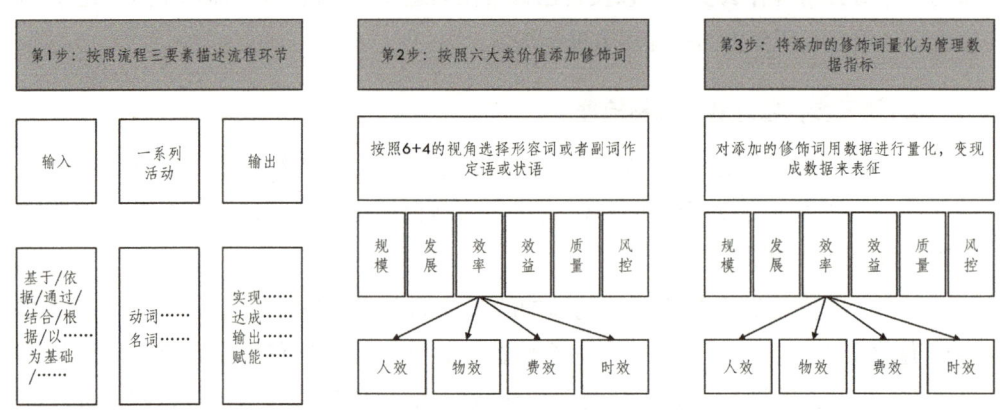

图 5-19 梳理企业管理数据指标的三步法

【练习题】

建议读者对自己所负责的业务流程环节按照以上三步法梳理管理目标和管理数据指标，通过历史数据计算出这些数据指标，然后对比自己现在的工作结果和去年的数据指标结果，看看有哪些提高和改善，并在这个梳理过程中寻找管理优化和改善的空间。

4. 第四步，流程环节逻辑梳理

每个流程环节都会存在一定的决策，为了做出更好的决策，我们必须考虑与该流程环节有关的各种要素。影响决策的要素需要用数据去量化，这样才能够根据场景和现实情况做出最优的决策。量化影响决策的关键要素，利用表征这些要素的数据为管理或者经营决策赋能，从而体系化地优化各个流程环节的经营管理决策，这是梳理决策数据指标的目的。

下面以石化企业的原料采购环节为示范，演示如何梳理业务逻辑，以及对应的业务决策数据指标，如图 5-20 所示。我们将原料采购环节分成五个关键的流程环节，这是第一步。也就是说，业务流程的梳理是决策数据指标梳理的起点，也是本节七步法中的第一步所完成的工作。

接下来，我们需要梳理在每个流程环节所做的关键决策。什么是关键决策？关键决策就是在流程环节中我们在做出选择的时候所做的判断。比如，在询价环节，我们需要决定向谁询价，还要判断是否获得了足够数量的报价。另外，我们还需要判断所获得的报价是否真实有效。这就是我们在询价环节的关键决策。如果没有足够数量的报价，需要继续询价，直到报价能够满足我们进行下一步的需求：有足够数量的高质量供应商的真实有效的报价。

比价环节是一个比较复杂的环节，在实际工作中我们可以将这个环节拆解得更细致一些。对于石化企业采购原料，如原油，因为原料的复杂性，导致每一家供应商的报价无法直接比较，我们需要结合加工方案、预测的产成品销售价格来看哪家供应商提供的原料报价最合适。所以我们要做模拟加工和销售，在计算出模拟利润之后再做选择。在比价之后我们还需要对选出的供应商进行更细致的议价，包括各种交易条款（付款条件、付款方式、物流交付方式等）。这些交易条款也影响着我们最终选择哪家供应商来采购原料。

限于篇幅，这里不对每一个流程环节进行详尽介绍，毕竟多数读者都不是石化行业从事原料采购的人。这里只是以此为例，展示梳理业务逻辑的基本方法。

管理者数据能力晋级

1	流程环节	询价	比价	议价	定标	下单
2	关键决策	①向高质量供应商询价；②询得足够数量的供应商的真实报价	优选n家供应商进行议价	与遴选的n家供应商进行细节议价谈判，以期获得更好的采购条款	确定最终采购的供应商及原料	锁定议价和相关交易条款，向供应商下单采购
3	决策要素	①供应商有效性；②供应商的质量；③报价真实性；④足够选择的报价数量	比较各供应商所提供原料的加工利润，选择加工利润最高的n家供应商作为议价备选	原料价格和采购合约条款，包括付款方式和期限	综合采购利润	在议定的交易条款下签署合规合法的契约
4	要素数据	①供应商数量；②供应商质量评估；③真实报价；④有效真实的报价数量	基于各种不同原料报价的模拟加工利润	最终报价：基于交易条款的采购费用和物流费用等	综合采购利润，包括期间财务成本和费用	议价过程中达成的各种交易条款
5	决策逻辑	每种采购原料的高质量供应商提供真实报价的家数超过n家	选择n家模拟加工利润最高的供应商作为议价备选	降低报价：降低综合采购成本和费用	基于议价和采购条款核算综合采购利润，选择最大综合采购利润的供应商	保证交易条款的一致性
6	数据需求	①供应商报价数据；②供应商基本信息和质量评价数据；③报价真实性评估数据	①各供应商所供原料组合；②加工方案各项费用；③成品预测售价；④物流费用	供应商需求、供应商报价习惯；供应商特长；比价条款；交易条款	最终报价、交易条款中的其他成本和费用、物流费用、产品市场预测价格、模拟加工成本费用、期间财务成本和费用	交易条款信息；合同
7	决策算法	∑（提供报价的供应商）≥n；其中：供应商质量≥80分	TOPn（预测价格×成品数量-加工费用-采购物流费用-原料价格×购量）	Max（供应商综合收益）↔Min（综合采购成本费用）	Max（综合采购利润）	△（议价交易条款，合约）=0

图 5-20　流程环节业务逻辑梳理示意图（原料采购环节）

5．第五步，决策数据指标梳理

对应着关键决策，我们要想做出更合理的判断，就需要理解哪些要素影响着我们的判断和决策，这些要素是决策要素。对于决策要素，我们需要用量化的数据去表征和评估，从而做出判断。要素数据对应的就是决策数据指标。

基于决策数据指标，对应着决策逻辑，我们就可以做出决策选择。其背后的计算或者判断逻辑就是决策算法。

6．第六步，数据采集需求梳理

管理数据指标和决策数据指标需要用原始数据来加工，对应着我们的数据需求。这些数据需求有静态数据和动态数据，即描述资源对象的数据和记录资源活动的数据。

这个环节我们只需要回答一个问题：用什么数据来计算管理数据指标和决策数据指标。只要回答了这个问题，我们就能非常容易地列出数据需求清单。针对静态数据和动态数据，我们需要哪些字段、什么样的数据提供频率、什么样的数据质量，在这个环节要考虑清楚，并清晰记录下来。

这一步和下一步是数据指标体系化梳理的副产品，能够为企业信息化建设提供源自业务的数据需求和信息化建设需求，如图 5-21 所示。

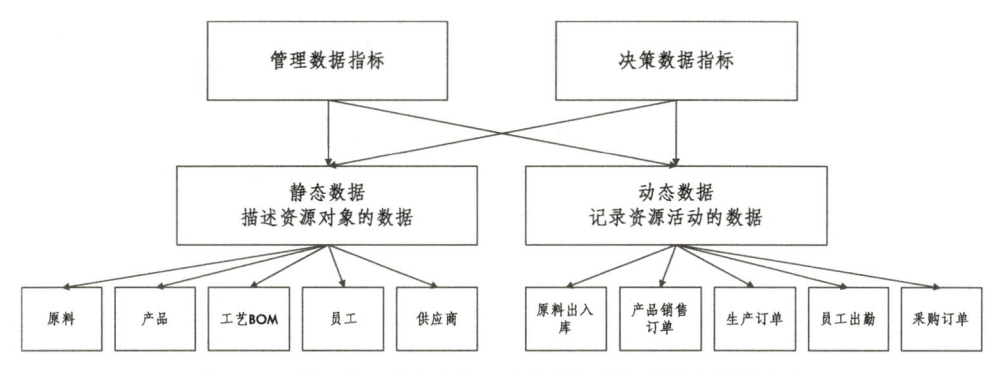

图 5-21 基于管理数据指标和决策数据指标的数据需求盘点

7. 第七步，信息化建设需求梳理

基于上一步，我们有了基于管理数据指标和决策数据指标的数据需求清单。这些数据如何采集、什么时候在什么流程环节采集、应该由谁来负责采集，需要信息技术部门和业务部门一起做出判断，并基于此生成信息化建设的业务需求数据采集清单，然后将这个清单规划设计到信息化建设的需求说明中。

5.4.4 数据指标标准建设

接下来为了进行分析和判断，我们还需要对各种数据指标进行标准化建设。其中包括以下内容：每个数据指标的参考系是什么？数据指标的数值达到多少才是好的？这些数据指标的标准值应该如何设定？

如果企业过去没有对这些数据指标建立对应的评价标准，也没有设定对应的管理目标，那么我们就需要结合历史数据先设定一个数值，然后再在实际执行的过程中不断优化这个数值，使其成为一个标准值。所以，简单说来，如果之前没有设定数据指标的标准值，就将现状作为目标值的起点，至少将来不能比现在做得还差。今天就是我们利用数据指标设定标准，不断提升和改善的起点，然后，再在不断提高这个数据指标标准的过程中晋级。

如果我们现在没有数据指标标准值怎么办？可以采取试行的方法，先设定一个标准值，再采集数据计算现状，然后对比检测设定的标准值是否合理。在这个过程中，我们会积累经验和分析的方法，并开始关注这些指标，从而会更快速地积累经验。如果不先设定一个标准值，我们就会失去一次优化评估的机会，管理闭环就会少转一圈。甚至因为没有设定一个标准值，我们对这些数据指标在第一次闭环的时候就放松了管理，不会严肃地对待设定的指标标准。

数据指标标准需要不断地进行动态调整，需要不断地结合管理目标重新设定。

我们也要在企业经营管理过程中不断提高对这个标准的要求。要求的不断提高倒逼我们不断创新和改善经营和管理方案。在管理实践中我们会发现，很多数据指标标准的提升都是通过不断设定更高的要求倒逼出来的。而实现目标的过程是基于目标要求倒推完成的，这就形成了一个正向压力，推动相关改善和创新方案及策略的执行。

5.4.5 动态数据指标管理

数据指标本身也要动态调整以适应业务管理和业务决策的需求。数据指标，无论是管理数据指标，还是决策数据指标，都会随着管理目标的变化而变化，也会随着业务决策逻辑的变化而变化。

我们在什么时候需要调整动态数据指标呢？

1. 在业务目标发生变化的时候

如果业务目标发生了变化，特别是企业为了适应外部市场环境的变化，对业务的方向和要达成的目标做出了战略性的调整，这个时候，企业要对数据指标体系进行一次全面的、体系化的审视，确保数据指标能够适应业务目标的变化。

如果企业在这个时候从以质量为先开始转向以成本控制为先，那么我们就需要调整数据指标的侧重点，优先量化各流程环节中的成本和费用控制指标。因为我们以成本控制优先，如果我们没有关注成本和费用控制数据的采集，就无法适应这种变化。

2. 在业务模式发生变化的时候

如果业务模式发生了变化，企业的组织架构、业务流程，以及员工做事的方式、为客户提供的产品和服务就都会发生变化。这个时候，业务流程的调整是非常必要的，我们需要进行一次体系化的数据指标梳理，回归到新业务模式下的新的业务流程，然后再系统地梳理出适应性的数据指标。

3. 外部竞争环境发生变化的时候

外部竞争环境的变化往往是数据指标体系发生重大调整的主要因素。为了适应外部的变化（无论是市场竞争变化，还是行业格局发生了变化），我们都需要考虑如何调整新的数据指标体系以迎合战略调整和市场竞争状况。

虽然说数据指标必须动态调整，但不能因为这个而调整对我们不利的管理数据指标。在我们做得不好的地方，我们就不监控相关数据指标了，这明显是错误的，但在现实中，很多数据指标的调整就是因为这个理由。

什么时候动态调整数据指标是危险的呢？因为换了管理者，不同管理者的关注点不同，所以需要调整数据指标。这是非常危险的。为什么说是危险的，而不是错误的呢？因为由人事调整带来的数据指标发生变化，有可能让我们无法进行前后的对比，从而无法评估管理绩效，也无法追溯业务决策是否合理。除非，我们过去做错了，换了新管理者，并带来了对的方法。

5.5 管理者驾驶舱建设

在驾驶汽车的时候，我们能够通过眼前的仪表盘看到即时的行驶速度、发动机的转速、机油温度、油耗、油箱液位，以及油箱中剩余的汽油还可以让我们行驶的大概里程数；同时，我们还可以通过仪表盘看到平均油耗、平均行驶车速、累计行驶里程数等。这些数据通过数字或者数据表的方式显示在我们眼前。这样，我们就对所开的车的运行情况有一个全盘的了解。

如果我们在企业的经营和管理中能够利用数据动态地、实时地看到整个企业的经营和管理状况，那么就能够对企业有整体的把握，就能够对我们所做的各种决策、采取的各种行动有一个量化的感知，就能够游刃有余地驾驭企业管理、业务经营和团队管理。

将梳理的数据指标通过可视化图表或者数据的方式，实时动态地呈现在管理者面前，让管理者对企业的经营和管理状况有非常清晰的即时认知，这组可视化的图表或者数据就像汽车仪表盘一样，成为管理者的"驾驶舱"。我们把这套数据指标呈现体系叫作"管理者驾驶舱"。

5.5.1 管理者驾驶舱是一种管理方式创新

过去的信息化建设都是呈孤岛状进行的，不同的业务信息系统之间不通，各业务信息系统的数据也没有集中管理，管理者驾驶舱的建设难以实现。在数字智能时代，企业的业务信息系统表现出融合和整合的趋势，特别是当企业利用数据中台对各业务信息系统中的数据进行集中管理的时候，一个基本的目的就是对这些集中管理的数据进行加工和处理，为管理者实时动态地呈现业务和管理状况，这也是管理者驾驶舱的初衷。

管理者数据能力晋级

管理者驾驶舱是一种新的管理方式创新，不是一个工具，更不是单纯的 BI 数据报表和数据可视化呈现。管理者驾驶舱让管理者能够实时动态地看到数据，看到管理的过程和结果，提高了其管理的敏捷性，从过去的周期性做决策转变成了实时动态地、随时随地地做决策。

管理者驾驶舱不是随便的一组数据图表的组合，如图 5-22 所示。企业经营管理中的管理者驾驶舱有几个基本的特征。

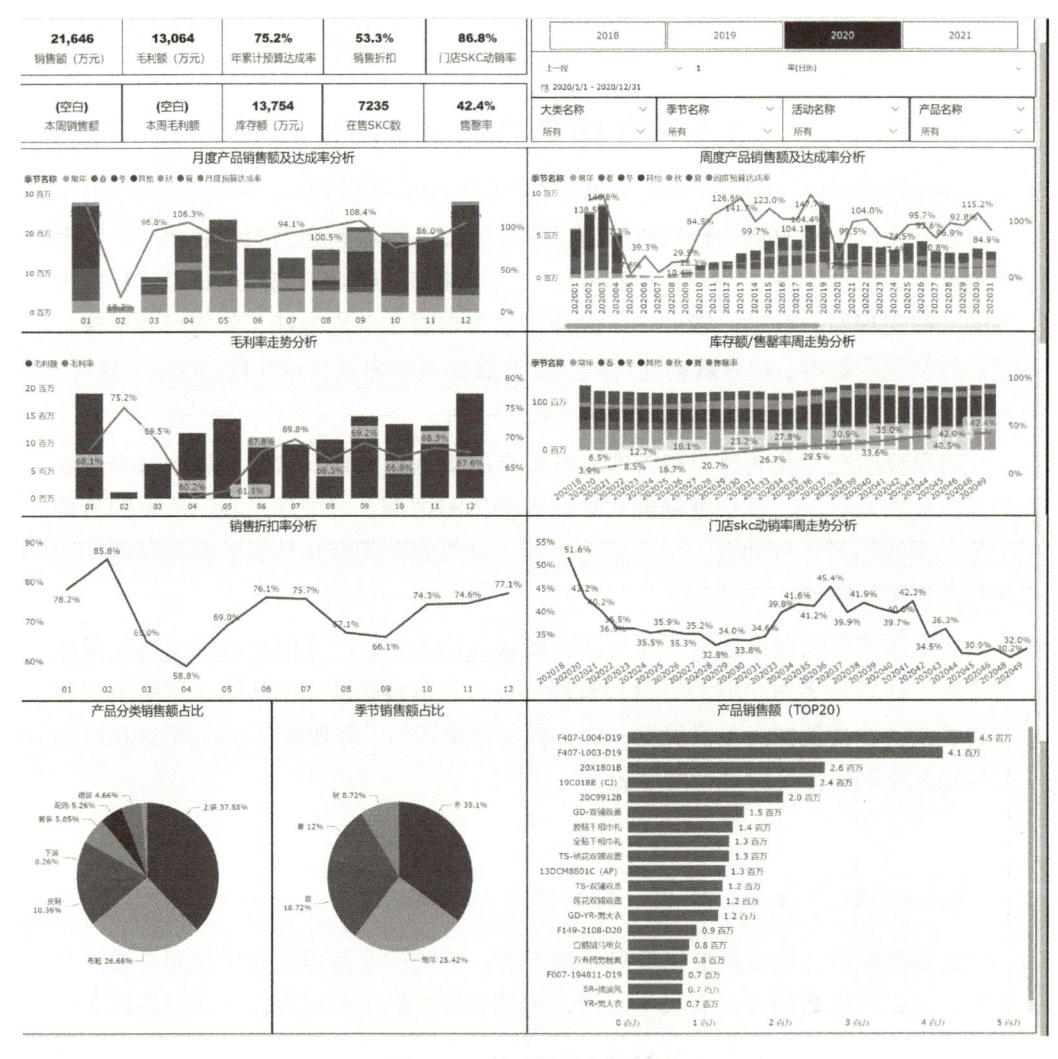

图 5-22 管理数据指标看板

1. 可视化呈现关键管理数据指标

管理者驾驶舱通过聚合岗位所需要管控的关键管理数据指标，让我们能够看到业务结果和达成目标的进度，并随时发现与目标之间的差距。

在传统管理模式下，我们会定期检验工作成果，定期总结得失。比如，在开月度经营分析会议、周例会时，我们把上个月或者上一周的数据进行统计、汇总，形成对过去业务成果的评价，从而判断之前业务管理活动的得失，然后制订调整计划。

现在可以通过管理者驾驶舱把这些我们关心的阶段性的成果数据，用在线可视化的手段呈现在管理者面前，并且做到更短周期、更高频率地更新，让管理者可以更加及时地发现管理问题。数据更新频率可以从过去的月度、周度变成每天，即今天能够看到截至昨天的成果数据，让我们能够得到更细时间颗粒度的数据，甚至可以把这个数据更新频率做到分钟级或者秒级。当然，从管理数据指标的要求来讲，我们不太建议做到秒级，分钟级或者小时级的数据已经是比较及时的数据了。

对于管理数据指标，我们可以用数字或者数据图表来呈现，这需要结合管理者的阅读偏好。

2. 实时动态地呈现决策数据指标

管理者驾驶舱更大的价值在于实时动态的数据呈现，就像我们开车时所看到的仪表盘一样，即时的数据对管理决策更有价值。盘点一下汽车仪表盘上的数据指标，你会发现绝大多数都是实时动态的即时数据，只有小部分是阶段性累计数据。

实时动态地呈现决策数据指标让管理者可以做出实时动态的管理决策，从而更敏捷地响应内外部环境的变化。所以，梳理基于流程和岗位的决策数据指标对制作管理者驾驶舱至关重要。其实，对于落实到具体的岗位的管理者驾驶舱，日常管理决策需要什么数据，我们就呈现什么数据，我们如何判断决策的关键要素，就要用什么方法来做出决策。管理者驾驶舱代表着管理岗位做出管理决策的基本逻辑。

可视化永远是最佳的分析方法，因为其比阅读数据更加快速。当面对一堆数据和一个图表时，我们阅读图表只需要几分钟，而要把一堆数据都看一遍，再回想具体业务数据，花费的时间会更长。

相对于管理数据指标的更新频率，我们对决策数据指标的更新频率要求更高一些。对于日常经营和管理活动中的决策，我们一般都希望能够实时动态地看到数据，马上做出决策，所以决策数据指标的更新频率最好能够做到实时。然而，从技术的角度来讲，实时的数据更新对业务信息系统和数据中台系统来讲是比较有压力的，小企业不可能像大型的互联网公司那样拥有庞大的 IDC 机房，也没有大的计算服务器。一般情况下，在经营管理中，延时几分钟不会带来太大的误差，数据更新频率能做到分钟级，最快做到 15 秒更新，已经是非常高频的数据更新了。

从技术实现的角度看，为了减轻业务信息系统的压力，我们可以利用数据中台进行数据的增量更新，这样在操作管理者驾驶舱更新数据的时候，就不需要再到业务系统中去查询和提取数据了。

3. 基于岗位的管理和决策需求

管理者驾驶舱是基于管理岗位的，就像汽车行驶仪表盘一样是给司机看的，而不是给乘客看的。管理者驾驶舱为每个管理岗位设计了一套驾驶舱，由该岗位使用，不同的岗位有不同的管理数据指标和决策数据指标，那么对应的管理者驾驶舱就会不同。在不同企业中，即使相同的岗位，因为管理目标不同、业务决策逻辑不同、关注的业务重点不同，其管理者驾驶舱也会有差异。所以，管理者驾驶舱必须结合企业实际进行定制化设计，而不能被借用。这也是很多 IT 公司能够帮助企业在技术上实现管理者驾驶舱，但不能在业务和管理上替代企业去实施管理者驾驶舱的原因。

在搭建管理者驾驶舱的过程中，业务岗位的管理者必须亲自参与，因为他们才是管理者驾驶舱的使用者，而不是等待着技术部门或者第三方技术服务公司给自己提供一套管理者驾驶舱。虽然有些常用的数据指标第三方技术服务公司或者技术工程师可以在通用的视角下做基础实施，但定制化的需求只能源自岗位上的管理者自身。

4. 整合多系统中的数据进行集中的呈现

管理者驾驶舱的第四个特征就是"聚合"数据，"集中呈现"，这里面有两层含义。

第一层含义是数据的聚合。多数管理岗位都有跨部门协作的需求，需要在管理决策中了解协作部门的相关状态，从而做出更好的决策，所以其不仅仅需要源自本部门的数据，还需要跨部门甚至跨流程的数据。所以，我们在实施管理者驾驶舱的时候，或者通过数据中台对数据资产进行集中管理，或者至少有一个联通多个业务信息系统的数据仓库。

第二层含义是集中呈现。所谓集中呈现，就是多个相关的数据指标在一起呈现，这样可以实现数据之间的联动，甚至图表之间的筛选/切片，这种筛选/切片关系可以让我们更好地进行钻取分析或者多维度分析。这跟传统的 PPT 版本的数据分析报告是不同的，在 PPT 版本的数据分析报告中，一页是一页，一个图表是一个图表，用 Excel 可以为每个数据图表加上切片器或者筛选器，这样我们就可以独立去看某个维度（如某个市场、某个产品、某项业务、某个组织、某个渠道、某个业务员，等等）的数据。这种切片或者筛选利用管理者驾驶舱技术，可以更加容易地实现。

5.5.2 搭建管理者驾驶舱

不考虑数据技术的实现机制，在有数据库可以直接连接、有数据指标可以直接计算或者调用、有可视化在线呈现工具的条件下，作为管理者，应如何搭建管理者驾驶舱呢？

搭建管理者驾驶舱有四个步骤，如图 5-23 所示。管理者按照这四个步骤可以有效地组织实施管理者驾驶舱的搭建。当然，如果由数据技术部门来实施管理者驾驶舱的搭建，那么还要加上一个反馈闭环和优化的环节。

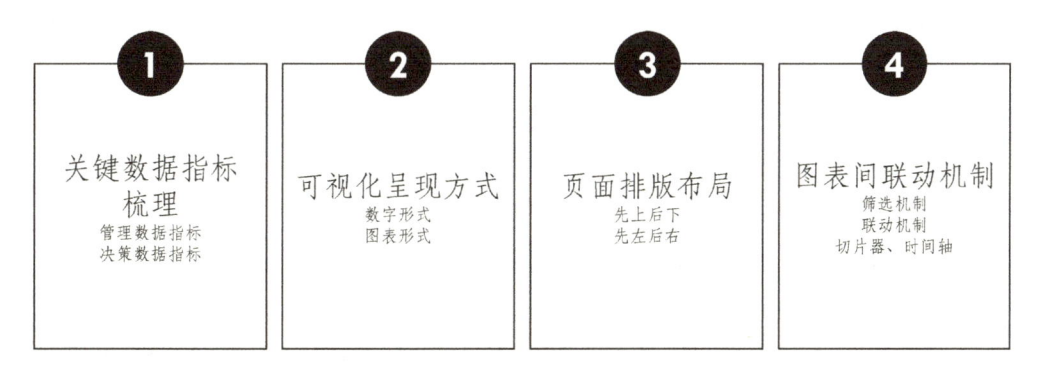

①	②	③	④
关键数据指标梳理 管理数据指标 决策数据指标	可视化呈现方式 数字形式 图表形式	页面排版布局 先上后下 先左后右	图表间联动机制 筛选机制 联动机制 切片器、时间轴

图 5-23 搭建管理者驾驶舱的四个步骤

（1）第一步，基于岗位需求，管理者应梳理出该岗位的关键数据指标（见图 5-24），关键数据指标包括关键的管理数据指标和决策数据指标。把关键数据指标梳理出来，按照重要程度进行排序。

管理者数据能力晋级

应用场景	数据管理视角	关键数据指标	说明
商品销售分析	高层管理	①销量　⑥销售TOP款（前10名） ②销售额　⑦库存额 ③毛利率　⑧在店库存额 ④毛利额　⑨售罄率 ⑤预算达成占比（累计/周/门店）　⑩补单未到货额=未完工数*吊牌额	✓ 产品销量趋势分析 ✓ 产品销售金额趋势分析 ✓ 产品结构分析 ✓ 渠道结构分析
	商品中心	• 商品分类切片器：①时间维度：年、周、累计 　②商品维度：季节/品牌/新旧/性别/中类/小类 　③渠道维度：线上/线下 • 度量值：①销量　②销售额　③销售目标达成率　④售罄率（周/主销季节）　⑤动销率　⑥周销售毛利　⑦SKU/SKC个数 • 关键指标：①周销季节占比　②销售折扣　③门店动销率　④预算达成占比（累计/周/门店）　⑤销售TOP款（前10名）	✓ 销量时间序列分析、对比分析 ✓ 销售额时间序列分析、对比分析 ✓ 渠道结构分析 ✓ 产品结构分析 ✓ 销售效率分析

图 5-24　管理者驾驶舱搭建第一步：关键数据指标梳理

（2）第二步，针对梳理出来的关键数据指标，我们需要用可视化呈现方式来呈现。同样的数据指标可以有不同的分析解读维度。比如，同样是销售额指标，是做时间序列分析还是做横向对比？是做结构分析还是做历史同期比较？分析维度不同，会影响可视化的呈现方式。

在可视化呈现方式方面，我们的原则是用最朴素的、最简单的数据图表来表达，因为这样可以最快地看清图表，对于复杂的图表，我们总是要花费更长的时间才能看懂或者看到问题所在。如果给客户呈现，或者给参观者以展览的方式呈现，图表可以做得很漂亮，但日常经营管理工作中，简单、高效、朴素会是更好的选择。

（3）第三步是做图表的页面排版布局。现在，在线可视化看板工具给我们提供了更加灵活的呈现方式，可以在一个屏幕上呈现更多的图表，这样我们可以把相关的图表都放在一个页面上，做关联分析。

在排版布局时，我们遵循常规的看版面的习惯，即按先上后下、先左后右的阅读习惯，来安排数据指标的位置。

在排版布局的时候，要注意对齐和排版，如果能够把相似的数据分析维度放到一起，则阅读起来将更加方便，甚至这种排版布局本身就把有关联的数据指标放到一起比较，如图 5-25 所示。

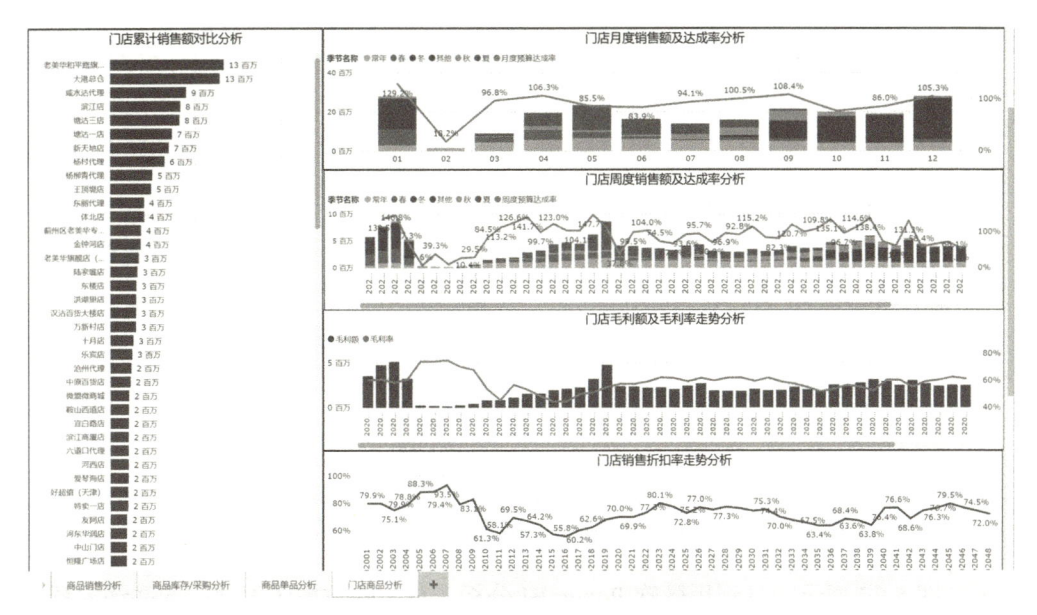

图 5-25　管理者驾驶舱的排版布局

在图 5-25 所示的排版布局中，我们把所有时间序列的分析方法都并列呈现在一起，把进行事物对比的数据分析图表放到左边作为筛选器，这样我们就可以在时间序列维度上同步分析各个指标之间的关系。这样的排版布局照顾到了指标之间相互联动的关系，并用相同的分析维度（如时间序列）来进行分析。

对于排版布局，我们没有标准的答案或者规范，只有一些指导的原则：建议将相似的分析维度放到一起，并排起来可以同步做对比分析，比如在图 5-26 中，将时间序列分析放到一起，可以展示同期的不同指标的变化；将结构分析的饼图放到一起，将进行事物对比的条形图放到一起；将需要呈现数字的指标都放到最上边聚合在一起；对于筛选器和时间轴的选择，不同的人有不同的习惯，根据个人喜好来设定。

（4）第四步是设计数据图表之间的联动机制，以及筛选器和切片器。要确定从哪些维度切片：是针对产品分类切片，还是针对市场区域切片，还是针对不同的门店切片。对于数据图表之间的联动，我们需要在制作数据图表所使用的数据之间建立关联，如果关联建立得不合适，数据间没有关联起来，那么数据图表就不会关联起来。

一个管理者所管理的数据可能有很多，并且这些数据之间具有复杂的关系，这个时候，在前面章节中提到的"动静分离"就变得很重要了：要避免数据的冗余，简化数据图表，实现数据的动静分离，做好编码机制，做好数据之间的索引关系，这种数据图表之间的联动就可以借助数据可视化分析工具实现。

管理者数据能力晋级

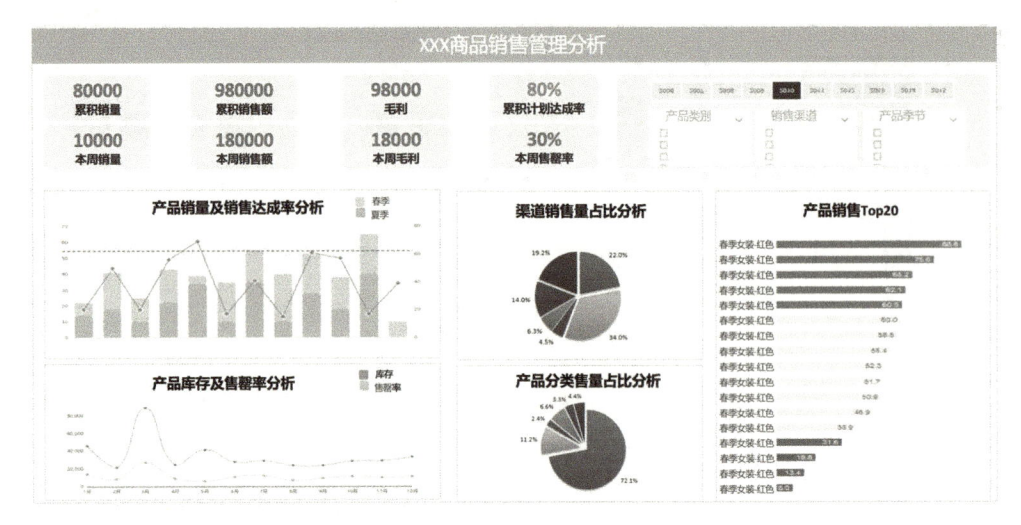

图 5-26 管理看板的排版布局示例图

图 5-27 展示的是利用微软 Power BI 分析工具做的数据图表之间的联动关系。这种联动关系需要我们在导入相关数据的时候建立起来，这样才能让数据图表之间实现筛选关系。

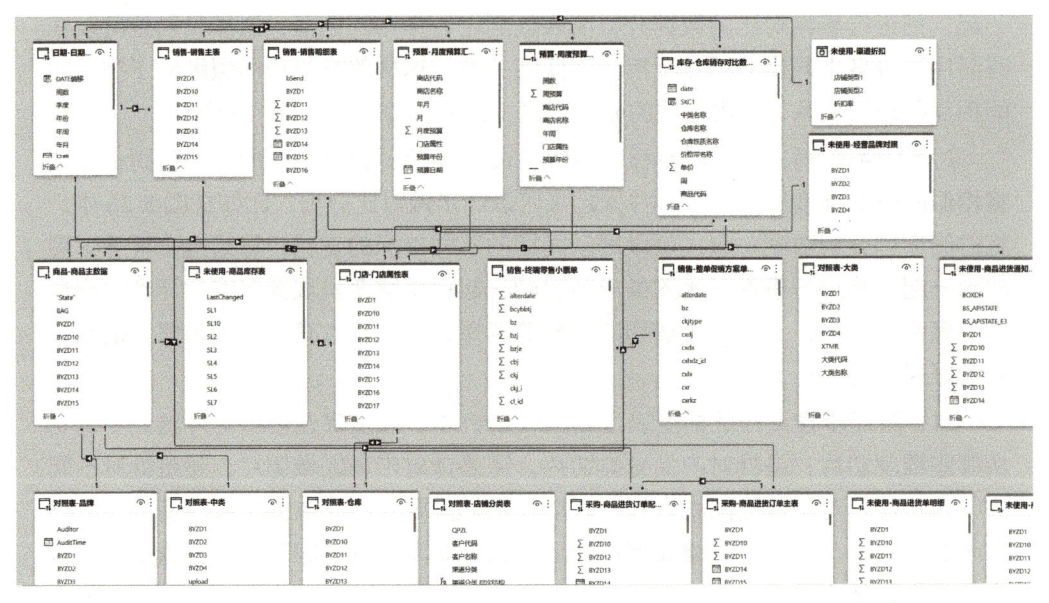

图 5-27 数据图表之间的联动关系决定了数据图表之间的筛选关系

5.5.3 管理者驾驶舱的数据技术体系

企业要想实施管理者驾驶舱体系，需要在原有的业务信息系统的基础上构建一个中央数据仓库（数据资产管理平台，或者叫数据仓库），或者一个数据平台。较为复杂和具备丰富功能的数据中台，将业务信息系统中的数据利用 ETL 工具抽取到中央数据仓库中，然后对这些抽取过来的数据进行加工，形成数据指标数据集。这个中央数据仓库能够对抽取过来的数据进行自动加工处理，从而形成管理者驾驶舱所需要的数据指标数据集。

此外，我们还需要一个可视化呈现的工具，或者叫 BI 模块（商业智能模块），其主要的功能是对数据指标进行加工处理并可视化呈现。

如果没有这个中央数据仓库，管理者驾驶舱所需要的数据指标都需要到业务信息系统中去取，如果每次查看看板都需要取数，甚至把所有的历史数据都要取一遍，然后做统计汇总形成数据指标，这其中不仅会有大量的数据访问，还会有大量的数据运算。这样一方面，给业务信息系统的运行带来压力，导致业务系统响应业务活动延迟，甚至宕机；另一方面，计算压力过大导致图表刷新缓慢。

图 5-28 所示是一个最基本的管理者驾驶舱的数据技术体系，也是构建管理者驾驶舱的底线需求。如果业务信息系统中的数据质量不高，或者孤岛现象严重，没有做过综合数据治理，没有建立数据标准，而业务信息系统又难以调整和优化数据质量，那么我们就需要在这个中央数据仓库中加入更多的功能，对数据质量进行优化。这些功能有数据清洗功能、数据处理功能和数据治理功能，包括主数据管理功能等。

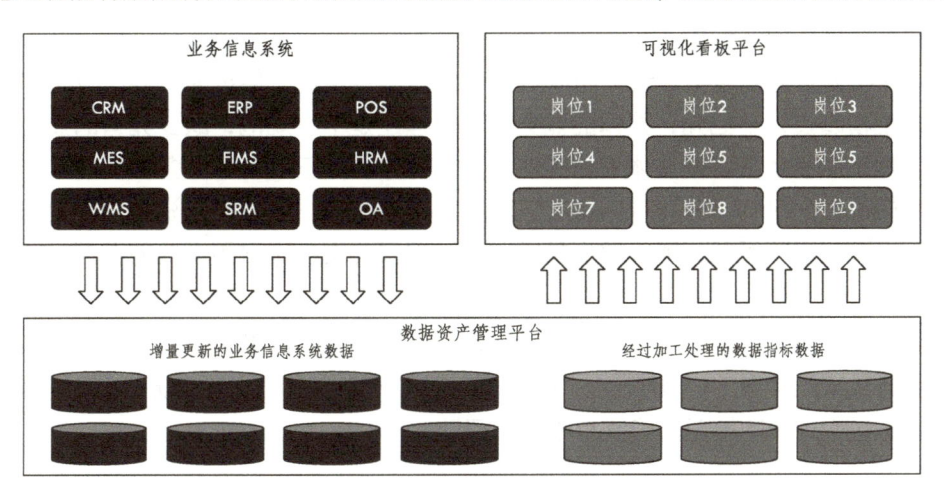

图 5-28 管理者驾驶舱的数据技术体系

如果可视化看板中需要有大量的算法模型，而可视化看板平台的运算能力不足，我们就需要在中央数据仓库中提供更多算法函数或者程序供可视化看板调用。

有些可视化软件系统已经把中央数据仓库和可视化看板平台整合在一起，这样既可以做数据资产管理，也可以做数据的清洗加工和复杂处理，还可以做数据的可视化呈现。这样的产品在 2015 年之后涌现了很多，其中，既有适合大型企业的平台产品，也有适合中小企业的物美价廉的小型化产品。企业可以根据自身的需求，由技术部门组织选择即可。

5.5.4 推动管理者驾驶舱落地

推动管理者驾驶舱在企业中全面和体系化落地已经不是一个技术问题了，而是一个管理问题。现在技术比较成熟，有大型的平台能够支撑大型集团企业，也有大数据技术赋能的平台支撑大型数量级的应用，还有小型的轻量级的产品满足数据量级小、功能要求少的中小企业的需求。如何推动管理者驾驶舱落地，从而让公司所有的管理者都能够享受这种数据技术的红利，更是一个管理问题。

我们团队在协助企业客户全面实施管理者驾驶舱的过程中发现了一些实施的困难，在这里给大家提供一些建议，希望大家在实施管理者驾驶舱的过程中能够参考。

1. 业务流程管理薄弱

如果企业根本就没有业务流程，那么基于业务流程来梳理数据基础、管理目标和数据指标时就没有起点，就需要从业务流程梳理和优化开始，甚至需要做一次业务流程再造的变革。

在咨询服务实践中，我们团队发现传统的民营企业即使规模已经比较大了，营收规模超过几十亿元，整体的业务流程管理还是不够规范，缺少完善的业务流程管理，企业也没有做过体系化的业务流程再造。其已经有的业务流程也就能够达到岗位级，即 L3 级。相对来说，国有企业、中外合资企业和外资企业的业务流程管理相对比较规范，能够做到关键业务流程都有文档可寻和规范的管理，能够做到 L5 级，甚至 L6 级。

对于管理者驾驶舱的体系化实施，企业至少要有岗位级的业务流程。如果关键业务决策能够有 L4 级的流程，那么管理者驾驶舱的实施就会简便很多。特别是对业务决策逻辑的梳理，能够有不小的帮助。

2. 目标管理体系缺失

如果各岗位的管理者对自己的工作没有明确的管理目标，公司没有实施过MBO（Management By Objective，目标管理），则管理者驾驶舱实施就没有明确的管理数据指标可以使用。

我们团队在咨询实践中发现，很多企业的管理者对自己的工作目标是不清楚的，不清楚具体自己的岗位到底创造什么价值，以及用什么样的数据来表征自己创造的价值。他们每天努力地工作，非常勤奋，可对于具体这些工作要达成什么结果，应该如何评价，用什么数据表征，是模糊的。

举一个非常简单的例子，当我们问财务审批岗位的员工其在审批的时候都在审批什么这个问题时（是审批财务报销的真实性、合规性，还是审批这笔费用的必要性），绝大多数财务审批岗位的员工都会回答："这些都包括。"财务部门的报销审批岗位如何能够审批费用的必要性？甚至有一半的财务报销审批都没有核对预算，这些都是常态化的管理薄弱的环节。这为管理者驾驶舱的实施带来了工作的复杂度，因为我们需要理顺每个岗位的管理目标和决策逻辑，才能设定关键的管理数据指标和决策数据指标，才能设计对应的看板，汇集需要的数据。

3. 数据质量基础太差

过去，企业的信息化建设并不重视数据的质量，而是怎么简单怎么来，导致很多数据录入系统都没有经过校验，直接从业务信息系统中抽取出来的数据是乱的，没法直接使用，统计汇总的数据也不够准确，需要进行各种清洗和处理才能使用。

要解决这些问题，最关键的就是数据标准的建设。对于每个数据字段到底记录什么，要建立分类的规范；对于核心资源对象，要有规范的名称和编码体系；对于文本字段的输入，要有标准的分类规范进行输入。

比如，对于公司的产品分类，我们必须要有自己的分类标准，而这个分类标准是按照我们对业务的分类管理来确定的。我们如何管理业务，就应该如何对产品分类，从而在看板中按照分类统计业务的时候，我们能够看到不同分类下的绩效表现。如果没有规范的分类，我们在系统中按照产品分类统计业绩的时候就会不准确，就无法实现实时动态的对各种产品分类的绩效评价。

4. 管理者的数据分析能力太差

提升现有管理者的数据分析能力是目前管理者驾驶舱落地的难点之一，甚至是最大的难点。为什么呢？因为当数据图表摆在管理者面前的时候，他们看不到问题所在。就像一个不会开车的人看汽车面板上的仪表盘一样，这些仪表盘上显示的内容跟他没有关系，他也从来没有关心过这些内容。哪怕仪表盘都在报警了，他也不知道这个报警代表着什么危险。

提升管理者的数据分析能力，特别是对数据图表的解读能力，将有助于管理者驾驶舱的落地。只有他们能够看懂图表，能够从图表中找到管理改善点，能够用管理者驾驶舱做出更好的管理决策，并在这个过程中养成看管理者驾驶舱的习惯，管理者驾驶舱项目才能够在组织中发挥作用，实施成功。

5. 传统的管理决策习惯难改

实施管理者驾驶舱项目其实是在与传统的管理决策习惯做斗争。过去我们习惯了经验决策，习惯了听从上级的命令，导致我们碰到问题的第一反应不是看数据，不是分析问题，而是开始用过去的经验来思考，用我们的感觉来判断，直接做出对应的决策。一个习惯的改变是非常痛苦的，我们在生活中应该就有过这样的经验，所以我们必须做好同过去的习惯做斗争的准备。

如果管理者能够配合企业文化建设，在企业文化中融入数据文化，在日常开会或者讨论业务的时候，多用一些数据来支撑业务决策，就会让大家逐步习惯用数据来思考，并在回答数据问题的时候，用数据图表看板来支撑业务分析，这样大家的数据习惯就会逐步养成。

6. 对数据技术价值的认知度不够

其实很多企业的管理者对投资数据技术还持保留态度。这主要是由大家对数据价值的认知度不高导致的。过去我们习惯了依靠优秀人才的决策，所以，这些管理者更愿意相信专业人士，相信大企业出来的人才。但是，他们会忽略，这些优秀的人才在大企业里所能够接触到的数据也是有限的。一个从阿里出来的高管进入一家普通的民营企业会非常不适应，为什么呢？因为他看不到日常管理所需要的数据，需要靠过去的经验来做出决策。

从优秀企业出来的人才确实非常优秀，但是他们曾经的优秀源自他们原来所处的环境，他们原来所处的环境除了有优秀的机制、流程和文化，还有非常重要的就是决策背后的大量数据。笔者在宝洁公司工作的时候曾经成功推出好几款产品，那是有大量的市场研究数据作为上市前的决策支撑的。基于市场研究，我们对产品做过多次的调整，最后才能在市场上获得成功。当笔者进入一家没有数据支撑，也不愿意做市场研究的民营企业后，这种决策就不敢做了，因为拍脑袋的决策有非常高的风险，会导致产品上市后不被消费者认可。

当然，随着管理者驾驶舱的不断深入应用，大家就会发现数据的价值，就会慢慢地重视数据，这需要一个过程。认知层次的升级是缓慢的，因为绝大多数人是因为看见所以才相信的。

5.6　企业数据化管理升级

能够推动数据化管理在企业中应用并赋能管理体系升级是每一个管理者应该有的意识，也是管理者需要具备的能力。这种能力不仅需要在本职岗位上践行，还要影响身边的人，包括自己的上级、下级和协作的部门，这需要不断提升自己的影响力和用数据解决问题、用数据讲故事的能力，即个人的数据领导力。

5.6.1　推动数据化管理建设的四个关键成功要素

我们团队在咨询服务实践中总结了企业在实施数据化管理时，利用数据赋能经营管理决策的四个关键成功要素。这四个关键成功要素对应的英文单词分别是President、Participation、Professional、Programmatic，分别代表总裁工程（即一把手工程）、全员参与、专业引领、循序渐进。

1. 总裁工程（President）

首先，数据化管理升级是一项管理变革，是管理决策方式的升级，这需要自上而下地推动。管理变革无小事，绝大多数企业的管理变革必须是由高层推动的。因为，在组织中，"自上而下的变革才叫作变革，自下而上的变革都是革命"，在企业组织中，自下而上是无法推动这种组织管理的变革的。而数据化管理的升级是一种管理方式的革命，从我们依赖能人、凭借经验来判断，通过权力指令来指挥组织统一行动的方式，转换为依赖数据来思考、判断，依靠系统指令来行动的方式，是一种重大的转变，是需要公司所有人做出转变的。如果这种转变没有高层的参与，那些掌握数据并利用数据分析做出精准判断的人就无法形成决策指令，无法指挥业务活动。

2. 全员参与（Participation）

与其他的管理变革不同，企业数据化管理变革一个非常关键的要素就是数据。在科层制组织中，企业的数据是记录业务活动的，绝大多数的数据是一线的业务活动，即原始数据的采集绝大多数都发生在基层，然后数据通过层层统计汇总，被向上汇报管理层在分析数据之后下达的指令，又自上而下地一层层向下传达。这种科层制组织下的数据流向决定着每一个层级都非常重要，如果中间产生了断层，就会让数据无法赋能管理决策，数据化管理就会流于形式或者成为空话。

在推动企业数据化管理升级的过程中，全员参与非常重要，基层要保证数据的质量；中层要做好数据的统计、汇总、分析，在向上汇报时确保数据的准确、科学，洞察深刻，下达的管理指令也要精准无误；对于高层，则聆听中基层的汇报，能够分析数据，做出科学的判断，形成最佳的管理指令。

3. 专业引领（Professional）

数据化管理变革是影响非常深远的变革，如果管理者在这个过程中不够专业，过程需要反复调整，影响就会很大。在数据化管理升级的过程中，管理者一定要坚持，一定要有足够的信心，并对推动团队有足够的信任，不能翻来覆去，会动摇大家的信心。在这个过程中，如果有需要调整岗位、变更组织的，就要下决心变更。

为了保证数据化管理的专业性，首先，要做合理的变革管理设计，做好各种应急预案，设定阶段性的目标，不断做过程检查，看看重大项目和举措是否得到落地执行；其次，要带领大家一起学习，数据化管理是一种新的科学管理，需要一些探索，但对已经验证过的、比较成熟的方法我们要有足够的信心去实施；再次，多向优秀的企业学习，在必要的时候请专家或者顾问来保证推动数据化管理变革的科学性和专业性。

4. 循序渐进（Programmatic）

数据化管理升级是一个过程，而且这个过程是一个迭代循环的闭环，是一个螺旋式上升的过程。随着数据技术在管理体系中的应用和推广，数据化管理在数据网络效应的推动下会进入一个飞轮效应期。数据化管理升级不是一次性到位的过程，我们要做好心理准备。我们要利用现有的成熟的数据技术赋能管理，同时还要不断引进先进的数据技术迭代过时的技术。每一项工作的推进都需要一个迭代的过程，我们不能认为数据化管理升级是一蹴而就的，要循序渐进，做好打持久战的准备，所以我们要划分好阶段，设定好里程碑，做好阶段性的准备。

5.6.2 数据化管理升级的四条主线

企业数据化管理升级涉及的方面比较多,从公司的业务模式、管理目标、业务流程及组织架构设计,到数据技术体系的实施,等等,是一个复杂的工程。我们绝对不能认为这只是一个技术问题,更不能单纯地认为这是一个信息化的问题。在这个复杂的组织管理方式升级的过程中,有四条主线(见图 5-29)非常关键。这四条主线分别是人才线、应用线、技术线和数据线。这四条主线相互缠绕在一起,是不可分离的。

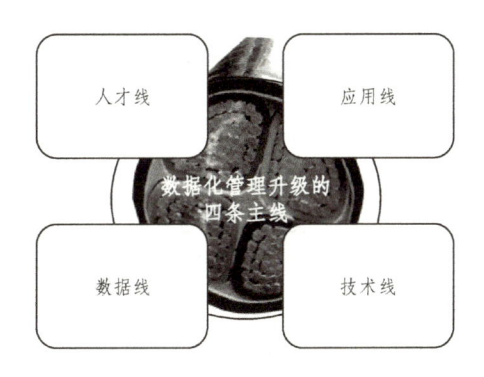

图 5-29 数据化管理升级的四条主线

1. 第一条主线:人才线

人才线是由专业数据人才和具备数据能力的管理者组成的一条线。企业组织中要有能够把数据化管理体系搭建起来,并推动实施的人才,还要有把数据应用到业务和管理中的管理人才。数据化管理升级离不开人才的引进和培养。

具体企业到底是引进人才,还是培养人才,不同的角色和岗位所对应的策略不同。对于专业数据人才,可以通过引进的方式,但是对于管理者,企业必须自己培养。

专业数据人才的培养需要一个比较长的周期,企业等不及,而且即使内部花费大量的投资培养起来,也容易被挖走,所以建议企业能够引进人才就引进人才。如果当地没有这样的人才,就从外地引进。特别是对处在三四线城市甚至小县城的中大型企业来讲,在人才引进方面有些劣势,专业的数据技术人才往往都在大城市中。我们几个处在四线城市的企业客户采用的是"两栖人才引进"的方案:招募一个优秀的专业人才,让他在两地办公,即生活在大城市,偶尔也到小城市来工作,并给予足够的补贴,以确保能够引进这样的人才。

对于具备数据能力的管理者,我们建议采用内部培养的方式。一方面,这样的管理者队伍的数量需求比较高，不能把现在的管理者都替换；另一方面，提升现有管理者的数据能力，比引进具备数据能力的人才并培养他们的业务能力要容易得多。了解业务需要很长的周期，而学习数据管理、分析和应用需要的周期虽然长，但可以在短期内见到好的效果。为现有管理者插上数据的翅膀是相对比较容易的，可以进行强化培训，强化其在工作中的数据应用。经过一两年的时间，管理者的数据能力是可以普遍实现晋级的，这也是笔者撰写本书的初衷。

对管理者的数据能力培养离不开场景化的应用，企业的数据技术条件及数据情况是土壤，没有这些，只培训一些方法，这些技能无用武之地，他们很快就忘记了；企业的土壤环境又需要管理者的数据能力作为支撑，否则数据应用、数据技术实施、数据基础保障都会成空，因为没有人，什么也干不了。

2. 第二条主线：应用线

第二条主线是数据在业务中的应用。如果不应用，数据的价值就不能发挥出来，不能变现成价值的数据体系建设都会因为只花钱不赚钱而被企业放弃。应用线是数据化管理升级的集中体现，也是评价数据化管理升级的最终成果表征，数据只有持续在公司各个业务场景下得到应用，才能让大家看得到价值。

应用线可以分成两部分：一部分是像管理者驾驶舱这样的普适性的、常规性的或者公司规定必须使用的应用；另一部分是一些特定场景的应用，如业务部门在定价的时候需要的定价模型、做预算或者做计划时需要的预测模型算法，等等。

这些特殊场景的应用需要特别关注，因为这些特殊场景能够创造的价值往往更大，可以让数据的价值在管理团队面前有更高的可见度，对推动数据化管理升级有更显著的推动力。当然，这些特殊场景的应用如果出现问题，也会有很高的能见度。

3. 第三条主线：技术线

技术线是把数据价值进行分析和挖掘的基本工具和手段。如果没有数据技术的支撑，我们只能通过信息化建设采集数据、存储数据，离数据价值彰显还缺少一个工具。

在技术线上，我们不能只考虑信息化建设，也不能只考虑原来业务信息系统的改善，更不能以新上线的业务信息系统为重点进行投入，更大的投入应该在数据资产管理平台，或者数据仓库和数据呈现工具上。只有在线化的数据集中管理和在线化的数据可视化呈现才能让数据被更高效地应用起来，同时也让大家有一个可见的数据呈现，让数据的隐形价值能够显示出来，这有利于大家的认知协同。虽然数据的价值不仅仅呈现在数据图表和可视化看板上，但是制作精美的可视化看板能够吸引人的眼球。

所以，在技术线上，我们持有一个观点，能够多快实施数据中台和数据可视化模块，就多快实施，这对于在数据化管理升级过程中更早地实现四线闭环非常重要。

4. 第四条主线：数据线

数据线是数据基础建设，是其他三条线的基础，但是单纯的数据基础建设又没有可见价值，而且在信息化建设的过程中需要业务部门记录业务活动、填报数据，所以这是一条需要投入成本的线。

我们要综合管理数据线，不能单纯地把数据线看作一个技术问题。它不仅是一个管理问题，还是一个制度和流程的问题。为了能够有足够高质量的数据使用，我们必须在流程上和制度上保证基础数据的质和量。

数据标准和规范需要建立。在数据线的实施过程中，信息化建设要按照数据标准和规范进行数据的采集。我们要对业务信息系统的实施提出更高的数据质量要求，必须在采集点上就进行数据的校验，而不是到了数据中台才去清洗、转化和处理数据。地址信息的录入要采用地图服务商提供的数据接口来做校验，而不是简单地留下一个地址填写框让大家填写，至少要到街道环节都采用"录入-推荐-下拉点选"的方式完成；在录入日期型数据的时候，要用点选的方式而不是填报的方式；在录入企业名称的时候，要用工商注册企业名称数据库进行校验填充；在填写企业税号的时候，让后台查询数据库自动填充，而不是让员工自己手工输入。这些要求虽然增大了信息化建设的难度，但是让数据质量得到了有效的保障，也减轻了一线员工填报数据的压力，降低了出错的概率。

对于数据缺失的重点阵地，企业可以组建子项目组进行推动。我们团队在实践中发现，没有太多可见价值但需要花费大量人工和技术资源的基础数据建设项目，利用项目管理这种方式的效果更佳，为什么呢？因为我们可以为这种内部项目设定创造的价值是数据资产的质和量，然后给参与这种项目的团队提供正向激励。这种方法能够用极短的时间攻克一些数据采集的难点，减少一线员工和管理者的阻力，有效提升关键数据的质量。

5.6.3 数据化管理升级实施的常见困难

企业的数据化管理升级是一项重大的管理方式变革，传统企业在实施的时候会碰到较大的阻力。外资企业和中外合资企业有比较好的数据习惯和数据支撑决策的管理方式，升级到数据化管理相对要容易一些。

那么，我们在实施数据化管理升级的时候会碰到哪些困难呢？

1. 透明难

数据用来表征过去发生了什么，如果数据实现了集中的平台化管理，就会变得开放和透明。基于数据共享，一个部门或者业务单元的数据就有可能被其他部门或者业务单元看到。如果数据体系足够完善，我们的一切行为都在数据的"监督"之下，没有任何的秘密，每个人都貌似在"裸奔"，这就会给很多人带来困扰。这种困扰就会让一些企业或者个人的行为成为管理透明化的阻力。

除此之外，有些部门的自我意识也是管理透明化的阻力。我们每个人都不愿意把自己曝光在其他人面前，所以我们不愿意共享数据，不愿意让其他的业务部门看到我们的数据，担心他人误解数据，担心会给自己带来不利的影响。这种担心很正常，我们需要让大家知道，数据透明化其实对自己的工作有一个促进作用：在工作上，数据有足够的透明化，我们才能更好地督促自己。这种数据化的监督，会让我们减少那些偷懒行为，减少那些自私的企图，对自己在职位上晋升是有价值和意义的。

2. 协作难

对于数据化管理体系的建设，我们是从业务流全流程的视角进行体系化推进的，所以需要全业务流程在数据、模型、算法上进行协同。但是，多数企业在建立部门之后就产生了"部门墙"，虽然绝大多数人都不承认"部门墙"的存在。在流程上的协作不畅导致企业各部门之间在数据上协作的困难。很多"数据孤岛"就是这样产生的。我们在做管理决策的时候，缺少了对协作部门的考量，导致我们是基于自身流程环节做的决策，而不是从整个链条利益最大化的角度做的决策。

在推动数据化管理落地的时候，我们需要结合业务流程进行协作关系的梳理，厘清各种责任，包括时效性上的责任，用数据来明确责任和关系，把所有业务流程环节的决策关系和决策逻辑都打通，从而使企业利益得到保障。

此外，在造成协作难的原因中，还有一个是"技术人员不懂业务，业务人员不懂技术"，这个时候企业就需要让业务人员理解技术，让技术人员理解业务，这需要每个部门都往前跨一步，这也是我们强调管理者必须懂一些数据技术的原因。

3. 运营难

每一个数据化管理场景都需要运营，否则容易成为"一次性"活动。很多企业在推动数据化管理或者数字化转型的过程中都会忽略运营的问题。一个数据指标、一项技术、一套管理看板，在将其开发完成并交付给业务部门使用之后，我们要重视运营，重视应用过程中的问题，通过 PDCA 闭环管理来保证运营的成功。在交付技术之后我们要定期反馈，要定期跟踪各种数据、报表和看板的使用情况，通过后台查看谁在使用数据、使用频率如何，以及谁没有使用，定期找使用者去询问是否有体验的问题、是否有新的需求、是否在业务应用中发现数据的误差，等等。

运营机制要建立，在将一项数据技术交付给业务部门之后，至少需要半年以上的运营管理跟踪才能确保这项技术被业务部门使用。企业管理中缺少闭环思维是我们经常看到的，也是很多项目失败的根本原因。很多企业的业务流程和管理机制不够健全，就会产生一种现象：只管做事、不管结果。在我们通过技术实现数据指标的可视化之后，要让它们发挥作用，跟踪业务部门的使用才是根本。缺少这个环节，就是只管做事、不管结果的现象。

5.6.4 数据化管理升级的项目管理十要素

数据化管理升级是一项长期的工程，我们可以将其拆成多个子项目或者阶段来实施，确保阶段性的目标、模块化的目标能够实现。每个子项目、子模块或者阶段性目标的实现都离不开过程管理，数据化管理体系是相对比较复杂的一套体系，涉及的面非常广，它联动着战略、组织、业务、技术，还联动着人才、文化和流程机制。

我们团队在咨询服务实践中，通过借助项目管理理论中的十要素管理方法，对数据化管理升级的子项目、子模块和阶段性任务进行管理，从而有效地保证了数据化管理升级的系统推进。这十个要素如下。

1. 目标管理

如果我们不设定目标，就不知道最终达成什么结果，所以我们必须以终为始地确定子项目、子模块或者每个阶段的目标。目标的设定必须符合 SMART 原则（Specific，明确的；Measurable，可衡量的；Attainable，可实现的；Relevant，相关的；Time-bound，有时限的）。

在这个环节我们发现，很多人容易混淆目的和目标，很多人确定的是目的，而不是目标。目的是一个方向，是一个价值取向；目标是对目的的描述，是一个可以量化的结果。目的解决的是"为什么"的问题，目标解决的是"是什么"的问题。目标是对最终结果的描述。确定项目的目标，就确定了子项目、子模块或者阶段性任务所需要达成的最终结果。这是评价项目是否成功的基本依据。

有些公司的子模块、子项目或者阶段性任务需要按照项目管理的方法来管理，通过内部立项、可行性研究、项目预算审批等流程来管理。这样做很好，但是有些公司本身规模不是太大，人手不多，团队管理不复杂，宜采用 OGSM 简易立项卡来管理，如图 5-30 所示。

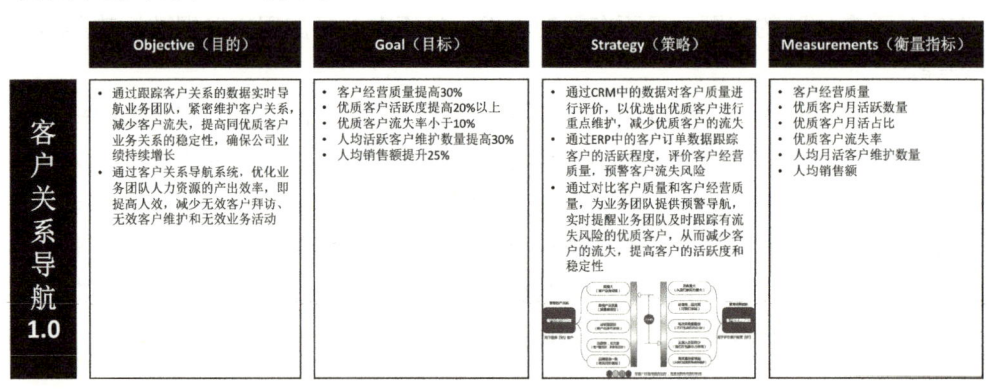

	Objective（目的）	Goal（目标）	Strategy（策略）	Measurements（衡量指标）
客户关系导航 1.0	· 通过跟踪客户关系的数据实时导航业务团队，紧密维护客户关系，减少客户流失，提高同优质客户业务关系的稳定性，确保公司业绩持续增长 · 通过客户关系导航系统，优化业务团队人力资源的产出效率，即提高人效，减少无效客户拜访、无效客户维护和无效业务活动	· 客户经营质量提高30% · 优质客户活跃度提高20%以上 · 优质客户流失率小于10% · 人均活跃客户维护数量提高30% · 人均销售额提升25%	· 通过CRM中的数据对客户质量进行评价，以优选出优质客户进行重点维护，减少优质客户的流失 · 通过ERP中的客户订单数据跟踪客户的活跃程度，评价客户经营质量，预警客户流失风险 · 通过对比客户质量和客户经营质量，为业务团队提供预警导航，实时提醒业务团队及时跟踪有流失风险的优质客户，从而减少客户的流失，提高客户的活跃度和稳定性	· 客户经营质量 · 优质客户月活跃数量 · 优质客户月活占比 · 优质客户流失率 · 人均月活客户维护数量 · 人均销售额

图 5-30　OGSM 简易立项卡

OGSM 简易立项卡是明确子项目、子模块或者阶段性任务的目标的一个小工具。通过填写 OGSM 简易立项卡，能够让负责推进这些子项目、子模块或者阶段性任务的人明确目标，也便于团队沟通和达成共识。

OGSM 包括四个维度。第一个是目的（Objective），即为了什么要做这件事；第二个是目标（Goal），即做到什么程度，达成什么结果；第三个是策略（Strategy），即通过什么方式和方法来达成目标；第四个是衡量指标（Measurements），即我们用哪些数据指标去评价。

2. 范围管理

一个子项目或者子模块涵盖哪些业务范围、流程范围、组织范围，涉及哪些人、哪些事，要梳理清楚。在子项目、子模块或者阶段性任务中，我们会用到什么样的技术，达到什么样的程度，做到什么样的颗粒度，都要有明确的说明。在这个范围确定的过程中，我们要明确业务范围、流程范围、组织范围、技术范围等。

在整个数据化管理实施中，参与人的角色要明确。摆正位置，是友好协作的基础。谁负责什么，有没有把负责的事情做好，是团队需要明确的问题。所以，确定了范围，就确定了谁来参与。

另外，还有一个颗粒度问题。对于流程，我们是做到 Level 2、Level 3，还是做到 Level 4、Level 5 或者 Level 6？对于数据和数据指标的颗粒度，我们是细化到月度、周度，还是细化到每天、每小时？对于业务，我们要管理到每个 SKU、每个 SKC，还是只管理到品类维度？这些都是颗粒度的问题。有些时候，我们定义的项目的颗粒度非常模糊。比如，我们在方案中提到要对业务绩效指标进行集中管理，这个业务绩效指标要收集到哪个层级？是到业务部门层级，还是到业务主管层级，还是具体到每个业务人员？

3. 时间管理

任何一项工作都要有时间的安排，这样才能有序开展。在时间节点的压力下，我们能够及时完成相关的工作。如果涉及的部门比较多，时间管理方案就更加重要。如果涉及多个部门，这个部门耽误一周，那个部门耽误两天，整个项目就拖拖拉拉，让参与人觉得我们缺少严谨性，对项目不是很重视，然后就容易把我们的项目需求放到低优先等级上。

我们每个人都不缺少时间，只要活着就都有时间，并且我们的时间长度是一样的。之所以说因为没时间所以没有完成项目的相关工作，是因为他在这段时间内做了另外的事情。

在项目管理计划中，有 13 个子计划，以及对应着的 3 个基准，如图 5-31 所示。但对多数企业的数据化管理升级来讲，使用简单的甘特图来跟踪子项目的管理就够用了。制作项目甘特图是管理者的一项基本功。你可以使用微软的 Project 项目管理软件来安排时间表，但是这个软件的使用率不高，生成的项目管理文件多数人阅读不了。我们完全可以用 PPT 或者 Excel 画一个项目运行的甘特图，以进行有序的计划管理，如图 5-32 所示。

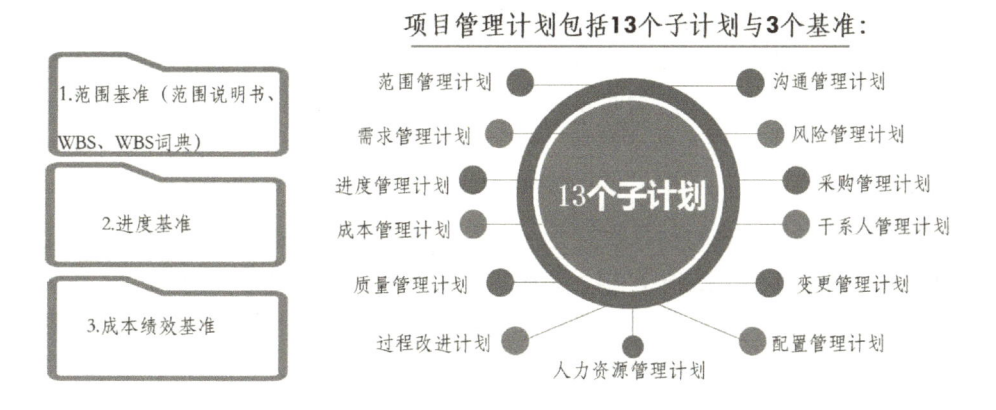

图 5-31 项目管理计划的 13 个子计划和 3 个基准

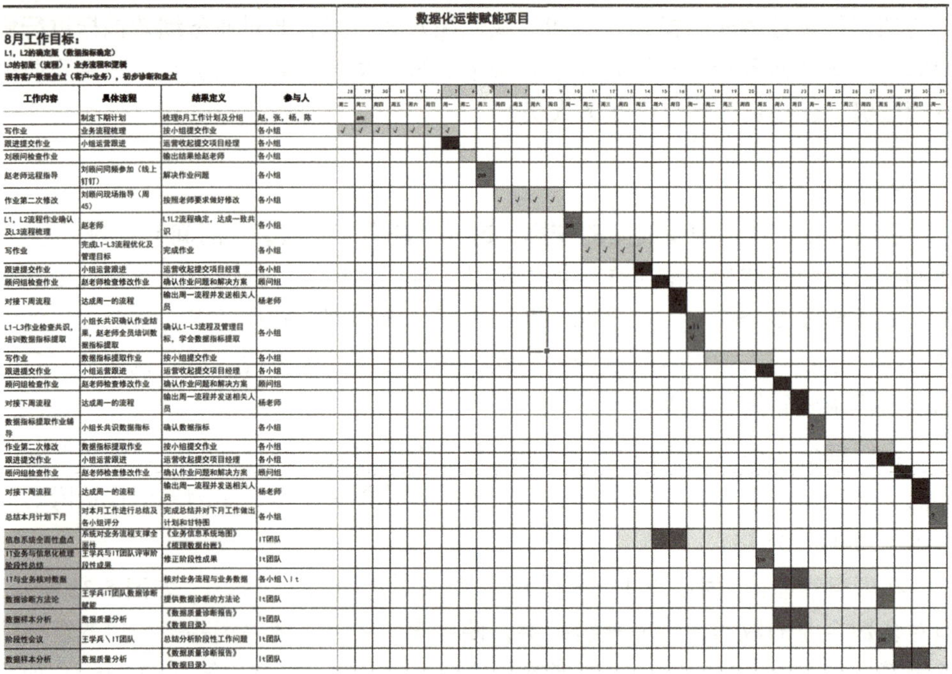

管理者数据能力晋级

图 5-32 项目运行的甘特图

4. 成本管理

企业内部项目的成本管理经常被忽视。企业在要做一件事情时，经常忽略成本和费用的控制，特别是人力成本的控制。我们经常开会，却很少估算为一个 2 小时的会议所投入的人力成本有多少。假如有 10 个人开会 2 小时，平均每个人的时薪是 200 元，这个会议就需要 4000 元的人力成本。在一个项目的执行过程中，我们花费多少时间，投入多少资源，要进行核算，没有费用的估算，我们就缺少了成本意识。

有些企业的管理者特别喜欢开会，把整个项目搞得轰轰烈烈，可对每次会议、每次活动是否有明显的结果产出，是否可以提升效率，却考虑得很少。这是项目管理中特别忌讳的事情。每次开会必须有开会的管理制度和流程，在开会前要制定会议的议题、准备相关的材料，书面材料要在会前发下去，确保开会的时候不是在讲解和阅读相关材料，而是带着问题和解决方案来达成共识。

5. 质量管理

忽略了项目过程的质量，会导致最终结果的质量问题。数据项目尤其明显，如果我们在数据基础环节的工作质量不好，没有弄清楚数据标准和规范，以及主数据的分类，后面就会无比痛苦，甚至导致很多次的返工。

如何让每一项子任务都有很高的交付质量？我们需要在过程中做好质量检查，不是事情做了就好了，而是要有高质量的结果，要有质量意识，质量不过关，就在过程中改进，最好不要在项目结束后返工。

我们的前序任务是梳理流程，然后才梳理数据需求，如果连流程都没有搞清楚就直接梳理数据需求，我们就会发现数据需求不全面，信息化技术开发的目标不明确。当业务人员再次提出数据需求的时候，我们的信息化建设就有可能需要返工重来。

影响项目过程中每项任务交付质量的因素要进行分析，就像分析生产中影响产品质量的因素一样。在数据化管理项目中，影响过程中任务交付质量的因素包括相关人员的参与度和配合度、项目参与人员的专业能力、数据技术选型与实施质量、数据资产质量，以及各项质量标准的明确程度，等等。

6. 资源管理

数据化管理升级项目管理中的资源管理包括对人力资源的管理、对技术资源的管理和对外部顾问或技术团队等其他资源的管理。企业任何项目都需要人力资源的匹配，当内部资源不足的时候，可以借助外部资源的引入来完成某些项目。特别是当项目所需要的技术能力不能由企业内部资源满足时，借助外部临时的技术力量可以更快速地实现项目目标。

对企业内部人力资源的利用是数据化管理项目中的难点之一。为什么这么说呢？主要是大家的数据意识和数据能力不足以满足项目需求，而利用外部资源完成的相关工作，在转交的时候会影响实际运行。所以，在规划数据化管理项目的过程中，要充分考虑企业内部人力资源的匹配问题，特别是能力匹配的问题。当能力不足以匹配的时候，我们要在项目计划中加入更多的培训或者辅导环节。

我们团队在为企业提供数据化管理方案的过程当中，发现数据相关培训占用顾问团队至少 20%以上的时间，甚至有些人认为我们就是一个培训公司，主要原因是企业各层级管理团队的数据能力实在太差。我们曾经在一家企业中通过手把手教会管理团队使用 Excel 来统计各种数据，以校验数据系统中的数据与手工统计的数据之间的差异。主要是因为过去企业不太重视这方面的能力建设，高层管理者和人力资源部门也不太关心员工的数据能力，除了财务人员有一定的数据统计经验，几乎所有的员工都在靠手和大脑处理业务，平时很少看数据。

所以，我们团队在为客户提供服务时，会把项目相关团队及项目涉及的管理者的基本数据能力培训当作方案的一部分，当然也会在提出方案之前，对相关管理团队的数据能力做一个定性的评估。如果你是推动企业数据化管理体系落地的领导者、管理者或者组织者，那么项目相关人力资源的数据能力是需要考虑的因素之一。

7. 沟通管理

在项目管理中，特别是在数据化管理这种跨部门协作项目的管理中，项目团队的沟通能力非常重要。项目团队要有定期的沟通、书面的沟通，以及不定期的沟通。

我们团队有句"口头禅"，就是在帮助客户实施项目的时候，对于项目本身，"共识大于知识"。我们更加强调团队的共识，只有在团队达成共识之后，项目才能顺畅地实施下去，否则会遇到各方面的阻力。达成共识的基本途径就是沟通，包括正式的、非正式的，书面的和口头的。现在微信群、钉钉群在工作中已经普及，我们可以利用这些即时通信工具进行一对多的沟通，确保所有的团队成员对项目有足够的共识。

在项目实施过程中，要建立定期的汇报机制，如周例会、月例会等，大家共享目前的进度、接下来的计划，以及每个人接下来需要做的工作，并对过去做的工作的结果进行评价。

在项目实施过程中，大家在沟通时要注意信息传递的闭环管理，即大家在发出共享信息后要进行跟踪，不要以为信息发出去了，对方必然会收到、阅读和理解。虽然现在企业微信、钉钉都有"已读"标记，这种"已读"不见得就是已经阅读并理解了。对于重要的信息，我们要跟踪对方是否收到、是否有意见，从而按一下"确认键"。

区别于传统项目管理，数据化管理项目中还有一个认知共识问题。什么叫作"认知共识"？认知共识就是对于一些概念、任务、模块和关键用词，大家要在认知层次上保持一致，而不是大家对相同的词语理解到不同的深度，对相同的概念持有不同的理解，这会导致大家在预期结果上的差异，影响项目最终的交付质量。

关于认知差异，我们团队在实践中碰到过很多笑话，发生过很多故事，有的甚至导致了"事故"。比如，我们一直在讲"客户关系管理"赋能"客户深耕计划"，本来这是一个比较简单的概念，结果，对方一直把"客户关系管理"理解为CRM软件，一直将项目范围设定在软件实施和开发上，而没有从业务如何管理客户关系、如何基于客户关系来管理和评价业务团队来考虑，我们提的是"管理体系"，而对方认为的则是一套信息系统。

再举个例子，我们经常会提到"数据指标"这个概念，但因为大家对数据指标的概念理解不同，产生了很多的误解。在刚开始解说的时候，项目团队几乎所有人都对数据指标概念的内涵和外延没有异议，我们认为大家都懂了。然后，当我们在跟客户进行调研访谈的时候，业务团队拒绝我们的预约，让人力资源绩效经理来跟我们谈，因为人力资源绩效经理在管理着他们的数据指标。后来我们才醒悟过来，他们把"数据指标"理解成了 KPI。他们公司推行的平衡记分卡，是人力资源组织的，已经确定了他们的 KPI，现在一直在使用着。要想了解每个业务岗位的数据指标是什么，找人力资源绩效经理可以一次性地解决。

无论你是数据化管理项目的领导者、组织者还是参与者，都需要注意这种"认知偏差"导致的沟通问题。最好大家能够对项目中的关键名词建立一个"团队共识字典"，让大家知道这个概念的内涵和外延，哪怕是耳熟能详的词语。对于在沟通文档中出现的"数据""管理""数字化""数据化""流程""组织""业务""部门""指标""决策逻辑""业务逻辑""关键要素""决策要素"等贯穿项目始终的一些词语，我们要给出书面的解释，保证大家在概念认知上达成共识。

8. 风险管理

数据化管理体系升级在本质上是一种管理的变革或者业务的创新，没有太大的外部风险，但项目失败的风险很高。基于麦肯锡在 2020 年做的一个调研，我们团队发现企业数字化转型的成功率不足 20%，有 80% 以上的项目都失败了。为什么有这么高的失败率？主要问题是无论是数字化转型，还是数据化管理升级，都是一个全新的概念，大家都在摸着石头过河，缺少经验和有效的理论指导。所以，项目的风险管理对数据化管理升级和数字化转型的成功非常关键。

数据化管理升级项目的风险有哪些呢？基于我们团队过去的咨询实践经验，主要的风险有以下几种，供大家参考。

第一种风险是关键领导人异动。每个项目都有最终的负责人，如果一个组织中负责某个项目的总经理、副总经理或者总监级的人员发生了变动，这个项目的目标、范围及最终结果的评价标准都有可能发生变化。所以，一旦发生这种异动，要第一时间进行交接，并协同共识项目的目的、目标、范围和相关的计划、预算，等等，包括项目关键里程碑和项目整体的计划。

第二种风险是规划设计的专业性不足。无论是数据体系、数据应用场景的规划设计的专业性不足，还是数据技术架构前期的规划设计的专业性不足，都会带来相关任务执行的失败。当我们有足够的专业认知的时候，就会否定之前的规划设计，让项目出现返工的现象，甚至导致项目中途夭折。我们在实施项目之前要预留足够的时间进行规划，同时也要聘请专家给出参考意见，甚至在必要的时候，让团队人员到外面参加各种专业会议和论坛，学习前沿和专业的体系，避免因为认知局限导致专业性不足的问题。

管理者数据能力晋级

我们团队在企业调研中就遇到过这种因为专业度不足导致项目生命周期非常短的情况。客户希望通过无人值守的门卫系统来减员，所以他们的技术团队就引入了一个远程微信预约、门口取卡、刷卡进出厂区的系统。为此，客户还专门提供了一个自助取卡的柜子，跟厂门口的丰巢专柜摆放在一起。后来我们发现这个取卡、刷卡的行为简直就是多此一举，直接微信预约、扫二维码进出闸机就简便很多。为什么说取卡、刷卡行为是多此一举呢？因为在这套系统上线之后，虽然减少了门卫，达到了减员的目的，但是访客取走的卡基本都不归还，因为访客在走的时候，需要再去扫码开柜，把卡丢进去。后台还需要专职门卫去维护这些卡，把卡放进去。后来，这套系统升级了，原来的柜子等都成为多余的设备。

这种现象我们在实际生活中可能也见到过，在北京生活的读者可能会有过一种生活体验。北京地铁于 2017 年年底在地铁站售票的地方安装了一套新的设备，叫作网络取票机，准备替代原有投币的自动购票机，希望市民能够在 App 上购票，然后到地铁站扫码取票。在大力推广下，北京地铁安装了 708 套网络取票机，但经过半年的推广，只有不到 1%的市民下载了 App，在高频站点这套设备的使用率也不足 3%。其实这套设备在安装的时候就已经过时了，后来直接被无卡的 App 扫码通闸这种更简便的系统取代了。这套设备的使用周期不足 1 年，你现在仍然可以在北京地铁站里看到这套设备静静地"站"在那里，如图 5-33 所示。

图 5-33 北京地铁的售票系统变迁

这种短命的数字化设备的使用或者信息系统的实施，其实就是对技术的洞察力不足，缺少专业视野导致的错误决策，走了弯路，浪费了投资，最后只好返工重来。所以，引领企业数据化管理也好，实施企业数字化转型也好，不要让认知限制了我们的想象力，要有足够的前瞻性和专业性，要紧跟时代潮流，实时了解前沿的技术，要走出去多学习、多观察，不要做井底之蛙。

第三种风险是业务和组织的阻力问题。

在数据化管理升级的过程中，业务部门或者组织方面的阻力是显而易见的。在数据应用的过程中，参与者会改变决策方式、权力结构、业务活动流程、过去的业务行为，这些改变都是阻力之源。

数据化管理项目团队要做好跟这些阻力做抗争的准备，要在高层获得共识，要在团队中做好沟通，要在过程中做好项目的运营和管理。

我们团队经常碰到的问题，就是为了推动数据化管理项目的落地，不得不建议企业换人。如果人成了阻力，这需要企业高层有足够的决心来做出人事调整。我们甚至见过更换关键股东的现象，这是为了数据化管理的升级企业不得不做出的"断臂求生"的决定。

9. 项目采购管理

在数据化管理升级项目中经常发生的采购包括两类，一类是知识采购，一类是软硬件设备的采购。这两种采购行为都需要一定的专业能力，特别是识别能力。没有足够的技术认知，采购容易出现选择性失误的情况。

对于知识采购，将技术外包或者将知识外包，请老师、专家、顾问来辅导自己的数据化管理升级，不能像采购实物类的原料、零部件或者设备一样，要以专业性作为关键评价维度。同时，数据化管理有更多场景的创新，所以不会是一成不变的，采购服务的范围有足够的弹性。

10. 项目干系人管理

常规项目管理中的项目干系人管理一直是项目成功的关键要素。对比常规的项目管理，在数据化管理升级和数字化转型的项目中，干系人会更加复杂，但也离不开常规的三大类干系人，即领导者、客户和供应商。

一般数据化管理升级的项目作为内部项目，其干系人中的领导者是高层领导团队，他们是项目的 Sponsor，决定着项目的方向，评价项目是否成功，并为项目匹配对应的资源。所以我们在项目启动、取得阶段成果、最终交付的时候，要与项目领导者达成共识，管理他们的期望，满足他们的需求，达成他们预期的目标，在项目关键决策上要获得他们的支持。

内部项目的客户是业务团队或者职能部门，是将来要使用数据化管理体系来进行管理和做业务决策的部门、组织和个人。我们在实际项目管理工作中要注意识别他们扮演的角色是组织、部门还是个人，在必要的时候把他们拉回到公司层面，让他们从组织、流程和职能的视角，而不是从个人利益的视角看问题。

对于项目的供应商，其与传统项目的供应商的差异在于，对新兴技术的应用有很强的权威性和影响力，所以我们不仅要注意他们对项目 Sponsor 和项目客户的影响力，还要利用这些影响力让供应商起到一定的推动作用，利用他们的权威、专业和能力，甚至是项目经验，来协助自己成功实施项目管理，达成目标。

管理者数据能力晋级

对于项目的干系人，我们要做到共识、共享和共建。数据化管理和数字化转型都是新鲜的事物，在很多情况下我们都在做着创新的工作。共识、共享、共建是非常重要的一种合作模式，大家保持开放的心态，吸收、利用每个人的经验和能力。如果在过程中产生对抗对谁都不利，特别是对供应商的管理态度，要采用合作共赢的模式，而不是压榨和打压的模式。

第 6 章

数据分析能力晋级

有了表征管理的数据指标，我们就能够知道发生了什么，就能够实施跟踪和管控。面对数据指标，我们该从哪些维度进行分析才能有更深刻的业务洞察？数据分析能力已经成为我们进行数据价值挖掘的关键。

6.1 数据的四层价值

数据分析的目的是挖掘数据的价值，数据的价值分为四层，用来回答经营管理中最重要的四个问题。

6.1.1 发生了什么

数据是经营管理活动的记录。通过对数据的统计和汇总，我们能够知道过去发生了什么；通过对比，我们能够知道自己是否有了进步；通过对比目标，我们能够知道自己距离目标还有多远；通过对比标杆，我们能够知道自己是否做得足够好。数据告诉我们所做的是否够好，我们从而发现自己的长板和短板，发现管理中的问题，找到改善点，对经营和管理决策进行系统性的调整。

通过对每一个流程环节、每一项业务活动、每一款产品的运营管理，我们就能够更加清晰地知道发生了什么，就能够将管理看得更加清晰，提高管理的能见度和分辨率，就能够让管理更加精细化，让决策更加精准化。

对经营和管理活动中记录的数据进行统计汇总，是管理者的基本能力，也是其日常管理工作的基础，还是其做出任何一项管理决策的基础。过去我们依赖别人来制作统计报表，现在我们需要数据系统来帮助我们统计汇总数据，从而能够实时动态地看到我们需要看到的数据。数据技术的应用给管理者提供了更加高效的工具，也对其提出了一定的要求，即知道统计汇总什么数据，并从统计汇总的数据中发现管理问题，从而做出改善管理的决策。

6.1.2 为什么发生

有效的管理决策在于让我们知道在什么时间干什么，以及在什么条件下做出什么样的决策，这就需要我们理解业务逻辑，洞察内外部的环境，明晰业务的需求，能够把握事物背后的发展规律。我们可以通过对历史数据的研究，发现事物背后的规律，并在实际业务活动中验证这些规律，然后用这些规律指导业务实践。在业务活动中寻找规律、验证规律、优化规律，掌握业务诀窍，是数据创造的第二层价值。

数据能够回答业务活动中的"为什么"，我们能够将其用于业务实践，找到最好的经营管理方案。我们能够在现有的资源条件下创造更多的产出，或在既定产出下最小化资源投入，从而为企业创造更多价值。

事物发展自有规律，需要我们人类不断探索，科学的进步是我们在实践中基于科学研究带来的进步，是我们不断积累的对自然界的认知。在经营管理上，我们也可以通过对数据的分析和研究，来探索管理科学。自从泰勒利用实践研究总结出管理科学之后，管理科学一直在不断探索中进步。通过对经营和管理数据的研究，我们将发现更多的规律来指导管理实践。

6.1.3 将会发生什么

如果我们知道未来会发生什么，就能够提前做出预案，提前准备好。如果我们不知道未来会发生什么，就会处在焦虑中，就会感到恐惧。所以，洞悉未来的趋势，知道未来发生的事情，或者知道事情会朝着什么方向演变，我们就可以顺势而为，就能够做到"心中有数"，就能够游刃有余地做好准备。

预测未来是我们基于对事物发展规律的研究，或者基于对过去类似事物的分析和洞察，对事物自身的发展规律和事物之间因果关系的探索。掌握规律，我们就能够演绎出事物未来的变化，就能够洞察事物未来的发展方向，就能够更有远见，引领企业朝着更好的方向前进。

现在外部环境的变化越来越快，我们对未来发展方向的把握越来越难。全球经济的融合，在让世界变得越来越小的同时也变得越来越复杂，以前从来不相关的两个市场，现在因为融合在一起而产生更多的互动；产业之间也在融合，不同产业之间的联动关系越来越紧密。这让我们研究事物关键因素和影响要素的难度变得越来越大，考虑的维度越来越多，用到的算法越来越复杂。

6.1.4 应该怎么做才好

一个人在成长过程中进行经验的积累和沉淀是非常重要的，也是从业的诀窍。一个从来没有行业经验的人进入一个行业，需要付出很多时间去探索和学习，交很多摸索的学费。通过数据，我们复盘过去的业务活动和经营决策，总结出经验，用来指导未来的管理和决策，这成为我们在行业内能够超越竞争对手的"诀窍"。

虽然外部环境的变化很快，但是用对过去行为的总结指导我们未来的行为仍然是非常有效的方法。基于过去的数据，分析事物成功的关键要素，使其成为经营和管理中的决策规范，让我们在应对未来复杂状况时能够做出更好的选择和更科学的决策。此外，利用数据技术系统，将这些决策规范开发成为数据模型和算法，计算机就可以根据我们设定的条件实时地指挥我们的业务活动，能够更加敏捷、高效地响应内外部环境的变化。

根据对以上四个问题的回答，我们越来越依赖计算机的计算能力，而不是人类的大脑；我们越来越依赖数据，因为环境要素越来越多，数据的基础条件越来越好。企业的经营和管理决策越来越依赖数据和算法，这要求管理者具备管理数据、分析数据和应用数据的能力。目前管理者的数据分析能力已经是其胜任管理岗位非常重要的能力，甚至开始超越原来的职业能力，逐步成为第一必备的能力。

6.2 企业经营管理中基本的数据分析方法

要体系化地进行企业经营的数据分析，不能只考虑各种先进的算法，一些常规的、必须要做的分析也是企业数据资产价值挖掘的基础工作。在常规的、必做的分析基础之上再做探索性和创新性的分析，并在寻找新的分析课题中不断积累更加先进的算法，才是企业经营数据分析体系的建设之道。

一般来讲，我们会把企业经营数据分析体系分为三层，如图 6-1 所示。第一层是企业级必须要做的常规分析，是企业从高层管理的角度要做的常规分析，是企

管理者数据能力晋级

业持续发展的基础，是企业对标竞争对手和行业最佳实践，并领先于其他企业的基础数据分析；第二层是部门级必须要做的常规分析，包括从部门经营结果的评价到经营管理决策的优化必须要做的数据分析；第三层是基于经营和管理优化的专项课题研究分析项目。

专项课题研究，我们要体系化地管理起来，要把这些专项课题，特别是跨部门的、涵盖整个供应链或者价值链的专项分析课题沉淀为企业级的算法。对于范围只在某职能领域或者业务部门的课题研究，则在算法有成效之后将之沉淀到部门级的必做研究之中。这样沉淀有两个目的：

第一，数据分析算法不是一次性的课题，而是持续优化的课题，算法模型需要迭代，才能够发挥更大价值；

第二，将数据分析算法模型逐步沉淀到数据系统中，使之成为系统算法，甚至是机器自动的算法，是我们积累算法的一种方法。随着算法的积累和成熟，我们的系统就会越来越智能，助力实现智慧企业。

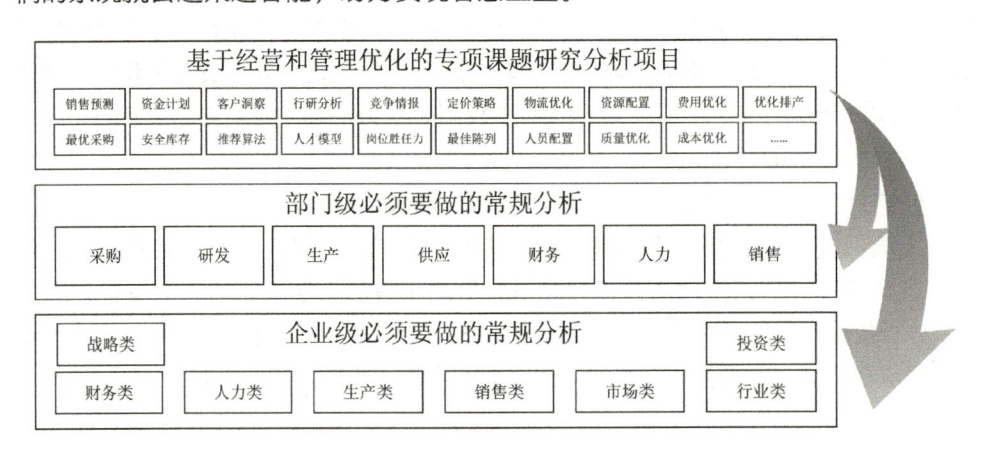

图 6-1　企业经营数据分析体系的架构

6.2.1　数据可视化本身就是数据分析

最基本的数据分析其实是我们做的数据图表，我们将数据通过可视化的图形表达出来，从而让人们更加容易地看到差异、变化、结构、趋势、规律，以及相互之间的关系。特别是在会议上，我们通过数据图表来看经营管理数据，可以让团队更快速地从数据中发现问题，形成一致的判断，达成共识。对管理者来说，用正确的图形来表达数据，并制作出精美的 PPT 数据图表或者 Excel 数据图表是非常基本的能力。

随着企业数据技术工具的在线化，我们使用的数据图表开始由离线的 PPT 版本的图表向动态的在线图表过渡。数据的在线化+数据可视化工具的在线化，能够让我们动态地更新数据，在做好一套数据图表后，在使用的时候一键刷新即可，这样我们就没有必要每个月或者在每次开会时都需要把常规的数据分析图表再重新做一遍。我们需要做的数据钻取、关联图表也可以在线化实现。

对于离线的 PPT 版本的数据图表，我们需要从业务信息系统中导出数据，用 Excel 进行统计汇总，然后再更新到 PPT 中去，在过程中数据容易出错，而且数据图表之间不能关联，两个数据图表都是独立的图表。要想做筛选分析，我们需要重新处理和作图。另外，在线化的数据图表有利于我们做好信息安全防控，随时都可以发送出去，有利于做好授权访问管理，控制信息泄密。所以，这个过渡是一个必然的趋势。

这个过渡过程需要管理者具备使用基本工具的能力，包括使用基本的 Office 套件和在线化的工具。另外，公司需要提供在线化的数据技术工具以助力这种过渡。

一般我们常用的数据图表有五种，随着技术工具版本的迭代，会有越来越多的图表形式出现，也变得越来越美观。

（1）柱形图、条形图，主要做数值差异比较，对比事物的大小，或者不同时间点上的数据的差异，如图 6-2 所示。

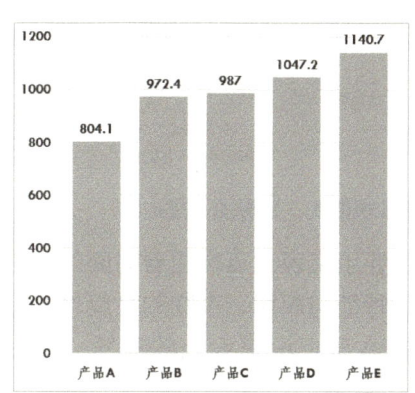

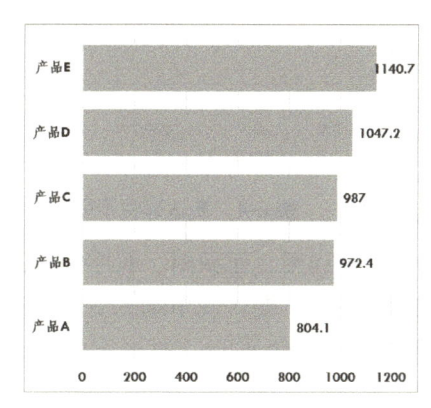

图 6-2　数值差异比较图表：柱形图和条形图

（2）饼图、堆叠柱形图和堆叠条形图，主要用来做事物之间的结构差异比较。通过这些图表，一方面可以看一个事物的构成结构比例关系，另一方面可以看事物的结构比例随着时间的变化，如图 6-3 所示。

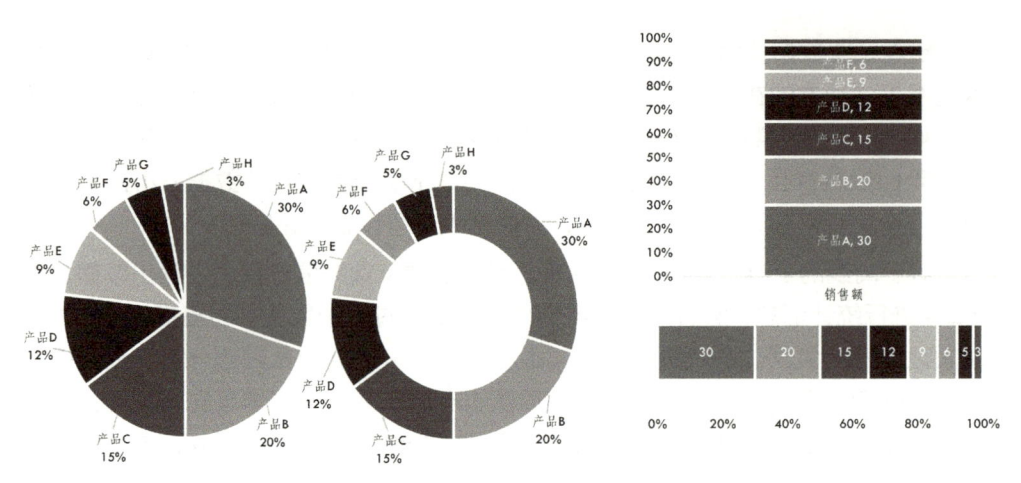

图 6-3 结构差异比较图表：饼图、堆叠柱形图和堆叠条形图

分析事物的结构特征，还可以从事物不同维度的描述来看各个维度的差异，从而能够看到不同事物的短板或者长板。这个时候我们可以使用扇形图或者雷达图来表达，如图 6-4 所示。

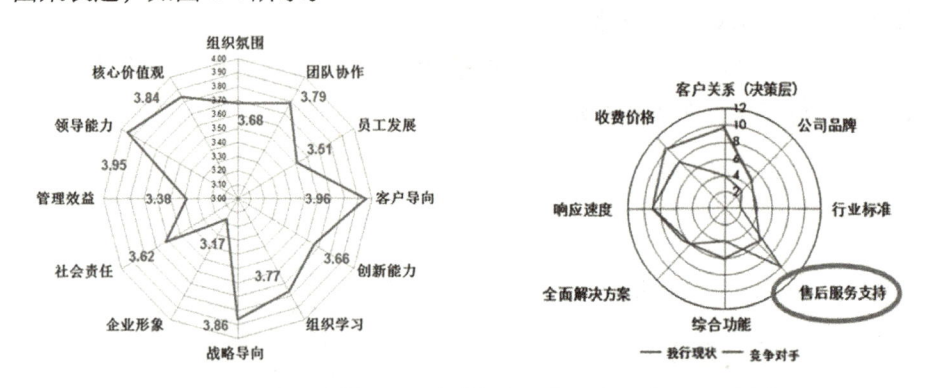

图 6-4 表达事物不同维度特征的数据图表：扇形图、雷达图

（3）折线图、面积图、时序柱形图，主要用来表达事物随着时间的变化或变化之间的关系。要表现事物的变化、变化的特征与规律、事物的发展趋势等，用折线图是比较合适的。面积图和折线图在本质上没有太大的差异，如图 6-5 所示。5

（4）散点图、气泡图等，主要用来表达两个事物或两个数据指标之间的关系特征，如图 6-6 所示。

（5）数据地图、热力图、分布图，主要用来表达事物的分布密度，以及数据在分段和地理位置上的分布情况。基于地图的各种分布，这些图表还可以承载更多的内容。

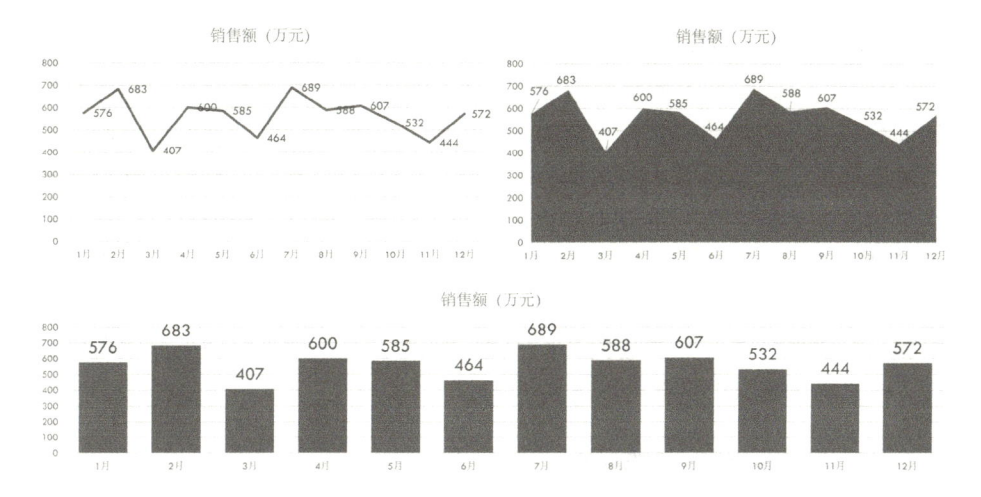

图 6-5　表达事物随着时间变化的数据图表：折线图、面积图和时序柱形图

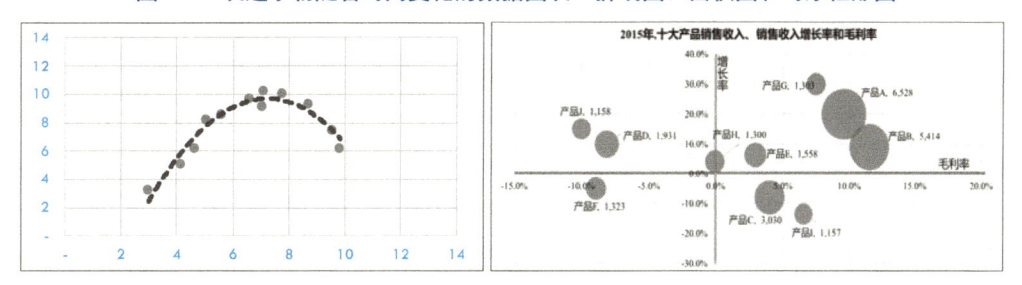

图 6-6　表达数据之间关系特征的图表：散点图、气泡图

通过对数据集中度的分析，我们可以看到还有哪些市场空间可以开发，或者哪里是问题的重点，数据地图相对来说对技术的要求比较高，需要精准的地理位置信息。当然，现在有越来越多的工具可以直接帮助我们做出数据地图，如 Excel 在 2010 版本之后增加的 Power Map。

会做出以上五种数据图表是我们对数据进行可视化表达的基本能力。读者可以做一个自我诊断，看自己是否能够利用数据处理和分析工具做出以上五种数据图表，并且理解每种图表表达的是数值对比、结构对比、关系对比、分布对比，还是分布集中度，不能用错了。

6.2.2　数据指标的五种常规对比分析

在制作图表之前我们还需要一项能力，就是对数据进行分析，这是我们做数据图表的起点。如果我们不知道从哪些维度分析，就不知道用什么图表。虽然我们会使用 PPT 或者 Excel 作图，但用来制作什么图表，则是思路问题。在我们看来，思路比利用工具绘制图表更加重要。

管理者在日常管理工作中经常碰到一个问题，即当我们有了数据指标时，应该如何分析这个数据指标呢？一般来讲，针对一个数据指标，我们可以做五种常规的对比分析，这是最基本的数据分析思路。这五种对比分析维度能够覆盖我们日常经营数据分析中数据图表制作思路的90%以上。所以，深刻理解这五种对比分析维度，能够让你在拿到一个数据指标后，知道从哪些维度寻找分析思路，制订绘制图表的计划，解决日常数据图表分析90%以上的思路问题。剩下的10%在哪里呢？一般是一些特殊的数据分析方法和模型，是专项数据分析课题所研究的内容，也是更加复杂的数据分析方法问题。

1. 第一种分析维度：事物对比

事物对比是指基于数据指标，我们对比、分析事物之间的差异。比如，销售额是一个数据指标，针对这个数据指标，我们可以将这个数据指标所描述的对象进行对比。销售额可以用来描述不同部门、不同业务、不同渠道、不同产品、不同门店、不同市场区域、不同品牌、不同品类、不同SKU、不同业务员，我们可以针对这些对象来进行统计分析。

我们在后边会讲时序对比，所以在第一种分析维度中可以不考虑基于时间的对比，否则跟时序对比就重复了。对比不同月份、不同日期的销售额，我们放到时序对比中进行。

我们对并列的事物进行对比分析，或者对有层次结构或总分结构的事物进行对比分析，可以在组分对比中进行。

这里的"事物"，主要是指分析对比的主体对象，也是我们基于管理目标需要管理的资源对象。比如，事物是业务活动，我们可以对比多次销售活动获得的销售额，还可以对比不同渠道的销售活动获得的销售额。

要想体系化地建立针对不同事物的对比，我们对事物的分类必须标准化，从而实现常规的数据分析。比如，对部门的划分如果经常变动，那么我们要做好前后数据的可持续性比较。如果在今年华北区的划分中，有些省市做了调整，那么去年华北区的销售额和今年华北区的销售额就出现了统计口径的差异。

建立统一的分类标准对我们进行规范的常规分析来说是基础工作，特别是在我们在线实现动态的常规报表和数据图表的时候，因为人对数据的干预少，我们需要背后有一个规范的分类表，用于关联分析数据。比如，我们要细分渠道，结果因为我们对渠道的定义不同，对加盟、联营和直营的划分标准不同，导致统计的时候数据不一致，需要手工调整，那就费时费力了。

在对事物进行分类的时候会存在一种层次分类结构，这种层次分类结构的规范，在我们进行钻取分析时能够起到自动钻取的作用。比如，对于区域的层次划分，我们可以根据公司大区、省、市、门店的划分，建立一个规范的层次分类结构。当我们看到某大区的销售额快速增长的时候，就可以看看该大区内哪个省的销售额上升最快，在找到上升最快的省份之后，我们再钻取到市、门店，这样一个规范的层次分类结构就形成了。商品也一样，从商品的大类、品类、品牌、产品、SKC、SKU 到生产批次，也是一个层次分类结构。组织也有一个层次分类结构，包括分公司、业务大区、部门、员工等，组织上的层次结构也需要规范化的维护。

2. 第二种分析维度：组分对比

组分对比是指整体和部分的对比，是指一个整体在由各个部分组成时，各个组成部分的占比，以及相互之间的比较。组分对比是对事物结构的分析，结构不合理会导致效率下降。比如，公司的销售额是由五个大区的销售额组成的，每个大区分别贡献了多少销售额？各占比多少？整体是公司的总销售额，组成部分是各个大区的销售额。

在进行组分对比的时候，我们可以考虑时间段上的组成部分，一年的销售额由四个季度的销售额组成。在讲事物对比的时候，我们不建议将时间作为事物来看，但在进行组分对比的时候，我们是可以考虑将时间作为组成部分的一种选择的。

组分对比是用来研究事物的组成结构的。我们知道一个好的组合结构直接决定着其效率和效果，影响着事物的质量。一家公司由各种资源组成，在人力资源的组成中，如果生产环节的人力配置过多，销售环节的人力配置过少，就会导致产品卖不出去，造成库存积压；如果在销售环节配置人力过多，在生产环节配置人力过少，就会导致产品无法满足客户需求，造成销售机会浪费。最佳的组成应该是怎样的？在能力上、在人力投入上应该有最佳的平衡配比关系，这就是研究事物结构的原因。

对于任何一件事情，我们在资源配置上都应该有一个最佳的结构，也就是配比关系。就像我们炒菜一样，食材之间应该有合理的配比关系。公司的各项业务之间也应该有比较合理的配比关系，比如，公司的种子业务、成长业务、发展业务、核心业务和准备退市的业务之间应该有合理的配比关系。如果种子业务占比太高，那么公司的经营风险就会比较大，稳定性堪忧；如果准备退市的业务占比过高，那么公司就缺少发展的动力，所以公司的各项业务之间一定要有一个平衡稳定的结构，才能利于公司的可持续发展。

3. 第三种分析维度：时序对比

时序对比是研究表征事物的数据指标随着时间的变化的情况，用来研究事物发展变化的规律。运用时序对比我们也可发现在经营管理中存在的问题，然后对问题进行分析，并找到解决问题的方案。

任何事物都有一个成长的过程，无论是一个市场的开拓、一款产品的销售，还是一个客户的服务、一项具体的业务。通过对其时间序列的分析，我们可以研究短期的目标达成，也可以研究同期差异，还可以研究整个生命周期的规律，这是时间序列分析带给我们的启发。

时序对比能够让我们看到跟过去比较我们是否有进步，还可以让我们知道哪些时间段没有做好，然后追溯内外部的相关因素，找到导致我们没有做好的关键因子，从而优化或调整计划或策略。在五种分析维度中，时序对比是我们在数据分析报告中见到的最多的一种。

4. 第四种分析维度：关系对比

通过研究相互关联的两个事物随着时间变化的规律，我们可以找到两者之间的关系，这就是关系对比。对于在业务逻辑上存在因果关系的两类数据，如与投入相关的数据和与产出相关的数据，我们可以通过时间序列找到它们之间的关系，通过关系的对比来研究我们做出的管理决策到底如何，以及我们的投入是否有效地提升或者改善了产出。

研究投入与产出之间的关系是管理者的基本职能，我们通过改变投入方式和投入资源的时机来获得期望的产出，我们所做出的决策影响着公司的绩效。公司的绩效是管理者投入的所有资源的产出结果。研究其背后的机理或者机制，把握规律是管理者能力的体现，而整个管理团队的能力则代表着企业的竞争力。一家企业在市场竞争中是否处在优势地位，就看企业的管理团队对资源投入和产出之间的关系的把控能力。

除了运用关系对比对既定的有投入和产出关系的事物之间进行常规的研究，我们还可以做一些探索性的相关关系的研究。在实际的数据分析工作中，我们可以探寻：不同事物不同数据指标之间的关系（如业务的投入和产出的相关指标）、不同事物相同数据指标之间的关系（用以分析事物之间的联动关系，如啤酒和尿布销量的关联性）、不同事物不同数据指标之间的关系（事物之间的联动关系）。

5. 第五种分析维度：频布对比

频布对比，即频率分布对比，用来分析事物的特征，包括事物本身的属性特征、事物表征指标取值的分布特征，以及事物在地理位置上的集中度或者离散度特征等。我们可以将事物的特征分成三大类。

（1）事物表征指标取值的分布特征。这类特征用来表现一个事物的典型特征，如门店收款随着时间的变化特征、所有门店每日营业额的分布特征、员工的收入分布特征、员工年龄的分布特征、工龄的分布特征、司龄的分布特征，等等。

（2）事物在地理位置上的集中度或者离散度特征。事物在地理位置上的分布情况，集中在什么地方，分布在哪里，距离有多远，我们的服务半径有多长，我们的客户都集中在哪些小区或者地区，等等。对客户地图的分析可以让我们知道客户在哪里，从而指导我们到哪里去寻找客户，到哪里去做广告和营销，通过什么媒体才能更好地触达客户。

（3）事物本身的属性特性。比如，客户平均消费频率和采购频率、事物出现的概率，以及概率的变化规律等。

在做频布对比分析的时候要注意时间和空间的概念。如果数据中包含时间的字段，我们就要关心事物在时间轴上发生的频率和数据指标的分布情况；如果数据中包含空间的字段，如有地理位置的信息，我们就要关心事物在空间上的分布情况。这是频布对比研究非常具有洞察力的地方，可以让数据分析指导我们找到具体在什么时间和什么地点该做什么事情的经营管理决策。

6.2.3 面对数据表可做的分析

之前，面对导出的各种各样的数据图表，我们总是觉得无从下手，不知道该做哪些分析。哪些分析应该成为我们的常规分析？不同的人针对相同的数据图表，会有不同的分析维度，这是一种"仁者见仁，智者见智"的情况。

有了前面数据分析的五种维度，有了针对不同数据分析维度的数据图表，我们就可以游刃有余地对从业务信息系统中导出的数据图表进行常规分析了。只有在常规分析上大家达成了共识，确定了常规的、必要的数据分析维度，在做数据图表上有了一些共通的规则或者规范，大家在日常数据分析上才会更容易沟通。

如何体系化地梳理常规分析维度呢？我们建议三步走：

第一步，全面地梳理出数据对比分析维度；

第二步，在全面的数据对比分析维度上梳理出对业务管理和日常经营决策非常重要的维度，并将之确定为常规分析维度；

管理者数据能力晋级

第三步，每次常规会议，无论是周会、月度会，还是季度总结会、定期的数据分析汇报，都必须按照固定分析维度，形成固定的模板形式，确保大家在分析时不遗漏，也避免因为数据指标不理想，故意隐藏一些分析维度的问题出现。

针对给定的一个数据表，我们如何系统、全面地梳理出对比分析的维度呢？我们团队在咨询实践中总结了一个思路，按照这个思路，基本的对比分析维度就被全部梳理出来了，虽然梳理出来的对比分析维度很多，但这是全面性的保证。按照五种对比分析维度，大家在实际工作中整理出一个包括所有对比分析维度的清单对照表就可以保证全面了。

我们根据一个销售订单数据表来示范一下如何体系化地建立全面的数据分析维度。下面是一家化肥企业三年批发销售的订单流水记录表，这个记录表是从 ERP 系统中导出来的，并经过了清洗处理。为了脱敏，我们用产品编号替代产品名称，用客户编码替代客户名称，用业务员编码替代业务员的名字，用仓库编码替代仓库名称，用货位编码替代仓库的货位。在进行实际业务分析的时候，大家按照实际名称来使用就可以。

数据表的样式如图 6-7 所示。这个数据表中有 22 个字段，三年的销售数据记录共有 14 万多条。这 22 个字段的简要说明如图 6-8 所示。

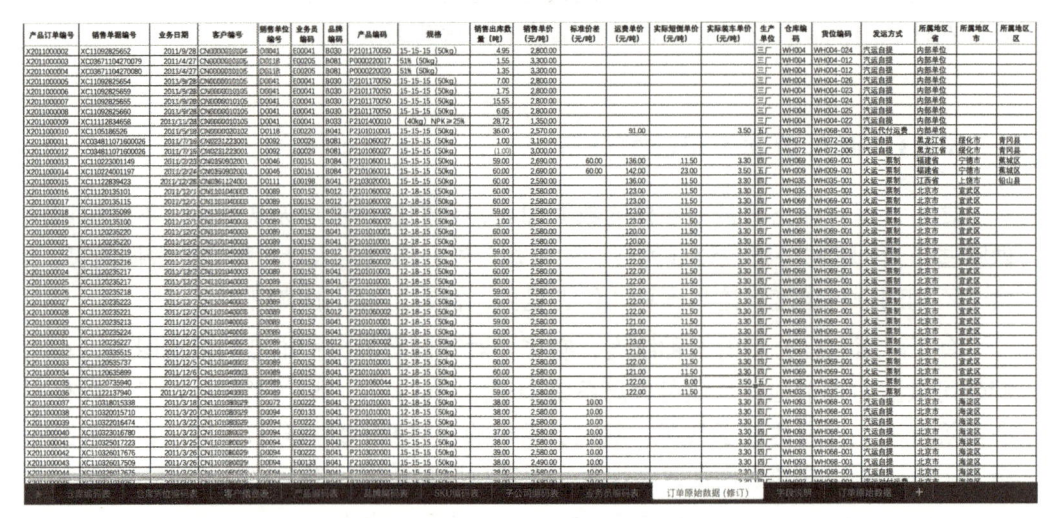

图 6-7　数据表样式截图

字段	字段说明
产品订单编号	产品发货订单的编号
销售单据编号	销售订单编号，每个销售订单可包括多个产品订单
业务日期	销售订单的日期
客户编号	客户编码
销售单位编号	业务单位编码，销售部门或者销售分公司
业务员编码	业务员编号
品牌编码	产品品牌的编码
产品编码	产品编码
规格	包装规格
销售出库数量（吨）	产品订单中的产品数量
销售单价（元/吨）	实际产品订单的销售单价
标准价差（元/吨）	在公司标准定价之上的浮动，+表示加价，-表示优惠价格
运费单价（元/吨）	运输费用单价；客户需要支付的费用
实际短倒单价（元/吨）	需要短倒的货物的价格，包括移仓的费用；客户需要支付的费用
实际装车单价（元/吨）	装车工费用；客户需要支付的费用
生产单位	生产单位名称
仓库编码	发货仓库编码
货位编码	发货仓库的仓位编码
发运方式	发运方式，一票制的运费在产品价格中包含了
市场区域_省	客户所在省
市场区域_市	客户所在城市
市场区域_区	客户所在城市的区县

图 6-8　数据表中字段的简要说明

1. 第一种对比：事物对比

在这个样本数据表中，我们拆解事物对比的分析维度，需要三个步骤。

1）第一步：找对象

找到数据表中的分析对象，并确认其是我们要分析的事物，所以我们将这一步简称为"找对象"。

我们分析什么对象或者事物，就在数据表中找出。在这个样本数据表中，有如下几种事物，即"分析对象"。

（01）客户；（02）销售单位；（03）业务员；（04）品牌；（05）产品；（06）产品规格；（07）生产单位；（08）仓库；（09）货位；（10）市场区域-省；（11）市场区域-市；（12）市场区域-区；（13）发运方式。我们可分析的对象有 13 个，每一个对象都是我们进行业务决策时的考虑对象。根据提供的样板数据表，结合业务分析需求，在对数据表中的数据加工处理之后，对这些对象进行分类，可以有更多的分析对象。比如，我们从这个数据表中可以得到：（14）新客户；（15）老客户；（16）流失客户；（17）新产品；（18）老产品；（19）新市场-省；（20）新市场-市；（21）新市场-区。这家企业是销售化肥的，基于季节性的需求，我们定义去年有交易、今年没有交易的客户为流失客户，去年没有来、今年发生交易的客户为新客户，去年和今年都发生交易的客户叫作老客户。产品维度也如此定义，今年新上市、去年还没有的产品叫作今年的新产品，去年没有发生业务的市场区域在今年有业务发生，我们则认为该市场区域是新市场区域。

当然，我们还可以对数据表中的数据进行处理，衍生更多的分析对象。比如，我们可以再增加：（22）大客户；（23）中客户；（24）小客户；（25）个人客户；（26）企业客户；（27）核心产品；（28）发展产品；（29）种子产品。如图6-9所示。

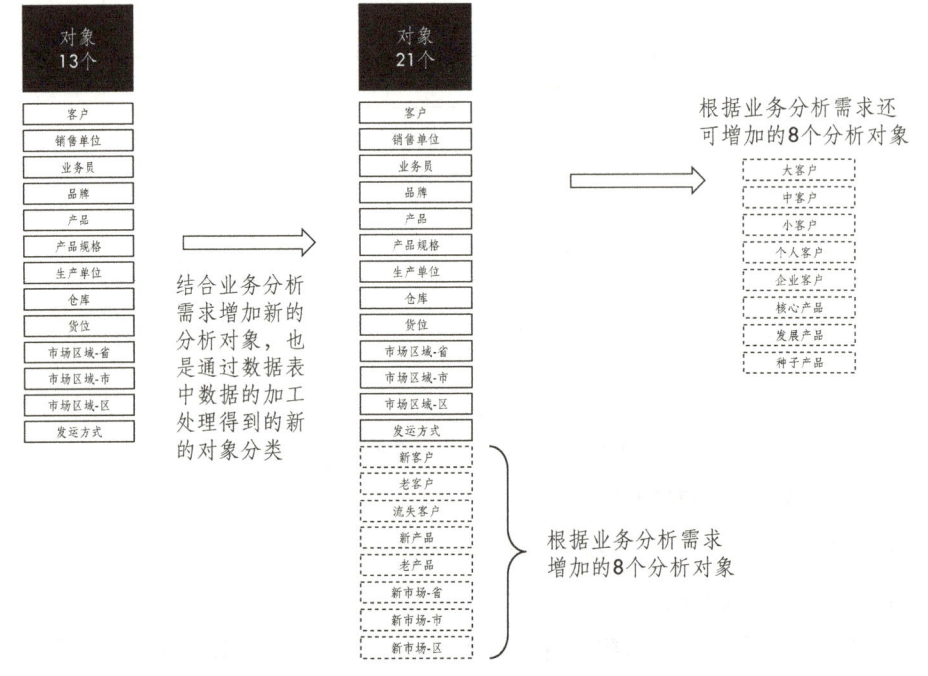

图6-9 在数据表中"找对象"示例

分析对象的寻找也是按照业务分析需求来做的，没有标准的答案。我们要判断找到的分析对象是不是我们要分析的对象，我们在业务中是否对新老客户的贡献进行了关注，我们是否在意老客户的流失问题，我们是不是关注新产品和老产品，我们是不是关心新市场的开拓，等等。

2）第二步：找度量

"找度量"就是找到数据表中的"数据指标"。在这里，数据指标就是指我们通过样本数据表可以计算出来的数据指标。数据指标是我们对分析对象的度量结果，所以我们将这一步简称为"找度量"。

基于样本数据表，我们可以计算出哪些数据指标呢？在实际利用数据表计算数据指标的时候，我们一般会有三类数据指标：

第一类，数值型数据指标；

第二类，均值型数据指标；

第三类，比率型数据指标。

其中，比率型数据指标也有两种：一种是增长类，如同比、环比；另一种是占比类，即数据指标/数据指标得到的有意义的占比。

我们一起尝试来找找样本数据表中的数据指标，如表 6-1 所示。

表 6-1 样本数据表中度量的梳理

度量类型	度量（数据指标）	说明和计算方法
数值型	01 销售额	销售额的统计汇总（销售额：销量×单价，要扣除一票制运费、短倒和装车等费用）
	02 销售量	销售量（吨）的统计汇总
	03 客户数量	非重复计数的客户编号
	04 产品数量	根据产品名称统计的产品个数
	05 订单数	非重复计数的单据编号
	06 优惠额	价差的统计汇总
	07 运费额	运费=发货量×运输费用单价；运费的统计汇总
	08 短倒费用	短倒费用的统计汇总；短倒费用=发货量×短倒单价
	09 装车费用	装车费用的统计汇总；装车费用=发货量×装车单价
均值型	01 单单额	平均每个订单的成交金额
	02 单单量	平均每个订单的成交量
	03 单均短倒费用	平均每个订单需要的短倒费用
	04 单均运输费用	平均每个订单需要的运输费用
	05 单均装车费用	平均每个订单需要的装车费用
	06 客单价	平均每个客户贡献的销售额
	07 客单量	平均每个客户的购买量
	08 客均订单数	平均每个客户的下单次数
	09 吨均单价	平均每吨产品的售价
	10 吨运费	平均每吨产品的运费
	11 吨均短倒费用	平均每吨产品的短倒费用
	12 吨均装车费用	平均每吨产品的装车费用
	13 吨均优惠额	平均每吨产品的优惠价格
	14 人均客户数量	业务员人均服务客户数量
	15 人均新客户数量	业务员人均开发新客户数量
	16 人均流失客户数量	每个业务员手中流失的客户数量
	17 人均销售量	业务员人均销售量
	18 人均销售额	业务员人均业绩贡献
	19 人均接单数量	人均接收客户订单数量
增长比率型	前面 28 项数据指标的同比和环比增长率	前面 28 项数据指标都是可以计算同比和环比的，此处简化这个清单

续表

度量类型	度量（数据指标）	说明和计算方法
占比比率型	01 优惠率	优惠占售价的比率
	02 短倒费率	短倒费用占销售额的比率
	03 运费率	运费占销售额的比率
	04 装车费率	装车费用占销售额的比率
	05 新客户占比	新客户数量占比
	06 新客户贡献率	新客户销售额占总销售额的比率

通过"找度量"这个步骤，我们能够找到 9 个数值型度量、19 个均值型度量、56 个增长比率型度量和 6 个占比型度量，总计 90 个度量。

在寻找数值型度量的时候需要注意，我们要尽可能找独立的数据统计，而不是加入对对象的描述，如新产品销售额、新客户销售量、新客户数量，等等，这些基于对象描述的度量，在第三步是可以计算出来的，我们只需要在对象中加入新产品、新客户、新市场等即可。

在找度量的时候，我们可以从数据表中已有的数据找起，也可以从业务管理中常规管理的数据指标开始。从数据表中能够加工出来的数据指标会有很多，不见得所有的数据指标都是我们在日常管理中需要管理和关注的，所以我们需要根据业务分析的需求进行度量数量的设计。

实际上，我们找到的度量就是数据指标。如果我们知道要从哪些数据指标进行数据分析，那么我们这一步就是按照日常管理中梳理出来的数据指标进行管理。这样可能会超过我们从数据表中找到的度量，或者数据指标。在这个案例中，如果我们关注新客户的相关数据指标，就可以将其拆分成新客户数量、新客户销售量、新客户销售额、新客户占比、新客户销售量贡献、新客户销售额贡献等各种新的数据指标。数据指标梳理是一个关键步骤，这个步骤决定着我们需要从哪些方面进行分析。

3）第三步："做组合"

"做组合"就是在"对象"和"度量"之间连线，看其是否具有可分析的价值，或者能否进行分析。我们找出的对象和度量并不是都能够两两组合成为分析维度的。比如，针对流失客户，我们就不能分析交易数据，包括销售额、销售量和订单数等，只能统计有多少个流失客户。

通过以上三步，我们就能够针对 21 个分析对象和 90 个数据指标得到全面的事物对比分析维度，如图 6-10 所示。这样，我们就可以根据分析需要，设定对象和度量的数量，完成相关的数据分析了。

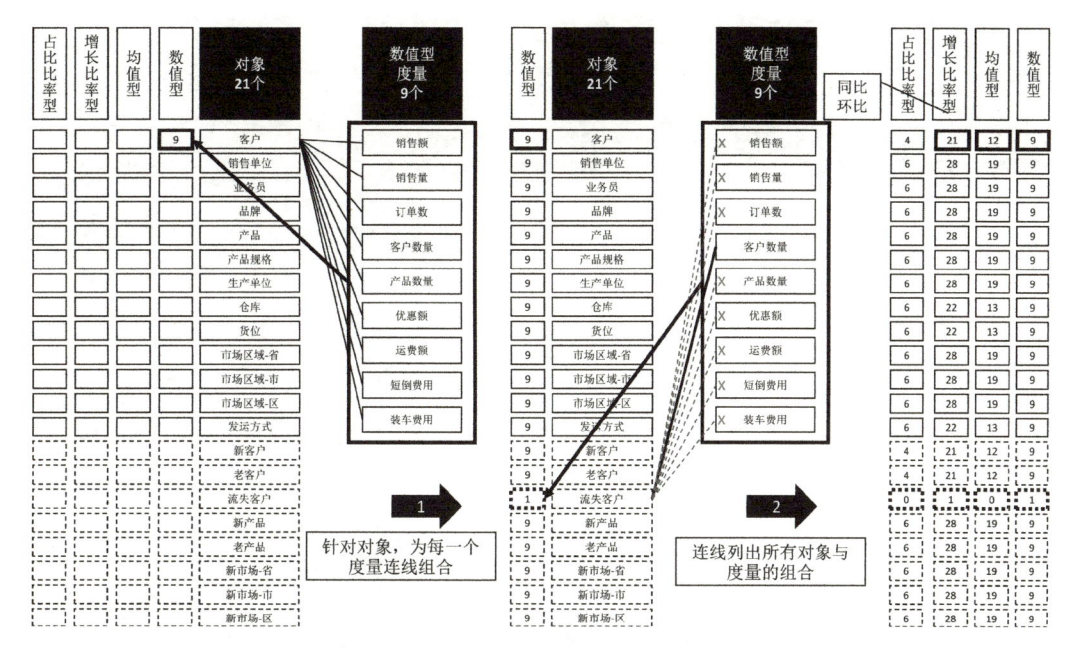

图 6-10 通过连线组合对象和度量得到全面的事物对比分析维度

如果我们使用 Excel 的数据透视表功能进行以上的数据统计分析，那么我们找到的"对象"是我们在透视表"行"中所选择的，而我们找到的"度量"则是在"值"中进行计算的。这样就会形成数据分析表，为我们制作数据图表做了数据的统计、汇总。利用 Excel 的数据透视表功能进行数据统计分析如图 6-11 所示。

进行事物对比的本质是找到事物之间在数据指标上的差异，从而让我们能够从"事物"或者分析"对象"的角度进行分析，找到问题的根源。

读者可以尝试利用自己手中的数据表进行练习，如果希望利用本书截图中的数据表来做练习，可以通过 Email（hilton@data2biz.com）联系笔者，或者加入笔者的 QQ 群（群号：482136284），然后到群文件中去查找。

按照五种对比分析能够找到更加全面的数据分析维度，但在实际工作中，我们不可能把几百种事物的对比分析全部都做出来，因为数量太大。我们需要结合实际业务需求来做对应的分析。这种套路只是提供一个更全面地进行事物对比分析的思路，而不是要求都做出来。对于以下四种对比分析，我们只介绍操作方法，大致的思路是一样的。

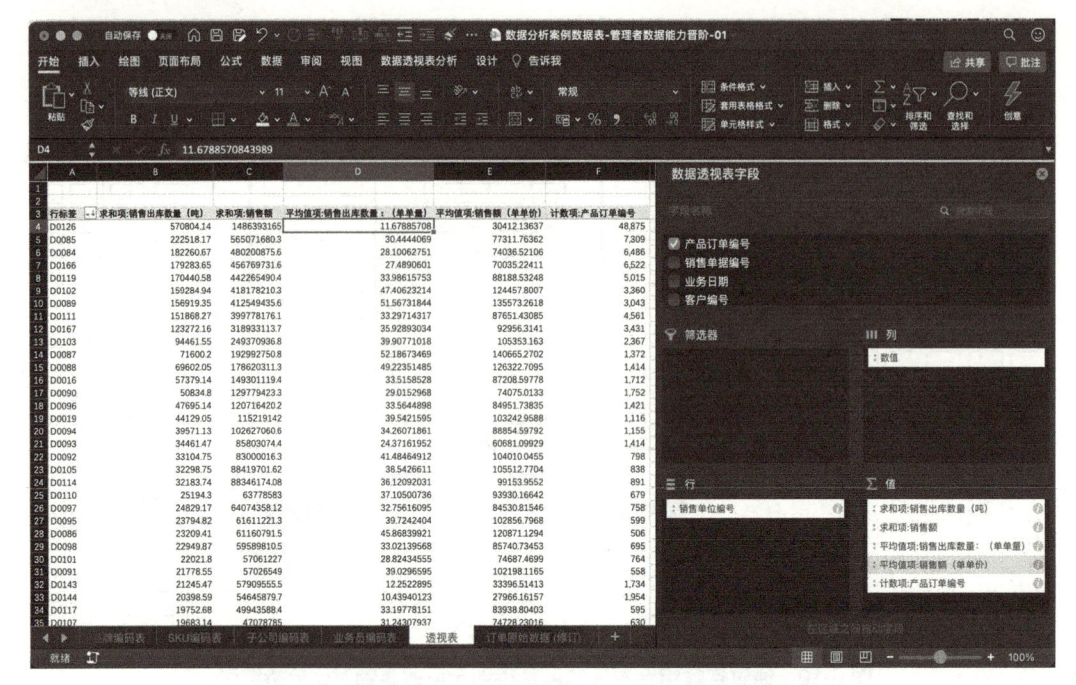

图 6-11 利用 Excel 的数据透视表功能进行数据统计分析

2. 第二种对比：组分对比

组分对比探寻的是事物的组成结构关系，我们可以根据组分对比来看分析对象在数据指标上的结构情况。组分对比分析的是当个体组合成整体的时候，个体占总体的百分比的情况。

针对"销售额"这个数据指标，我们从组分对比的角度进行分析，可以看到不同部门的销售额贡献占比；我们从市场区域的角度进行分析，可以了解到不同市场区域在销售额上的贡献占比；从产品的角度进行分析，我们可以看到销售额是由哪些产品的销售额来组成的；我们当然也可根据产品的销售额贡献在时间轴上的变化，分析不同的产品在销售额变化中的贡献情况。

在探寻一个数据表中组分对比的分析维度的时候，我们仍然可以按照事物对比分析的方法来执行，即三个步骤：

第一步，找对象（找组分）；

第二步，找度量；

第三步，做组合。

在"找度量"这一步中，我们只能找数值型度量，均值型、比率型的度量是不能做组分对比的，因为个体的均值加和不等于整体的均值加和，个体的增长率加和不等于整体的增长率加和。

3. 第三种对比：时序对比

我们经常对数据进行的分析是看数据指标在时间轴上的变化，这就是时序对比。同样对于销售额，我们可以根据销售额随着时间的变化找到销售额的变化规律，以及是否受到某些事件的影响，等等。当然，我们也可以通过时间序列的对比分析来看事物组成结构随着时间的变化，如销售额的组成是否随着时间而改变，哪些产品的销售贡献比在增加，哪些产品的销售贡献比在减少等。

对于时间序列的对比，我们可以针对事物对比和组分对比进行时间轴上的对比分析，因此我们在做时序对比维度拆解的时候，可以在拆解完事物对比和组分对比之后，再添加上时间轴的概念，即对事物对比和组分对比都可以做时间轴分析，如图 6-12 所示。

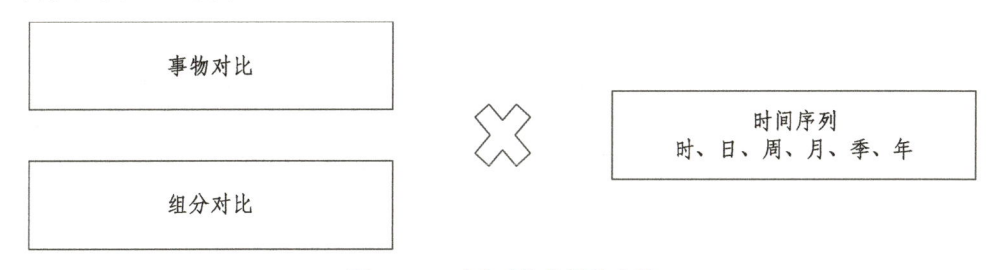

图 6-12　时序对比分析的方法

4. 第四种对比：关系对比

事物之间的关系对比是我们在经营和管理分析中比较少用的，却是非常重要的对比分析。如果我们能够对比出不同事物之间的关系，就能够更好地配置资源，做好业务的管理。

最为重要的事物关系是投入和产出之间的关系。对于这个关系，在数据分析方法中我们有线性回归分析的方法，即 $y=f(x)$ 分析。在研究事物之间的量化关系之前，我们可以通过散点图来探索事物之间的相互关系。

在进行关系对比分析的时候，我们不仅要看事物之间的因果关系，还要探索事物之间的关联，如果事物之间有关联，我们就可以对业务安排进行优化。比如，如果两款产品的销量之间有正相关关系，那么我们可以初步判断这两款产品之间有互补关系；如果两款产品之间是负相关关系，那么我们可以初步判断这两款产品之间有替代关系，购买了其中一款，另外一款就不需要了。

如何寻找事物之间的关系？我们可以用以下基本思路：将对象与度量进行虚拟组合，再根据逻辑判断的方式遴选有关系对比意义的组合，然后根据数据去看能否有发现，如果有发现，那么就可以匹配出各种关系了，如图 6-13 所示。

管理者数据能力晋级

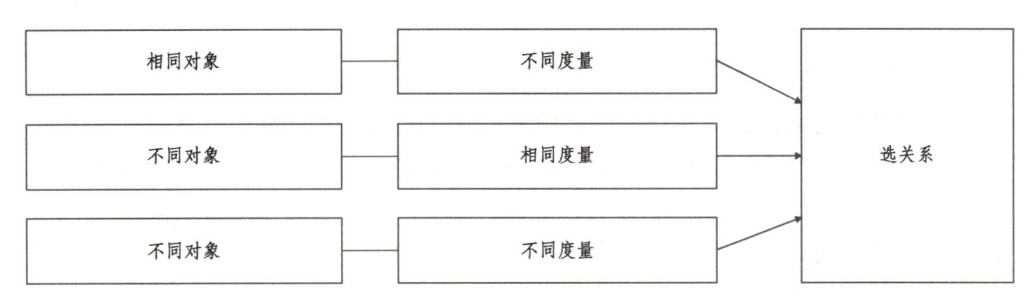

```
相同对象 —— 不同度量 ┐
不同对象 —— 相同度量 ┼→ 选关系
不同对象 —— 不同度量 ┘
```

图 6-13 事物关系对比分析的基本思路

5．第五种对比：频布对比

频布对比是在企业经营数据分析中比较少见的一种对比分析方法，但在实际工作中也是非常重要的一种分析思路。通过看事物在数据指标上的分布情况，可以看到一些结构性特征，从而发现管理中的问题。比如，一个公司中员工年龄的分布情况可以让我们看到员工年龄是如何分布的、是否存在断层、是否过度集中在某一个年龄段、是否有一个比较好的年龄组合结构；再如，我们可以用频布对比分析来看公司员工收入的分布情况，可以看到公司员工在收入上的分布结构，也可以看到员工在业绩上的分布结构，等等。

频布对比分析的基本思路是先找分析对象，再找数据指标或者度量，然后对找到的度量进行分段，统计数量，从而能够看到分析对象在各个分段上的分布情况，如图 6-14 所示。

```
找对象  ✕  找度量  ✕  做频布
                      分段→计数→分布
```

图 6-14 频布对比分析的基本思路

比如，我们看门店（对象）日均销售额（度量）的分布情况，假设我们有 100 家门店，将日均销售额在 2 万元以下、2～4 万元、4～6 万元、6～8 万元、8～10 万元、10 万元以上的门店的数量都计算出来，这样我们就可以看到这 100 家门店的日均销售额的分布情况，如图 6-15 所示。

根据各分段的计数，画出一个分布图（直方图或者曲线图），我们就可以看到门店日均销售额的分布情况，有更多门店的日均销售额集中在 4～6 万元，并大多分布在低的一侧。

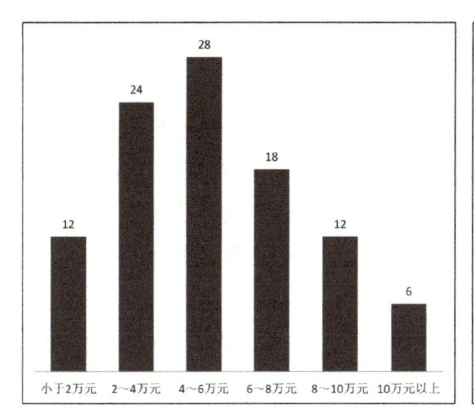

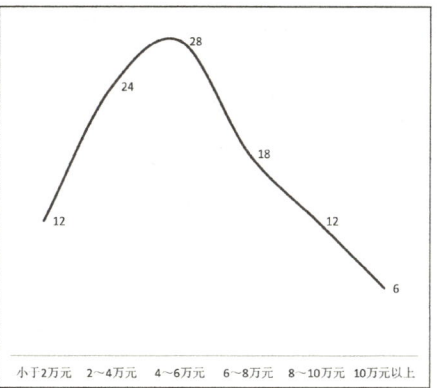

图 6-15　门店日均销售额的分布情况（示例图）

具体如何"找对象""找度量"，我们可以参考事物对比中的示例来进行。在具体分段的时候，我们可以用等分的模式来分段。一般情况下，我们会将从最小值到最大值均匀分成 6～10 段。分段太少，我们不太容易看到整体的结构；分段太多，容易导致计数太少。

以上五种对比分析方法是在没有特定的数据分析维度和数据指标分析要求的时候采用的程序化的思路。在没有特定分析维度和分析指令的情况下，我们可以自由地发挥，按照以上五种对比拆解数据指标的分析维度，"全面地"找到对比分析的维度，从而不愁找不到分析方法。在实际工作中，我们并不会把所有的分析维度都分析一遍，制作成百上千个可视化数据图表，只会根据这五种对比分析方法找到有价值和意义的分析维度，让数据分析报告有足够的业务洞察力和影响力。

6.2.4　提升常规数据分析的敏捷性

在传统信息化建设模式中，我们只关注业务流程的信息化，并不重视数据质量和数据分析与应用。业务部门在做数据分析的时候，在大多数情况下，通过信息系统后台导出数据，或者通过信息系统提供的数据导出功能导出 Excel 表格，再进行相关的统计、汇总，形成数据报表。具体数据如何分析，完全依赖个人的努力。受限于传统企业管理者的数据分析能力，信息系统沉淀的数据资产并没有得到有效的加工利用。

在传统信息化建设模式下，数据报表和数据分析是"周期性"的，而不是"实时性"的，是个性化的，而不是标准化的。数据的处理和分析基本是根据业务总结的需要进行的。比如，在月度经营分析会议上，我们会对数据做统计、汇总，然后制作数据分析报告，这种按照周期需要做的数据分析叫作周期性分析与周期性应用。同时，数据价值挖掘的程度也受制于个人能力的差异性，不能得到统一的规划设计，也不会有强制性的分析维度要求，导致数据分析和挖掘的程度千差万别。

为了保证数据价值得到规范性的应用，我们可以通过体系化的数据应用、规范性的分析要求，让数据处理和分析能够规范。比如，在数据产生之后，通过数据分析应用系统，使数据直接呈现为相应的数据应用，以赋能业务决策。对于一些联动的数据分析结论，我们可以直接通过系统"推送"给相应的业务部门，让相应的业务部门做出对应的业务操作或者决策。

推送模式是很多企业的信息系统欠缺的功能。传统企业的信息化建设并未考虑数据应用，当有数据需求的时候，需要个人从系统中导出数据。根据业务需求从系统中索取数据，这种模式是"拉"的模式。信息系统在采集到相关数据的时候将数据自动推送给有数据需求的部门，这种模式是"推"的模式。"推"的模式比"拉"的模式更能够有效地推动数据应用。

为了让数据在产生的时候就能够得到应用，而不是得到周期性的提取和分析，我们需要让信息系统具备自动的数据分析和应用的功能，从而让数据分析和挖掘能够实时地呈现并被推送到数据应用端。数据的实时分析和应用是数据时代信息系统的典型需求。这是一个质的变化，这种变化让我们的管理决策从过去的周期性决策演变为实时性决策。实时性决策让企业应对内外部环境的变化更加快速和敏捷。数据分析"在线化"是企业数字化转型的新要求，也是数据价值挖掘和分析体系化的新要求。有了在线化的数据分析，我们就能够实时动态地跟踪业务、分析业务，并做出实时动态的决策，逐步让企业的经营和管理决策从过去具有迟滞性的决策演变成实时动态的"瞬时决策"。

6.3 企业经营管理中常用的数据分析方法

数据本身没有价值，只有经过分析和挖掘，成为我们进行管理评价和管理决策的依据，数据才真正具有价值。我们在企业经营管理中常用的数据分析方法可以分成五种，包括对比分析方法、分类分析方法、关系分析方法、结构分析方法和预测分析方法，这些是基本的数据分析方法。除了这五种基本的数据分析方法，还有更多、更复杂的算法模型，这需要管理者具备更加专业的数据分析和挖掘能力。这一节我们将围绕基本的数据分析方法进行介绍。对于更加高深的算法模型，大家可以参考相关的专业书籍。

6.3.1 对比分析方法

对比分析方法是我们在日常经营管理中最常用的数据分析方法。同时,对比也是我们在日常生活中认知的"本能"。当我们听到两个数字的时候,就已经开始做对比了。我们在评判一个事物的时候,在大多数情况下也是根据对比结果来评判的。比如,当我们听到 5 和 8 时,就开始比较谁大谁小了。

在进行对比分析的时候,我们要结合前面对比思维中提及的三要素,确保我们进行了合适的对比、选择了合适的对比对象、选择了合适的对比分析维度。

针对要分析的数据(或叫作数据指标),我们可以从各个角度进行对比。我们可以针对分析对象进行度量值上的比较;也可以针对分析对象在数据指标上做结构上的比较;还可以在时间序列上对数据指标的变化进行对比;还可以对比不同数据指标或者不同对象在时间轴上的变化;还可以对比数据指标的分布情况。这是数据指标的五种常规对比分析方法,即事物对比、组分对比、时序对比、关系对比和频布对比。

在对比分析中,我们特别要关注对比的两个要素:第一个是我们是否选择了合适的参照系进行对比,对比的主体和客体是否有可比性;第二个是我们是否选择了合适的对比维度,也就是数据指标。我们选择的参照系和对比维度是否全面、合理,是避免通过对比产生差异性结论的关键。

6.3.2 分类分析方法

在前面我们曾经给大家介绍了分类思维模式,对应的数据分析方法就是分类分析方法。我们对分析对象或者事件/活动进行分类,就能够简化对对象或者事件/活动的认知,从而采取应对措施。在分类的思维模式下,我们已经介绍了一些分类分析方法,如矩阵分析方法、魔方分类分析方法,这些是非常简单、直观的分类分析方法。

但在日常经营管理活动中,我们要分析的对象是非常复杂的。比如,对客户的分类分析、对产品的分类分析、对员工的分类分析、对业务的分类分析、对外部市场环境的分类分析,每一个分析对象都是复杂和多维度的。随着计算机运算能力和数据采集全面性的提高,我们需要考虑多维度分类算法,从而对分析对象进行更复杂和更细颗粒度的分类分析。

我们常用的多维度分类算法是聚类分析方法(Cluster Analysis)。聚类分析方法是根据对象在多个维度上的取值,把对象分成多个组(类),每个组里的对象具有相似性，不同组的对象具有差异性。聚类分析方法就是将一组对象聚成不同的类，类与类之间有较大差异，同一类里面的对象要尽可能相似，如图 6-16 所示。

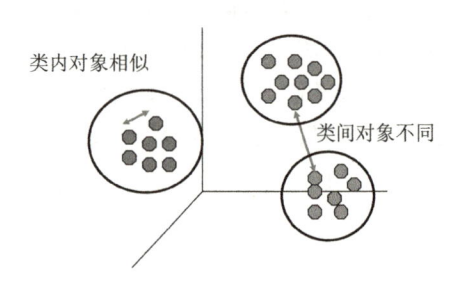

图 6-16　聚类分析方法的理论模型

我们在对事物进行分类管理的时候，要考虑到分类维度之间的关系。分类维度之间不能有太强的相关性，理论上我们需要的是具有"垂直"关系的维度，即不同维度之间不相关，在数学上就是垂直关系。为了确保我们采用的分类维度之间不相关，在采用多维度进行聚类的时候，我们需要使用因子分析提取不相关的因子，从而让分类算法更加稳健。

企业在研发产品的时候，要针对不同的对象设计不同的产品，因此要对目标客户进行细分，从而设计出不同的产品，以满足不同类型客户的需求，这就是我们常说的客户细分。客户细分是工业时代非常重要的研究课题，工业时代强调的是标准化的产品，以形成规模化的生产，同时考虑到不同客户群体的需求差异，也会设计出不同的产品，以满足不同客户群体的个性化诉求。为此，我们需要对客户进行聚类，形成不同的细分群体。因为细分客户群体的维度非常复杂，有很多种选择，分出来的客户群体也可以千差万别，所以我们一般会采用聚类分析方法。

为了设计更好地满足客户需求的产品，我们对客户进行细分，维度选择可以是最基本的地理位置的选择，即面向不同区域市场的产品不同；也可以从人口统计学的角度，根据客户的性别、年龄、家庭状况、婚姻状况、子女状况等维度进行细分；还可以根据客户的支付能力设计不同价位或者档次的产品；还可以根据客户对产品或者服务的使用习惯进行分类，设计不同的产品以满足具有不同使用习惯的客户；还可以从客户的购买因素或者购买动机维度进行分类；还可以根据客户对产品功能的需求进行细分；还可以根据社会人文维度，如价值观、人生态度等维度，进行细分。选择的维度越多，在产品设计和市场营销上的实施难度就会越大。当然，我们也可以根据以上多个维度的组合进行客户细分，这样我们选择的细分客户的维度就会有很多，在分类难度上也超过了分类分析方法，如图 6-17 所示。

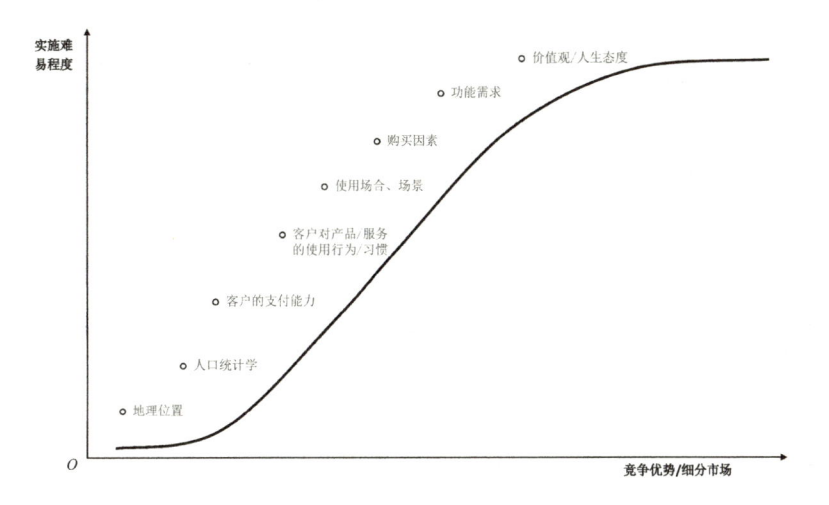

图 6-17 客户细分选择的分类维度（聚类分析维度）

举一个实战例子。2004 年，笔者曾作为项目组长为万科地产做过中长期战略规划咨询服务项目。在该项目中，为了规范万科地产的产品系列和子品牌定位，以支撑万科中长期的持续和高速增长，我们设计了一个细分客户群体的子项目。该子项目的目的是深度研究中国居民对房子的需求差异，然后根据客户需求设计不同的房子，并形成产品系列，通过子品牌战略，提高客户对万科地产旗下产品的识别度。

我们根据潜在购房者对房子价值诉求的七个维度：①人口统计学特征；②支付能力/购买能力；③产品使用行为；④产品使用场合、场景；⑤购买动因；⑥功能需求；⑦社会价值观，设计了数十个要素，通过因子分析（Factor Analysis），汇聚成了九个典型因子，如表 6-2 所示。

表 6-2 地产价值因子

要素（Attributes）	因子（Factors）
• 是我事业成功的标志 • 可以给我家挣面子 • 体现我家社会地位的地方	➢ 社会标志
• 体现我家生活品位、情调的地方 • 体现个性的地方 • 我自己享受生活的地方	➢ 品位体现
• 朋友聚会、娱乐的场所	➢ 社交娱乐

续表

要素（Attributes）	因子（Factors）
• 方便照顾老人的地方 • 让老人安享晚年的地方	➢ 照顾老人
• 孩子健康成长的地方 • 获得安全感的地方 • 全家团圆的地方	➢ 孩子成长
• 工作的地方 • 学习、充电的地方 • 有助于事业发展	➢ 工作场所
• 独立自由的空间 • 释放工作压力的空间 • 给我安稳的感觉	➢ 独立空间
• 是未来生活的保障 • 留给后代的一份财产 • 是我家的一项重要投资	➢ 生活保障
• 只是吃饭、睡觉的地方	➢ 栖身居住

对于以上九个地产价值因子，我们利用马斯洛需求层次理论，将其分成了五个层级：生理性需求、安全性需求、功能性需求、情感性需求和社会性需求（自我实现需求）。根据这五个层级的需求因子，我们构建了一份调研问卷，在全国六个城市中做了调研，抽样访问了 1600 多位在一年内准备购房的消费者，通过聚类分析完成了细分客户群体的研究，从而完成了基于不同住房需求对消费者的分类研究，规范了万科地产品牌的定位。

图 6-18 展示了该案例中对房子的需求层次。

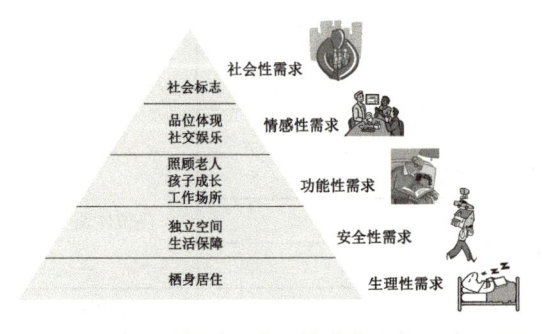

图 6-18 对房子的需求层次

6.3.3 关系分析方法

在前面的章节中我们介绍了关系思维模式，关系思维模式是关系思维方法背后的逻辑和思路。关系分析方法是企业经营管理当中非常重要的分析方法，如果关系分析方法有相对成熟的结论，那么能够给企业带来非常巨大的价值。因为企业管理最重要的作用就是通过管理决策来调整资源投入，以获得最大化的产出。

除了我们前面提及的对投入与产出之间关系的研究，研究事物之间的关系也是非常重要的，这样我们可以通过把握可以把握的事物来把握不可把握的事物，从而有效地预测企业经营内外部环境的变化。

关系分析方法是我们通过能够掌握的相关因素 X_n $(n=1,2,3,...)$，结合 X_n 与我们希望知道的变量 Y 之间的关系，来预测 Y，即：

$$Y=f(X_n)$$

当我们通过 X_n 来预测 Y 的时候，需要自己判断相关因素 X_n 与需要预测的 Y 之间的逻辑关系，因为数据本身不会告诉我们其之间的关系。

哈佛大学的一位统计学教授 Joseph Blitzstein 在他的一次名为统计学的灵魂的演讲中提到一个问题：如果让你给战斗机增加护甲，你会增加在什么地方？你统计了所有参加战斗回来的飞机上的子弹洞所在的位置，你是将护甲添加在子弹洞多的地方还是少的地方？这是一个战斗机生存概率和弹洞位置的相关性的问题，我们应该思考的不是被命中的概率，而是被命中之后是否生存的概率。如果我们按照命中概率，用飞回来的战斗机作为研究样本就失之偏颇了，我们得到的结果就是不对的。如果我们在飞回来的战斗机上弹孔多的地方加固护甲，并不能提高战斗机的生存概率，甚至有可能降低它们的生存概率。我们要想提升那些失事战斗机的生存能力，就只能将它们作为研究样本，而不是那些飞回来的还有生存能力的战斗机。当然，我们无法将失事的战斗机作为研究对象，因为它们没有回来。当我们将有生存能力的战斗机作为研究对象的时候，就要调整所采用的数据指标。在换一个研究对象的时候，我们需要做出一些假设，即假设那些飞回来的战斗机在被击中后没有失事，是因为被击中的地方不重要，而没有被击中的位置才是它们生存的机会，那些飞回来的战斗机没有被击中的位置才最有可能是敏感部位。

所以，我们不能只从表面业务逻辑来理解数据背后的故事，要进行严谨的业务逻辑分析，确保所使用的数据符合随机抽样原则，能够代表分析对象。

按常规来讲，事物之间有四种关系。

（1）确定的函数关系。

（2）不确定的因果关系。

（3）没有因果的相关关系。

（4）没有关系。

在 3.4 节我们叙述过事物之间的这四种关系，并重点研究了第二种关系。对第二种关系的研究能够帮助我们更好地优化企业的资源配置，对其他几种关系的研究也是有现实意义的。

6.3.4 预测分析方法

预测分析方法是企业经营管理中非常重要的数据分析方法，因为无论我们是做预算还是制订计划，都需要对未来市场和行业的情况进行预估，从而制订出更准确的计划。一项工作计划的准确性会影响其他工作计划的准确性。销售计划准确，生产计划和采购计划就会准确。如果销售计划不准确，生产计划和采购计划就会不准确，要么是我们采购了更多的原料形成原料库存，生产过多也会形成成品库存，要么是采购的东西因为不足导致生产产量不足，产量不足就会导致满足不了销售需求，达不到客户需要的量，造成客户满意度下降，或者让我们浪费了销售机会，影响了业务发展。所以，预测是非常重要的，但是也是最具有挑战的。因为我们处在一个非常不确定的环境下，这种不确定性是常态，预测会因为内外部环境的不确定性而出现不准确的情况。预测很难做到准确，与预测干预有关系。预测越准确，也会让实际执行过程偏离自然状态，从而导致实际情况没有按照预测的方式来运行，最终导致实际结果与预测结果有较大的偏差。

在企业经营管理中，我们经常使用的预测方法有四种，包括经验法、类比法、关系法和惯性法。这四种方法分别用在不同的条件下。

1. 经验法

经验法是指在没有相关数据支持量化预测的条件下，我们可以借助专家资源和他们的行业经验对所预测的问题进行估计，然后通过校验得到相对中肯的预测结果。比如，对于某一个行业，我们没有该行业的行业数据，也没有相关的统计，我们要预测该行业的规模及未来的增长速度，可以借助该行业内的专家对其规模和未来增速进行的评估，得到相对中肯的预测数据。

经验法并不是凭借个人的经验来对未来做预测，而是借助更多的专家，从各个维度和视角来对未来做预测，并通过相互的校验得到更准确的预测结果。每一个专家对某一行业的认知都是有限的，但是当我们把更多专家的想法聚集在一起的时候，这个评判结果就具有更高的可信度和准确度了。

比如，我们要预测一个没有行业数据的行业的规模和增长率，可以找这个行业内各个环节的从业者来一起预测。结合他们对行业规模和发展速度的看法，以及这些看法背后的原因，我们通过汇总、综合、协同、校验，最终得到所有专家的综合意见。这种方法叫作德尔菲专家预测法，其整个流程如图 6-19 所示。

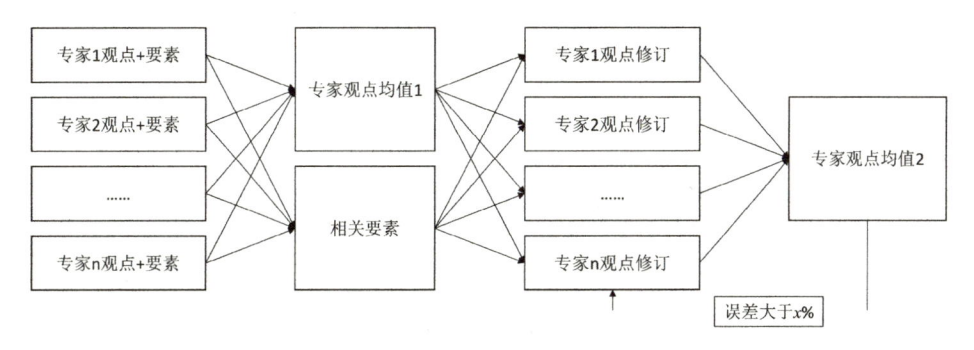

图 6-19　德尔菲专家预测法

比如，我们要预测商业音响器材行业在全国的市场规模和未来三年的增长速度，在没有整个行业的相关数据的条件下如何预测呢？我们可以找到这个行业中的生产方的专家、营销销售方的专家、建筑工程装修装潢工程师，以及需求方的采购经理来共同预测，每个类别从业十年以上的专家我们找到五位，让这些专家分别对预测问题进行回答，并拿出他们对市场规模和增速预测的依据。在得到这些专家第一轮的预测结果之后，我们再对这些数据进行综合分析，找到偏差比较大的地方，通过向各位专家共享相关预测依据的方式，让他们重新进行预测，然后对预测结果进行校验。只有所有专家的预测数值在允许的误差范围内，我们才认为这个预测结果具有可信度。

2. 类比法

类比法是针对新事物的预测方法。我们没有与新事物相关的历史数据，这个时候，我们可以利用与该新事物相似的事物的相关数据来进行类比，从而得到对新事物的相关预测。

比如，我们不知道一个孩子将来会成长为什么样子，中间会有很多的变数，可以利用其他同龄孩子的成长历程来预判。我们选择什么样的孩子的成长历程来类比呢？我们需要考虑雷同的因素，如家庭背景雷同、出生和成长地域雷同、经济条件雷同、性格特征雷同、健康状况雷同、颜值雷同、智商雷同、社会关系条件雷同，等等。当然，我们需要根据影响一个孩子将来成长的关键要素来寻找类比对象。

再如，我们不知道一个员工在公司内将来会成长为什么样的人才，会为公司创造什么样的价值，我们可以用雷同或者相似的员工过去的成长经历来类比。这也是培养优秀团队的做法，根据过去优秀员工的成长历程来培养新的优秀员工，这就是类比的方法。

针对新产品、新业务或者新市场未来发展的预测，我们可以用类比的方法，只要能够在关键要素维度上找到相似的样本，我们就可以知道新样本未来的发展情况。

举个行业类比的例子。我们不知道未来智能汽车将要用多长时间取代功能汽车，但我们可以研究智能手机取代功能手机的历程，来类比未来智能汽车将用多长时间取代功能汽车。智能汽车和智能手机有一定的相似性，都是满足我们生活需要的工具。智能手机用了差不多六年的时间逐步取代了功能手机，而一款手机的使用寿命大概是两年（有相关研究数据），也就是说，一款工具从功能产品换代到智能产品的时间是其使用寿命的三倍。那么我们在研究汽车的时候，从功能产品到智能产品的换代周期也是汽车使用寿命的三倍左右。基于我们的调研结果，人们平均使用汽车的周期大概是十年，那么功能汽车换代为智能汽车大概需要的时间是三十年。排除政策、法规、经济、技术等因素带来的影响，功能汽车换代为智能汽车需要约三十年的时间。

类比法也可以通过总结一个事物的发展规律来预测另外一个事物的发展规律。Gartner 公司[1]曾经研究 IT 技术全生命周期的市场价值规律，总结了一个新兴技术发展生命周期规律，得到了一个新兴技术成熟度曲线（Emerging Technology Hyper Cycle），这个曲线类似于描述事物发展的 S 形曲线，如图 6-20 所示。

我们根据纳斯达克指数过去三十多年的发展历史来看互联网技术的市场价值，可以看到整个纳斯达克指数过去三十多年的股指变化曲线是雷同于高德纳新兴技术成熟度发展曲线的，如图 6-21 所示。

---

[1] Gartner（高德纳，又译顾能公司，NYSE: IT and ITB）是全球最具权威的 IT 研究与顾问咨询公司，成立于 1979 年，总部设在美国康涅狄格州斯坦福。

第 6 章 数据分析能力晋级

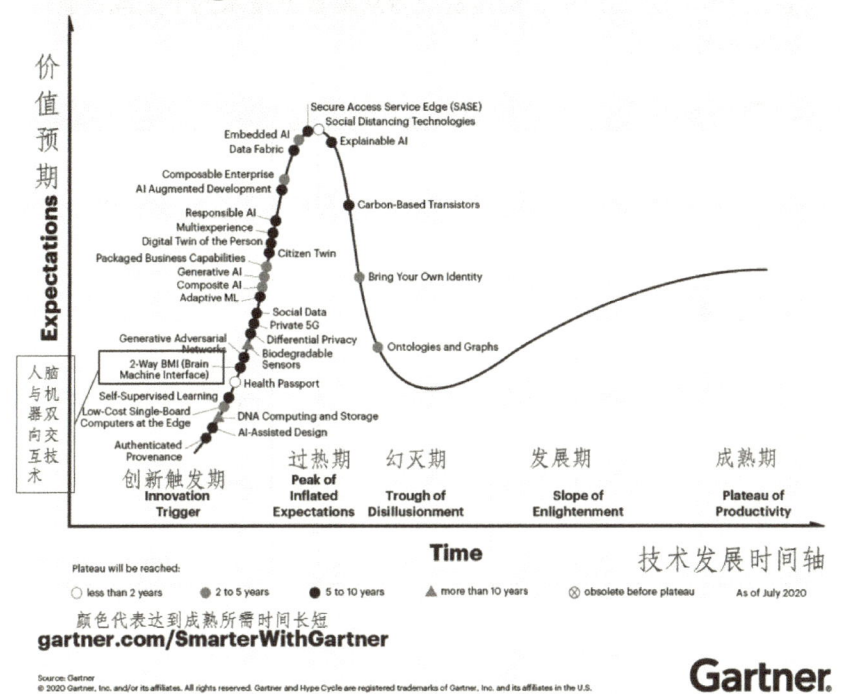

图 6-20 新兴技术成熟度曲线（2020 年版）

图 6-21 纳斯达克指数过去三十多年的股指变化曲线

既然多数新兴技术的成熟度曲线都遵循这种规律，那么我们可以用类比的方法来预测新兴技术将来的市场价值，并在发展阶段中找到战略投资的机会。互联网技术过去三十年的发展历史，给投资或者从事数据技术的个人或企业带来了一些启发，如图 6-22 所示。

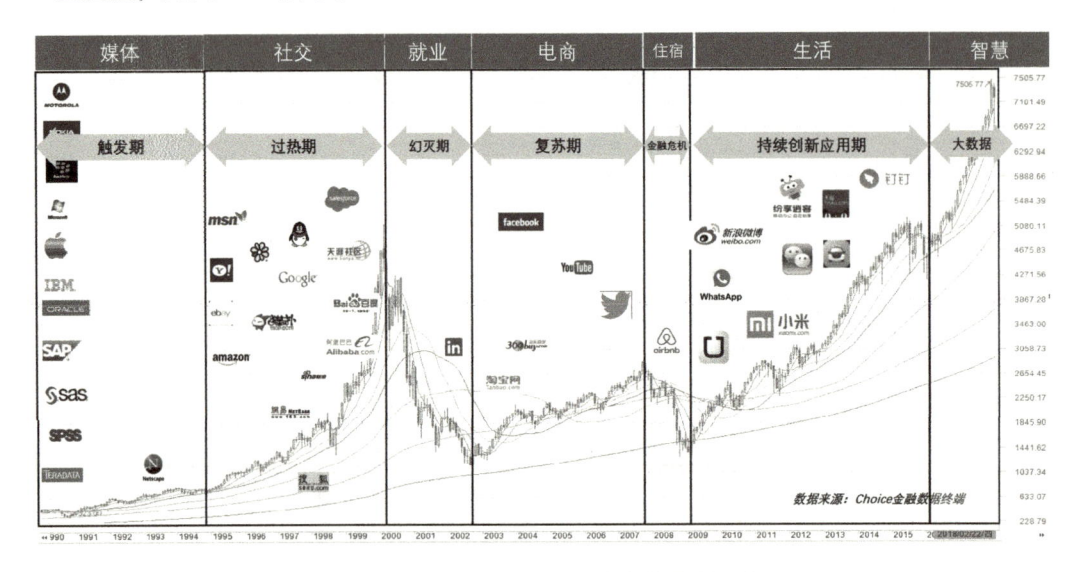

图 6-22　互联网技术过去三十年的发展历史

根据过去新兴技术发展的规律，我们可以类比未来新兴技术可能的发展到成熟的路线。这种规律的总结，也成为对事物发展规律的总结，从而指导我们对事物未来的发展做出规划。

3．关系法

如果我们能够量化事物之间的关系，特别是能够量化事物之间不确定的因果关系，那么我们就能够根据已知的变量来预测未知的变量，这是计量经济学研究的范畴。我国在计量经济学方面的研究相对较弱，在企业中进行的计量经济学研究更是少之又少，这方面的模型积累少，普及率低，应用不够广泛。随着数字智能时代的到来，我们有了越来越多的记录企业经营管理活动的数据，为我们量化研究企业的投入产出或者企业与外部市场环境之间的关系提供了基础数据条件。

之前我们讲解了事物之间的第二种关系：不确定的因果关系。利用这种关系我们可以量化企业经营管理活动中的投入和产出之间的关系。当然，除了这种关系研究，我们还可以量化变量之间的关系，哪怕是我们不可控的外部环境因素，如国民经济发展与企业收入增长之间的关系、人口数量或结构化人口数量与企业营收之间的关系、网络覆盖和网民数量与企业线上投入产出之间的关系、人口流动因素与住房销售之间的关系。虽然这些因素多数都是单个企业无法控制的因素，但是如果我们量化了其与我们期待的经营成果之间的关系，就可以利用专业机构对外部不可控因素的预测来预测经营成果，从而制定合理的目标。

我们在构建关系预测分析模型的时候，需要列出与要预测的对象相关联的要素，并对关键要素进行量化，然后通过历史数据构建关系模型。对于数据指标之间是否有时滞的关系，我们需要做一下判断。特别是有些因素的数据指标变化反映到对应的指标上需要一定的时间，如房地产价格与土地市场交易规模、开工率等因素之间是有时间滞后性的，这个时间可以是 12 个月，也可以是 18 个月，我们需要根据实际业务场景去研究时间的滞后性。一家公司的研发投入与销售额增长之间也有时间的滞后性，这个时间具体滞后多少，我们需要根据该公司的实际研发投入转化为产品并被投放市场接受的时间来估算，然后用数据去验证。我们在预测的时候，要在滞后的收入跟前置的投入之间构建关系，当期数据指标之间无法建立关系。

我们常用的研究事物之间的变化的分析方法叫作回归分析。根据事物之间的逻辑关系，并不是所有事物之间的关系都是线性关系，也有非线性的关系。同时，根据影响因素个数的不同，回归分析的方法也会不同，因此我们就有了线性回归模型和非线性回归模型，有了一元回归和多元回归，如图 6-23 所示。

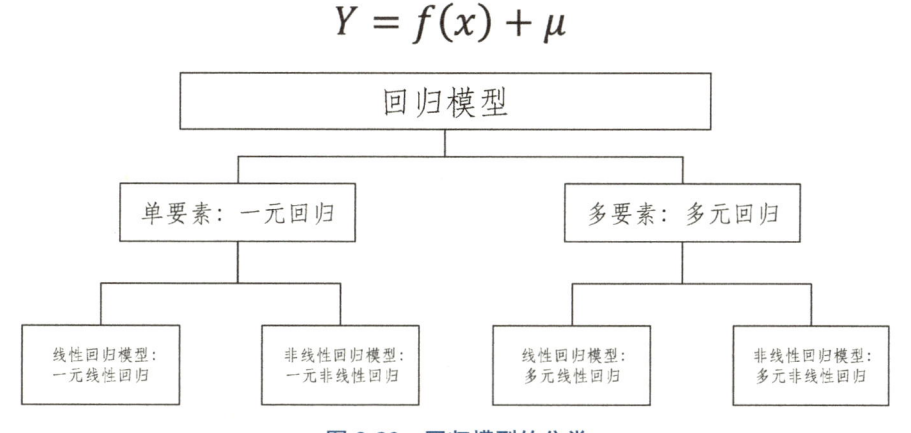

$$Y = f(x) + \mu$$

图 6-23 回归模型的分类

有些非线性回归模型在对原始数据进行加工后可转化为线性回归模型，一般有以下几种。

1）指数函数关系可以转化为线性关系

针对指数函数关系的单因素模型，我们可以利用对原始数据取对数的方法将指数关系转化为线性关系。我们针对研究的变量 y 和 x，通过作图来简单判断其之

管理者数据能力晋级

间是不是指数函数关系，类似图 6-24 中两种指数关系（$b>0$ 或者 $b<0$）的情况，这个时候我们对 y 的数据取对数转化为 y'，即 $y'=\ln(y)$，再去研究新转化数据集 y' 与 x 数据集之间的关系，其关系就是线性关系，如图 6-24 所示。

指数函数关系：

1. 基本形式　$y = \alpha e^{bx}$

2. 线性化方法
   - 两端取对数得：$\ln y = \ln \alpha + bx$
   - 令：$y' = \ln y$，则有 $y' = \ln \alpha + bx$

$$y = \alpha e^{bx} \implies y' = \ln \alpha + bx$$

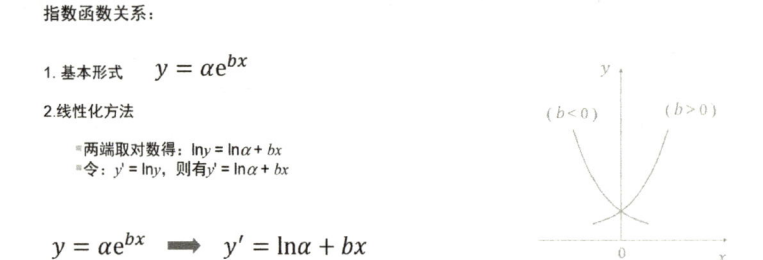

图 6-24　通过取对数将指数函数关系转化为线性关系

2）幂函数关系可以转化为线性关系

如果研究对象 y 和因素 x 的取值有图 6-25 中右边图形中的关系，我们就可以构建幂函数关系，通过对研究对象 y 和 x 取对数的方式变化数据，将幂函数关系转化为线性关系，如图 6-25 所示。

幂函数关系：

1. 基本形式　$y = \alpha x^b$

2. 线性化方法
   - 两端取对数得：$\lg y = \lg \alpha + b \lg x$
   - 令：$y' = \lg y$，$x' = \lg x$，则 $y' = \lg \alpha + bx'$

$$y = \alpha x^b \implies y' = \lg \alpha + bx'$$

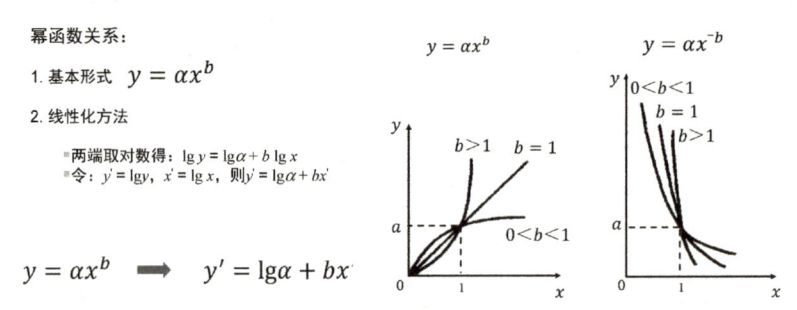

图 6-25　幂函数关系通过取对数转化为线性关系

3）对数函数关系可以转化为线性关系

如果研究对象变量和要素变量之间有对数函数关系，那么我们可以采用对要素变量 x 取对数的方法将对数函数关系转化为线性关系。我们利用制作 y 与 x 之间的关系图来判断 y 与 x 是否具有对数函数关系，如果有类似图 6-26 右边图形中的关系，我们可以对要素变量 x 的数值进行取对数转换，然后构建线性关系分析模型，如图 6-26 所示。

对数函数关系：

1. 基本形式 $y = \alpha + b\ln x$

2. 线性化方法

　　令 $x' = \lg x$，则有 $y = \alpha + bx'$

$$y = \alpha + b\ln x \implies y = \alpha + bx'$$

图 6-26　对数函数关系可以转化为线性关系

4）双曲线函数关系可以转化为线性关系

如果研究对象变量与要素变量之间有类似图 6-27 中右边图形的情况，可以判断两者之间具有双曲线函数关系，这个时候我们可以对研究对象变量 y 和要素变量 x 取倒数，将研究对象与要素之间的关系转化为线性关系，如图 6-27 所示。

双曲线函数关系

1. 基本形式 $y = \dfrac{x}{\alpha x + b}$

2. 线性化方法

　　令：$y' = 1/y$，$x' = 1/x$，则有 $y' = \alpha + bx'$

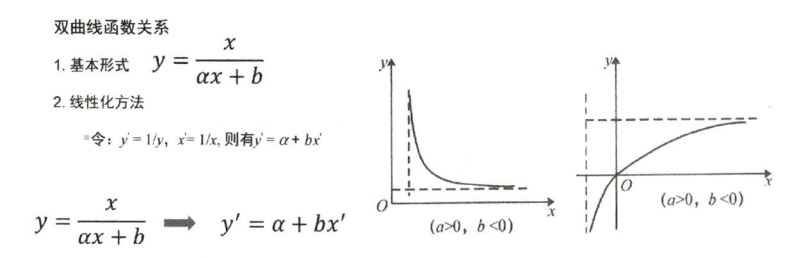

$$y = \frac{x}{\alpha x + b} \implies y' = \alpha + bx'$$

图 6-27　双曲线函数关系转化为线性关系

5）S 形曲线函数关系转化为线性关系

如果研究对象变量和要素变量之间有 S 形曲线函数关系，可以分别对研究对象变量 y 和要素变量 x 进行转换，对 y 取倒数，对 x 取幂指数，则 S 形曲线函数关系转化为线性关系，此时我们就可以用线性回归来简化这个关系模型的研究了，如图 6-28 所示。

S 形曲线函数关系：

1. 基本形式 $y = \dfrac{1}{\alpha + \beta e^{-x}}$

2. 线性化方法

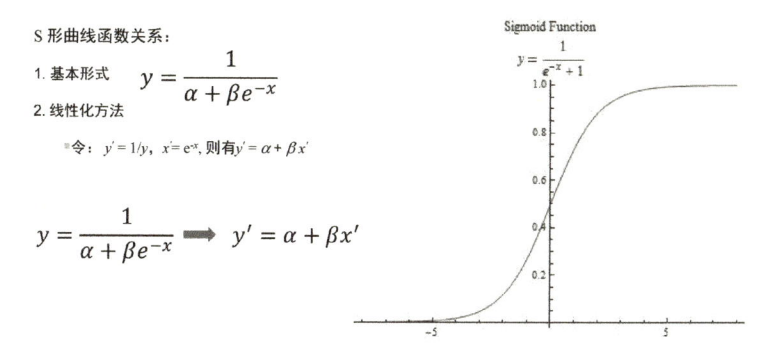

　　令：$y' = 1/y$，$x' = e^{-x}$，则有 $y' = \alpha + \beta x'$

$$y = \frac{1}{\alpha + \beta e^{-x}} \implies y' = \alpha + \beta x'$$

图 6-28　S 形曲线函数关系转化为线性关系的方法示例

6）多项式函数关系转化为线性关系

如果研究对象变量 y 和要素变量 x 之间存在多项式函数关系，如图 6-29 中的右图所示，那么我们可以对要素变量 x 分别取指数转换为多个 x，从而将多项式函数关系转化为多元线性关系。

多项式函数关系：

1. 基本形式

$$y = b_0 + b_1 x + b_2 x^2 + \ldots + b_p x^p + \varepsilon$$

2. 线性化方法

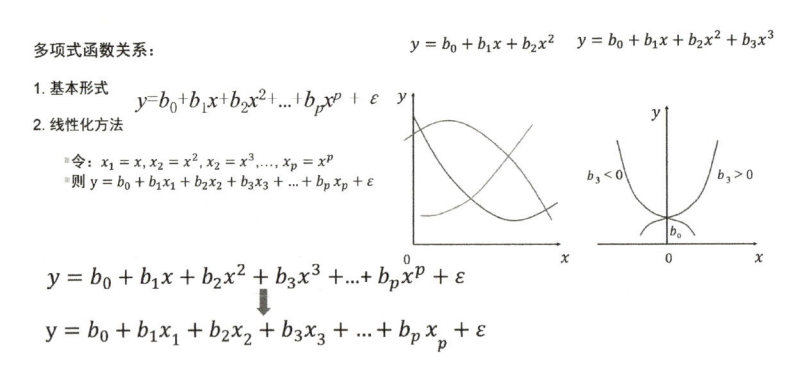

令：$x_1 = x, x_2 = x^2, x_2 = x^3, \ldots, x_p = x^p$

则 $y = b_0 + b_1 x_1 + b_2 x_2 + b_3 x_3 + \ldots + b_p x_p + \varepsilon$

$$y = b_0 + b_1 x + b_2 x^2 \qquad y = b_0 + b_1 x + b_2 x^2 + b_3 x^3$$

$$y = b_0 + b_1 x + b_2 x^2 + b_3 x^3 + \ldots + b_p x^p + \varepsilon$$

$$\Downarrow$$

$$y = b_0 + b_1 x_1 + b_2 x_2 + b_3 x_3 + \ldots + b_p x_p + \varepsilon$$

图 6-29　多项式函数关系转化为线性关系示例

对研究对象变量 y 和要素变量 x 作图是我们初步判断两者之间关系的基本方法。利用图形进行参照，我们初步判断了两者之间的关系，然后再进行量化研究，从而基于历史数据的量化关系来预测未来的变化。

除了以上可以转化为线性关系的研究，一般在研究短周期内的变化并对较短周期进行预测的时候，我们往往假定事物关系是线性的，类似高等数学中的微分原理，如图 6-30 所示。

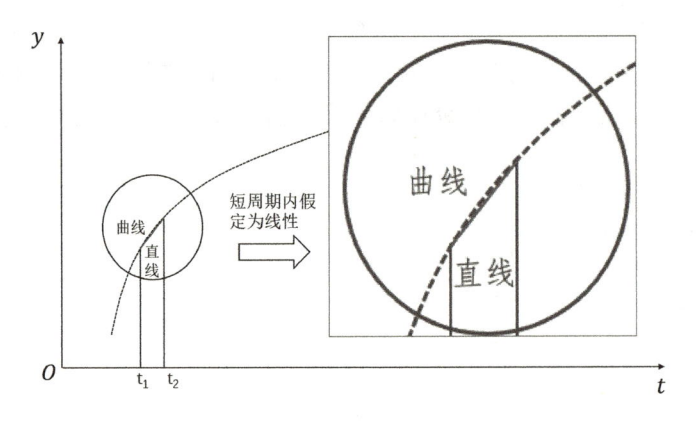

图 6-30　将短周期内的变化假定为线性的→线性模型化

4．惯性法

事物的发生和发展都有自己的惯性，通过研究事物的惯性规律来预测事物在未来较短周期内的表现是可行的，我们将这种预测方法叫作惯性法。一般事物自身的发展有四种惯性规律。

1）趋势性规律（Trend）

所谓趋势性规律，是指持续增长或者持续下降的规律，也可叫作趋势行情，英文为 Trend。我们可以用线性回归的方法来研究线性增长规律。

2）季节性规律（Seasonal）

季节性规律是指与时间有关系的规律。事物的发生和发展随着时间的变化而变化，到了固定的时间就会增加或者减少。餐馆的营业收入在用餐时间就会增加，在非用餐时间就会下降；冷饮在夏天的销售额就会增加，在冬季的销售额就会减少；社区商店的销售额在周末会增加，在工作日会减少。这些都是与时间有关系的规律，这种规律变化依赖的时间不一定是季度，可以是天、月、周，还可以是小时或者分钟。

3）周期性规律（Cycle）

与最大值和最小值有关系的规律叫作周期性规律。表征事物的数据指标在达到最大值的时候就会下降，在达到最小值的时候就会上升，我们用成语来描述就是"否极泰来"。比如，股票的价格变化基本遵循周期性规律，当股票价格处在较高位的时候，大家认为已经到了峰值，很多人开始抛售股票来锁定收益，随着更多的人抛售股票，股票价格开始下降；当到了较低值的时候，很多人认为已经触底，开始抄底，购买的人增加，导致股票的价格开始长涨。从高点到低点或者从低点到高点的变动时间是不固定的，或者说与时间没有太大的关系，这个时间周期可以是一周，可以是一个月，甚至是一个季度，等等。

4）没有规律（Irregularity）

没有规律也是一种规律，在统计学中被叫作"白噪声序列"，就是我们找不到背后的变化规律。事物受外部不确定的环境因素的影响，因为这些不确定的环境因素不具有规律性，所以事物的变化也没有固定的规律。

一个事物可能同时具备两种或者三种变化规律，甚至四种，这样的基于事物自身发展规律的预测，叫作"惯性预测"，研究的方法是"时间序列预测分析法"。

当我们使用时间序列预测分析法的时候，可以根据事物随着时间变化的特征来看季节性规律和周期性规律是否与趋势性规律之间有关系。如果相互之间有放大效应，我们就可以采用乘法模型；如果相互之间没有随着量的变化而变化的关系，我们就可以采用加法模型。具体的模型算法可以参考一些统计分析工具，如SPSS、MATLAB等软件。乘法模型和加法模型的形式如图 6-31 所示。

对事物自身发展的规律进行研究，我们有相对较为成熟的时间序列分析算法，这些算法都可以通过相对成熟的软件来完成相关预测分析。时间序列分析算法模型众多，需要大家在实践中进行多方探索。以上我们只是给大家一个指引和介绍，让大家知道有这样的量化算法模型，从而在需要的时候去查询相关专业书籍或者文献。

时间序列预测分析方法：乘法模型和加法模型

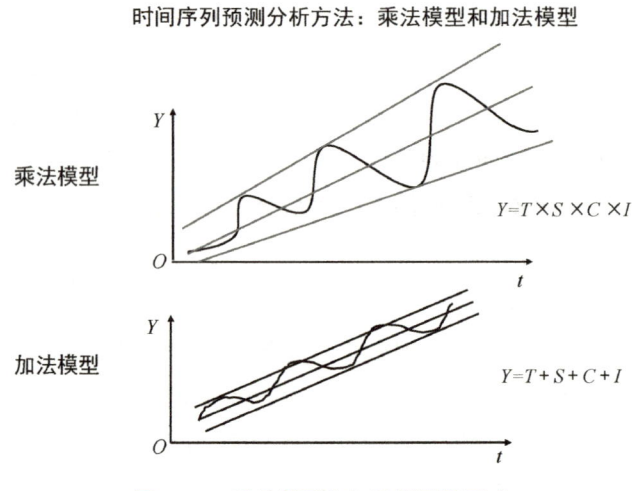

乘法模型　$Y = T \times S \times C \times I$

加法模型　$Y = T + S + C + I$

图 6-31　乘法模型和加法模型的形式

预测算法在企业实践中的运用较少，一方面是因为我们缺少量化企业经营管理活动的习惯和经验，所以成功模型积累较少，多数的算法都存在于科学研究或者学科研究中，很少在实践中，特别是在中小企业中得到应用；另一方面是因为预测算法往往准确度较低，大家对预测数据的信任度较低。

其实，预测算法也不可能做到非常准确，一个原因是外部环境因素较多，可重复性较低，不确定性很强；另外一个原因是预测本身会影响预测的结果，当我们在预测准确之后按照预测结果进行业务实践的时候，业务实践本身就不再是原来预测条件下的自然状态，预测结果干预了业务的自然状态，让实际结果偏离了我们的预测。"预测即干预"是一种常态现象，这也导致了预测结果不太精准。

虽然预测结果不可能非常精准，但是，预测对我们制定科学的目标、制订合理的计划、做出更有效的预案是非常重要的。企业经营管理最大的风险来自内外部环境的不确定性，对这种不确定性的把握的基本条件就是我们有更好的对未来的预测。这样预测就变得非常重要了。预测算法在刚开始探索的时候可能不太准确，甚至严重偏离实际结果，但是，只要我们经常使用，不断积累经验，不断修正，就会有更有效和更科学的预测算法，我们对未来的预测就会越来越准确。我们不能因为开始的时候预测不准确而因噎废食。

第 7 章

数据领导能力晋级

用数据说话，用数据沟通，能够增强管理者在日常业务沟通中的影响力。随着影响力的增强，管理者在企业日常经营管理活动中的话语权也会提升，另外领导能力也会得到提升。管理者在管理沟通中将数据转化为图表，能够更好地表达数据背后的故事，所以可视化表达能力是管理者进行数据沟通的基本能力。

7.1 数据可视化表达

如何将数据转化为图表以提升管理者用数据说话的能力呢？面对同样的数据指标，管理者需要从哪些维度进行对比分析？我们在前面章节中给出了五种对比方法，这五种对比方法都可以用常规的可视化图形表达。

7.1.1 事物对比

事物对比是基于数据指标的大小比较、分析对象。我们经常用到的数据表达方式为柱形图或者条形图，如图 7-1 所示。

柱形图强调的是数量的大小对比。柱形图从左到右排列，有先后顺序。当产品之间有先后顺序的时候，用柱形图表达更合适。比如，图 7-1 中的产品 A、产品 B、产品 C、产品 D、产品 E 分别为春季、夏季、秋季、冬季和常年的服装产品，那么用柱形图就能表达时间先后的概念了。

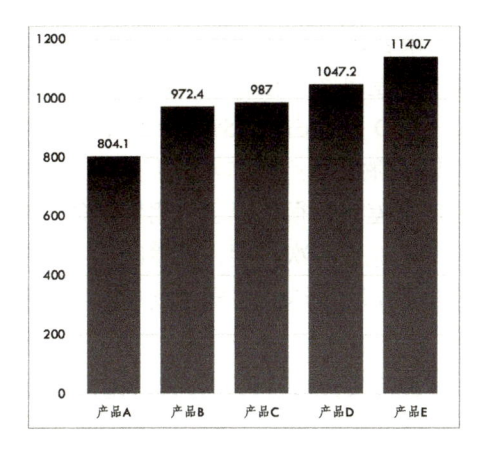

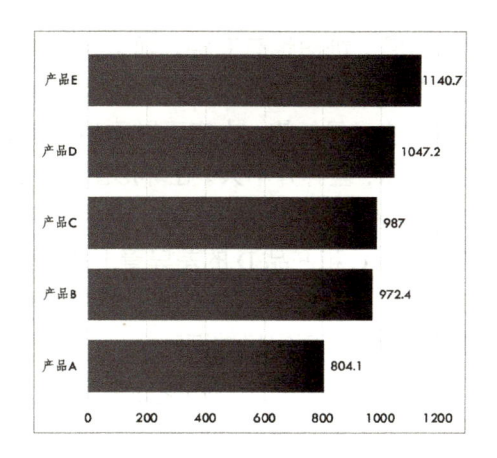

图 7-1　事物对比的两种数据表达方式

条形图强调的是排序。条形图从上往下排列，有排名次的意思。最上面的是第一名，最下面的是倒数第一名。当我们试图排序的时候，应优选使用条形图。

什么时候选择柱形图，什么时候选择条形图呢？一般我们对横着的事物比对竖着的事物有更高的差异识别敏感度。图 7-1 中的产品 B 和产品 C 差异不大，一个是 972.4，一个是 987，柱形图看到的差异较小，而条形图看到的差异较大。所以，当我们要强调事物的差异的时候，用条形图；当我们要强调差异不大的时候，用柱形图。图形的选择背后是我们想表达的内容。

7.1.2　组分对比

组分对比是对事物组成结构的比较，表达的是部分占整体的比例，以及不同部分之间的贡献差异。我们常用的图表有四种，分别是饼图、环形图、堆叠柱形图、堆叠条形图，如图 7-2 所示。

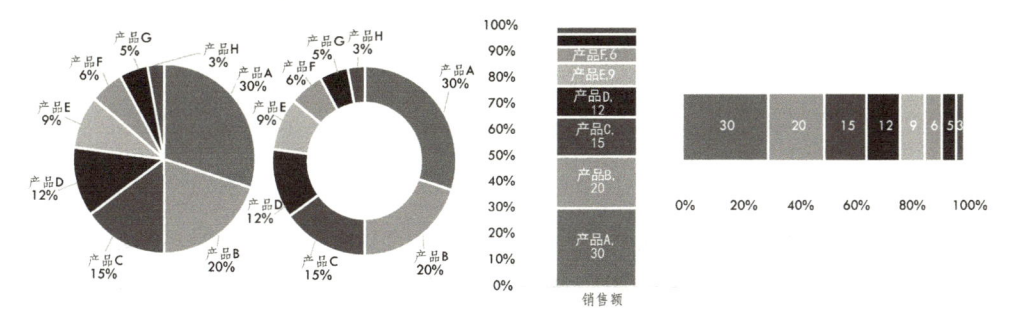

图 7-2　组分对比的四种表达方式

当然，饼图也有变种，可以用半圆的图形来表达。具体什么时候用什么图表呢？从图 7-2 中四种图表来看，大家用得最多的是饼图，但是，饼图对大小差异的识别度是最低的。大家可以看到产品 C 和产品 D 分别占比 15%和 12%，但是用饼图表示，差异并不大。在环形图中，我们可以稍微看到产品 C 和产品 D 的差异。当用堆叠柱形图表达的时候，产品 C 和产品 D 的差异就很明显了，用堆叠条形图表达产品 C 和产品 D 的差异看上去是最明显的。这也再次说明，横着的比竖着的图表在差异识别度上更敏感。同时，方形的数据图表表达的差异比圆形的数据图表表达的差异更容易被识别。

所以，为了表达事物之间的差异，或者有意放大差异，我们应优选横向的堆叠条形图；如果想试图掩盖事物之间较大的差异，我们就可以用圆形的饼图。

7.1.3　关系对比

我们有一种进行关系对比的方法，就是忽略时间的概念，对比两个数据指标相互之间的关系。比如，对比投入与产出之间的关系。图 7-3 展示了四项业务 A、B、C、D 的投入和产出之间的关系，横轴是投入，纵轴是产出，用散点图来表示投入和产出之间的关系。

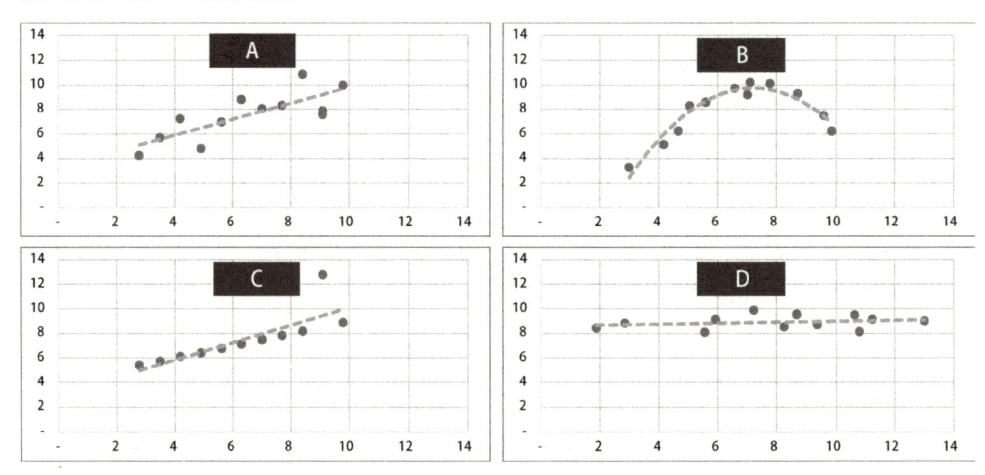

图 7-3　A、B、C、D 四项业务的投入和产出之间的关系

当我们要表示两种事物及其指标在时间轴上的变化关系的时候，应选择折线图。图 7-4 展示了从 1980 年到 2018 年中国 GDP 增长率和美国 GDP 增长率的变化关系。

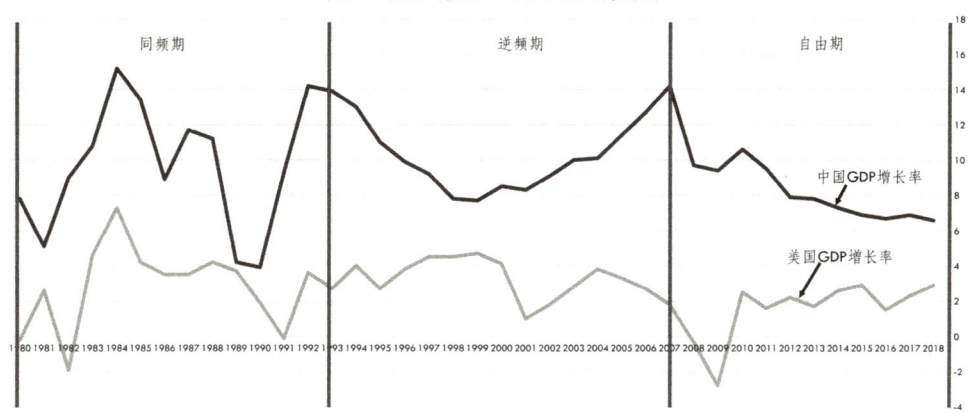

中国GDP增长率与美国GDP增长率之间的变化关系

同频期　　　　　　　　逆频期　　　　　　　自由期

中国GDP增长率

美国GDP增长率

图 7-4　中国 GDP 增长率与美国 GDP 增长率之间的变化关系（1980—2018）

从图 7-4 中我们可以看出，中国经济和美国经济之间有着某种联动的关系，从 1980 年到 2018 年，两国的经济关系经历了三个阶段：同频期、逆频期和自由期。

7.1.4　时序对比

时序对比展现的是事物的相关数据指标在时间轴上的变化，一般有两种表达方式，一种是柱形图，一种是折线图。柱形图用来强调大小和多少，折线图用来强调变化和规律，如图 7-5 所示。

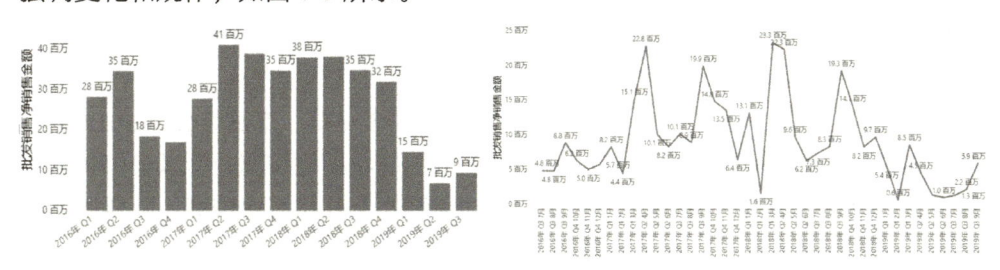

图 7-5　时序对比的两种表达方式

按照人们的理解习惯，从左到右有时间变化的概念，所以时间用横轴表示。折线图更容易展示变化的规律或趋势，从柱形图中我们往往看到的是差异。

7.1.5 频布对比

所谓频布对比，是指对分析对象在数据指标上的分布情况进行对比。只有当分析对象的数量超过 30 个时，做频布对比分析才有一定的意义，如果分析对象的数量太少，就不具有统计规律。一般我们会用两种表达方式来展现频布对比，一种是直方图，另一种是正态分布图，如图 7-6 所示。

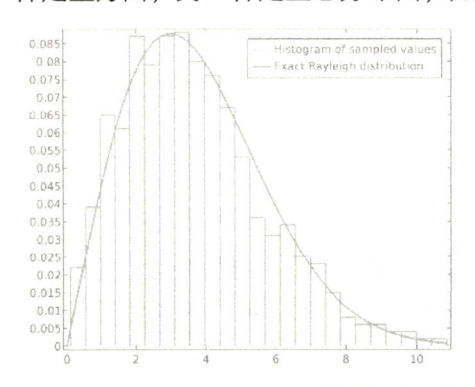

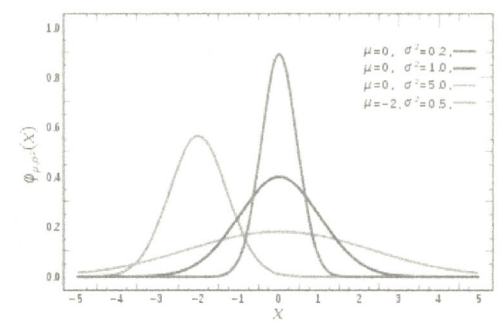

图 7-6　频布对比的两种表达方式

7.1.6 误导视觉结论的方法

在表达方式的选择上，我们除了根据要强调的内容来选择不同的图表，还有一些地方需要注意：同样的数据，同样的图表类型，视觉展示的效果却有可能不同。

先看一个例子。图 7-7 中的两个图表表达的内容一样，都是某公司 2019 年在鞍山地区从 1 月到 7 月的销售额。左边图表中的柱状图比较宽，所以我们看上去从 1 月到 7 月销售额下降得比较缓慢；右边图表中的柱状图比较窄，同样的下降幅度，在更窄的图形中，感觉是急剧下滑，所以我们会得出一个快速下降的结论。

我们要选择具有合适的横宽比的图形来表达数据，不能过宽，也不能过窄，一般我们习惯选择 0.6∶1 的横宽比。我们在阅读别人的数据图表的时候，也要注意观察对方选择的横宽比情况，避免因为横宽比的设计而得出与实际不相符的结论。

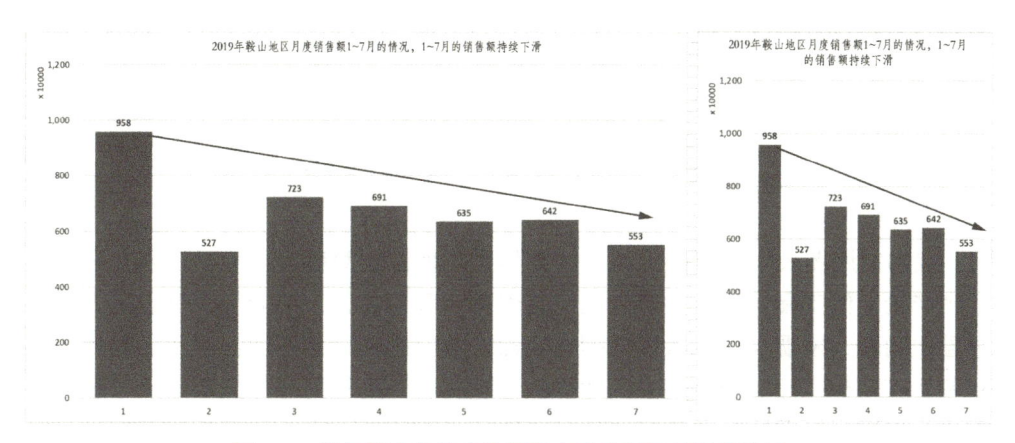

图 7-7 数据图表的横宽比不同表达出不同的视觉结论

再看第二个例子。如图 7-8 所示，同样的数据，同样的图表类型，同样的横宽比，但是坐标轴起点和纵轴的极距（最大值与最小值的差）不同，导致我们得出的视觉结论也不同。从第一张图表中我们发现鞍山地区两年的月度销售毛利率发生了比较大的变化，而在第四张图表中则看不出有什么差异。

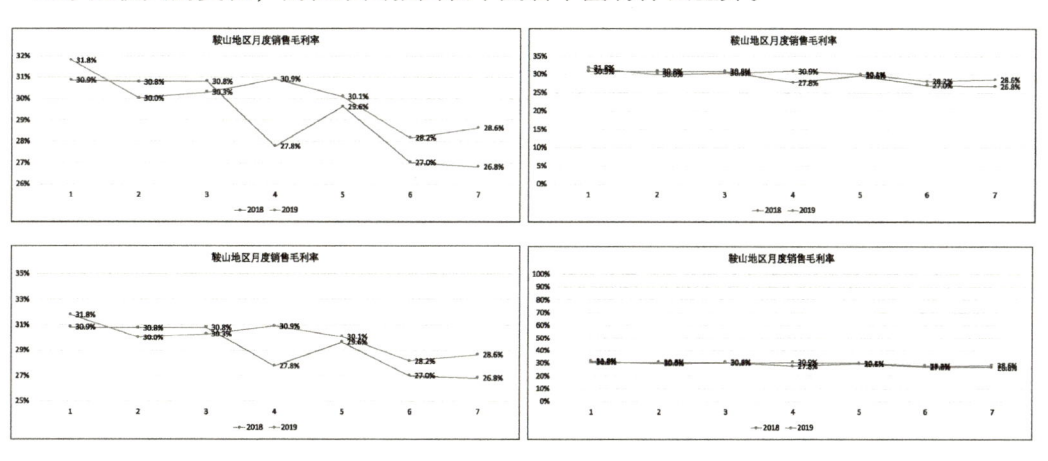

图 7-8 坐标轴起点与纵轴极距的不同表达出不同的视觉结论

所以，我们在制作数据图表的时候，一定先想好要表达什么结论，然后再选择图表类型。

7.2 数据图表解读方法

我们在用图表表达数据的时候，要尽可能地做到简单、直接，让人一眼就能看到结论。但实际情况是并非如此，这就需要我们具备一定的图表解读能力，能够看出问题、发现规律、看懂数据。当然，数据图表本身不能告诉我们为什么会有差异和变化，而需要我们去问为什么会这样，然后利用业务逻辑或者管理学知识来解读图表背后的内容。

拿到一张数据图表，我们应该从哪些方面进行解读呢？笔者结合过去的经验，总结了八个方面，分成四对，我们暂时把它们叫作数据图表解读"八只眼"（四双眼睛）。

7.2.1 看差异、看变化

拿到数据图表，我们首先需要看的是一些有差异、有变化的地方，类似"找不同"的游戏一样，然后找出导致这种差异或者变化的原因。

看差异和看变化几乎是我们的本能，之所以把它们放在一起，是因为变化是时间轴上的差异。

每一种差异和变化背后都有原因，只要找到原因，我们就能够解读数据背后的内容。

7.2.2 看结构、看特征

事物的组成结构和数据特征可以通过图表更好地表达出来，从而让我们能够更好地去分析、判断。结构差异是事物特征的一种表现，特征包含的内容很多，需要我们在日常的数据分析中去探索。

图 7-9 所示是我们在 2016 年左右为一家医疗美容机构的销售团队做数据分析时的数据截取。该医疗美容机构的销售团队有六个维度的 KPI，从销售业绩、客单价、新客业绩占比、通话时长、通话数量、转化成功率六个维度来对咨询师进行评价。六个维度的取值有高、有低，从而构筑了每个人的不同特征，所以，我们根据每个人在每个维度上的相对排名进行了数据处理，在六个维度上排名第一

的得 10 分，排名倒数第一的得 0 分，再根据每个人在每个维度上的相对排名，生成了每个咨询师的 KPI 六维度特征。根据六个维度上的特征，我们可以分析每个咨询师的长板和短板，以及每个人需要发展和努力的方向，从而在工作中给予他们精细化的定向管理。

咨询师 A 的客单价是短板，我们需要提高她经营和管理大客户的能力，也包括对自身颜值和气质的管理，确保她能够"搞定"优质客户，从而提升客单价。

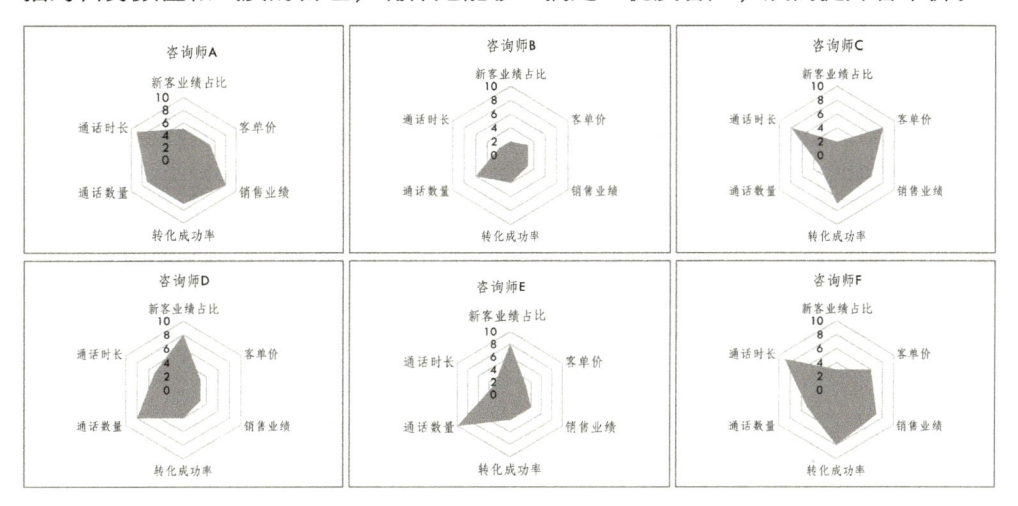

图 7-9 咨询师的 KPI 六维度特征

咨询师 B 的各个方面都很差，这样的员工应该属于被淘汰一列。

咨询师 E 是一名勤奋的新员工，很努力，但是业绩很差，浪费了公司很多的销售线索和业务资源，需要在提升能力之后再上岗。

咨询师 F 是一名优秀的老员工，但是近期内可能有离职的倾向，其 KPI 六维度特征可以作为优秀员工离职预警模型来使用。

以上结论是如何得出来的？主要是看六个维度的结构特征，从这些特征来分析每个咨询师的行为和心态，从而更好地发现人员管理中的问题。

7.2.3 看趋势、看规律

针对单一事物的时间序列分析图表，我们要从中看到趋势和规律，其中趋势是规律的一种。一般来讲，事物的发展都有惯性规律，这种发展的惯性规律有四种，分别是趋势性规律、季节性规律、周期性规律和没有规律，没有规律也是一种规律特征。

管理者数据能力晋级

趋势性规律是事物持续增长或者持续下滑的一种规律。

季节性规律是随着时间变化而变化的规律，到了某个时间点事物就会走高或者走低，比如餐馆的营业额与时间的关系紧密，饭点的营业额高，其他时间营业额低，时间不一定是季节，还可以是年、季度、月份、天、小时、分钟等。

周期性规律是与最大值和最小值有关的规律，到了高点就会下滑，到了低点就会反弹，与时间长短没有关系。

根据事物自身发展的情况，我们寻找规律，从而为评判历史成绩或者预判未来发展总结出一定的规律。按照规律办事，我们就不会出现大问题。

我们举一个例子，图 7-10 所示是中国经济快速发展的四十年的数据。图中的柱形图代表的是中国 GDP 总量数据，我们可以看到中国 GDP 在过去四十年中持续增长，并带有持续增长的趋势。折线图表现的是中国 GDP 每年的增长率，是按照可比价格计算的增长率，从图中我们可以看出有四个阶段，每个阶段都是十年。

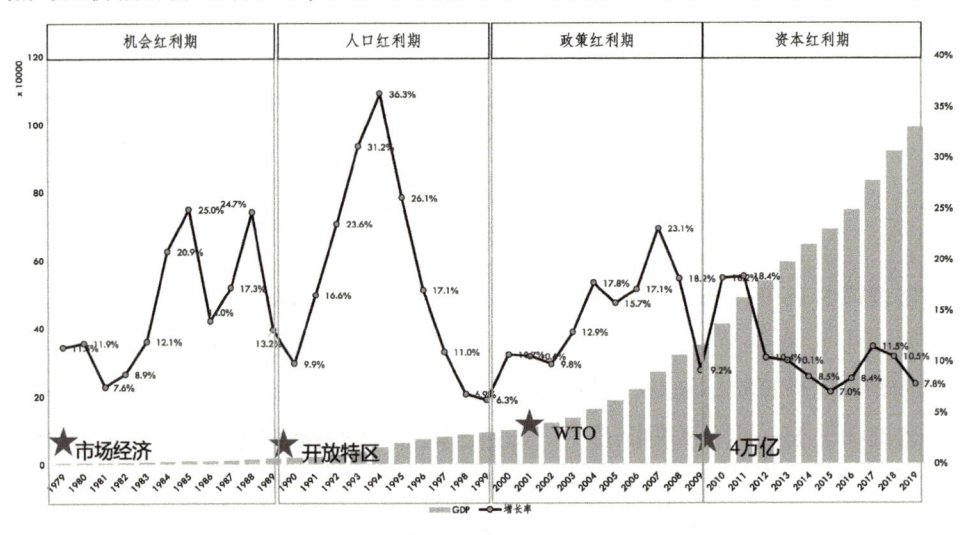

图 7-10　中国经济快速发展的四十年的数据

我们可以从图 7-10 中看到中国经济发展的主要脉络。

在每个十年中，我国都有经济发展侧重点。第一个十年，20 世纪 80 年代，劳动力以"60 后"为主力；第二个十年，20 世纪 90 年代，劳动力以"70 后"为主力，劳动就业、勤劳是生存的基础；第三个十年，2000 年以后，劳动力以"80 后"为主力，有更好的国际视野；第四个十年，2010 年以后，劳动力以"90 后"为主力，他们更愿意投资股票、期货或者参与其他的投资活动。所以，我国经济发展过程中有明显的代际价值理念差异。

从促进经济发展的要素的角度看图 7-10，在经济学上，有七大要素驱动或者拉动经济发展，包括消费侧的"三驾马车"：消费、出口和投资，以及供给侧的四大要素：土地、劳动力、资本和技术。在这七个经济发展要素中，技术是未来持续发展的驱动力。

从读懂图 7-10 所需要的知识来看，我们不仅要从图中发现趋势和规律，还要研究事物发展的驱动要素和影响因素。这些背后的知识是读懂数据图表的关键，不是单纯有独到的眼光就可以的。在企业经营和管理中，我们不仅要从数据图表中发现规律性的变化，还要理解这些规律性的变化背后的驱动要素，或者影响因素，这样才能在懂得基本业务逻辑的基础上，对图表背后的逻辑有更好的理解和解读。

7.2.4 看关系、看关联

如果数据图表表达的是事物的两个维度或者对两个事物的描述，一般来讲是在表达事物的两个维度之间的关系或者事物之间的关系。我们再看图 7-3，图 7-3 表达的是四项业务的投入与产出之间的关系，横轴代表的是该业务的月总投入，纵轴代表的该业务的月总产出。

我们如何理解图 7-3 中的四张图表呢？第一张图表展示的是 A 业务的投入和产出的关系，随着投入的增加，产出也在不断增加，但是产出有一定的不确定性；对于 C 业务，随着投入的增加，产出也不断增加，与 A 业务有一个差异点，即 C 业务的投入与产出几乎在一条直线上，有着非常强的稳定性；对于业务 B，随着业务的增加，产出在到达某个顶点之后开始下滑；对于业务 D，随着投入的增加，产出没有太大的变化，几乎不增长。

要解读这四张图表背后的逻辑，我们需要理解事物之间的关系。一般来讲，事物之间有四种关系：第一种关系，确定的函数关系，就像一个瓶子需要一个盖子、两个瓶子需要两个盖子一样，非常确定；第二种关系，不确定的因果关系，就像广告投入和销售额一样，投入一百万元的广告费，可以产出五百万元的销售额，但是当投入两百万元的广告费的时候，产出不一定能够达到一千万元，具有不确定性，因为受外部环境的影响很大；第三种关系是没有因果的关联关系，事物之间没有因果关系，但是相互之间在数据指标上反映出一定的相关关系，或者共生关系；第四种关系是没有关系，没有关系本身也是一种关系，如图 7-11 所示。

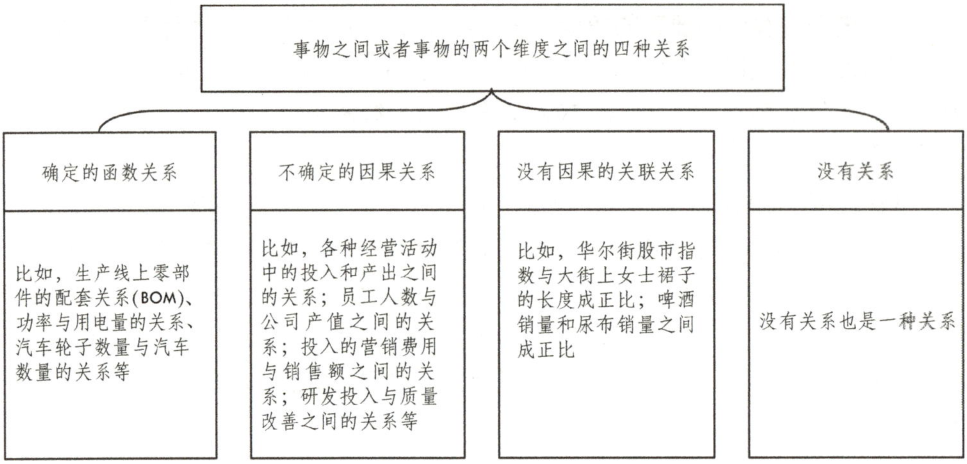

管理者数据能力晋级

```
┌─────────────────────────────────────────────┐
│  事物之间或者事物的两个维度之间的四种关系  │
└─────────────────────────────────────────────┘
```

确定的函数关系	不确定的因果关系	没有因果的关联关系	没有关系
比如，生产线上零部件的配套关系(BOM)、功率与用电量的关系、汽车轮子数量与汽车数量的关系等	比如，各种经营活动中的投入和产出之间的关系；员工人数与公司产值之间的关系；投入的营销费用与销售额之间的关系；研发投入与质量改善之间的关系等	比如，华尔街股市指数与大街上女士裙子的长度成正比；啤酒销量和尿布销量之间成正比	没有关系也是一种关系

图 7-11　事物之间或者事物的两个维度之间的四种关系

一项业务的投入和产出之间，正常来讲应该是第二种关系，如果变成第一种关系，就不正常了。这里面一定存在着非正常的投入，所以业务 C 是有问题的。但是，对于业务 A 和业务 C，随着投入的增加，产出也在增加，可以加大投入。对于业务 B，投入要进行控制，特别是当外部原因导致产出下降时。

有时候我们也会表达同一事物不同维度之间的变化关系。图 7-12 所示是一家生产制造型企业的产量与返修率之间的关系，我们可以明显地看到两者之间是负相关关系。对于一个劳动密集型的生产制造型企业，当产量大的时候，工作忙，忙中出错，质量指标就会下降，返修率指标应该升高，但实际情况并非如此，所以这里面一定有问题。是什么问题呢？在计件工资下，产量下降导致员工收入减少，劳动密集型生产制造的质量依赖个人的行为，当个人收入水平下降的时候，员工故意把产品做差，然后返修，通过获取返修工资的方式来提高个人收入。所以，在通过质量追溯和品质控制，并把质量当作非常重要的考核指标后，返修率得到了提高。当然，品质监控本身不能提升产品质量，更不能解决工人工资收入在淡季下降的问题，为此，我们在管理上采取了零工制，对所有的工序进行了分析，将那些不需要技术和技能、只需要体力劳动的工作单独安排，在旺季招募临时工来做这些工作，在淡季不招募临时工，由技能稍差的熟练工来完成这些工作，从而保证正式员工有相对稳定的收入，不受淡旺季影响。

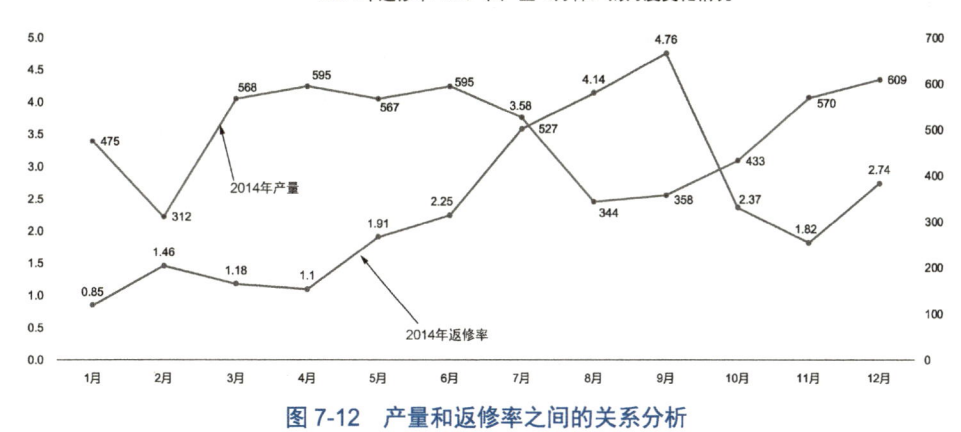

2014年返修率（%）和产量（万件）的月度变化情况

图 7-12　产量和返修率之间的关系分析

7.3　数据分析报告

写数据分析报告是现阶段很多企业利用经营管理数据对业务进行分析并改善的重要活动。很多企业每个月都会对上个月的经营和管理状况进行总结分析，这时就会用到数据分析报告。月度经营分析会议是企业中高层管理者非常重要的经营管理活动，是对计划、目标和经营管理策略进行总结、分析，并达成改善和调整共识的重要活动。在这个会议上，一份有说服力的数据分析报告能够对公司决策产生重大影响，能够让管理者的数据分析能力得到有效的发挥，并让数据的价值得到有效的挖掘。

当然，我们不仅在月度经营分析会议上使用数据分析报告，还需要针对意向管理问题或者管理改善，进行定向或者专项的数据分析，将问题看得更加透彻，能够让更多人明确问题根源，能够更好地沟通解决方案，并使之得到绝大多数人的认可和支持，从而更好地推动管理改善，这也是管理者价值发挥的关键点。

对一份有说服力的数据分析报告来说，笔者结合自己的经验，认为以下七个原则值得每一个管理者关注，避免将数据分析报告写得言之无物，没有观点，也没有行动，起不到应有的作用。

7.3.1　唯一原则

每个企业都会有各种各样的管理问题，只要有人的地方就有不同的思想，就有不同的理念，就会有分歧。企业的人数只要达到一定的规模，管理就会变得非常复杂，就会有各种各样的问题。很多管理者，特别是空降到一家企业的管理者，往往会发现这家企业有很多问题。围绕一个关键问题展开的数据分析报告，才容易得到大家的关注和理解。试图呈现很多问题的人，往往就是制造问题的人，这在很多企业中都是常态。

大家都不希望听到坏消息，呈现管理问题的报告往往被多数人排斥，所以，用数据分析报告来呈现管理问题，要尽可能地做到少而精，一份报告只呈现、分析和解决一个问题。如果在月度经营分析会议上解决管理问题，一个月解决一个，一年就可以解决 12 个问题，效率已经非常高了。

不要试图解决所有问题，试图解决所有问题，往往所有问题都无法得到解决。对问题的影响进行分析，用有限的会议时间解决关键问题和瓶颈问题，以及难以解决的问题，才能让价值最大化。

笔者参加过很多客户的月度经营分析会议，每次都会发现很多问题，如果多次参加他们的会议，你会发现，在某次会议中发现的问题会重复出现，并未得到解决。很多管理者的数据分析报告特别长，会议一开就是一两天，甚至开到深夜，然而问题根本没有得到解决，高层管理者用这种方式来证明自己已经很努力了，从而原谅自己无法解决管理问题。这只是用会议时长掩盖无法解决常规管理问题的无能而已。

不要试图解决一次性问题。有些时候我们发现的问题只是一次性问题，环境一变化、业务一调整、组织人员一变动，原来的问题就不是问题了。有些一次性问题在产生后就不再产生了，那么这类问题就不要拿出来说，否则就是针对人，对事不对人，是解决问题的态度。我们要把体制、机制、组织、流程、文化等相关的问题放到更高的维度上解决。

在 7.2.4 节中，针对产量与产品质量成反比的问题，我们没有将那些故意把产品做坏的人拉出来，骂一顿，然后开除，这样做并不能解决员工收入不均衡的问题，不能解决以后还会有员工故意做坏产品来提高淡季收入的问题。对事不对人，解决问题比解决人有更长远的价值和意义。

7.3.2 完整原则

每份数据分析报告只分析、汇报、解决一个问题，不要只分析问题，不给出解决方案，有完整解决方案的数据分析报告才是有效的数据分析报告。另外，数据分析报告最好不要遗留问题，把问题一次性解决。如果遗留了问题，希望下一次解决，那么就下一次再说，这次就不要汇报了。

一份好的数据分析报告不仅要有问题发现、问题分析、解决方案、行动措施，还要有事后跟踪问题是否得到解决的行动计划，并给出问题得到解决的数据指标和对应的成功标准。

在咨询实践中，笔者经常看到很多企业的管理团队"尽人事，听天命"，做事很认真，但是没有章法，不设定目标，不管是否得到结果，只要自己努力了，就满意了。其实，如果不能从事情的结果出发，不设定目标来引领执行过程，往往事情就得不到期望的结果，即使成功了也是低概率事件。解决管理中的问题，要按照 5.6.4 节中项目管理十要素的方法来管理问题解决方案，要有计划、有目标、有结果追踪。

7.3.3 总分结构原则

在汇报问题的时候，我们不能长篇大论，也不能天马行空。在公司管理中，特别是在月度经营分析会议这样的场合，我们要追求效率和结果。一份好的数据分析报告的常态化结构是这样的：

（1）提出问题；

（2）给出结论；

（3）分析过程；

（4）给出解决方案和行动计划；

（5）给出跟踪结果的措施。

这是一个先总后分的结构逻辑，报告直接把问题指出，然后给出分析问题的结论，指出是什么原因导致这个管理问题出现。为了论证这个原因，我们可以给出分析过程，如果大家都认可给出的结论，那么分析过程的讲述就简单了。然后给出解决方案和行动计划，并明确谁对什么事情负责，在什么阶段要做到什么程度、输出什么结果。最后，要有跟踪方案，确保在解决问题后我们能够衡量解决的效果，并有评价的维度、方法，以及奖惩的方案。

"金字塔写作结构"适合绝大多数的企业管理场合，也是非常高效的管理沟通方案。特别是在书面沟通的时候，为了提高效率，我们就可以用总分结构来表述。

7.3.4 精简原则

内容短小精悍并非无力，内容多不代表有力。很多人喜欢堆砌非常多的数据图表来表达数据分析过程，制作 PPT 往往制作几十页，这对管理沟通效率来讲是非常致命的。大家讨论了一大堆数据，没有得出结论，也没有对应的结果，那么这些数据都是没有用的。

在制作数据分析报告的时候，不要炫技，不要制作特别复杂的、大家很难一眼看懂的数据图表，一般一个数据图表表达一个结论，不要期望大家能够像专业人士一样可以看出很多结论。图表越简单，越适合多数人的沟通环境，这样读者或者参会人员就能够看到问题和结论。让图表自己表达结论，不要试图花费大量的时间来讲解你的图表和给出你的结论，你所做的就是在讲解的时候引导大家思考，这样很容易让每个人都得出一致的结论。

一个数据图表最好只包含一个数据变量，最多包含两个数据变量。包含三个数据变量的图表往往在复杂度上提升很多倍，如气泡图，试图从三个维度分析数据，这给绝大多数人的数据图表解读能力带来了挑战。

数据图表不要涉及无关内容，增加变量。当能用简单的图表表达相关结论的时候，就不要用复杂的；能够用柱形图表达的，就不要用瀑布图；能够用饼图表达的，就不要用复杂的层次结构图。

很多企业的数据分析报告中经常出现像股票指数分析一样的复杂图表，这种图表绝大多数人很难看懂，无法从图表中看到图表制作者希望表达的结论。在很多企业的月度数据分析报告中，经常有数据、图表，没有结论，就是一个基本的数据呈现，这会导致面对同样的数据，不同的人得出不同的结论的情况。

本章第一节从五种对比分析视角给出了一些常规的、简单的数据图表，大家尽可能使用这些简单的数据图表来表达内容。数据图表越复杂，解读难度越大，大家越不容易看懂。

其实，把复杂问题简单化不是一件容易的事情。越能够把问题简单地表达出来，越考验一个人的功底，把问题变复杂比较容易，把复杂问题变简单反而不容易，大道至简表达的应该就是这个道理。

7.3.5 确定原则

不要给出模棱两可的结论，要给出确定的结论。数据分析要严谨，不能想当然。市场价格下降了，我们就得出可能是大家在打价格战的结论。这种武断的结论会让数据分析报告失去说服力。

公司员工离职率高了，我们就说是因为公司给员工涨薪不足。这样的结论给出得太直接，没有刨除其他的相关因素。员工离职率高的原因会有很多，是工作环境变化、企业经营压力过大、加班过多，还是外部吸引力变强、潜在竞争对手挖墙脚？

我们在实际的数据分析中，要用数据来排除其他的干扰因素，从而让得出的结论更加具有确定性。数据分析的维度要全面，不要有遗漏。我们可以使用解构方法对问题的原因进行挖掘，然后通过数据来呈现具体的原因到底在哪个维度上。

比如，我们在为某知名物业公司分析业主物业费交费率低的问题的时候，就利用解构方法找到了影响物业费交费率的各种因素，如图7-13所示。

导致物业费交费率低的因素不见得都是业主对物业服务的满意度问题，也可能是房产质量问题，这是开发商的问题；也可能是业主自身的问题，他们没有入住，交费的意愿就会降低，在他们看来，没有入住，没有享受物业服务，就不需要交纳物业费；还有可能是物业公司的管理问题。

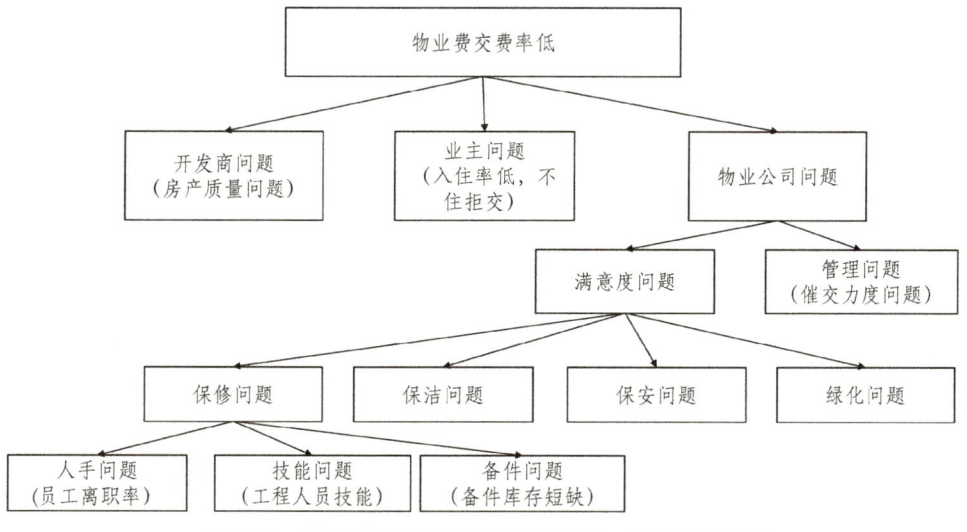

图7-13 影响物业费交费率的相关因素：解构方法示例

通过对一个问题出现的原因进行层层解构，我们在用数据排除掉其他因素之后，才能将结论放到某个具体的原因上。

7.3.6 主线原则

撰写数据分析报告的时候要先有自己的逻辑主线，然后沿着这条主线层层展开，不要顾左右而言他，也不要天马行空。如果是事物对比，就按照事物对比的思路展开，如果是时间序列上的变化，就解构到更细的维度，继续根据时间轴上的变化找问题的根源。在大多数情况下，我们进行的都是基于时间变化的对比，通过描述事物的数据指标随着时间的变化来找到其跟过去的不同，然后分析是什么原因导致了这种变化。从时序分析展开是比较好的方法，时间截面上的状态不能说明问题本身。

在预算费用管理方面，大多数人会认为过去的预算费用配置是合理的，毕竟已经经过这么多年的调整。如果我们没有非常让人信服的数据，就无法说现在的配置比例是不合理的，我们需要量化分析的模型，用数据来佐证，即使如此，想要调整预算费用配置比例，也面临很大的挑战。那些被削减预算的部门的负责人，会因为缺少相关的费用而消极配合，甚至通过管理不作为来抵制，所以，一份让人信服的数据分析报告才能让管理发生改变。

而数据分析报告是否让利益相关者信服，就需要我们以非常清晰的、大家都能认可的、符合绝大多数人思维习惯的思路来呈现它，让其逻辑线条更明了，从而被绝大多数人接受。

7.3.7 结论原则

笔者看过很多企业的数据分析报告，特别是用在月度经营分析会议上的数据分析报告，其中有超过一半的报告都在陈列事实数据，而没有给出结论。有的给出了对比分析的结论，但是流于表面，只知道没有达成目标，没有就未达成目标的原因进行分析。

在企业数据分析报告中呈现的数据一般会有常规性要求，每个业务部门必须汇报哪些数据和数据指标，这是硬性要求。即使是这样，数据分析报告仍然要有结论，是好是坏要有一个评判。当实际数据与目标数据出现差异的时候，数据分析报告要有一个解构分析的维度。比如，销售额下降了，目标没有达成，那么我们要看哪个业务部门没有达成销售预期、哪个市场没有达成销售预期、哪个产品没有达成销售预期、哪些客户没有达成销售预期，以及在这些业务部门、市场、产品和个人维度上，竞争对手如何、行业如何、供应商如何、客户群体如何，等等。我们要进行原因解构，然后得出一个明确的结论，从而来进行管理评价，或者管理改善，要明确谁需要改善和调整。

如果是更加复杂的利润目标没有达成，那么我们需要看利润的构成：是销售额下降了还是销量下降了？是产品业务结构发生变化从而导致销售额完成而利润没有完成，还是成本费用增加过快导致利润目标没有达成？具体如何分析要从企业利润贡献的基本逻辑出发，这里就会用到一个利润链分析工具，先把影响利润的相关因素梳理出来，然后根据各个维度的数据进行深度解析，找到具体利润目标没有达成的根本原因。

7.4 用数据分析解决问题的七步法

我们在工作中会碰到各种问题，如何利用数据分析来解决管理中的各种问题呢？用数据分析解决问题，并找到问题的根本原因，这需要一套方法。笔者在实践中总结了一个七步法供读者参考。

第一步，问题假设。

第二步，解构根本原因。

第三步，收集数据。

第四步，分析数据。

第五步，洞察管理。

第六步，设计方案。

第七步，采取行动。

我们以两个管理问题为例来展示如何利用数据分析来解决问题。用数据分析解决问题的七步法可以助力企业内部管理者使用数据来进行专项分析，用数据来推动管理变革在业务场景中的应用。

（1）管理问题 1：营销总监将财务经理叫到办公室，问："上个月销售费用花多了，怎么回事？"

（2）管理问题 2：集团人力资源总监到各个分公司调研，收到了很多反馈，其中一个非常集中的反馈是各地分公司的员工都在抱怨集团总部的人"近水楼台先得月"，比分公司的员工晋升更快。

7.4.1　问题假设

有些问题不是真正的问题，我们要对问题进行假设，对问题的假设代表着我们如何理解问题。就像我们经常说的，问对问题比回答问题更重要。

（1）管理问题1：销售费用花多了。

这个问题其实不是销售费用额度的问题，而是一个销售费用效率问题。如果我们花费了两千万元的销售费用，给公司带来了一亿元以上的销售额，我们不会认为这两千万元的销售费用花多了。只有当我们花了更多的钱，没有带来同比例销售额的时候，我们才会认为销售费用花多了。所以，这个问题正确的假设是销售费用效率过低的问题。

（2）管理问题2：总部的员工晋升更快。

这个问题的假设比较复杂。表面上这是一个总部和各地分公司的员工晋升速度比较的问题。如果我们仅限在这个理解层次上，就会把问题假设成总部和分公司的员工晋升速度比较的问题，我们收集总部和分公司的晋升速度数据，结果可能是，总部的员工就是比分公司的员工晋升更快，这就做实了分公司员工的抱怨。表面上是管理不公平的问题，实际上我们需要思考更多，要研究为什么会存在这种表面上的"不公平"。所以，这个问题的正确假设是管理不公平问题背后的根本原因分析。

除了晋升问题，是不是总部有更好的工作环境、更高的平均薪酬、更好的福利待遇？分公司员工抱怨有可能并不是因为总部的员工晋升快，而是用这种方式来获得到总部工作的机会，从而获得更好的学习机会，等等。

7.4.2　解构根本原因

在把问题的正确假设梳理清楚之后，我们就需要研究问题的根本原因，然后根据问题的根本原因来收集数据，进而确认问题的根本原因。这里可以用解构的思维方式来进行问题分析。

（1）管理问题1：销售费用花多了。

根据问题假设，这是一个销售费用效率的问题。我们需要拆解销售费用效率的相关影响因素。

销售费用都花在了什么地方？销售总监口中的销售费用可能包括销售费用和营销费用。销售费用包括渠道费用、物流仓储和包装费用、销售门店促销活动费用、促销员和销售人员的工资薪酬费用、员工差旅费用、展览会议费用，以及广告费用。

（2）管理问题2：总部的员工晋升更快。

根据问题假设，这是一个管理不公平背后的原因分析的问题。我们要看是什么原因导致这种表象上的管理不公平。

先不说总部的员工是否真的晋升更快，即使真的晋升更快，也有可能是总部的员工付出了更多的时间和精力，进行了自我的学习和充电，从而有了更强的能力，完成了更好的业绩，带动了公司的快速发展，为自己创造了更多的机会，从而被公司认可而晋升。这种晋升速度快背后是个人的努力，还是公司的"照顾"，需要充分去分析是否存在管理不公平。

一个人在企业中晋升需要满足两个条件：一个条件是个人能力达到了晋升的要求；另一个条件是公司有更高级别的岗位需求。前者是个人内部因素，后者是公司的发展需求，而公司的发展需求意味着总部得到了更快的发展，需要更多高级的人才，而分公司因为发展不利，导致对人才的需求减少或者没有对等速度的提高。

个人能力维度包括经验、知识、技能、个性等方面，个人知识领域还包括个人参加的培训、获得的教育文凭证书、资质认证等相关维度。

7.4.3 收集数据

解构了管理问题的根本原因，我们就可以根据这些原因来收集各个维度的相关数据了，用数据来表征这些维度的差异和变化。收集相关数据也要注意数据所能够表达的相关细节，确保在分析数据的时候能够立得住脚，让人信服。

（1）管理问题1：消费费用花多了。

所需要采集的数据是上个月销售费用各个子项的数据，以及去年同期的该费用数据。为了对变化进行跟踪，我们可能需要同比，也可能需要环比，需要采集更多的历史数据来进行参照对比。

（2）管理问题2：总部的员工晋升更快。

首先我们要用数据表征总部员工的晋升速度和分公司员工的晋升速度。然后，我们还需要总部和分公司的营收规模、业绩规模、人员规模、人员能力评估等相关的数据，以及新岗位需求。为了证明个人努力学习和成长在个人晋升过程中所发挥的作用，我们还需要那些晋升速度快的人的个人学历、证书、资质认证、参加的培训、个人工作成绩、业绩考核、工作努力程度（如平均工作时长、加班次数、加班时长等）等相关的数据。

7.4.4 分析数据

数据分析都是有目的的，另外，我们在分析的时候要有一个分析思路，先有分析思路，再去加工和处理数据，并不是拿到一些数据再随便画一些图表就叫作数据分析了。我们可以做哪些方面的分析呢？

（1）管理问题1：销售费用花多了。

在拆解销售费用之后，根据这些费用对比销售额的数据，可以看到哪些对比销售额的比率提升了。然后，我们还可以将这些费用拆解到不同的业务分类、大区、产品品类、业务团队，在不同的时间段看销售费用效率是否超出了预算的销售费用效率。针对这些维度，我们可以拆解去年同期的销售费用和目标预算设定。

（2）管理问题2：总部的员工晋升更快。

总部的哪些员工晋升快，分公司的哪些员工晋升也快。从平均值的角度看，是不是总部员工的平均晋升年限更短？晋升快的员工有哪些特征？是学历水平的问题，是学习用时的问题，还是加班时间更长？

同时，我们也可以对比分析分公司那些晋升快的员工和晋升慢的员工的工作努力程度、学习努力程度，或者在业绩上取得的成绩，以此来说明分公司也有晋升快的人，他们晋升快是因为他们付出了更多的工作努力或者学习努力。

我们在收集数据和处理数据的过程中，如果发现总部的员工并不比分公司的员工晋升快，那么"总部的员工晋升更快"就有可能是一种感性认知。这个时候我们就要思考，是不是大家不清楚公司的晋升标准和晋升评价依据。我们还需要收集公司对员工晋升所做的说明，给出的相关管理制度、流程，或者用文档说明的努力学习的情况，我们可以在公司内部网站公布相关信息，通过阅读量和阅读次数来验证是不是这方面的原因。

7.4.5 洞察管理

在采集到数据之后，我们要对数据进行分析解读。在分析解读中如果碰到不能排除掉其他因素的问题，我们还需要回到解构问题、收集数据的闭环中，直到我们采集的数据能够让我们找到根本原因，并根据洞察管理和业务逻辑，设计解决方案来解决对应的管理问题。

（1）管理问题1：销售费用花多了。

当我们分析数据的时候，要解读数据背后的业务根源。比如，广告费用花多了，销售额并没有对应的提高，我们需要问广告效果为什么下降了，是不是存在竞争对手过度地投入广告费用导致我们的广告效果下降的问题？是不是存在我们的广告投放不合适导致效果不明显的问题？是不是广告内容质量的问题？我们在广告投放上具体做了哪些调整和变动？这些调整和变动是不是导致广告效果不佳的原因？

如果是会议费用过高导致了整体销售费用过高，那么我们应考虑会议投入会不会带来后期的产出，会议费用并不能在近期内获得相关的收益，这是一个延期回报的问题。我们需要把短期的投入分摊到长期的销售额中，因为短期的投入不能立刻带来产出，需要一个产出周期。

如果通过以上分析都得不出结论，那么我们就要研究今年销售费用过多是不是因为行业的变动，或者市场不景气。这就需要返回去收集行业数据来说明这个问题。行业的规模是不是在收缩？同行的销售额业绩是不是也在下降？是不是客户所在的行业不景气导致他们的购买能力下降了？

在专项数据分析过程中有些问题反复出现是很正常的现象。我们需要有更深层次的逻辑认知，甚至需要更加全面的数据才能找到问题根源。

（2）管理问题2：总部的员工晋升更快。

如果数据表明总部的员工晋升更快，而且背后的原因是总部的员工更加努力，不仅工作更加努力，学习也更加投入，平均每个人的学习投入和时间、精力的投入都比分公司的员工要多，那么我们可以给分公司的团队讲，要想获得更快的晋升，需要自己去努力，而不是看着别人的结果来抱怨。

一般来讲，大城市的竞争更加激烈，人们也会更加努力，付出也更多，在三四线城市的人相对安逸一些，学习氛围不足，努力学习的人不多。

如果我们的数据表明，总部员工的晋升速度并不比分公司的员工快，那么，我们就需要深度研究这个问题背后的根本原因了。大家为什么对总部员工的晋升速度产生不公平感？是不是因为分公司的员工不了解公司的晋升制度、流程和晋升条件，也不了解自己达到什么程度才能够晋升，还是觉得公司的晋升制度和晋升流程不够透明化？

7.4.6　设计方案

在将问题的根本原因分析清楚和业务逻辑也梳理透彻之后，我们需要改善和调整方案，确保问题能够得到解决。

（1）管理问题1：销售费用花多了。

如果是市场竞争的原因导致销售费用过多，那么，我们的解决方案就更加复杂了。我们必须有优化销售费用的方法来应对行业越来越激烈的竞争。比如，通过计量经济学模型来研究投入产出优化问题。这个可以参考用计量经济学研究方法来研究各项销售费用与销售额的关系，从而对销售费用的投入配比进行优化。

（2）管理问题2：总部的员工晋升更快。

如果总部的员工因为学习努力和工作努力获得了更快的晋升速度，那么，作为人力资源部门的管理者，应该推动分公司的团队自我成长，引导他们正确看待晋升问题，并给他们提供相应的学习资源或者工作方法，让他们也能在做好自我管理的基础上，借助公司提供的学习资源和工作机会获得更快的成长，这是引导分公司团队快速成长的契机。

7.4.7 采取行动

行动才是最终的目的。无论是优化销售费用的投入配比、提升投入产出效率，还是促进分公司团队更快地晋升，在管理问题出现的时候，解决管理问题都会带来管理的改善。我们分析出来的问题不同，制定的行动方案就会不同，采取的实际举措也会不同。

（1）管理问题1：销售费用花多了。

根据销售费用花多了的地方，我们进行管理优化和改善。无论是调整销售费用预算，还是管控无效的销售费用，进行费用预算控制，我们都必须有实际的行动方案。

另外，事后才发现销售费用花多了，说明我们缺少一个销售费用管控机制，这需要通过提高销售费用统计的频率来进行更紧密的过程管理。

（2）管理问题2：总部的员工晋升更快。

无论是给分公司的团队提供更多的学习资源，建立网上学习平台，让分公司的员工也能够享受到总部的学习资源，还是通过业务调整，给他们提供更好的工作机会，让他们更努力地工作，都能够为公司的快速发展带来新一轮的人力资源建设。

后记

未来管理者的能力展望

随着企业数字化转型进程的推进，越来越多的管理决策会逐步被算法取代，对管理者管理能力的依赖度会越来越低。算法比人更高效、更准确，能够实时地响应内外部数据的变化。前言中所讲的数字孪生共生机制建设越全面，我们对管理者的依赖度越低。这个时候，不是不需要管理者了，是我们对管理者能力的要求与原来不同了。我们所需要的管理者是那些能够将管理知识、经验和逻辑开发成决策算法，并由系统来执行的管理者，也就是为公司开发决策算法模型的管理者，这是未来的管理者。

你可以把这种能力要求理解成，在过去我们靠人来记路线和思考走什么路，现在靠的是数据和算法。当我们开始使用自动智能导航系统来开车的时候，就不需要记路了，数据和算法比我们的大脑更高效，更能够准确地获悉哪条路顺畅，从而给我们选择最佳的路线。在未来，我们所需要的管理者是那些利用数据来开发算法的"算法工程师"。我们对管理者的能力要求，就由过去的掌握管理知识、理解业务逻辑、具有经验等，延伸到具有数据分析能力、算法开发能力，甚至系统开发能力，能够将业务决策变成算法，并开发成系统。

不同时代对管理者的能力要求不同，现在对管理者的能力要求正在发生变化，阅读本书的读者要有"与时俱进"的思想，不断调整自己。

同时，大家不要抵制这个过程。我们可以将这个过程理解成算法工程师战胜司机的记路能力，甚至替代司机的过程。这个过程提升了社会的效率，给人类带来了进步。在企业管理中，算法的开发和迭代会提升整体的管理水平，会带动生产效率的提高。适应社会进步的管理者才能成为未来的管理者，否则就会被时代淘汰。

关于明悦数据

明悦数据（Data2Biz）是国内较早专注于企业数字化转型和数字化管理的咨询公司，由本书作者赵兴峰创立于2012年。公司自成立以来，独创"明悦方法"——以"内生为王"为核心，以数字化场景创新为特色，以数字技术为工具，扎根企业经营和管理，帮助企业制定数字化战略，系统、持续地加速企业数字化转型，打造企业数字化组织能力，从而攻克企业经营与管理的各类难题，真正实现企业的数字化成长与增长。

创办10年以来，明悦数据已深度引导120多家传统企业开启了数字化转型之旅，切实有效地帮助企业提升管理效率、创新商业模式、提高竞争优势。通过高质量服务，明悦数据创造了95.8%的续签率，与这些企业建立了长期合作的伙伴关系。

明悦数字化咨询服务

明悦数据创新的"一体化咨询"模型，为企业提供7种数字化转型咨询服务，分阶段、渐进式推进，帮助企业更加科学、全面地应对数字化转型中遇到的各类挑战：

1. 数字化转型调研诊断
2. 数字化转型战略规划
3. 数字化管理指标&看板体系设计
4. 企业数据治理
5. 数字化运营管理
6. 数字化技术平台体系建设
7. 数据人才培养

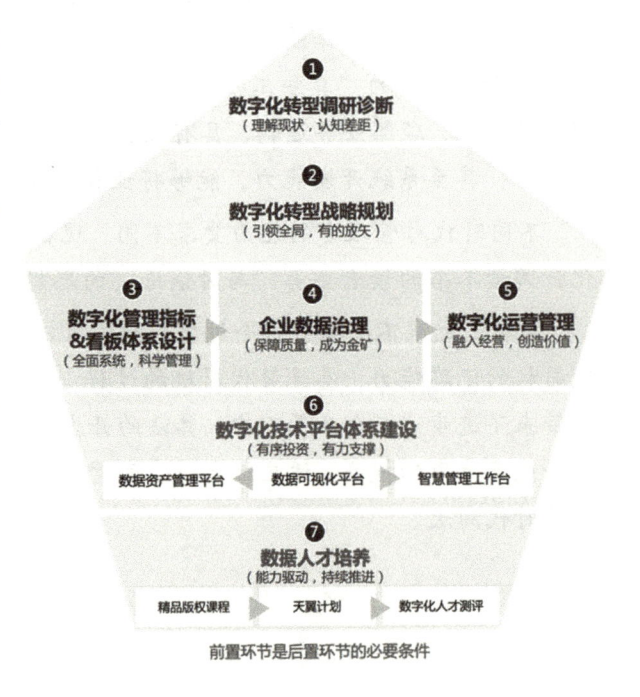

服务特色：

明悦数据提供"沉浸式咨询"。

每一家企业都是独特的，数字化方案没有标准方案，只有个性化方案。

明悦数据高度融入客户，沉浸于业务流程，专注于业务挑战，与客户成为长期伙伴，共克数字化的痛点与难点，提升数字化的素养与能力，助推客户逐步变革与创新，实现客户的不断成长与增长。

明悦咨询服务的特色，可总结为三点："共创""叠连""内生"。

明悦数字化培训服务

明悦数据在进行数字化前沿问题研究和咨询实践中，发现**"数据人才线"**在实践中往往被忽视和低估。从现状来看，企业在数字化转型中普遍面临数字化人才存在缺口，以及测量标准、培养方法路径不明等一系列挑战。数字化人才梯队建设已经迫在眉睫，但数字化人才培养的路径仍处于迷雾之中。

为此，我们提供了"六大版权课程"、"数字化人才测评工具"和"数字化转型关键人才培养方案·天翼计划"，以此作为企业数字化转型征途上"组织与人才升级"的解决方案。

1. 六大版权课程

企业数字化转型之前的"避坑"指南。企业中高层管理者的数字化转型认知建立课程：正确的认知带来正确的动作，统一的认知带来高效的协同。

- 《数字化转型战略与实战》
数字化转型的方向课程

- 《数字化商业模式创新》
数字化转型的创新课程

- 《数字化领导力》
数字化转型的引领课程

- 《数字化管理体系升级》
数字化转型的方法课程

- 《管理者数据能力晋级》
数字化转型的能力课程

- 《管理者驾驶舱搭建》
数字化转型的实操课程

2. 数字化人才测评工具

企业数字化人才选拔的检测器与跟踪仪。

数字化人才测评工具作为衡量数字化人才的一把标尺,在数字化人才梯队建设中发挥效用,特别是在数字化人才的选拔、培育场景中,快速选拔具有数字化潜能的人才,持续跟进培养。

3. 数字化转型关键人才培养方案·天翼计划

"天翼计划"是企业数字化实施团队的一套实战训练计划。

"天翼计划"是"数字场景创新驱动"的混合式学习实践项目,课程、运营、场景实践三线推进,在企业重要的业务场景中,体系化地培养实战型数字化人才。